COMPUTER-
FORENSIK
HACKS™

COMPUTER-
FORENSIK
HACKS™

Lorenz Kuhlee
Victor Völzow

O'REILLY®

Beijing · Cambridge · Farnham · Köln · Sebastopol · Tokyo

Lorenz Kuhlee · Victor Völzow

Lektorat: Volker Bombien, Köln
Fachliche Begutachtung: Prof. Dr. Felix Freiling
Korrektorat: Eike Nitz, Köln
Satz: III-satz, Husby, www.drei-satz.de
Umschlaggestaltung: Michael Oreal, Köln
Produktion: Andrea Miß, Köln
Druck und buchbinderische Verarbeitung: Digital Print Group O. Schimek GmbH, Nürnberg

Bibliografische Information der Deutschen Nationalbibliothek
Die Deutsche Nationalbibliothek verzeichnet diese Publikation in der
Deutschen Nationalbibliografie; detaillierte bibliografische Daten
sind im Internet über http://dnb.ddb.de abrufbar.

ISBN:
Print   978-3-86899-121-5
PDF   978-3-86899-122-2
ePub   978-3-86899-764-4

1. Auflage 2012
Copyright © 2012 O'Reilly Verlag GmbH & Co. KG
c/o dpunkt.verlag GmbH
Wieblinger Weg 17
69123 Heidelberg
Alle Rechte vorbehalten

Die Darstellung eines Mikroskops im Zusammenhang mit dem
Thema Computer-Forensik ist ein Warenzeichen von O'Reilly Media, Inc.

15 14 13 12 11 10 9 8

Inhalt

Vorwort und Danksagungen

Wir möchten uns ganz herzlich bei allen Personen bedanken, die bei der Entstehung dieses Buches mitgewirkt haben, uns unterstützt haben und uns durch Ihre Fragestellungen und Vorschläge inspiriert haben.

Lorenz Kuhlee

Wenn mir vor gar nicht langer Zeit jemand gesagt hätte, dass ich ein Buch schreibe, hätte ich ihn belächelt. Doch nun habe ich genau das getan. Dies hat vor allem Volker Bombien vom O'Reilly Verlag möglich gemacht und dafür und das damit in mich gesetzte Vertrauen möchte ich ihm danken. Außerdem auch Herrn Prof. Dr. Freiling für die Fachaufsicht.

Besonders hervorheben möchte ich, dass dieses Buch nur durch die überaus gute und kreative Zusammenarbeit zwischen Victor Völzow und mir zustande gekommen ist. Der Bereich Computer-Forensik ist mir im Laufe der Jahre vor allem auch wegen der guten Zusammenarbeit und dem Austausch innerhalb der Computer-Forensik-Gemeinschaft sehr ans Herz gewachsen. Daher danke ich allen Forensikern, die ich während meiner Tätigkeit als Fachlehrer kennen und schätzen lernen durfte. Gerne würde ich jeden einzelnen hier erwähnen, die Liste wäre jedoch zu lang. Dennoch möchte ich einem besonders danken, da er mich immer wieder inspiriert hat. Danke Jörn!

Ich hoffe, dass dieses Buch bei seinen Lesern Anklang findet und eine hilfreiche Stütze für die Forensik-Community wird.

Zuletzt möchte ich meiner Lebensgefährtin Anja danken, die mich immer wieder ermutigt hat, das Projekt zu Ende zu führen und obwohl wir viel gemeinsame Zeit entbehren mussten, immer Verständnis hatte. Das ist nicht selbstverständlich. Danke, mein Stern.

Victor Völzow

Vielen Dank, dass Sie unser Buch zur Hand genommen haben. Es gibt mittlerweile eine ganze Menge guter Forensik-Bücher auf dem Markt, daher ehrt uns die Tatsache, dass Sie sich für unseres entschieden haben, ungemein. Als Lorenz mir letztes Jahr von seiner Idee für dieses Buch erzählte, war ich schnell begeistert, weil mir die Idee gefiel, ein Forensik-Buch zu schreiben, das einen völlig anderen Ansatz verfolgt. 100 Hacks mit 100 konkreten Aufgabenstellungen und zielgerichteten Lösungen – das war neu in der digitalen Forensik.

Unzählige arbeitsintensive Abende und Wochenenden sind seit dem ersten Kontakt zum O'Reilly Verlag vergangen, in denen wir Stück für Stück die 100 Hacks mit Leben füllen konnten. Diese Zeit der Zusammenarbeit mit Lorenz empfand ich als außerordentlich angenehm und persönlich wie auch fachlich bereichernd. Zu dem positiven Entstehungsprozess beigetragen hat auch Volker Bombien, der uns hervorragend betreute und ein feines Gefühl dafür bewies, wie viel Freiraum einerseits und wie viel Druck andererseits er uns zumuten konnte. Vielen Dank dafür!

Ohne die unzähligen Forensiker-Kollegen, mit denen ich in meiner Tätigkeit als Computer-Forensiker und Fachlehrer zusammenarbeiten durfte, wäre dieses Buch nie zustande gekommen. Ihre Problemstellungen, Erklärungen, Ideen, Tipps und Tricks, ihre Fragen und ihr Feedback sind die Triebfeder von *Computer-Forensik Hacks*. Es sind schlichtweg zu viele Kollegen, Freunde und Kommilitonen, denen ich viel zu verdanken habe. Sie hier alle aufzuzählen, würde den Rahmen des Buches sprengen. Ihnen allen gilt mein Dank! Stellvertretend für sie möchte ich gern speziell Andreas Schoppe und dem ZK 50 danken.

Ein Projekt wie dieses Buch ist nicht möglich, wenn nicht auch das soziale Umfeld viel Verständnis und die nötige Begeisterungsfähigkeit dafür aufbringen. Ein großer Dank geht daher an meine Familie und meine Freunde. Ganz besonders möchte ich meiner Frau Anna danken für Ihr Verständnis und Ihr Einfühlungsvermögen, wenn das ersehnte Abendprogramm einer Vielzahl von Tastaturanschlägen weichen musste. Vielen Dank für Deine unerschöpfliche Geduld und unendliche Liebe!

Zu guter Letzt möchte ich Felix Freiling für die zwar leider zu seltenen, aber dafür umso interessanteren Gedankenaustausche danken. Vielen herzlichen Dank auch dafür, dass Du Dich bereit erklärt hast, die Fachaufsicht für dieses Buch zu übernehmen.

Grußwort von Prof. Dr. Felix Freiling

Computer-Forensik Hacks: Erscheint der Titel nicht als Widerspruch in sich? Schließlich ist Hacking ein eher negativ besetzter Begriff, der häufig mit den Straftätern, also den »Bösen«, assoziiert wird. Und mit Computer-Forensik wird doch eher mit der Polizei, also den »Guten«, verbunden. Vermittelt dieses Buch also »den Guten böse Dinge«? Wie passt das zusammen?

Für mich stellt sich diese Frage nicht: Hacking, also der innovative und häufig auch offensive Umgang mit Computertechnik, bildet die Grundlage jeder vernünftigen IT-Sicherheitskompetenz. Wer Hacking versteht, kann reale Gefahren besser einschätzen und Angreiferverhalten besser antizipieren. Diese Einsicht, die durch wissenschaftliche Studien gestützt wird, setzt sich auch in der Praxis immer mehr durch.

Wir brauchen also eher mehr Hacking als weniger. Vor allem brauchen wir mehr Hacking für die »Guten«, um mit der Gegenseite Schritt zu halten. Nicht nur deshalb ist das vorliegende Buch von Victor Völzow und Lorenz Kuhlee so wertvoll. Die Autoren haben es geschafft, aktuelle Techniken der digitalen Forensik präzise und unterhaltsam darzustellen. Ein lesenswertes Buch, das Spaß macht und die Praxis positiv beeinflussen wird. Möge die Lektüre dieses Buches mehr »Völzows« und »Kuhlees« hervorbringen, sodass der Titel *Computer-Forensik Hacks* in Kürze keinen Widerspruch mehr hervorruft.

Prof. Dr. Felix Freiling ist Inhaber des Lehrstuhls für IT-Sicherheitsinfrastrukturen an der Friedrich-Alexander-Universität Erlangen-Nürnberg. Sein Forschungsschwerpunkt liegt im Bereich der offensiven IT-Sicherheit und der digitalen Forensik.

Einleitung

Gerade mal ein Jahrzehnt ist es her, dass sich in einzelnen Büros von System-administratoren und Strafverfolgungsbehörden intensiver mit der Auswert-barkeit digitaler Daten für Verfahrenszwecke beschäftigt wurde. Das bis dato wenig erforschte Feld der Computer-Forensik erregte zunehmendes Interesse, wurden schließlich immer mehr Daten auf Computersystemen vorgehalten. Zwar beschäftigten sich bereits in den 80er Jahren schon die ersten Pioniere mit der Frage, wohin welche Software welche Daten schreibt und wie gelöschte Daten wiederhergestellt werden können, doch wurde ihren ersten Erkenntnissen noch wenig Beachtung geschenkt. Erst mit der nahezu flächen-deckenden Verbreitung von IT-Systemen in Privathaushalten, Unternehmen, Behörden und bei Betreibern kritischer Infrastrukturen wurde der hohe Stel-lenwert von qualifizierten, digitalforensischen Untersuchungen erkannt. Schließlich wurden beispielsweise Verstöße gegen Unternehmensrichtlinien und Vorfälle gegen den Schutz geistigen Eigentums mehr und mehr mit Hilfe von Computern begangen. Auch Straftäter begannen, sich die digitalen Medien zunutze zu machen. Sie verlagerten herkömmliche Straftaten wie bei-spielsweise Betrug und Erpressung zunehmend in das Internet und kreierten sogar völlig neue Deliktsfelder, die IT-Systeme nicht nur als Tatmittel, son-dern auch als Angriffsziel nutzten.

Seit dieser Zeit hat sich eine täglich wachsende Gemeinde von Computer-Forensikern gebildet, die sich auf Webseiten und Foren im Internet, aber auch »offline« auf Konferenzen, Trainings und Messen weltweit miteinander austauscht. Immer mehr Fachbücher nehmen sich mittlerweile der Compu-ter-Forensik und auch der ihr entwachsenen Digitalen Forensik an. Und auch die Wissenschaft hat sich dieses Themas inzwischen angenommen und hilft einem komplexen Fachgebiet, das mit vereinzelten Bastlern seinen Ursprung nahm, durch Anwendung wissenschaftlicher Methoden zu dem Fortschritt und der Anerkennung, die es verdient. Die wenigen Vorlesungen zur Compu-ter-Forensik, die einst optional im Rahmen des ein oder anderen Informatikstudiums belegt werden konnten, sind heute in Umfang und Qualität zu vollwertigen Master Studiengängen gereift – in Deutschland wie auch international.

Auch die Industrie weiß inzwischen um die Wichtigkeit forensischer Untersuchungen. Zwar genießen die Verfügbarkeit von Systemen und die Vermeidung von Imageschäden höchste Priorität, dennoch nutzt man die Kenntnisse aus der Computer-Forensik, um Vorfälle zu analysieren. So lassen sich nicht nur Hinweise auf den Täter und dessen Vorgehen finden, sondern auch Sicherheitslücken schließen und Ablaufpläne für künftige Sicherheitsvorfälle standardisieren und optimieren.

Dieses Buch ist eine Sammlung von Ideen, Methoden, Tipps und Tricks (kurz: Hacks) aus allen möglichen Arbeitsschritten in der Computer-Forensik. Wir haben Ihnen praktische Lösungen für echte Problemstellungen in kleine, bekömmliche Portionen gepackt, die Sie nicht nur lesen, sondern auch direkt anwenden können. Zu jeder praktischen Lösung geben wir Ihnen aber auch das notwendige Hintergrundwissen mit auf dem Weg, das Sie benötigen, um sowohl das Problem wie auch den Lösungsansatz nachvollziehen zu können. Das Konzept dieses Buches lässt es nicht zu, Ihnen zu jedem Thema eine voll umfassende Erklärung mitzuliefern. Da Sie aber bei dem Griff zu diesem Buch sicherlich kein hoch-wissenschaftliches, mehrbändiges Standardwerk zur Computer-Forensik gesucht haben, versorgen wir Sie stattdessen mit dem, was Sie auch wirklich wollten: 100 spannende und interessante Hacks rund um das Thema Computer-Forensik.

Wie dieses Buch verwendet werden soll

Sie können, wenn Sie möchten, dieses Buch von Anfang bis Ende durchlesen. Da aber jeder Hack eine selbständige Einheit bildet, können Sie sich auch einfach anhand des Inhaltsverzeichnisses ein Thema Ihrer Wahl heraussuchen und direkt dort einsteigen. Oder nutzen Sie dieses Buch doch als Nachschlagewerk. So machen wir es übrigens auch! Viele Ideen und Problemlösungen aus unserer Praxis haben ihren Weg in dieses Buch gefunden – da auch unser Gedächtnis Grenzen hat, nutzen wir die einzelnen Hacks als Gedächtnisstütze.

Wann auch immer Sie beim Durchstöbern der Hacks Vorkenntnisse aus einem anderen Hack benötigen, weisen wir Sie in dem Text darauf hin. Bei manchen Tipps werden Sie auch Verweise zu Anleitungen oder Hintergrundinformationen im Internet finden.

Die Hacks in diesem Buch benutzen grundsätzlich kostenlose Software, also Open-Source- oder Freeware Software. Bei wenigen Lösungen verweisen wir aber auch auf Software, die für die Privatnutzung kostenlos, für gewerbliche oder behördliche Nutzung jedoch kostenpflichtig ist. Die von uns beschriebenen Programme laufen durchgängig auf den Betriebssystemen Microsoft Windows oder Linux. Sie sollten daher über Systeme beider Art verfügen (z.B: auch als virtuelle Maschine). Sollten Sie noch nicht firm in einem der beiden Betriebssysteme sein, bitten wir Sie, sich vorher entsprechend zu informieren. Das Internet hält eine Menge toller Anleitungen und nachvollziehbarer Tutorials mit Tipps zur Installation und Ersteinstieg z.B. in Linux (wir empfehlen für den Einstieg Ubuntu oder Fedora) für Sie bereit.

In den Fällen, in denen eine Software einmal nicht oder nur unter bestimmten Umständen kostenlos ist, müssen Sie selbst prüfen, unter welchen Einsatzzweck Ihre Verwendung des Programmes fällt. Wir weisen Sie auf etwaige Kosten eines Produkts oder auf Lizenzeinschränkungen hin, können jedoch nicht dafür garantieren, dass zu dem Zeitpunkt, zu dem Sie unser Buch lesen, die Software immer noch kostenlos, frei nutzbar oder zu einem bestimmten Preis zu erhalten ist. In jedem Fall müssen Sie die Lizenzbestimmungen des Herstellers beachten.

Wie dieses Buch aufgebaut ist

Sehen Sie dieses Buch wie ein Kochbuch. Es enthält 100 köstliche Gerichte, die Sie unabhängig voneinander kochen können. Wie in einem Kochbuch finden Sie auch in diesem Buch unterschiedliche Gänge, also mehrere Vorspeisen, eine ganze Palette an Hauptgerichten und auch einige süße Nachspeisen. Erkennen Sie die Chronologie in der Speisefolge? Genauso chronologisch gehen wir in diesem Buch auch die einzelnen Arbeitsschritte der Computer-Forensik durch. Es beginnt mit Tipps & Tricks zur Vorbereitung und Datensicherung, gefolgt von einigen Hacks zu Dateisystemen. Der Hauptteil dreht sich um Datenwiederherstellung und das Analysieren der unterschiedlichsten digitalen Spuren, bevor einige Schmankerl zu den Themen Hacking und Virtualisierung als Nachtisch auf Sie warten. Insgesamt warten acht Kapitel darauf, von Ihnen entdeckt zu werden:

Kapitel 1, *Datensicherung*
Am Anfang jeder forensischen Auswertung steht im Normalfall die Sicherung von Daten. In diesem Kapitel finden Sie Tipps und Tricks, wie Sie sich am besten auf Datensicherungen vorbereiten können und wie Sie sie auf unterschiedliche Arten unter verschiedenen Umständen sichern können. Da in der Forensik der Aspekt der Gerichtsverwertbarkeit eine große Rolle spielt, gehen wir auch auf Cross-Kontaminierung, unterschiedliche Abbildformate und deren Verifizierung ein.

Kapitel 2, *Dateisysteme*
Bevor Sie Spuren auf einem Datenträger suchen, sollten Sie wissen, auf welcher Grundlage all die beweisrelevanten Daten entstanden sind. Als Forensiker ist es daher unumgänglich, sich mit Dateisystemen und deren

Aufbau zu beschäftigen. Zwar ist dieses Kapitel das wohl abstrakteste, doch ist es bei weitem keine theoretische Abhandlung aller möglichen Bytes in einem Dateisystem. Stattdessen liegen für Sie einige wesentliche Elemente der gängigsten Dateisysteme in kurzen Hacks zum Ausprobieren bereit.

Kapitel 3, *Analyse und Wiederherstellung von Daten*

Nachdem Sie Daten gesichert und deren Ablage auf dem Dateisystem einer Partition verstanden haben, beschreiten Sie den Hauptteil dieses Buches – die Analyse und Wiederherstellung von Daten. Von Techniken zum Hash-Abgleich, Signaturanalysen über Carving, Mounten und Block-Hashing bis hin zu Schlüsselwortsuchen mit Regulären Ausdrücken und intensiver Logdatei-Auswertung: Hier finden Sie alles, was das Forensiker-Herz begehrt.

Kapitel 4, *Digitale Spuren in Windows*

Etwas intensiviert wird die Spurensuche und –auswertung in den Kapiteln vier bis sechs. Hier gehen wir auf betriebssystem- und applikationsspezifische Artefakt ein. Entdecken Sie in Kapitel vier beispielsweise, welche Dokumente und Programme ein Benutzer zuletzt oder am häufigsten ausgeführt hat, sehen Sie, was gedruckt wurde, welche Bilder betrachtet wurden und welche Dateien gelöscht wurden.

Kapitel 5, *Digitale Spuren in Linux*

Durch die zunehmende Verbreitung von Linux, insbesondere im Server-Bereich, werden Sie sich früher oder später auch mit diesem Betriebssystem auseinander setzen müssen. Vielleicht haben Sie ja ohnehin schon ein Faible für das OS mit dem Pinguin? Umso besser, denn in diesem Kapitel werden Sie Linux aus forensischer Sicht betrachten. Das fängt an bei einem ersten, schnellen Überblick, welches Linux-Derivat Ihnen überhaupt vorliegt, welche Partitionen und welche Software auf dem System eingerichtet sind und geht weiter mit einer Analyse von Netzwerkdiensten und deren Konfiguration. Schließlich werden Sie sich auf die Spuren der User machen, indem Sie deren Konfiguration und Historie analysieren.

Kapitel 6, *Internetartefakte*

Das sechste Kapitel nimmt Sie mit in die spannende Welt der Internetartefakte. Da sich heutzutage fast jeder Bürger im Netz bewegt und wie eingangs dargestellt das Internet auch immer häufiger zur Begehung von Verstößen und Straftaten missbraucht wird, sind Internetartefakte oft von hoher Bedeutung für Verfahren. In diesem Kapitel zeigen wir Ihnen nicht nur, wie Sie einzelne Applikationen auswerten können, Sie lernen beiläufig auch noch eine Methodik, mit der Sie nahezu jede beliebige Anwendung untersuchen können, die auf SQLite-Datenbanken basiert.

Kapitel 7, *Hacking & Co.*

Die Überschrift dieses Kapitels täuscht vielleicht ein wenig: Sie werden hier keine Tipps und Tricks zum Cracken von Systemen erhalten. Schon gar nicht werden Sie »zum Hacker ausgebildet«. Sie werden jedoch bestimmte Angriffsvektoren kennenlernen und Beispiele dafür, wie Sie Hinweise auf Sicherheitsvorfälle ausmachen und vielleicht sogar noch Spuren des Angreifers auffinden können.

Kapitel 8, *Virtualisierung*

Eine Technik, die seit wenigen Jahren immer häufiger in der Forensik verwendet wird, ist das Virtualisieren. Streng genommen sollten Sie in der Lage sein, alle Spuren, die Sie in einer virtualisierten Umgebung finden, auch in dem toten Datenträgerimage aufzuspüren. Doch kann das simulierte Inbetriebnehmen eines Rechners viele Artefakte schneller und von der Darstellung her anschaulicher darstellen als dies beispielsweise bei einem Einstellungswert in der Windows Registry oder einem Wert in einer Konfigurationsdatenbank der Fall ist. In Kapitel acht erfahren Sie, wie Sie Datenträgerimages zum Virtualisieren mounten, sie mit Hilfe von qemu schnell und performant in Betrieb nehmen können und Treiberprobleme lösen können. Weiterhin bekommen Sie Tricks an die Hand, wie Sie im Fall, dass Sie das Passwort für Ihre virtuelle Maschine vergessen haben, dieses unkompliziert wiederherstellen können und so auch die Stärke Ihrer eigenen Passworte überprüfen können.

Besuchen Sie uns auf der Webseite zum Buch

Wir haben alle Lösungen mehrfach selbst getestet, bevor wir sie für Sie niedergeschrieben haben. Daher sind wir sehr zuversichtlich, dass Sie Ihren Spaß und auch Erfolg mit den Hacks haben werden. Sollten Sie dennoch einmal nicht weiterkommen nehmen Sie doch einfach Kontakt zu uns auf. Am besten geht das über die Webseite zu diesem Buch:

http://www.forensikhacks.de

Über diese Seite erreichen Sie auch sämtliche Links aus diesem Buch, damit Sie nicht mühsam ellenlange URLs abtippen müssen.

Nutzen Sie doch einen Besuch auf unserer Seite auch, um uns Ihre Anregungen, Ideen und Verbesserungsvorschläge mitzuteilen, damit wir die Computer-Forensik Hacks erweitern und optimieren können. Vielleicht haben Sie auch die ein oder andere Idee für weitere Hacks oder aber Ihnen hat ein Hack aus dem Buch geholfen, eine Untersuchung erfolgreich abzuschließen? Wir freuen uns auf Ihr Feedback und Ihre Ideen!

Typografische Konventionen

In diesem Buch werden die folgenden typografischen Konventionen verwendet:

Kursivschrift
> Kennzeichnet URLs, Dateinamen, Dateinamen-Erweiterungen und Verzeichnis-/Ordnernamen. Ein Pfad im Dateisystem wird zum Beispiel als */Entwicklung/Anwendungen* erscheinen.

`Nichtproportionalschrift`
> Wird verwendet, um Code-Beispiele, den Inhalt von Dateien, Konsolenausgaben sowie Namen von Variablen, Befehlen und andere Code-Ausschnitte anzuzeigen. In Code-Beispielen verwenden wir manchmal das Symbol »\« am Ende einer Zeile. Dies soll symbolisieren, dass die Zeile eigentlich fortlaufend ist. Sie können beim Abtippen des Codes also das »\« ignorieren.

`Nichtproportionalschrift fett`
> Wird zur Hervorhebung von Code-Abschnitten verwendet, bei denen es sich normalerweise um neue Ergänzungen zu altem Code handelt.

Sie sollten besonders auf Anmerkungen achten, die mit den folgenden Symbolen vom Text abgehoben werden:

Das ist ein Tipp, ein Hinweis oder eine allgemeine Anmerkung. Er enthält nützliche ergänzende Informationen zum nebenstehenden Thema.

Das ist eine Warnung oder Ermahnung zur Vorsicht, die oftmals anzeigt, dass Ihr Geld oder Ihre Privatsphäre in Gefahr ist.

Die Thermometer-Symbole, die neben jedem Hack stehen, geben die jeweilige Komplexität des Hacks an

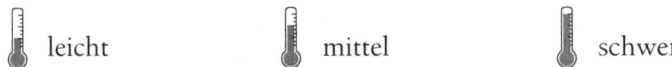

leicht   mittel   schwer

Verwendung von Code-Beispielen

Dieses Buch soll Ihnen dabei helfen, Ihren Job zu erledigen. Im Allgemeinen können Sie den Code aus diesem Buch in Ihren Programmen oder in Ihrer Dokumentation einsetzen. Sie müssen uns nicht kontaktieren und um Erlaubnis fragen, es sei denn, Sie kopieren einen erheblichen Teil des Codes. Das Schreiben eines Programms zum Beispiel, das mehrere Codeteile aus diesem Buch verwendet, bedarf keiner Genehmigung. Der Vertrieb oder das Verteilen einer CD-ROM mit Beispielen aus O'Reilly-Büchern bedarf *allerdings* einer Genehmigung. Wenn in einer Antwort auf eine Frage dieses Buch zitiert und Beispielcode daraus angeführt wird, bedarf dies keiner Genehmigung. Das Einbinden einer erheblichen Menge an Beispielcode aus diesem Buch in die Dokumentation Ihres Produkts bedarf *allerdings* der Genehmigung.

Wir freuen uns über einen Nachweis, verlangen aber keinen. Ein Nachweis enthält normalerweise Titel, Autor, Verlag und ISBN. Zum Beispiel: »*Computer-Forensik Hacks* von Lorenz Kuhlee und Victor Völzow. O'Reilly Verlag 2012, ISBN 978-3-86899-121-5.«

Wenn Sie vermuten, dass Ihr Gebrauch von Code-Beispielen außerhalb des fairen Gebrauchs oder der hier erteilten Genehmigungen liegt, wenden Sie sich bitte unter *permissions@oreilly.com* an uns.

Datensicherung

Hacks #1-14

Die Sicherung von digitalen Spuren ist der erste und gleichzeitig kritischste Schritt bei der Durchführung einer digitalforensischen Untersuchung. Erfahrungsgemäß ist die Datensicherung derjenige Prozess, bei dem die meisten unumkehrbaren Fehler begangen werden können. So könnten zum Beispiel unbeabsichtigte Schreibzugriffe auf dem zu analysierenden Datenträger erfolgen. Dadurch wäre am Ende erheblicher Schaden auf dem Speichermedium verursacht, da eventuell zu rettende Daten im schlechtesten Fall unwiederbringlich gelöscht wären. Abgesehen davon ist im Hinblick auf den klassischen forensischen Prozess jegliche Integrität der Daten zu bewahren, um Vorwürfen der Manipulation von Beweismitteln vorzubeugen.

Eine professionelle, gerichtsverwertbare Datensicherung kann bei der Frage nach der Zulässigkeit eines Beweismittels vor Gericht von entscheidender Bedeutung sein. Darüber hinaus bestärkt eine fachmännisch durchgeführte Sicherung die Glaubwürdigkeit des sachverständigen Forensikers vor Gericht.

Noch kritischer zu sehen ist die Sicherung von flüchtigen Daten wie dem Inhalt des Arbeitsspeichers (RAM, random access memory). Fehler in diesem Stadium werden erbarmungslos bestraft. Diese Bits und Bytes leisten für die spätere Auswertung einen wertvollen Beitrag; so können sie beispielsweise Passwörter beinhalten, die nirgends sonst auf herkömmlichen Datenträgern gespeichert sind.

Dieses Kapitel zeigt dem Einsteiger in hilfreichen Hacks, wie er forensische Abbilder seiner geliebten und wichtigen Daten erzeugt. Dem professionell orientierten Leser sind die Hacks eine wunderbare Erweiterung seiner Werkzeugkiste.

Die Hacks in diesem Kapitel sind in folgende vier Kategorien unterteilt: Sicherung flüchtiger Daten, Sicherung von Speichermedien, Praxiseinsatz von Boot-DVDs und Sichern über Netzwerke.

Vorbereitung

Live-Sicherung flüchtiger Daten

Sicherung von Speichermedien

Tipps und Tricks zur Datensicherung

HACK #1 Woran Sie denken sollten

»Vorbereitung ist die halbe Miete«

Bei der Sicherung digitaler Daten sind im Vorfeld verschiedene Vorüberlegungen anzustellen. Das fängt bei ganz trivialen Dingen an. Wie wollen Sie zum Beispiel ohne Schraubendreher an die Festplatte eines Computers gelangen?

Dieser Hack beschäftigt sich mit den vorbereitenden Maßnahmen vor dem Datensicherungsprozess und nimmt auch Rücksicht auf die besonderen Herausforderungen bei einer Datensicherung außerhalb Ihrer gewohnten Büro-/Laborumgebung. Naturgemäß können wir nicht alle Eventualitäten abdecken, da jede Untersuchung verschiedenen Gegebenheiten unterliegt. Aus diesem Grund listen wir im Folgenden eine große Anzahl an möglichen Utensilien auf, selbst für ungewöhnliche Situationen. Dem Leser sei überlassen, eine individuelle Auswahl zu treffen.

Folgende Utensilien schlagen wir Ihnen vor

Eine *Kamera,* um die Umgebung und den Zustand des zu untersuchenden Computers zu dokumentieren. Das ist wichtig, um den Ursprungszustand des Geräts und seiner Umgebung festzuhalten. Ein Bild sagt mehr als tausend Worte! Eventuell kann die spätere Auswertung es erfordern, sich an Detailinformationen zu erinnern. Ein Bild oder ein Film von einer Videokamera hilft Ihrem Gedächtnis auf die Sprünge. Auf diese Weise sind selbst noch so verwirrende Kabelverbindungen in der Rekonstruktion ein Kinderspiel.

Verpackungsmaterialien. Üblicherweise sind elektronische Komponenten sehr empfindlich. Um sie vor jeglicher Art von äußeren Einflüssen zu schützen, ist es wichtig, entsprechendes Verpackungsmaterial vorzuhalten. Festplatten, Computer und Peripheriegeräte sind insbesondere vor Hitze durch Sonneneinstrahlung, Nässe durch Regen, Schmutz und Staub sowie transportbedingten Erschütterungen zu schützen. Bei offenliegenden Platinen und Chips ist eine antistatische Verpackung unabdingbar.

Handschuhe. Sie glauben gar nicht, was sich so alles in einem Computergehäuse ansammeln kann. Insbesondere die Kombination von Staub und Zigarettenrauch kann eine schmierige Angelegenheit sein. Davon abgesehen kann es je nach Auftrag notwendig sein, spurenschonend vorzugehen.

Taschenlampe. Ohne das zusätzliche Licht einer Taschenlampe ist es verzwickt, sich in einem dunklen Computergehäuse zurechtzufinden. Besonders kleine Jumper, Steckverbindungen und Seriennummern sind mit einer Taschenlampe viel leichter zu erkennen. Aber vergessen Sie die Ersatzbatterien nicht!

Aufkleber und Umhängeschilder sind nützlich, um Geräte und Kabelverbindungen zu kennzeichnen. Sie können damit Nummern vergeben, um diese Komponenten eindeutig identifizieren und zuordnen zu können.

Messer, Schere und Zange helfen Ihnen dabei, Aufkleber auf die richtige Größe zuzuschneiden und Kabelbinder zu lösen.

Ein *Schraubendreherset* inklusive einer reichhaltigen Auswahl an unterschiedlichen Bits ist ein Muss. Ob zum Öffnen eines PC- oder Notebook-Gehäuses, zur Entnahme einer Festplatte oder zum Öffnen einer externen Festplatte: Schraubendreher werden Sie immer brauchen.

Ihr *Notebook* sollten Sie ebenfalls bei jedem Datensicherungsauftrag bei sich haben. Die Datensicherungssoftware, die Sie in einer ruhigen Stunde auf ihrem Notebook installiert haben, kann in zeitkritischen oder problematischen Momenten Gold wert sein.

Der *Schreibschutzadapter,* auch gern als »Gummihandschuhe des Forensiker« bezeichnet, muss immer dann zum Einsatz kommen, wenn Sie forensische

Datensicherungen erstellen wollen. Er gewährleistet, dass keine Schreibzugriffe auf das zu sichernde Medium stattfinden.

Verschiedene *Anschlüsse* für SATA-, SAS-, IDE- und auch SCSI-Festplatten sollten Sie deshalb vorrätig halten, da all diese Anschlussarten noch immer zum Einsatz kommen und Sie vorher nie wissen, welche Art von Festplatte in einem Computer verbaut ist.

Boot-DVDs und Software-Tools – siehe [Hack #11].

Speichermedien intern sowie extern mit Schnittstellen wie eSATA, USB, Firewire und auch LAN sind die Arbeitsgrundlage für jede Datensicherung. Irgendwo müssen die zu sichernden Daten ja hingeschrieben werden. Im Zweifel gilt: Lieber zu viel Speicher vorhalten als zu wenig.

Formulare kommen dann ins Spiel, wenn Sie Abläufe und Vorgehensweisen dokumentieren müssen. Im Regelfall spielen solche Dinge immer dann eine Rolle, wenn Sie es mit Verfahren zu tun haben, die eine betriebliche oder gerichtliche Relevanz besitzen.

Kabel, zum Beispiel Netzwerkkabel oder Cross-over-Kabel, brauchen Sie immer dann, wenn Sie selbst in einem Netzwerk tätig werden wollen. Über ein Cross-over-Kabel können Sie beispielsweise die Sicherung eines kompletten Datenträgers über das Netzwerk auf Ihren Computer durchführen.

Ein *Erdungs-/Anti-Statik-Armband* bewahrt Sie davor, Ihr eigenes oder fremdes technisches Gerät beim Ein- und Ausbau durch sich entladende elektrostatische Aufladungen zu beschädigen oder gar zu zerstören. Würden Sie einem Kunden oder etwa einem Richter gern erklären, warum ein zuvor völlig intakter Rechner nach Ihrer »Behandlung« plötzlich keinen Mucks mehr von sich gibt?

Mit einer *Funkuhr* können Sie sekundengenau dokumentieren, wann Sie welche Maßnahmen durchgeführt haben. In dem Fall, dass Sie ein laufendes System sichern möchten (mehr dazu in den [Hacks #3–#7]), können Sie anhand einer Funkuhr die Abweichung der Systemzeit zur Echtzeit feststellen.

Stift und Papier – so banal es klingen mag, aber Sie werden Stift und Papier immer brauchen. Sei es, um Seriennummern zu notieren, ihre Maßnahmen zu dokumentieren, eine Netzplanskizze aufzuzeichnen, oder was es sonst noch alles so gibt ...

Umzugskartons sind immer dann vonnöten, wenn Sie eine Datensicherung außerhalb Ihres Büros/Labors durchführen müssen. Sie wissen nie, wie viele Geräte Sie später eventuell zu Ihrem Büro/Labor transportieren müssen.

Ein *WLAN-Sniffer/-Scanner* kann Ihnen dabei helfen, kabellose Netzwerkspeicher aufzuspüren. Das kann in Szenarien von Bedeutung sein, in denen Sie eine Datensicherung außerhalb Ihres Büros durchführen müssen.

Klären Sie vor jedem Einsatz dieser Technik ab, ob er in diesem speziellen Fall rechtlich zulässig und gewünscht ist.

Last, but not least – der universelle *DVD-Fach-Öffner*: eine Büroklammer!

Als kleine Hilfestellung für die Praxis haben wir Ihnen die folgende Checkliste zusammengestellt.

Tabelle 1-1: Checkliste: Vorbereitung

Daran sollten Sie denken	Check
Kamera (inkl. Ersatzbatterien und Speicherkarten)	☐
Verpackungsmaterialien (Plastiktüten, Anti-Statik-Tüten)	☐
Handschuhe	☐
Taschenlampe (inkl. Ersatzbatterien)	☐
Aufkleber und Umhänger	☐
Messer, Schere und Zange	☐
Schraubendreherset (inkl. umfangreicher Bit-Satz)	☐
Laptop	☐
Hardware-Schreibschutz	☐
Adapterstecker (IDE, SATA, SAS, SCSI, ZIF)	☐
Boot-DVDs (inkl. Softwaretools)	☐
Speichermedien (USB, eSATA, LAN)	☐
Formulare	☐
Kabel (insb. Netzwerkkabel, Cross-over-Kabel)	☐
Erdungs-/Anti-Statik-Armband	☐
Funkuhr	☐
Stift & Papier	☐
Umzugskartons	☐
Klebeband	☐
WLAN-Sniffer/-Scanner	☐
Büroklammer (»der universelle DVD-Fach-Öffner«)	☐

HACK #2 So säubern Sie Ihre Backup-Datenträger
»Ein jeder kehre vor seiner eigenen Tür.«

Ganz egal, aus welchem Grund Sie Daten sichern möchten, eines werden Sie immer brauchen: Speicherplatz. Bei stetig steigenden Speicherkapazitäten und fallenden Hardwarepreisen bieten sich heutzutage vornehmlich Festplatten an, egal ob als einzelne externe Geräte oder im geschwindigkeitsoptimierten Raid-Verbund. Sie sollten bei jeder Art der Datensicherung immer darauf achten, auf einen anderen Datenträger als den ursprünglichen zu sichern. Ansonsten wäre die »Sicherung« im Falle eines Hardwaredefekts oder Verlust des Originals gleich mit verloren. Auch das Wiederherstellen von gelöschten Dateien und Verzeichnissen auf ein- und denselben Datenträger wäre fatal. Abgesehen davon, dass diese Verfahrensweise gegen den wichtigsten Grundsatz der digitalen Forensik verstößt – nämlich kein Beweismittel zu verändern –, birgt sie gleichzeitig die Gefahr, Daten unwiederbringlich zu überschreiben, die eigentlich wiederhergestellt werden sollten. Sie sehen: An einem zusätzlichen Datenträger für die zu sichernden Daten führt kein Weg vorbei.

Wenn Sie forensisch korrekt arbeiten müssen oder möchten, sollten Sie sicherstellen und belegen können, dass Sie Maßnahmen ergriffen haben, um Cross-Kontamination zu vermeiden. Oder würden Sie sich gern in der Lage sehen, vor Gericht begründen zu müssen, warum sich in Slack-Bereichen von gesicherten oder exportierten Dateien des Vorgangs B noch alte Informationen aus Vorgang A befinden? Mindestens genauso ungünstig wäre es, wenn Sie Daten nur sichern, um sie an eine externe Abteilung oder ein anderes Unternehmen weiterzuleiten, und sich sensible Informationen von Ihnen oder Ihrem Unternehmen in gelöschten Bereichen des übergebenen Datenträgers finden.

Um solche Vorfälle zu vermeiden, ist es wichtig, alle Informationen auf dem Backup-Datenträger vollständig zu löschen, bevor er mit neuen Daten befüllt wird. In der Forensik ist mit »echtem« Löschen das mehrfache Überschreiben der Daten, das sogenannte »Wipen«, gemeint. Nur das Wipen garantiert, dass keine Dateien und Datenfragmente von dem Datenträger wiederhergestellt werden können. Weder Neupartitionieren noch Formatieren o. Ä. stellen einen wirksamen Schutz vor Cross-Kontamination dar.

Unter Windows gibt es viele Programme, die ganze Datenträger wipen können, darunter auch einige kostenlose:

- Disk Wipe: *http://www.forensikhacks.de/diskwipe*
- MiniTool Drive Wipe: *http://www.forensikhacks.de/drivewipe*
- Wipe Disk: *http://www.forensikhacks.de/wipedisk*

Diesen Tools gemein ist, dass sie sehr leicht und intuitiv zu bedienen sind. Sie bieten meist die Option, ganze Laufwerke oder nur einzelne Partitionen zu überschreiben. Zusätzlich bieten die meisten Programme auch noch mehrere unterschiedliche Löschmethoden an. Das reicht vom einfachen Überschreiben ausschließlich mit Nullen bis hin zum mehrfachen Überschreiben mit Zufallswerten.

Aber auch die kommerziellen Forensik-Suiten wie *EnCase*, *FTK* und *X-Ways* sind mit Funktionalitäten zum Wipen ausgestattet. Die Software *EnCase* beispielsweise bietet selbst im Acquisition-Modus, der keinen Lizenz-Dongle benötigt, im Menü unter *Tools* die Funktion *Drive Wipe*.

Wenn Sie lieber mit Linux arbeiten, können Sie mit einfachen Befehlen auf der Kommandozeile einen Datenträger überschreiben:

```
dd if=/dev/zero of=/dev/sdX
```

überschreibt den Datenträger *sdX* einfach mit Nullen, und

```
dd if=/dev/urandom of=/dev/sdX
```

überschreibt den Datenträger *sdX* einfach mit Zufallswerten.

Möchten Sie hingegen nur eine bestimmte Partition überschreiben, können Sie folgende Befehle nutzen:

```
dd if=/dev/zero of=/dev/sdX1
```

oder

```
dd if=/dev/urandom of=/dev/sdX2
```

HACK
#3

Bevor es zu spät ist – RAM sichern

»Was man hat, das hat man.«

Sie haben sich schon immer gefragt, wie Sie Daten retten können, die sich gar nicht auf der Festplatte Ihres Computers befinden? Vielleicht möchten Sie auch gern Schadsoftware untersuchen, die sich in Bereichen außerhalb Ihrer Festplatte versteckt? Dann sind Sie hier goldrichtig, denn im Folgenden zeigen wir Ihnen, wie Sie Ihren Random Access Memory (RAM), landläufig auch »Arbeitsspeicher« genannt, sichern können.

Die Bezeichnung Arbeitsspeicher ist übrigens sehr treffend, denn mit den Daten, die sich an diesem Speicherort befinden, wird in der Regel ständig gearbeitet. Sie werden geschrieben, gelesen, bewegt und überschrieben, und sie sind diejenigen Daten, die am empfänglichsten für Veränderungen sind. Egal, welche Daten bei der Nutzung des PCs im Arbeitsspeicher entstanden sind – sobald Sie Ihren Computer ausschalten, vergisst der RAM innerhalb weniger Sekunden bis Minuten seine Inhalte. Doch dazu mehr im [Hack #5], der Ihnen zeigt, wie Sie Inhalte des Arbeitsspeichers selbst nach dem Ausschalten des PCs sichern können.

Daten im Arbeitsspeicher unterliegen also nicht nur einer starken Fluktuation, sondern auch einer hohen Flüchtigkeit – man spricht hier auch von *Volatilität*. Das Besondere an den Daten im Arbeitsspeicher ist, dass sie sogar solche Daten beinhalten, die der Nutzer vielleicht nie auf seinem PC abspeichern wollte und denen er daher nie einen Speicherplatz auf der Festplatte zugewiesen hat. Wenn Sie beispielsweise gerade eine E-Mail, eine Chatnachricht oder ein Textdokument verfassen, ist die Wahrscheinlichkeit sehr hoch, Fragmente des Texts im Arbeitsspeicher Ihres Computers zu finden, obwohl Sie sie nie als Datei gespeichert haben.

Die genannten Eigenschaften des Arbeitsspeichers machen ihn für die Forensik natürlich besonders interessant, stellen den Forensiker jedoch vor neue Herausforderungen. So interessant die Daten im Arbeitsspeicher auch sein mögen: Die Gefahr, sie zu verlieren oder unbeabsichtigt zu überschreiben, ist erheblich höher als bei herkömmlichen Datenträgern. Das sollten Sie nicht nur bei Wahl des richtigen Sicherungstools, sondern auch beim Sicherungsvorgang selbst beachten.

Unter Windows haben sich folgende Softwarelösungen zur Sicherung des Arbeitsspeichers etabliert:

- *Win32dd.exe* und *Win64dd.exe*, enthalten im *MoonSols Windows Memory Toolkit*; die Community Edition ist kostenfrei zu haben, siehe *http:// www.forensikhacks.de/win32dd*.

- *Winen.exe* und *Winen64.exe*, enthalten in der kommerziellen Forensik-Software *EnCase* ab Version 6.11; kommerziell, siehe *http://www.forensikhacks.de/winen*.

- *Mdd.exe*, auch ManTech Memory DD genannt, von der ManTech International Corporation; Open Source-Software, siehe *http://www.forensikhacks.de/mdd*.

- *FTK Imager*, Freeware, siehe *http://www.forensikhacks.de/ftki*.

Bevor Sie eines dieser Tools anwenden, denken Sie daran, dass Sie durch Ihre Aktionen einen Teil des Arbeitsspeichers überschreiben werden. Deshalb wollen Sie den »Schaden« vermutlich so gering wie möglich halten. Die Tools *Win32/64dd.exe* und *Winen/64.exe* haben in unseren Tests die geringsten Auswirkungen auf RAM-Inhalte aufgewiesen, daher werden wir Ihnen das Vorgehen mit diesen Programmen näher beschreiben.

Mit *Win32dd.exe* oder *Win64dd.exe* (für 64-Bit Systeme) sichern Sie den Arbeitsspeicher durch Aufruf von

```
win32dd.exe /r /f ram.dd
```

Möchten Sie statt eines Raw-Image eine Sicherung des RAM im Crashdump-Format auf eine Netzwerkressource, dann führt Sie der folgende Befehl zum Ziel:

```
win32dd.de /d /f \\server\ram.dmp
```

 Wenn Sie nicht genau wissen, ob Sie auf einem 32- oder 64-Bit-Betriebssystem den RAM sichern, sollten Sie einen Blick auf das freie Zusatzprogramm *DumpIt* werfen. Es vereint *win32dd.exe* und *win64dd.exe* in einer einzigen Datei und

findet selbstständig heraus, ob es auf einer 32- oder 64-Bit-Plattform läuft. Sie erhalten *DumpIt* unter *http://www.forensikhacks.de/dumpit*.

Die Benutzung von *winen.exe* und *winen64.exe* ist ähnlich simpel. Starten Sie auf der Kommandozeile das Programm ohne Parameter, erscheinen einige Abfragen, in denen Sie Informationen zum Image eingeben können. Wenn Sie allerdings öfter RAM sichern, möchten Sie sich die ständige Neueingabe aller Informationen vielleicht ersparen. Dafür bietet Winen die Möglichkeit, auf zuvor angelegte Konfigurationsdateien zurückzugreifen:

```
winen.exe -f meine.config
```

Zu guter Letzt ist auch mit *mdd.exe* ein Abbild Ihres Arbeitsspeichers schnell und einfach erstellt. Führen Sie den folgenden Befehl aus:

```
mdd_1.3.exe -o ram.dd
```

Natürlich können Sie auch unter Linux und MAC den RAM sichern. Unter Linux war es bei älteren Kernels möglich, direkt auf das RAM-Device zuzugreifen und mit folgendem Befehl eine Sicherung zu erstellen:

```
dd if=/dev/mem of=ram.dd
```

Die neueren Kernels verbieten aus Sicherheitsgründen diesen direkten Zugriff. Eine Umgehung dieses Problems ist mit *fmem* (*http://www.forensikhacks.de/fmem*) möglich.

Für MAC gibt es den *Mac Memory Reader* (*http://www.forensikhacks.de/macmem*) als Lösung. Diesen können Sie wie folgt aufrufen:

```
sudo ./MacMemoryReader /Volumes/STORAGE/ram.mach-o
```

HACK #4 RAM sichern trotz Passwortsicherung
»Dich kriegen wir schon noch.«

Spätestens seit dem vorherigen Hack wissen Sie um die Wichtigkeit der Sicherung flüchtiger Daten, insbesondere des Arbeitsspeichers eines Computers. Sie wissen ebenso, welche Schritte zu unternehmen sind, um den RAM zu sichern. Doch was, wenn Sie den Arbeitsspeicher eines PCs sichern möchten, dessen Bildschirm gesperrt und mit einem Passwort geschützt ist?

Sicher, die einfachste Methode in einem solchen Fall ist, den Besitzer des Rechners nach dem Passwort zu fragen. Doch vielleicht ist dieser nicht verfügbar oder es handelt sich um einen entlassenen Mitarbeiter, dessen Kooperationswille stark zu wünschen übrig lässt. In diesem Fall geben wir Ihnen in diesem Hack das Werkzeug an die Hand, um in vielen Fällen den Arbeitsspeicher auch ohne Kenntnis des Passworts sichern zu können.

Das Zauberwort heißt »Firewire-Attacke«, und so eine Attacke ist gar nicht mal so kompliziert. Diese Technik macht sich ein Feature des Bussystems Firewire (auch i-Link oder IEEE 1394) zunutze. Um die Geschwindigkeit bei der Datenübertragung zu erhöhen, bedient sich Firewire der Technologie *Direct Memory Access (DMA)*. Daten werden über den DMA-Controller direkt in den Arbeitsspeicher geladen, ohne den Umweg über das Betriebssystem und die dort installierten Zugriffskontrollen zu gehen.

Voraussetzungen

Voraussetzung für diese Art der RAM-Sicherung ist, dass der betroffene Computer eine Firewire-Schnittstelle besitzt. Natürlich sollte auch Ihr PC über eine ebensolche verfügen. Sollten diese Schnittstellen nicht vorhanden sein, lassen sie sich optional z. B. über eine PCMCIA-Karte nachrüsten. Die Treiber für die nachgerüstete Firewire-Karte installieren sich auch dann im Hintergrund, wenn der PC mit einem Passwort gesperrt ist.

An die Arbeit

Zum Auslesen des Arbeitsspeichers via Firewire existieren zwei erwähnenswerte Softwaretools: das Paket *PythonRaw1394* von Adam Boileau (*http://www.forensikhacks.de/1394*) für Linux, Windows und Mac OS X und das Paket *Goldfish* vom University College Dublin (*http://www.forensikhacks.de/goldfish*) für Mac OS X. Letzteres ist ausschließlich für Strafverfolgungsbehörden zugänglich und kann nur über das University College Dublin bezogen werden. Daher können wir Ihnen ausschließlich die erste Variante zeigen.

Um mit dem Sichern des gesperrten Rechners zu beginnen, sollten Sie auf Ihrem eigenen PC ein Linux mit den Paketen *libdc1394-22*, *libraw1394-dev*, *swig* und Python in der Version 2.3 bereithalten. Sollten Sie diese Pakete noch nicht installiert haben, empfehlen wir Ihnen, die folgenden Kommandos auszuführen:

```
sudo apt-get install libdc1394-22 libraw1394-dev swig
wget http://www.python.org/ftp/python/2.3.6/Python-2.3.6.tgz
tar -zxvf Python-2.3.6.tgz
cd Python-2.3.6
./configure
// Nun müssen Sie das Makefile editieren und die Zeile
// BASECFLAGS=      -fno-strict-aliasing
// durch
// BASECFLAGS=      -fno-strict-aliasing -fno-stack-protector -U_FORTIFY_
SOURCE
// ersetzen.
make
sudo make install
```

```
// Nun müssen Sie die Datei /usr/include/libraw1394/raw1394.h editieren.
// Suchen Sie nach "_attribute_ ((deprecated));" und setzen Sie in der
// vorangegangenen Zeile ein Semikolon an das Ende.
```

Alternativ können Sie sich auch vorgefertigter Boot-CDs bedienen, die extra für diesen Zwecke ausgelegt sind und entsprechende Pakete bereits mit an Bord haben. Ein Beispiel dafür ist die kostenfreie Version der Helix Boot-CD (*http://www.forensikhacks.de/helix*).

Die Installation von *PythonRaw1394* verläuft denkbar einfach:

```
wget http://www.breaknenter.org/files/winlockpwn/pythonraw1394-1.0.tar.gz
tar xvfz pythonraw1394-1.0.tar.gz
cd pythonraw1394
make
// Sollte ein Fehler auftreten, stellen Sie sicher, dass im Makefile in den
Zeilen
// 4 und 5 das Verzeichnis zu Ihrer Python-Version korrekt ist.
```

Wenn dann alle Pakete vorhanden sind, müssen Sie die Treiber für neues Firewire-Device laden, Zugriffsrechte für das Gerät vergeben und schließlich unsere Maschine als iPod »tarnen«:

```
sudo modprobe -r firewire_ohci
sudo modprobe -r firewire_core
sudo modprobe ohci1394
sudo modprobe raw1394
sudo chmod 666 /dev/raw1394
./romtool -s 0 ipod.csr &&
```

Diese Tarnung ist notwendig, damit der Zugriff auf den Arbeitsspeicher des anderen Rechners akzeptiert wird und treibertechnisch keine Probleme auftreten. Nun können Sie mit der Sicherung des RAM beginnen:

```
./1394memimage 0 1 /home/forenikhacks/hack4.dmp -2048M
```

Seien Sie sich darüber im Klaren, dass Sie dieses Vorgehen nur anwenden sollten, wenn es keinen anderen Weg gibt. Sie laufen Gefahr, Speicherzugriffe zu verursachen, die den PC abstürzen lassen können. Zudem erlaubt dieses Verfahren derzeit nur die Sicherung von maximal 4 GByte RAM.

HACK #5 Wenn nichts mehr hilft: Cold Boot
»Der RAM als Kurzzeitgedächtnis«

Vielleicht ist Ihnen das auch schon einmal passiert: Sie wollen oder müssen einen laufenden Rechner so sichern, dass möglichst wenige Daten verloren gehen oder gar verändert werden. Sicherlich denken Sie in einem solchen Fall an eine Sicherung des Arbeitsspeichers. Doch was tun, wenn das System gesperrt ist und Sie aufgrund einer nicht vorhandenen Firewire-Schnittstelle oder einer Sperrung durch Verschlüsselungssoftware keinen Direktzugriff auf den RAM erhalten können? Was, wenn der zu sichernde Computer vor wenigen Sekunden erst ausgeschaltet wurde?

Kein Problem. Für diese Härtefälle gibt auch eine Lösung: die Methode *Cold Boot*. Wir bitten Sie, die im Folgenden vorgestellten Vorgehensweisen ausschließlich als Notlösungen für den Fall anzusehen, dass alle anderen Möglichkeiten zur Sicherung des Arbeitsspeichers keinen Erfolg versprechen.

> Je nach Systemkonfiguration besteht die Möglichkeit, dass die beschriebenen Verfahren nicht zum Erfolg führen und auch Risiken der Datenveränderung in sich bergen. Einige BIOSe leeren beispielsweise den Arbeitsspeicher beim Systemstart.

Die Cold Boot-Methode beruht auf einer wissenschaftlichen Arbeit der Princeton Universität, bei der festgestellt wurde, dass der Arbeitsspeicher im PC seine Inhalte nicht – wie lange angenommen – beim Ausschalten des Computers sofort verliert. Die Speicherchips des RAM können die auf ihnen zwischengespeicherten Daten mehrere Sekunden bis Minuten lang halten, bevor sie sie endgültig »vergessen«. Genau diese Eigenschaft macht sich die Cold Boot-Methode zunutze.

Grundsätzlich gibt es zwei Ausprägungen dieser Sicherungsart: zum einen die Variante, bei der lediglich ein Neustart des betroffenen Systems erforderlich ist, und um anderen die Herangehensweise, dass der Arbeitsspeicher eingefroren und in einen Auswertungsrechner »transplantiert« wird. Wir begnügen uns hier mit der ersten Methode, da sie alltagstauglicher und weniger risikoreich ist. Die zweite Variante stellen wir Ihnen anschließend lediglich kurz vor.

Cold Boot für den Alltag

Bevor Sie mit der Sicherung beginnen können, benötigen Sie die entsprechende Software. Zwei Tools, die speziell für diese Aufgabe entwickelt wurden, sind *Msramdmp* von Wesley McGrew (*http://www.forensikhacks.de/Msramdmp*) und *USB Memory Scraper* von Bill Paul (*http://www.forensikhacks.de/mem*).

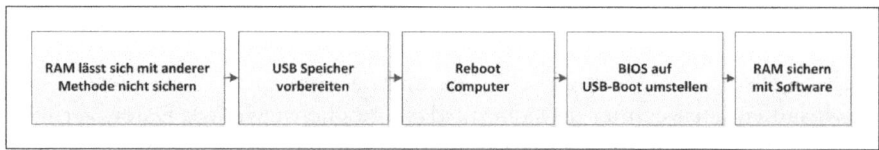

Abbildung 1-1: Schematische Darstellung einer Cold Boot-Sicherung

Um mit *Msramdmp* ein USB-Medium für die Cold Boot-Attacke vorzubereiten, ist folgendes Vorgehen notwendig:

1. Der Datenträger muss speziell partitioniert werden. Am einfachsten gelingt das unter Linux mit dem Befehl fdisk. Wenn Sie fdisk aufrufen, können Sie sich mit p eine Liste aller Partitionen anzeigen lassen, mit d Partitionen löschen und mit n neue Partitionen anlegen. Sorgen Sie nun dafür, dass zunächst alle Partitionen gelöscht werden, um dann mindestens zwei neue anzulegen.

 Wir empfehlen, dass Sie sich direkt vier Partitionen anlegen, denn sobald Sie eine RAM-Sicherung mit dieser Methode angefertigt haben, wird jeweils eine Partition als verbraucht gekennzeichnet.

Wichtig ist, dass Sie eine Partition vom Typ FAT-16 erstellen, die die eigentliche Sicherungssoftware beherbergt, und mindestens eine Partition vom Typ 40 (das können Sie bei fdisk angeben), auf der später das Abbild des RAM abgelegt wird.

Folgendes Schema sollten Sie also erstellt haben:

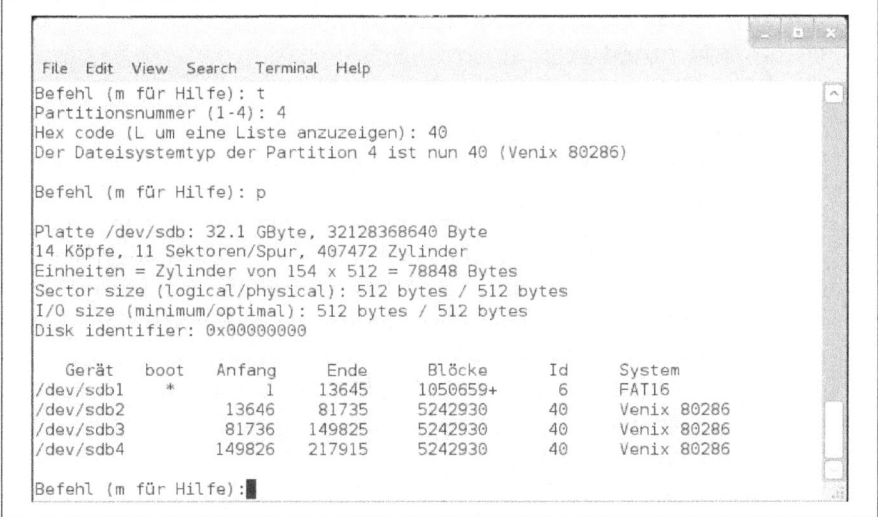

Abbildung 1-2: Partitionslayout in fdisk

Vergessen Sie vor dem Beenden von fdisk nicht, Ihr neues Partitionslayout durch Drücken von w auch tatsächlich auf das USB-Speichermedium schreiben zu lassen.

2. Verpassen Sie der soeben angelegten FAT-16-Partition ein Dateisystem:

```
mkfs.msdos /dev/sdb1
```

3. Laden Sie die Software *Msramdmp* sowie das zum Betrieb notwendige Minibetriebssystem *Syslinux* herunter:

http://www.forensikhacks.de/msramdmp

http://www.forensikhacks.de/syslinux

4. Nun entpacken und kompilieren Sie Syslinux:

```
tar xzvf syslinux-3.61.tar.gz
cd syslinux-3.61
sudo make
sudo make install
```

5. Um den USB-Datenträger mit Syslinux bootfähig zu bekommen, müssen Sie den Master Boot Record des Mediums überschreiben. Anschließend installieren Sie *Syslinux* auf dem Speicher:

```
cd mbr
sudo dd if=mbr.bin of=/dev/sdb
cd ../unix
sudo ./syslinux /dev/sdb1
```

6. Schließlich laden Sie noch das Tool *Msramdmp* auf den ansonsten fertigen USB-Datenträger:

```
mkdir /mnt/stick
mnt /dev/sdb1 /mnt/stick
cd ../../
tar xzvf msramdmp.tar.gz
cd msramdmp
cp msramdmp.c32 syslinux.cfg /mnt/stick
umount /mnt/stick
```

7. Glückwunsch! Ihr Bootdatenträger ist fertig. Sie können ihn übrigens auch für die Variante »Cold Boot even colder« (»Cold Boot noch kälter«, s. u.) nutzen. Um den RAM zu sichern, entfernen Sie das USB-Medium aus Ihrem eigenen Rechner und stecken es in den PC, dessen Arbeitsspeicher gesichert werden soll. Nun drücken Sie den Reset-Knopf des Computers und ändern entweder die Bootreihenfolge im BIOS bei einem Neustart auf USB als priorisiertes Gerät ab oder lassen sich das Bootmenü anzeigen, über das viele BIOSe verfügen. Der weitere Ablauf wird automatisiert von *Msramdmp* ausgeführt.

 Wichtig ist, dass Sie dieses Vorgehen vorher an mehreren unterschiedlichen Systemen üben. Denn sowohl die Zugriffstasten auf das BIOS als auch die für das Bootmenü und auch die generelle Möglichkeit, von einem USB-Speichermedium zu booten, variieren von PC zu PC.

```
SYSLINUX 3.61 2008-02-03 EBIOS Copyright (C) 1994-2008 H. Peter Anvin

msramdmp - McGrew Security Ram Dumper - v 0.5.1
http://mcgrewsecurity.com/projects/msramdmp/
Robert Wesley McGrew: wesley@mcgrewsecurity.com

Found msramdmp partition at disk 0x80 : partition 2
Partition isn't marked as used.  Using it.
Marked partition as used.
Writing section from 0x00000000 to 0x0009FFFF
Writing section from 0x00100000 to 0x20000000
Done! You can turn off the machine and remove your drive.
boot: _
```

Abbildung 1-3: Erfolgreiche Sicherung mit Msramdmp

Cold Boot even colder

Die zweite Variante, die wir bereits eingangs erwähnten, ähnelt der zuvor beschriebenen Vorgehensweise stark. Das heißt, Sie erstellen Ihr Bootmedium wie in den Schritten 1 bis 6 beschrieben und gehen lediglich beim Neustart des Rechners abweichend vor.

Statt einfach nur den Reset-Knopf des PCs zu betätigen, unterbrechen Sie die Stromzufuhr des Mainboards komplett, ziehen also beispielsweise den Stromstecker. Nun kommen wir zu dem Part, der nur für Ausnahmesituationen und Laborversuche geeignet ist.

In wissenschaftlichen Versuchen hat man festgestellt, dass der Arbeitsspeicher eines Computers seine Speicherinhalte wesentlich länger halten kann, wenn er heruntergekühlt wird. Das heißt konkret: Sie müssen die Speicherbausteine kühlen. Das Vorgehen lässt sich wie folgt schematisieren:

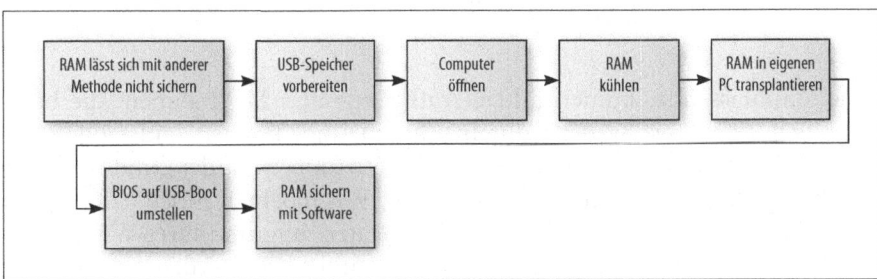

Abbildung 1-4: Schematische Darstellung einer Cold Boot-Sicherung mit Entnahme des RAM

Nach dem Ziehen des Steckers öffnen Sie also das Gehäuse des Computers, um an den Arbeitsspeicher zu gelangen. Die Speichermodule kühlen Sie dann schnellstmöglich mit Kältespray und entnehmen sie anschließend. Danach bauen Sie die Module in ihren eigenen, bereits vorbereiteten Rechner ein und booten ihn von Ihrem USB-Speichermedium, wie in Schritt 7 beschrieben.

Weitere flüchtige Daten richtig sichern

HACK
#6   »Daten sind wie Schall und Rauch.«

Sie kommen manchmal in die Verlegenheit, zeitnah flüchtige Daten eines Systems sichern zu müssen? Vielleicht haben Sie schon einmal aus dem laufenden Betrieb Daten gesichert, sich dabei aber unsicher gefühlt? Vor nicht allzu langer Zeit hätte man Ihnen an dieser Stelle vermutlich einen langen Vortrag darüber gehalten, dass ein Computersystem, das als forensisches Beweismittel dienen kann, sofort ausgeschaltet werden muss und man um Himmels willen keine Programme darauf starten sollte.

Natürlich hat dieser Grundsatz auch heute noch seine Berechtigung, jedoch muss er differenzierter betrachtet werden. Selbst die *Association of Chief Police Officers (ACPO)* beschreibt in ihren offiziellen Leitlinien, dass Experten mit dem entsprechenden Know-how durchaus Veränderungen an einem laufenden System vornehmen dürfen, wenn sie in der Lage sind, diese Eingriffe genau zu dokumentieren und zu begründen.

Wir gehen noch einen Schritt weiter und empfehlen Ihnen, immer wenn Sie die Möglichkeit haben – der zu sichernde PC also noch läuft –, flüchtige Daten zu sichern. In Anbetracht von Möglichkeiten wie Cloud-Diensten, Verschlüsselung, aktiven Netzwerkverbindungen, eingebundenen Netzlaufwerken und dergleichen mehr wäre es heutzutage fatal, auf all diese Informationen einfach zu verzichten. Also: Gehen wir's an!

Benutzen Sie beim Sichern flüchtiger Daten immer Ihre eigene Programme und Befehle. Sie wollen Ihre Maßnahmen doch sicherlich nicht auf Programme stützen, die aus nicht vertrauenswürdigen Quellen stammen oder gar in ihrer Funktion manipuliert wurden.

Eine allumfassende, immer gültige Auflistung aller Maßnahmen, die beim Antreffen eines Live-Systems durchzuführen sind, können und wollen wir Ihnen nicht präsentieren. Jede Sicherungssituation ist anders und erfordert ein speziell darauf abgestimmtes Vorgehen. Wir möchten Ihnen jedoch gern eine Übersicht darüber gewähren, welche Daten aufgrund ihrer Wichtigkeit und Flüchtigkeit für Sie von besonderer Bedeutung sein werden.

Diese Übersicht, die sich übrigens an den internationalen Standards des *RFC 3227* der *Internet Engineering Task Force (IETF)* orientiert, haben wir für Sie in Checklistenform auf eine gesonderte Seite gedruckt. Machen Sie sich doch ruhig eine verkleinerte Kopie im Checkkartenformat. So kommen Sie bei keiner Live-Sicherung mehr ins Schwitzen.

Tabelle 1-2: Checkliste: Flüchtige Daten

Flüchtige Daten	Tools für Windows	Tools für Linux
Arbeitsspeicherinhalt	Win32DD, Winen, Mdd	dd, fmem
Routing-Tabellen, ARP14-Caches, Kernel-Statistiken	Route PRINT, arp –a, netstat	netstat –r –n route arp –a
Prozesslisten	PsList, ListDLLs, CurrProcess, tasklist	ps –ef, lsof
Aktive Netzwerkverbindungen (Sockets)	netstat –a	netstat –a, ifconfig
dazugehörige Programme/Dienste	sc queryex, netstat -ab	netstat -tunp
geöffnete Dateien	Handle, PsFile, Openfiles, net file	lsof, fuser
Netzwerkfreigaben	Net share, Dumpsec	showmount –e, showmount –a, smbclient –L
offene Ports	OpenPorts, ports, netstat –an	netstat –an, lsof
momentan eingeloggte User	Psloggedon, whoami, ntlast, netusers /l	w, who –T, last
geöffnete, echtzeitverschlüsselte Dateisysteme	Manage-bde (Bitlocker), efsinfo (EFS)	mount –v, ls /media
temporär verbundene Dateisysteme	Fsinfo, reg (Mounted Devices)	mount –v, ls /media
entfernt geführte Logging- und Monitordaten	psloglist	/etc/syslog.conf Port UDP 514
physische Konfiguration, Netzwerktopologie	Systeminfo, msinfo32, ipconfig /all	ifconfig –a, netstat –in
Archivmedien	reg (Mounted Devices), Net share, netstat –a	mount –v, ls /media
aktive Systemzeit (Abweichung von der Funkuhr)	time /T, date /T, uptime	time, date, uptime
Umgebungsvariablen	cmd /c set	env, set
Zwischenablage	Pclip	
Massenspeicherinhalte	FTK Imager, EnCase, Tableau Imager	Dc3dd, ewfacquire, Guymager

Besonders gut vorbereitet sind Sie, wenn Sie sich schon im Vorfeld alle infrage kommenden Tools auf einem Speichermedium zusammenstellen und Ihren Live-Sicherungsvorgang verskripten (z. B. als einfache Batch-/Bash-Datei). Auch wenn es etwas unflexibler ist, empfehlen wir Ihnen ein optisches, nur einfach beschreibbares Medium oder alternativ einen USB-Speicher mit Schreibschutzschalter. Das gewährleistet, dass Ihre Toolsammlung weder von überempfindlichen Virenscannern gelöscht noch Ihre Tools durch Einwirkung von Schadsoftware manipuliert werden.

Bezugsadressen:

http://www.forensikhacks.de/sysint, http://www.forensikhacks.de/nirsoft, http://www.forensikhacks.de/unxutils, http://www.forensikhacks.de/somar

HACK #7 Automatisieren Sie Live-Sicherungen mit Skripten
»Fließbandarbeit leicht gemacht«

Sie stehen vor der Herausforderung, dass Sie oft Daten auf laufenden Systemen sichern müssen, sich aber die einzelnen Kommandos mit all ihren Optionen nicht merken können? Vielleicht möchten Sie auch einfach nicht bei jeder Live-Sicherung dieselben Befehle immer und immer wieder eintippen? Dann sind Sie bei diesem Hack genau richtig.

Egal ob unter Windows oder Linux – Sie konnten bereits feststellen, dass Ihnen die Kommandozeile in Verbindung mit den richtigen Befehlen sehr nützlich sein kann. Das Beste an der Kommandozeile kommt aber erst noch. Sie können mit ihr nämlich die Ausgabe von Kommandos in Dateien ausleiten, indem Sie an die Befehle einfach Folgendes anhängen:

Befehl > Datei.txt (schreibt Befehlsausgabe in eine neue Datei)

oder

Befehl >> Datei.txt (hängt Befehlsausgabe an eine Datei an)

Und damit nicht genug: Sie können all Ihre nützlichen Befehle automatisiert wie am Fließband hintereinander ausführen lassen. Man spricht dabei von *Batch-* oder auch *Stapelverarbeitung.*

Um eine solche Fließbandarbeit durchführen und koordinieren zu lassen, brauchen Sie ein Skript. Das klingt erst einmal viel komplizierter als es ist, denn alles, was Sie tun müssen, ist, Ihre Befehle Zeile für Zeile untereinander zu schreiben – einfach so, als würden Sie sie auf der Kommandozeile eingeben. Lassen Sie uns das einmal mit einigen Befehlen ausprobieren, die wir im vorigen Kapitel kennengelernt haben.

Beispiel 1-1: sichern.bat

```
:: Skript zur Live-Sicherung
cls
@echo off
```

Beispiel 1-1: sichern.bat (Fortsetzung)

```
echo Mein Skript zur Live-Sicherung
echo Es sammelt Informationen über das laufende System
echo Starte...
echo ====== Systeminformationen ====== > log.txt
echo Uhrzeit: %time% Datum: %date% >> log.txt
echo ====== Windows-Version ====== >> log.txt
ver >> log.txt
echo ====== Weitere Systeminfos ====== >> log.txt
systeminfo >> log.txt
echo ====== Eingeloggter User ====== >> log.txt
whoami >> log.txt
echo ====== Routentabellen ====== >> log.txt
route PRINT >> log.txt
echo ====== ARP-Cache ====== >> log.txt
arp -a >> log.txt
echo ====== Taskliste ====== >> log.txt
tasklist >> log.txt
echo ====== Netzwerkfreigaben ====== >> log.txt
net share >> log.txt
echo ====== Netzwerkadapter ====== >> log.txt
ipconfig /all >> log.txt
echo ====== Aktuelle Netzwerkverbindungen ====== >> log.txt
netstat -a >> log.txt
echo ====== Eingegebene URLs (MSIE) ====== >> log.txt
reg query "HKCU\Software\Microsoft\Internet Explorer\TypedURLs" >> log.txt
echo Fertig!!
```

Dieses Skript ruft die Befehle time, date, ver, systeminfo und weitere hintereinander auf und schreibt deren Ausgaben in die Datei *log.txt*. Wenn Sie das Skript nachschreiben und es von der Windows-Kommandozeile cmd aus durch Eingabe von *sichern.bat* ausführen, werden Sie nach kurzer Zeit die Ergebnisse Ihres Skripts in der Datei *log.txt* begutachten können. Wie Sie sehen, kann man auch mit einfachen Mitteln schon eine Menge Informationen sammeln. Nun braucht es nicht mehr viel Fantasie, um Ihr Skript mit weiteren Befehlen zu vervollständigen, oder?

Unter Linux funktioniert diese Art der Stapelverarbeitung übrigens ganz ähnlich. Statt aber nun einfach nur wieder Kommandos untereinander zu schreiben, möchten Sie vielleicht etwas Interaktion in die Sache hineinbringen. Wie wäre es zum Beispiel, wenn Sie selbst wählen könnten, in welche Datei all die gesammelten Informationen geschrieben werden? Vielleicht möchten Sie nicht bei jeder Sicherung immer direkt alles sichern, sondern stattdessen ein Menü zum gezielten Auswählen bestimmter Schritte präsentiert bekommen?

Auf Grundlage des folgenden Skripts können Sie all das erreichen. Sie werden schnell erkennen, dass man auch unter Linux mit einfachen Mitteln große Wirkung erzielen kann.

Beispiel 1-2: sichern.sh

```
#!/bin/bash
#Skript zur Live-Sicherung unter Linux
clear
echo "Mein Skript zur Live-Sicherung"
echo "Bitte geben Sie einen Speicherpfad für die Daten an: "
read PFAD dummy
echo "Welche Informationen möchten Sie sichern?"
select menu in "Netzwerkverbindungen" "Prozessliste" "Uhrzeit/Datum"
"Gemountete Dateisysteme" "Eingeloggte User" "Netzwerkeinstellungen" "Beenden"
do
  case $REPLY in
    1 ) netstat -a > "${PFAD}/Netzwerkverbindungen.txt" ;;
    2 ) ps -ef > "${PFAD}/Prozessliste.txt" ;;
    3 ) date > "${PFAD}/UhrDatum.txt" ;;
    4 ) mount > "${PFAD}/Gemounted.txt" ;;
    5 ) w > "${PFAD}/Eingeloggt.txt" ;;
    6 ) ifconfig > "${PFAD}/Netzwerkeinstellungen.txt" ;;
    7 ) echo "Auf Wiedersehen!";
        exit 0;;
    * ) echo "Ungültige Auswahl";;
  esac
done
```

Vergessen Sie nicht, sich für das Skript mit chmod +x sichern.sh Ausführungsrechte einzuräumen, bevor Sie es starten.

Die interaktiven Elemente in diesem Skript haben Sie sicherlich schon entdeckt. Zunächst bittet es den Benutzer um die Angabe eines Speicherpfades. Der Befehl read liest die Benutzereingabe und speichert sie in der Variablen PFAD ab. Als Nächstes wird über das relativ simple Konstrukt select – case ein einfaches Auswahlmenü geschaffen. Während select eine Auswahl an angegebenen Menüpunkten zur Verfügung stellt, fragt case die Benutzereingabe ab und vergleicht sie mit dem Bedingungsraster, das Sie ihm gegeben haben. Stimmt die Benutzereingabe mit einem der Einträge überein, dann wird das dort notierte Kommando ausgeführt. Das Ganze wiederholt sich so lange, bis der Benutzer den Menüpunkt *Beenden* auswählt. Gar nicht so schwer, oder?

Etwas Ähnliches haben übrigens schon andere Forensiker umgesetzt. Michael Ahrend hat beispielsweise das Tool *triage-ir* entwickelt, das er unter *http://www.forensikhacks.de/tir* zum Download anbietet. Die Software gibt Ihnen eine grafische Auswahl an Tools zum Sichern flüchtiger Daten. Wir empfehlen Ihnen dennoch, Ihr eigenes Skript nach Ihren Bedürfnissen im Hinblick auf Toolauswahl und Sicherungsreihenfolge zu entwickeln. Es empfiehlt sich, Tools von Drittherstellern sowie eigene Versionen der Systemkommandos zum Sichern der flüchtigen Daten Ihrem Skript beizulegen, z. B. die *SysInternals* von Microsoft (*http://www.forensikhacks.de/sysint*).

So sichern Sie Daten auf der Kommandozeile
»Copy and Convert«

Egal, ob Sie eine komplette Festplatte, ein USB-Speichermedium oder nur eine Flash-Speicherkarte sichern möchten – mit einfachen Kommandozeilenbefehlen ist das alles kein Problem. Insbesondere wenn Sie Daten auf einem fremden System sichern möchten, das vielleicht gar nicht über eine grafische Benutzeroberfläche verfügt, müssen Sie die richtigen Befehle für die Kommandozeile kennen – oder genau diese Seite unseres Buches mit sich führen.

Bestens für die Datensicherung geeignet ist das Programm *dd*. Es kopiert blockweise Daten von einer Eingabequelle in ein Ausgabeziel. Sie können mit *dd* also sowohl die Inhalte eines Datenträgers in eine Datei schreiben lassen als auch umgekehrt die Inhalte einer Datei auf einen Zieldatenträger. Die Blockgröße lässt sich dabei individuell an Ihre Bedürfnissen anpassen.

 »dd« bedeutet übrigens nicht – wie gern behauptet – »Disk Dump« oder »Dump Device«. Das Programm nennt sich eigentlich »Convert and Copy«. Die eigentliche Abkürzung müsste also »cc« lauten. Da bei Einführung des Befehls das Kommando cc allerdings schon durch den C-Compiler belegt war, griff man auf den nächsthöheren Buchstaben zurück.

dd finden Sie auf den gängigen Linux-Distributionen direkt vorinstalliert. Aber auch für Windows gibt es eine Portierung von John Newbigin (*http://www.forensikhacks.de/windd*), die nach dem Download sofort als ausführbare *.exe*-Datei zur Verfügung steht.

Wie Sie in den folgenden Zeilen erkennen können, ist die Syntax von *dd* für Windows und für Linux sehr ähnlich.

Beispiel 1-3: Sicherung einer Festplatte, einer Partition und einer CD-ROM mit dd unter Windows

```
dd if=\\?\Device\Harddisk0\Partition0 of=c:\sicherung\hd0.dd bs=2M
dd if=\\?\Device\Harddisk0\Partition1 of=c:\sicherung\hd0part1.dd
dd if=\\?\Device\CdRom0 of=c:\sicherung\cdrom.iso bs=1M
```

Beispiel 1-4: Sicherung einer Festplatte, einer Partition und einer CD-ROM mit dd unter Linux

```
dd if=/dev/sda of=/mnt/sicherung/sda.dd bs=2M
dd if=/dev/sda1 of=/mnt/sicherung/sda1.dd
dd if=/dev/cdrom of=/mnt/sicherung/cdrom.iso bs=1M
```

Haben Sie gemerkt, dass wir unter Windows Partition0 zur Sicherung angegeben haben? Es handelt sich dabei um die gesamte Festplatte. Mit der

Option bs haben wir übrigens die Blockgröße definiert. Das ist nicht zwangsweise nötig, kann aber unter Umständen sinnvoll sein, insbesondere in der Kombination mit der Option count. So lassen sich gezielt nur ganz bestimmte Bereiche von einem Datenträger oder Image sichern. In diesem Buch werden Sie noch Beispiele für genau solche gezielten Sicherungen finden.

> Bevor Sie eine Sicherung mit *dd* starten, vergewissern Sie sich, dass Sie den korrekten Zieldatenträger bzw. -ordner angegeben haben. Das Kommando dd wird keine Rückfrage stellen, auch wenn Sie möglicherweise wichtige Bereiche Ihres Zieldatenträgers überschreiben. Überprüfen Sie vor dem Sichern zudem, dass auf Ihrem Ziel ausreichend Speicherplatz zur Verfügung steht.

Bei der Windows-Version von *dd* ist übrigens praktischerweise eine Fortschrittsanzeige direkt eingebaut. Fügen Sie Ihrem Kommando einfach die Option --progress hinzu.

Um auch unter Linux eine Fortschrittsanzeige einzubauen, können Sie *dd* entweder durch eine Pipe an entsprechende Programme wie *pv* oder *bar* schicken, oder Sie bedienen sich gleich einer fortgeschrittenen Variante von *dd*, nämlich *dc3dd* (*http://www.forensikhacks.de/dc3dd*), das sogar MD5- sowie SHA-1-, SHA-256- und SHA-512-Hashing beherrscht.

Beispiel 1-5: Sicherung einer Festplatte und einer Partition mit dc3dd unter Linux

```
dc3dd if=/dev/sda of=/mnt/sicherung/sda.dd progress=on hash=md5
dc3dd if=/dev/sda1 of=/mnt/sicherung/sda1.dd progress=on hash=md5
```

HACK #9 Wenn Sie doch eine GUI bevorzugen
»Wer macht das Rennen: Maus oder Tastatur?«

Im vorangegangenen Hack haben wir Ihnen erklärt, wie Sie auf der Kommandozeile ganze Datenträger sichern können. Manchmal werden Sie keine andere Möglichkeit haben, als die Datensicherung auf diese Weise durchzuführen, insbesondere weil Ihnen das zu sichernde System im Live-Betrieb keine grafische Option bietet. Wenn Sie aber an Ihrem eigenen PC arbeiten und sich dort vielleicht ohnehin ständig auf der grafischen Benutzeroberfläche des Betriebssystems bewegen, dann interessiert es Sie bestimmt, wie Sie auch in dieser Umgebung Datensicherungen durchführen können.

Sowohl für Windows als auch für Linux gibt es zahlreiche gute und auch kostenlose Programme, mit denen Sie komplette Festplatten oder auch nur einzelne Partitionen sichern können. In diesem Hack stellen wir Ihnen zwei empfehlenswerte Lösungen für beide Betriebssysteme vor. Wir geben Ihnen jeweils nur eine Kurzbeschreibung an die Hand, da Sie sehen werden, dass die Programme durch ihre grafischen Oberflächen größtenteils selbsterklärend sind.

 Führen Sie die Sicherungsprogramme immer als Administrator aus. Nur so ist gewährleistet, dass Sie vollen Zugriff auf alle Datenträger erhalten.

Datensicherung unter Windows

Für Windows empfehlen wir Ihnen die Programme *FTK Imager* und *Tableau Imager*.

Der *FTK Imager* aus dem Hause Access Data ist kostenlos unter *http://www. forensikhacks.de/ftki* erhältlich. Es gibt ihn auch als Lightversion, die ohne Installation ausführbar ist, z.B. zur Ausführung von einem USB-Datenträger aus. Der Imager beherrscht unter anderem die wichtigsten Formate wie E01, Raw (DD) und AFF. Er kann auch von einem in ein anderes Format konvertieren. Der *FTK Imager* ist in den aktuellen Versionen auch in der Lage, den Arbeitsspeicher eines laufenden Systems zu sichern, wovon wir jedoch aufgrund des großen Footprint im RAM abraten (siehe [Hack #3]). Eine praktische Erweiterung war die Einführung einer Mounting-Funktionalität, die es erlaubt, eine Imagedatei als Laufwerk in das laufende System einzubinden.

Eine Datenträgersicherung mit dem *FTK Imager* können Sie durchführen, indem Sie nach Download, Installation und Start des Programms wie folgt vorgehen: MENÜ → FILE → CREATE DISK IMAGE → PHYSICAL DRIVE → [Quellgerät auswählen] → FINISH → ADD → [Zielformat auswählen] → [Eingabe von Falldaten] → [Auswahl von Zielordner, Dateiname, Fragmentgröße und Komprimierung].

Wir empfehlen Ihnen, einen Haken bei *Verify Images after they are created* zu setzen.

Der *Tableau Imager* von der Firma Tableau ist online auf der Herstellerseite unter *http://www.forensikhacks.de/tim* kostenfrei erhältlich. Sie müssen sich lediglich beim Hersteller registrieren. Voraussetzung für das Imagen ist bei diesem Programm das Vorhandensein eines Schreibschutzadapters desselben Herstellers. Das klingt zunächst vielleicht ungewöhnlich, jedoch zählen die Tableau-Adapter aufgrund ihrer Zuverlässigkeit und Performanz zu den beliebtesten Write-Blockern für Forensiker.

Genau wie der *FTK Imager* beherrscht auch der *Tableau Imager* die Formate E01 und Raw (DD). Beide Imager nutzen inzwischen Multi-Threading bei der Erstellung der Datensicherungen, was sie insbesondere bei der Komprimierung für das E01-Format besonders schnell macht. Bei der Verifizierung nutzt auch der *Tableau Imager* MD5- und SHA-1-Werte. Als Besonderheit zeichnet ihn aus, dass er den Status eines Hardware-Schreibschutzes abrufen kann und die Verwaltung mehrerer Datensicherungen hintereinander über eine Warteschlange verwalten kann. Um Flaschenhälse beim Imagen leichter ausfindig machen zu können, hat Tableau eine optische Status-/Lastanzeige in seinen Imager integriert.

Bei der Sicherung mit dem *Tableau Imager* gehen Sie nach Download, Installation und Start des Programms wie folgt vor: Rechtsklick auf den zu sichernden Datenträger → ACQUIRE → [Speicherpfad, Format und Einstellungen wählen] → SUBMIT.

Sie können sich die Arbeit mit dem Tableau Imager erleichtern, indem Sie unter Settings → Preferences Ihre gewünschten Standardeinstellungen eingeben.

Datensicherung unter Linux

Für Linux möchten wir Ihnen die beiden Sicherungslösungen *Guymager* und die *Raptor Toolbox* vorstellen.

Das Open Source-Tool *Guymager*, das vom belgischen Forensiker Guy Voncken entwickelt wurde, erhalten Sie unter *http://www.forensikhacks.de/guymager*. Es unterstützt die Formate Raw (DD), E01 und AFF. Die Verifizierung der Images erfolgt entweder mit MD5 oder SHA-256. Voraussetzung ist die Installation von *libewf* und *libaff*. Sie können es am einfachsten so installieren:

Beispiel 1-6: Installation vom Guymager unter Ubuntu, Debian und Debian-basierten Systemen

```
sudo wget -nH -rP /etc/apt/sources.list.d/ http://deb.pinguin.lu/pinguin.lu.list
wget -q http://deb.pinguin.lu/debsign_public.key -O- | sudo apt-key add -
sudo apt-get update
sudo apt-get install guymager-beta smartmontools hdparm
```

Nun können Sie das Programm durch Aufruf von guymager starten. Es erscheint eine grafische Benutzeroberfläche. Um mit *Guymager* einen Datenträger zu sichern, gehen Sie wie folgt vor: Rechtsklick auf den zu sichernden Datenträger → ACQUIRE → [Format, Einstellungen und Speicherpfad wählen] → OK.

Das Programm Raptor Toolbox ist Bestandteil der Boot-CD Raptor von der Firma Forward Discovery. Diese können Sie unter *http://www.forensikhacks.de/raptor* wie in [Hack #11] beschrieben kostenlos herunterladen. Die Raptor Toolbox beherrscht die Formate Raw (DD), E01 und dmg. Zur Verifizierung Ihrer Images nutzt sie MD5- und SHA-1-Werte.

Um mit der *Raptor Toolbox* ein Image zu erstellen, gehen Sie wie folgt vor: Booten Sie die Live-CD, klicken Sie auf das Logo der Raptor Toolbox, wählen Sie im Tab *Image* den Quelldatenträger und das Zielformat und -verzeichnis aus, setzen Sie den Haken bei *Verify after creation* und klicken Sie auf START.

HACK #10 Vertrauen ist gut, Kontrolle ist besser
»Wie Sie Ihre Kopien elegant verifizieren«

Forensische Untersuchungen werden üblicherweise nicht auf dem Originaldatenträger durchgeführt, sondern auf einer forensischen Kopie. Um sicherzustellen, dass diese Kopie mit dem Original übereinstimmt, müssen wir beide vergleichen. Ein Byte-für-Byte-Vergleich wäre denkbar, aber natürlich in der Praxis nicht durchführbar, da der Aufwand dafür unverhältnismäßig groß ist. Aus diesem Grund kommen Hash-Funktionen zum Einsatz.

Eine Hash-Funktion bildet eine Beziehung zwischen zwei Mengen, die zu jeder Eingabe eine Ausgabe erzeugt. Als Eingabe dienen beispielsweise alle Bytes auf einem Datenträger. Natürlich können aber auch Geschäftsdokumente, Downloads oder schlichte Textzeilen als Eingabe dienen. Nach Ausführen der Hash-Funktion auf diese Eingabe erhält man als Ausgabe den sogenannten Hash-Code bzw. Hash-Wert. Dieser kann trotz unterschiedlicher Eingabe denselben Wert haben, man spricht dann von sogenannten *Kollisionen*. Die Wahrscheinlichkeit einer solchen Kollision ist sehr gering und hängt von der eingesetzten Hash-Funktion ab.

Der Hash-Wert ist wie ein digitaler Fingerabdruck zu sehen. Gibt es Menschen mit demselben Fingerabdruck? Im Prinzip ja. Allerdings ist die Wahrscheinlichkeit dafür nach Francis Galtons Berechnungen außerordentlich gering – sie liegt bei etwa 1 zu 64 Milliarden. Verwendete Hash-Funktionen in der digitalen Forensik sind der *Message-Digest Algorithm 5* (MD5) und der *Secure Hash Algorithm 1* (SHA-1).

> Der MD5-Algorithmus hat eine Kollisionswahrscheinlichkeit von 1 zu über 340 Milliarden Milliarden Milliarden Milliarden (2 hoch 128), während die von SHA-1 bei über tausend Milliarden Milliarden Milliarden Milliarden Milliarden (2 hoch 160) liegt. Noch einmal zum Vergleich: Beim Abgeben Ihres Lottoscheins haben Sie eine Wahrscheinlichkeit von etwa 1 zu 140 Millionen auf »Sechs Richtige plus Superzahl«.

Nach Anwendung einer Hash-Funktion auf unseren Originaldatenträger und unsere Kopie erhalten wir als Ausgabe zwei Hash-Werte. Sind diese gleich, geht man davon aus, dass auch die Inhalte beider Medien gleich sind.

Ein Anwalt, der ein Dokument per E-Mail über das Netzwerk verschickt, könnte über einen Hash-Vergleich feststellen, ob der Empfänger das Dokument unverändert erhalten hat. Oder man könnte Downloads aus dem Internet verifizieren, indem man von dem Download den Hash-Wert bildet und mit dem auf der Download-Webseite angegebenen vergleicht. Der Forensiker verifiziert mit den Hash-Funktionen die Integrität der Kopie.

Im Folgenden zeigen wir Ihnen mehrere Möglichkeiten, wie Sie unter Windows, Mac OS X und Linux MD5- und SHA-1-Hash-Werte erzeugen können.

Für einzelne Dateien empfiehlt sich das Programm *HashTab* der Firma Implbits Software LLC (*http://www.forensikhacks.de/hashtab*). Dieses Programm bindet sich sowohl in Windows als auch in Mac OS X direkt in den Explorer bzw. Finder ein. Mit einem einfachen Rechtsklick auf eine Datei erhält man in den EIGENSCHAFTEN bzw. auf dem Mac unter FILE HASHES Hash-Werte für diese Datei.

Unter Linux erhält man den Hash-Wert einer Datei, indem man auf der Kommandozeile den Befehl `md5sum` bzw. `sha1sum` verwendet, zum Beispiel so: `md5sum foo.txt`. Sie können Ihre erstellten Images mit dem Originaldatenträger also einfach abgleichen, indem Sie die Ausgaben der folgenden Befehle miteinander vergleichen:

```
sha1sum image.dd (von Ihnen erstellte Imagedatei)
sha1sum /dev/sdX (der schreibgeschützt eingebundene Originaldatenträger)
```

Wenn Sie unter Linux gerne die Funktionalität in den Dateiexplorer Nautilus integrieren möchten, empfehlen wir folgenden Hack: Erstellen Sie eine Datei namens *myhash.sh* mit folgendem Inhalt und kopieren Sie diese in das Verzeichnis `$HOME/.gnome2/nautilus-scripts/`. Vergessen Sie nicht, die »Ausführen«-Rechte mit dem Befehl `chmod +x myhash.sh` zu setzen.

Beispiel 1-7: myhash.sh

```
#!/bin/bash
m=$(md5sum $1 | awk '{print $1}')
s=$(sha1sum $1 | awk '{print $1}')
zenity --info --text "$1\nMD5SUM: $m\nSHA1: $s"
exit 0
```

Nachdem Sie das Shellskript an seinen Ort kopiert haben, klicken Sie mit der rechten Maustaste auf eine beliebige Datei (kein Verzeichnis!). Unter *Scripts* finden Sie dann den Eintrag *myhash.sh*, den Sie ausführen.

Voraussetzung für dieses Skript ist, dass die Programme *zenity* und *awk* installiert sind. Falls das auf Ihrem System nicht der Fall ist, können Sie die Programme mit `apt-get install zenity` bzw. `apt-get install gawk` installieren.

In der digitalen Forensik kommen oft Images zum Einsatz, die speziellen Formaten unterliegen. Diese Formate können zum Beispiel in komprimierter, verschlüsselter und fehlertoleranter Form vorkommen. Die üblichsten Formate sind *E01* (*Expert Witness Format*), *E01x* (*extended EWF*), *AFF* (*Advanced Forensic Format*) und natürlich *DD* (Rohformat). Diese Images werden normalerweise mit professioneller Forensiksoftware wie *EnCase*, *FTK* oder *X-Ways* erstellt. Aber auch weitere Tools wie *Tableau Imager* (Windows) oder *Guymager* (Linux) beherrschen die meisten dieser Formate. All diese Programme bieten bei der Akquirierung der Images die Möglichkeit der Image-Verifizierung, die auch unbedingt genutzt werden sollte. Hierbei wird der Hash-Wert des Image-Inhalts (dekomprimiert, entschlüsselt und ohne Metadaten oder Prüfsummen) automatisiert verglichen mit dem Hash-Wert des Quelldatenträgers. Unter Linux können die Hash-Werte eines DD-Image – wie oben beschrieben – mit md5sum und sha1sum verifiziert werden.

Soll die Integrität des Image selbst verifiziert werden, lässt sich der Prüf-Hash-Wert in den Metadaten des E01-Image unter Linux mit dem Befehl ewfinfo aus dem Paket *libewf* gegen den Hash-Wert des Image-Inhalts vergleichen. Unter Windows erledigen diese Aufgabe die oben genannten professionellen Forensikprogramme ohne Probleme. Mit diesen Methoden können Sie schnell und einfach feststellen, ob an den Daten eines Image im Nachhinein irgendwelche Manipulationen vorgenommen wurden.

HACK #11 Boot DVDs für die Datensicherung
»Die richtigen Scheiben für Ihre Kollektion«

Boot CDs/DVDs für unterschiedliche Zwecke sollten Sie immer bereit halten. Sie wissen nie, ob nicht vielleicht plötzlich ein Bekannter oder Kunde eine dringende Datenrettung benötigt oder Sie eine forensische Datensicherung außerhalb Ihrer Büroräume durchführen müssen. Wir werden Ihnen an dieser Stelle vier nützliche Boot-DVDs vorstellen, die prall gefüllt sind mit Tools, die Ihnen im Fall der Fälle helfend zur Seite stehen werden.

Caine Live-CD

Link: *http://www.forensikhacks.de/caine*

Preis: kostenlos

Die Caine Live-CD, deren Entwicklerbasis aus Italien stammt, ist eine der wenigen kostenlosen Boot-CDs, die ständig gepflegt und weiterentwickelt werden. Sie basiert auf Ubuntu und kommt mit einer ganzen Reihe an nützlichen Programmen daher, darunter den Imaging-Tools *Guymager* und *AIR*, *libewf* zur Erstellung von Datenträgerkopien im Expert Witness Format, *xmount* zum Umwandeln von Images, dem Forensikbündel *The Sleuthkit* und *Autopsy*, den Carving-Programmen *Foremost* und *Photorec*, jeder Menge nützlicher *Nautilus*-Skripten und vielen interessanten weiteren Programmen.

 Wenn Sie ohnehin schon auf der Webseite der Caine-Entwickler sind, sollten Sie auch unbedingt einen Blick auf *Win-Taylor* werfen, eine sehr umfangreiche Toolsammlung für Windows-Systeme.

DEFT Live-CD

Link: *http://www.forensikhacks.de/deft*

Preis: kostenlos

Dem Status des Geheimtipps längst entwachsen, hat sich die DEFT Live-CD zu einer der umfangreichsten und beliebtesten Forensik-CDs der letzten Jahre entwickelt. Ebenso wie die Caine Live-CD wird sie von einer italienischen Entwicklergruppe gepflegt. Die DEFT-CD wurde über die vergangenen Jahre stetig weiterentwickelt, und das sieht man ihr auch an. Ausgewählte etablierte Tools – darunter *Guymager*, *Xplico*, *The Sleuthkit*, *Autopsy*, *Log2Timeline*, *Ophcrack*, *Foremost*, *SkypeLogView* – und viele weitere Programme, unter anderem auch zur Auswertung von Internethistorien diverser Browser, wurden von den Entwicklern unter einer professionell anmutenden Oberfläche zusammengefasst. Das Beste dabei ist: Nicht nur an das Booten, sondern auch an die Live-Response für Windows-Systeme wurde gedacht. Das DEFT Extra Control Panel ist eines der am besten gewarteten und ausgestatteten Live-Response-Pakete, die es derzeit im Netz gibt.

Raptor Live-CD

Link: *http://www.forensikhacks.de/raptor*

Preis: kostenloses ISO, 49,95 $ für einen vorinstallierten bootfähigen USB-Stick

Die Raptor Live-CD wird von der Firma Forward Discovery vertrieben. Eine Besonderheit ist, dass es sie nicht nur als CD für Intel-Systeme, sondern auch für ältere PowerPC-basierte Mac-Systeme gibt. Sie wird nicht ganz so regelmäßig gepflegt wie die Caine Live-CD, zeichnet sich aber insbesondere durch die intuitive Bedienung auf Basis der Eigenentwicklung *Forward Discovery Raptor Toolbox* aus. Diese Toolbox erlaubt dem Anwender das Imagen (dd, E01, dmg, 1:1-Kopie), Mounten, Wipen und Verifizieren in nur einer Benutzeroberfläche.

 Zum kostenlosen Download gelangt man, nachdem man sich auf der Hersteller-Webseite kostenlos registriert hat.

Helix Live-CD

Link: *http://www.forensikhacks.de/ehelix*

Preis: auf Anfrage beim Hersteller, ältere Version kostenlos

Die Helix Live-CD war lange Zeit eine der beliebtesten Live-CDs, da sie umfangreich ausgestattet sowie kostenlos war und sowohl als Boot-CD als auch zur Live-Response eingesetzt werden konnte. Die kostenlose Helix Boot-CD zeichnete sich insbesondere im Bereich Live-Response aus, der über RAM-Sicherungstools und Imaging-Tools bis hin zu Passwort-Recovery Software kaum einen Wunsch offenließ. Seitdem das Unternehmen e-fense den Vertrieb und die Weiterentwicklung von Helix übernommen hat, wird die kostenlose Version nicht mehr weiterentwickelt. Stattdessen konzentriert sich der Hersteller auf die Weiterentwicklung von zwei kommerziellen Helix-Varianten, deren Preis über die Seite von e-fense erfragt werden kann.

Wenn Sie an der älteren, kostenlosen Version interessiert sind, gibt es eine gute Nachricht für Sie: Diese Version wird nämlich trotz fehlender Weiterentwicklung immer noch kostenlos vom Hersteller selbst vertrieben. Werfen Sie auf der Herstellerseite doch einmal einen Blick in den Store und suchen Sie auf der linken Seite nach dem Helix3-Download. Dieses kostenlose Produkt können Sie in den Warenkorb legen und »einkaufen«. Sie erhalten dann einen Download-Link für die Version *Helix3 2009R1* per E-Mail.

HACK #12 Aus der Ferne sichern
»Swiss Army Knife – Schweizer Armeemesser«

Bestimmt kennen Sie das »Hacker-Tool« *nc* (netcat, *http://www.forensik-hacks.de/nc*). Hacker-Tool? Genau, das Programm wurde von einer unbekannten Person mit dem Pseudonym Hobbit aus der Hackergruppe l0pht im Jahr 1996 für die Unix-Plattform geschrieben. Das Programm verbindet Client und Server über die Protokolle TCP/UDP und darf deshalb in Ihrem Werkzeugkasten nicht fehlen.

Netcat kann Ihnen immer da gute Dienste leisten, wo Sie nicht oder nur schlecht an die physische Hardware selbst herankommen. Stellen Sie sich vor, Sie müssen die Festplatte eines Apple MacBook Air sichern oder logische Daten aus einem Storage-System kopieren, ohne echten Zugang zur Hardware zu haben. Weiterhin kann das Kopieren über Netzwerk schneller sein, als es über eine USB-1.0-Schnittstelle möglich ist. Lernen Sie in diesem Hack nicht nur das Sichern aus der Ferne, sondern auch die vielfältigen Möglichkeiten des *nc*-Befehls kennen.

Installation

Unter Linux/BSD lässt sich das Programm leicht über den Paketmanager installieren, aber auch die Installation aus den Quellen ist kein Problem.

Ubuntu:

```
apt-get install netcat-traditional
```

Und für die BSD-Version:

```
apt-get install netcat-openbsd
```

Netcat wurde für viele Betriebssysteme portiert (sogar für WINCE, siehe *http://www.forensikhacks.de/ncwince*, für MAC OS X über den Darwin Port). Für Windows liegt das Programm als »Portable-Version« vor und muss somit nicht installiert werden. Möchten Sie das Programm aus jedem beliebigen Pfad heraus ausführen, so fügen Sie den Pfad zum Programm zur Windows-Systemvariablen PATH hinzu. Netcat läuft unter Windows 7 und ist uns ein ständiger Begleiter. Sie können das Programm aus vielen verschiedenen Quellen aus dem Internet beziehen, z. B. unter *http://www.forensikhacks.de/nc2*.

 nc ist und bleibt ein »Hacker-Tool«. Netcat kann nicht nur zum Kopieren von Daten über ein Netzwerk eingesetzt werden, sondern bietet auch die Möglichkeit des Aufbaus einer Remote-Shell. Aus diesem Grund ist die Signatur (*http://www.forensikhacks.de/ncsyman*) von *nc* auch bei vielen Antivirenprogrammen bekannt. Sie sollten nicht jeder Quelle im Internet vertrauen und Alarme Ihres Antivirenprogramms entsprechend einschätzen.

Anwendungsbeispiel 1 – Inhalt einer Webseite anzeigen

Erzeugen Sie eine Datei mit dem Namen *get.txt* und fügen Sie folgenden Text ein:

```
GET / http/1.0
<Leerzeile>
```

Wichtig ist die Leerzeile am Ende. Führen Sie nun das Programm *nc* wie folgt aus:

```
nc www.oreilly.de 80 < get.txt
```

Anwendungsbeispiel 2 – Aufbau einer Remote Shell

Schreiben Sie folgende Befehlszeile unter Windows in Ihr cmd-Fenster und bestätigen Sie mit der Return-Taste:

```
nc -l -p 23 -t -e cmd.exe
```

Jetzt schreiben Sie auf einem zweiten Rechner im Netzwerk, z.B. auf einer Linux-Konsole, folgende Zeile:

```
telnet <ip-Adresse>
```

Sie erhalten über den Port 23 (Telnet) Zugriff von Ihrer Linux-Maschine auf ein Kommandofenster des Windows-Rechners.

Anwendungsbeispiel 3 – Kopieren von Dateien

Wenn Sie einzelne Dateien von einem Rechner zu einem anderen kopieren wollen, gibt es natürlich viele Möglichkeiten: von FTP (File Transfer Protokoll) über RCP (Remote Copy) bis hin zu SCP (Secure Copy). Was aber, wenn diese Programme bzw. Dienste nicht installiert sind und es sich womöglich um einen uralten Rechner handelt, der zudem noch kompromittiert ist? Ihre schlaueste Wahl ist Netcat. Wir kopieren eine Datei von Rechner X zu Rechner Y:

Auf Rechner Y schreiben Sie folgenden Befehl:

```
nc -l -p 4711 > Datei.txt
```

Damit wartet Rechner Y auf eine Eingabe über Port 4711.

 Die BSD-Version von Netcat kennt die Option -p nicht. Schauen Sie sich die entsprechende Manpage an. Wir verwenden in unseren Beispielen die traditionelle Version von *nc*.

Auf Rechner X schicken Sie nun die Datei zum Rechner Y:

```
nc <ip-Adresse> 4711 < Datei.txt
```

Anwendungsbeispiel 4 – Klonen von Festplatten und Partitionen

Für Sie als Forensiker sicherlich eine der interessantesten Anwendungsmöglichkeiten ist das Klonen von Festplatten und Partitionen über das Netzwerk. Dazu booten Sie den zu kopierenden Rechner von einer Linux Live CD/DVD (siehe [Hack #11]) und starten eine Shell. In die Shell Ihrer Forensikmaschine schreiben Sie folgenden Befehl:

```
nc -l -p 4711 | dd of=<Pfad>/Festplatte.dd
```

Auf dem Rechner, den Sie klonen möchten (und der von CD/DVD gebootet wurde), müssen Sie zuerst die entsprechende Gerätedatei (device file, special file) der Festplatte bzw. der Partition mit fdisk -lu herausfinden. Nun können Sie den Netcat-Befehl ausführen:

```
dd if=/dev/sda | nc <ip-Adresse> 4711
```

Das kann jetzt eine Weile dauern. Achten Sie darauf, dass Sie genügend freien Festplattenspeicherplatz auf Ihrem Rechner zur Verfügung stellen. Des Weiteren empfehlen wir die Verwendung des Programms *dc3dd* (*http://www. forensikhacks.de/dc3dd*). Das ist eine »gepatchte« Version des GNU-Befehls dd mit verschiedenen zusätzlichen Eigenschaften, die für Sie von großem Wert sind. So kann z.B. eine Fortschrittsanzeige während des Vorgangs präsentiert werden oder gleich eine MD5-Summe berechnet werden. Schauen Sie sich auf jeden Fall die Möglichkeiten des Befehls dc3dd genau an – es lohnt sich.

Anwendungsbeispiel 5 – Scannen von Ports

Sie können Netcat dazu verwenden, um Ports (port range) zu scannen. Ganz einfach:

```
nc -v <ip-Adresse> -z 20-80
```

Anwendungsbeispiel 6 – Der einfache Chat

Starten Sie den »Listen«-Befehl von nc auf Rechner Y und verbinden Sie sich dann mit Rechner X, und dem Chat steht nichts mehr im Wege.

Rechner Y:

```
nc -l -p 4711
```

Rechner X:

```
nc <ip-Adresse> 4711
```

Anwendungsbeispiel 7 – nc als (Pseudo-)»Webserver«

Zugegeben, die letzten Beispiele sind als etwas spielerisch anzusehen und für Sie als Forensiker nicht von praktischem Wert. Dennoch möchten wir Ihnen die weitreichenden Möglichkeiten von Netcat mit auf den Weg geben. Nicht umsonst ist Netcat aus einer »Hacker-Schmiede« geboren und findet noch heute regen Einsatz in der Szene. Mit diesen Anwendungsbeispielen möchten wir Ihnen Lust auf mehr machen.

Editieren Sie auf Ihrem (Linux- oder Windows-)Server folgende Datei mit dem Namen *index.html* (da Netcat kein HTML interpretiert, reicht reiner Text):

```
Herzlich Willkommen
zu Hack 12.
Viel Spass beim Ausprobieren!
```

und führen Sie dann folgende *while*-Schleife in Ihrer Shell aus:

```
while true
do
   nc -l -p 80 -q 1 < index.html
done
```

Nun können Sie sich die Datei mit einem HTML-Client (Webbrowser, z. B. Firefox) anzeigen lassen. Bitte vergessen Sie nicht, den Port mit anzugeben.

Aus der Ferne sicher sichern
»Sicher ist sicher«

In [Hack #12] haben Sie erfahren, wie Sie Daten über ein Netzwerk schicken können und warum das eine sinnvolle Technik ist. Die Übertragung der Daten mit *nc* (Netcat) geschieht unverschlüsselt. Das heißt, dass Dritte diese Daten mitschneiden (sniffen) und im Klartext lesen können. Das hört sich nicht gerade gut an, zumal es sich eventuell um sensible Daten handelt. Erfahren Sie jetzt, wie Sie Dateien, ganze Festplatten oder einzelne Partitionen sicher, also verschlüsselt, über ein Netzwerk transportieren.

Das bekannteste Programm, um verschlüsselt in einem Netzwerk zu wandeln, ist *ssh* (Secure Shell, *http://www.forensikhacks.de/ossh*). Im Folgenden beschreiben wir, wie Sie Daten über *ssh* tunneln und einfach und sicher ganze Festplatten und Partitionen mithilfe von *sshfs* über das Internet kopieren können.

Es gibt viele Möglichkeiten, die das Problem des sichern Kopierens über ein Netzwerk lösen. So können Sie z. B. das in [Hack #12] Beschriebene problemlos auch mit CryptCat (*http:// www.forensikhacks.de/cryptcat*) umsetzen.

Vorbereitung – Für die praktische Umsetzung dieses Hacks

Für die praktische Umsetzung dieses Hacks sollten Sie zwei Rechner zur Verfügung haben. Diese müssen sich im Netzwerk gegenseitig erreichen können. Der eine Rechner ist z. B. ein Ubuntu-Server, der andere ein Windows-7-Rechner, der mithilfe einer Linux Live-CD/DVD (siehe [Hack #11]) gebootet wurde. Falls Sie über das Internet kopieren möchten, sollten Sie die öffentliche IP-Adresse kennen. Dabei macht es keinen Unterschied aus, ob diese z. B. durch DynDNS.org bezogen wird oder als reine IP-Adresse vorliegt. Das Ziel besteht darin, die Festplatte, die das Windows-System enthält, verschlüsselt und damit sicher über ein Netzwerk zu kopieren. Auf dem Linux-Server führen Sie bitte folgende Installation durch (falls nicht schon geschehen):

```
apt-get install openssh-server
```

Führen Sie auf dem mit der Live-CD/DVD gebooteten Rechner folgende Installation durch (falls nicht schon geschehen):

```
apt-get install sshfs pv gzip buffer
```

Das Programm *pv* stellt eine Fortschrittsanzeige dar und ist als optional anzusehen. Die anderen Programme kennen Sie bestimmt. Na, dann kann es ja losgehen!

Sicheres Kopieren durch einen ssh-Tunnel

Mit folgendem Befehl auf dem mit Live-CD/DVD gebooteten Rechner kopieren Sie die gesamte Festplatte verschlüsselt über das Netzwerk auf Ihren Linux-Server, wobei Sie vorher die Gerätedatei (device file, special file) z.B. mit */dev/sda* identifiziert haben (fdisk -lu).

```
dd if=/dev/sda | pv | ssh <User>@<ip-Adresse> "cat > sda.dd"
```

Um den Netzwerkverkehr gering zu halten, empfehlen wir eine datenkomprimierte Übertragung:

```
dd if=/dev/sda | pv | gzip -c | ssh <User>@<ip-Adresse> "cat > sda.dd.gz"
```

Eine weitere Möglichkeit der Optimierung ist, den Befehl buffer mit einzubinden. Er verwendet Shared Memory, um einen unregelmäßigen Datenstrom in einen kontinuierlichen Datenstrom umzuwandeln:

```
dd if=/dev/sda | buffer -s 64k -S 10m | ssh <User>@<ip-Adresse> "cat > sda.dd"
```

Und mit Kompression:

```
dd if=/dev/sda | buffer -s 64k -S 10m | gzip -c | ssh <User>@<ip-Adresse>\
"cat > sda.dd.gz"
```

 Viele Wege führen nach Rom. Wem die Fortschrittsanzeige zu viel »Overhead« bedeutet, der kann auch einfach den Status eines dd-Befehls mit kill -USR1 <$PID dd> abfragen (siehe man dd). Außerdem können Sie selbstverständlich dc3dd statt dd verwenden.

Sicheres Kopieren mithilfe von sshfs

Eine der genialsten Implementierungen der letzten Zeit für den Forensiker, ist unserer Meinung nach das FUSE-System (*http://www.forensikhacks.de/fuse*). FUSE steht für »File System in Userspace« und ermöglicht z.B. das Schreiben auf ein NTFS-Dateisystem; auch *xmount* (siehe [Hack #93]) basiert auf FUSE. Lernen Sie hier unsere favorisierte Lösung des sicheren Sicherns über ein unsicheres Netzwerk wie z.B. das Internet kennen.

sshfs (Secure Shell File System) ist ein Computerprogramm auf Basis von FUSE (*http://www.forensikhacks.de/sshfs*), das ein Dateisystem implementiert. Das Programm kann unter Linux und auf anderen Plattformen verwendet werden. Damit kann ein entfernter Verzeichnisbaum mit einer einfachen Secure Shell (*ssh*) von einem nichtprivilegierten Benutzer eingebunden (*gemountet*) werden. Auf Serverseite benötigen Sie lediglich einen laufenden *ssh*-Server. Durch die Authentifizierung und Verschlüsselung der übertragenen Daten seitens *ssh* bietet *sshfs* einen bequemen Weg für einen sicheren Datentransfer über das Internet.

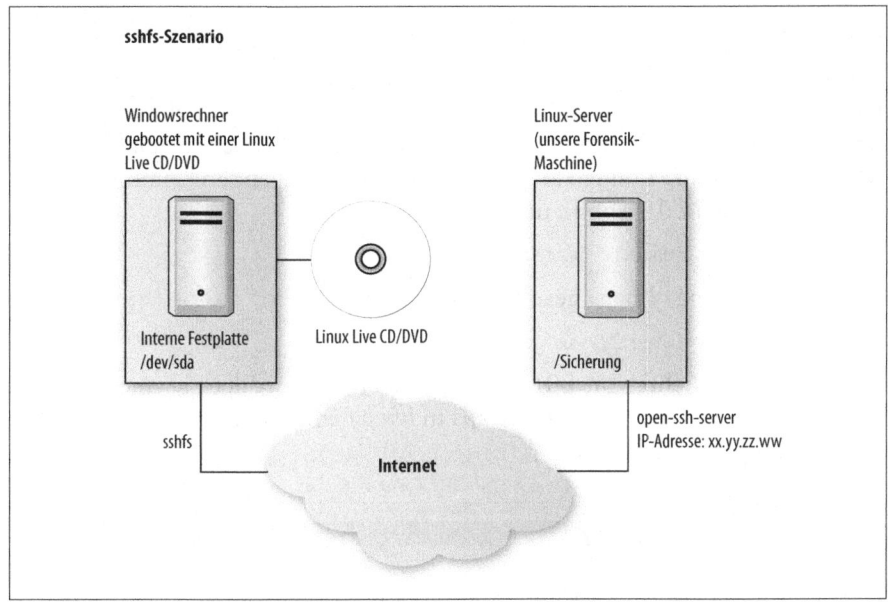

Abbildung 1-5: sshfs-Szenario

Mit der folgenden Befehlszeile, die Sie auf dem von Live-CD/DVD gebooteten Rechner ausführen, binden Sie das entfernte Verzeichnis auf Ihrem lokalen System ein:

```
sshfs <user>@<xx.yy.zz.ww>:/Sicherung /mnt
```

Nun können Sie bequem Ihre Daten in das »lokale« Verzeichnis */mnt* kopieren. Sämtliche Daten werden sicher über das Netz auf Ihren Forensikrechner übertragen.

```
dc3dd if=/dev/sda of=/mnt/sda.dd hash=md5 log=/mnt/logdatei.txt
```

Mit dem Befehl fusermount –u /mnt werden Sie das entfernte Verzeichnis wieder los.

Wenn Ihnen das Format nicht passt
»Was nicht passt, wird passend gemacht.«

Sie haben ein Datenträgerabbild in einem bestimmten Format erstellt und benötigen nun ein anderes Format? Vielleicht haben Sie zum Beispiel ein Image im E01-Format vorliegen, brauchen aber zur weiteren Auswertung ein .

vmdk oder umgekehrt? Oder Sie möchten aus Ihrem DD-Image eine E01-Datei oder binnen weniger Sekunden eine brauchbare virtuelle Festplatte im VHD-Format erstellen? Dieser Hack zeigt Ihnen, wie Sie all das problemlos hinbekommen.

Von DD nach E01 und zurück

Um Ihr DD-Image in ein Abbild im E01-Format umzuwandeln, können Sie unter Linux die Tools der *libewf* (*http://www.forensikhacks.de/ewf*) verwenden. Mit *ewfacquire* können Sie unter Eingabe des folgenden Kommandos ein DD-Image in ein E01-Abbild umwandeln:

```
ewfacquire -t image.dd image.E01
```

Sollte Ihr Ausgangs-Image gesplittet sein, benutzen Sie

```
ewfacquire -t image.??? image.E01
```

Wenn Sie umgekehrt von E01 in DD konvertieren wollen, können Sie den Befehl ewfexport nutzen, der ebenfalls in *libewf* enthalten ist.

```
ewfexport image.E01
```

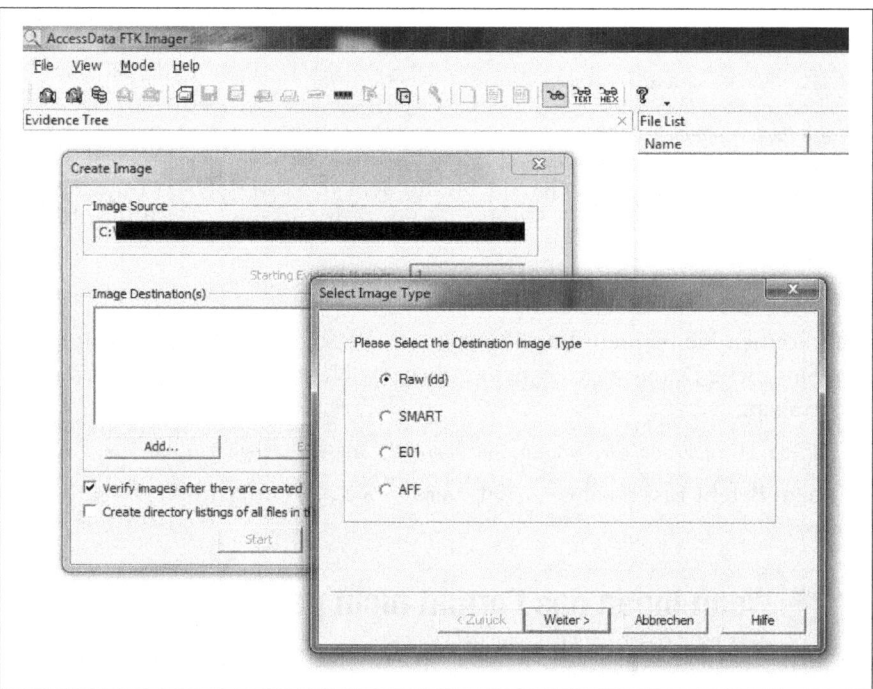

Abbildung 1-6: Imagekonvertierung ins Format Raw (dd) mit FTK Imager

---

Unter Windows können Sie beispielsweise das freie Programm *FTK Imager* von Access Data (*http://www.forensikhacks.de/ftki*) nutzen, das über eine komfortable grafische Oberfläche verfügt. Mit Klick auf FILE → CREATE DISK IMAGE gelangen Sie zum Assistenten zum Erstellen eines neuen Image. Als Quelle wählen Sie in der ersten Dialogbox einfach IMAGE FILE aus und geben dem Programm im nächsten Schritt den Pfad zu dem Original-Image. In dem nächsten Dialogfenster können Sie das Zielformat festlegen, indem Sie auf ADD klicken. Wie Sie sehen, sind die Formate *Raw (dd)*, *SMART*, *E01* und *AFF* möglich. Wählen Sie *Raw (dd)*, wenn Sie beispielsweise Ihr E01-Abbild in ein DD-Image umwandeln möchten.

Sie können im folgenden Schritt weitere Details über das Abbild hinzufügen. Diese werden zusammen mit den Image-Dateien im Zielordner als Textdatei abgelegt. Den Zielordner selbst sowie den Dateinamen Ihres Ziel-Image können Sie zusammen mit Zusatzoptionen im nächsten Schritt angeben. Haben Sie all Ihre Einstellungen vorgenommen, klicken Sie schließlich auf FINISH.

 Wenn Ihnen eine geschlossene Beweismittelkette wichtig ist, sollten Sie bei jedem Umkopieren und auch Konvertieren eines Datenträger-Image dieses gegen das Original verifizieren. Vergessen Sie also beim Einsatz von *FTK Imager* nie den Haken bei *Verify images after they are created*.

Von vmdk nach E01 und zurück

Auf die zuvor beschriebene Weise können Sie mit *FTK Imager* leicht auch virtuelle Festplatten im *.vmdk*-Format in E01-Images umwandeln. Wählen Sie als Quell-Image einfach Ihre *.vmdk*-Datei und klicken Sie im Dialog *Select Image Type* statt auf RAW (DD) auf E01.

Um unter Windows umgekehrt von E01 nach *.vmdk* zu konvertieren, benötigen Sie einen zusätzlichen Schritt. Am besten mounten Sie Ihr Image als schreibgeschützten physischen Datenträger in Ihr laufendes System. Dabei kann Ihnen der *FTK Imager* ab Version 3 helfen. Im Anschluss daran fertigen Sie von dem eingehängten Datenträger ein Image im E01-Format (wie beispielsweise in den [Hack #8] und [Hack #9] beschrieben).

Unter Linux empfehlen wir Ihnen für die Konvertierung virtueller Festplattenformate wie *vdi* (VirtualBox) oder *vmdk* (VMWare) das Programm *xmount* von Daniel Gillen (*http://www.forensikhacks.de/pinguin*). Sie können das Programm nach der Installation wie folgt anwenden:

```
xmount --in ewf --out vmdk image.E01 /mnt/gemounted
```

Umgekehrt funktioniert das natürlich genauso:

```
xmount --in vmdk --out ewf image.vmdk /mnt/gemounted
```

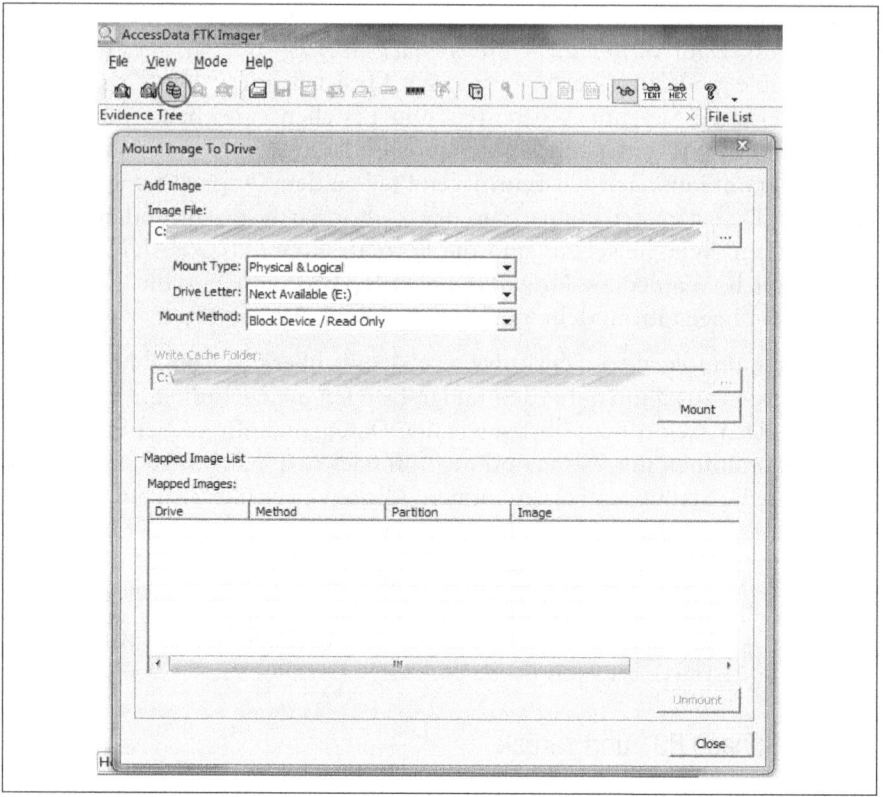

Abbildung 1-7: Mounten eines Image als physischer Datenträger mit FTK Imager

Nun brauchen Sie in beiden Fällen nichts anderes zu tun, als in das Verzeichnis /mnt/gemounted zu wechseln und die dort befindliche Datei im *.vmdk-*bzw. E01-Format herauszukopieren.

In [Hack #95] besprechen wir ausführlich, wie Sie die Stärken von *xmount* gerade bei der Konvertierung virtueller Festplatten voll ausschöpfen können.

Von DD nach VHD

Zum Schluss noch ein kleiner Trick, wie Sie unter Windows binnen weniger Sekunden ein DD-Image in eine virtuelle Festplatte für *Microsoft Virtual PC* umwandeln können. Laden Sie sich einfach das *VHD Tool* von Microsoft herunter (*http://www.forensikhacks.de/vhd*) und geben Sie folgendes Kommando ein:

```
VhdTool.exe /convert image.dd
```

Dieses Tool hängt dem DD einfach am Ende einige Metainformationen für den Betrieb als *.vhd* an – und fertig ist die virtuelle Festplatte.

## KAPITEL ZWEI

Dateisysteme
Hacks #15-25

Kein Buch, das sich mit digitaler Forensik beschäftigt, kommt ohne ein Kapitel über Dateisysteme und deren Artefakte aus. Alle Daten, die auf irgendeinem Speichermedium gelagert sind, werden von irgendeiner Art von Dateisystem verwaltet. Wie sonst wüsste das Betriebssystem, wo es welche Daten findet? Die Forensik beschäftigt sich ja unter anderem damit, Daten sichtbar zu machen und auszuwerten, die von Benutzern an allen möglichen und auch unmöglich erscheinenden Orten abgelegt wurden. Daher ist das Wissen darum, wie Dateisysteme diese Daten verwalten, essenziell und für keinen Forensiker verzichtbar.

Sie halten dieses Hack-Buch sicherlich nicht in der Hand, weil Sie lange, ausschweifende und tiefgründige Erklärungen über Dateisysteme lesen möchten. Sie möchten stattdessen vielleicht lieber einige essenzielle Grundlagen vermittelt bekommen und einige Tipps und Tricks dafür, wie Sie gezielt an bestimmte Informationen zu Dateien und Verzeichnissen gelangen. Vielleicht möchten Sie auch genau auf die Fragen eine Antwort wissen, die Ihnen im Laufe eines Verfahrens von unterschiedlichen Parteien begegnen können? Oder aber Sie möchten sich nicht damit begnügen, Knöpfe in Ihren Forensiktools zu drücken, ohne zu verstehen, wo diese Tools ihre Informationen herbekommen? Möglicherweise möchten Sie sogar Ihre Programme hinterfragen und validieren, ob ihre Ergebnisse korrekt sind?

In jedem Fall werden wir Ihnen in einigen spannenden, aber auch technisch herausfordernden Hacks zeigen, welche Informationen Sie in den FAT- und NTFS-Dateisystemen erwarten. Dieses Kapitel wird dabei eher wissensorientiert sein, um Ihr Verständnis für die Arbeitsweise Ihrer Forensiktools und deren mögliche Anfälligkeiten für Fehlinterpretationen zu fördern.

Die folgenden Hacks werden Ihnen in diesem Kapitel geboten:

- Analysieren Sie den Master Boot Record [Hack #15]
- Identifizieren Sie verschiedene FAT-Dateisysteme [Hack #16]

- Das Prinzip gelöschter Dateien unter NTFS [Hack #17]
- Wie Sie Zeitstempel einer Datei validieren [Hack #18]
- So identifizieren Sie unter NTFS die Eigenschaften einer gelöschten Datei [Hack #19]
- Wie ein Puzzle: Setzen Sie trotz Fragmentierung gelöschte Dateien wieder zusammen [Hack #20]
- Wenn Dateien keine Dateien sind [Hack #21]
- Der Slack-Bereich [Hack #22]
- Welche Daten Sie sonst noch in der MFT finden können [Hack #23]
- Schreiben Sie Ihren eigenen MFT-Eintragsparser [Hack #24]
- Der Unterschied zwischen Hard- und Soft-Link [Hack #25]

HACK #15 Analysieren Sie den Master Boot Record
»Sektor 0«

Im Sektor 0 der Festplatte befindet sich der Master Boot Record (MBR), der im Bootprozess eine wichtige Rolle spielt. Doch auch für Ihre Untersuchungen kann er von großer Bedeutung sein, da er zum einen entscheidende Informationen über die Partitionierung des Datenträgers beinhaltet und zum anderen ein beliebtes Angriffsziel für Schadprogramme ist. Daher sollten Sie die Strukturen des MBR und den Bootablauf gut kennen. Erfahren Sie in diesem Hack, wie dieser Anfangssektor aufgebaut ist, wie Sie ihn mit einfachen Mitteln sichern und wiedereinspielen können, wie der Bootprozess schematisch abläuft und warum auch Sektor 1 für Sie wichtig sein sollte.

Struktur des MBR

Die Struktur des MBR ist gut dokumentiert. Wir möchten Ihnen an dieser Stelle die wichtigsten forensischen Merkmale nennen und verzichten bewusst auf eine technisch detaillierte Betrachtung.

Der MBR besteht aus Bootcode (Bytes 0–439), Disksignatur (Bytes 440–443), reserviertem Bereich (Bytes 444–445), Partitionstabelle (siehe [Hack #16]) mit vier Mal 16 Bytes (Bytes 446–509) und abschließend der Signatur 0x55 0xAA (Bytes 510–511).

Sie können den MBR mit einfachen Mitteln sichern, indem Sie unter Windows und Linux folgenden Befehl ausführen (wie Sie DD unter Windows verwenden, schlagen Sie bitte in [Hack #8] nach):

```
Windows: dd if=\\?\Device\Harddisk0\Partition0 of=mein-mbr.dd bs=512 count=1 skip=0
Linux:   dd if=/dev/sda of=./mein-mbr.dd bs=512 count=1 skip=0
```

```
000 33 C0 8E D0 BC 00 7C 8E   C0 8E D8 BE 00 7C BF 00
016 06 B9 00 02 FC F3 A4 50   68 1C 06 CB FB B9 04 00
032 BD BE 07 80 7E 00 00 7C   0B 0F 85 10 01 83 C5 10  ─Bootcode
048 E2 F1 CD 18 88 56 00 55   C6 46 11 05 C6 46 10 00
064 B4 41 BB AA 55 CD 13 5D   72 0F 81 FB 55 AA 75 09
080 F7 C1 01 00 74 03 FE 46   10 66 60 80 7E 10 00 74
096 26 66 68 00 00 00 00 66   FF 76 08 68 00 00 68 00
112 7C 68 01 00 68 10 00 B4   42 8A 56 00 8B F4 CD 13
128 9F 83 C4 10 9E EB 14 B8   01 02 BB 00 7C 8A 56 00
144 8A 76 01 8A 4E 02 8A 6E   03 CD 13 66 61 73 1E FE
160 4E 11 0F 85 0C 00 80 7E   00 80 0F 84 8A 00 B2 80
176 EB 82 55 32 E4 8A 56 00   CD 13 5D EB 9C 81 3E FE
192 7D 55 AA 75 6E FF 76 00   E8 8A 00 0F 85 15 00 B0
208 D1 E6 64 E8 7F 00 B0 DF   E6 60 E8 78 00 B0 FF E6
224 64 E8 71 00 B8 00 BB CD   1A 66 23 C0 75 3B 66 81
240 FB 54 43 50 41 75 32 81   F9 02 01 72 2C 66 68 07
256 BB 00 00 66 68 00 02 00   00 66 68 08 00 00 00 66
272 53 66 53 66 55 66 68 00   00 00 00 66 68 00 7C 00
288 00 66 61 68 00 00 07 CD   1A 5A 32 F6 EA 00 7C 00
304 00 CD 18 A0 B7 07 EB 08   A0 B6 07 EB 03 A0 B5 07
320 32 E4 05 00 07 8B F0 AC   3C 00 74 FC BB 07 00 B4
336 0E CD 10 EB F2 2B C9 E4   64 EB 00 24 02 E0 F8 24
352 02 C3 49 6E 76 61 6C 69   64 20 70 61 72 74 69 74
368 69 6F 6E 20 74 61 62 6C   65 00 45 72 72 6F 72 20  ─ Disk-Signatur
384 6C 6F 61 64 69 6E 67 20   6F 70 65 72 61 74 69 6E  ─ reserviert
400 67 20 00 00 00 00 65 6D   00 4D 69 73 73 69 6E 67
416 20 6F 70 65 72 61 74 69   6E 67 20 73 79 73 74 65
432 6D 00 00 00 00 62 7A 00   56 0C E5 AE 00 00 00 01
448 01 00 DE FE 3F 04 3F 00   00 00 86 39 01 00 80 00  ─Partitionstabelle
464 01 05 07 FE FF FF C5 39   01 00 00 C0 D4 01 00 FF
480 FF FF 07 FE FF FF C5 F9   D5 01 6B 5E 9A 72 00 00  ─Signatur
496 00 00 00 00 00 00 00 00   00 00 00 00 00 00 55 AA
```

Abbildung 2-1: MBR-Struktur

Natürlich können Sie auch den MBR aus einem Datenträger-Image sichern:

```
Windows: dd if=disk.dd of=image-mbr.dd bs=512 count=1 skip=0
Linux:   dd if=./disk.dd of=./image-mbr.dd bs=512 count=1 skip=0
```

Das Zurückspielen des MBR aus Ihrer Kopie auf eine Festplatte bzw. ein Image können Sie so erreichen:

```
Windows: dd if=image-mbr.dd of=disk.dd bs=512 count=1 skip=0
Linux:   dd if=./image-mbr.dd of=./disk.dd bs=512 count=1 skip=0
```

> Beachten Sie unbedingt die korrekten Parameter für Input-Datei (if=) und Output-Datei (of=), da es sonst zu unerwünschten Ergebnissen kommen kann. Weiterhin sollten Sie beim Ausführen der Befehle mindestens Administrationsrechte besitzen.

Schematischer Ablauf des Bootprozesses

Um die Funktion des MBR im Bootprozess zu verstehen, ist es notwendig, sich den Ablauf beim Starten des Computers in Form eines Schemas zu veranschaulichen. Das Schema hilft Ihnen dabei, mögliche Angriffsvektoren von Schadsoftware nachzuvollziehen. Nach dem Anschalten des Rechners startet das BIOS einen »Herz- und Nierencheck«, genannt Power-on Self-Test (POST). Nach erfolgreichem Test wertet das BIOS Sektor 0 des als Bootlaufwerk priorisierten Datenträgers aus. Der Bootcode (geschrieben in Assembler-Code) wird in den Speicher geladen und ausgeführt. Dieser Code wertet unter anderem die Partitionstabelle aus und »sucht« nach einem Tabelleneintrag, der mit dem Wert 0x80 (»bootfähig«) beginnt. Hat er diesen gefunden und ausgewertet, springt er an den vorgegebenen Anfangssektor der Bootpartition. Dort befindet sich der Volume Boot Record (VBR). Im VBR werden unter anderem die Sektorengröße in Bytes und die Clustergröße in Sektoren festgelegt. Von dort aus geht es weiter zum Bootloader des jeweiligen Betriebssystems, der sich im selben Cluster befindet. Bei Windows-Betriebssystemen steht hier der Bootmanager, der sich in der Metadatendatei *$Boot* des NTFS-Dateisystems befindet.

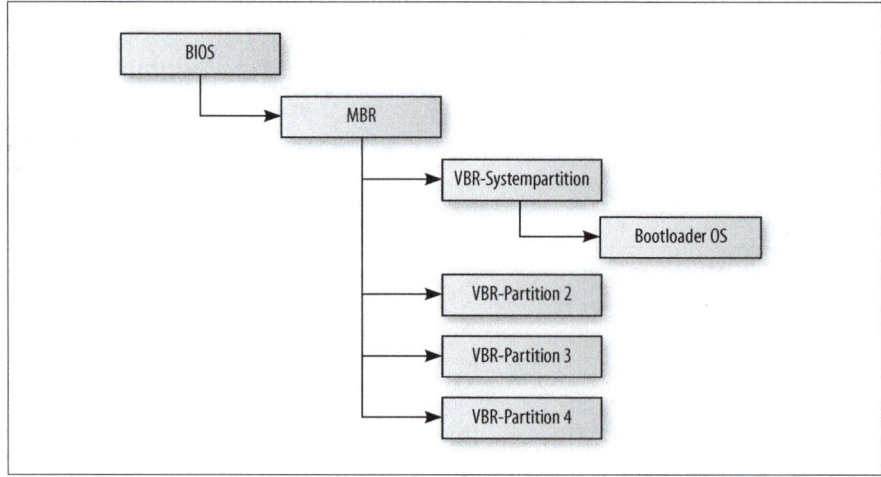

Abbildung 2-2: Schematische Darstellung des Bootprozesses

An jeder Stelle in diesem Prozess können sich Schadprogramme einnisten, vom BIOS bis hin zum Bootloader. Je früher eine Schadsoftware sich in den Bootprozess einklinkt, desto schwerer ist sie aufzuspüren.

Warum auch Sektor 1 für Sie wichtig sein sollte

Typische MBR-Viren kopieren den Original-MBR in einen freien Bereich (z. B. die Sektoren 1 bis 62 vor Beginn der ersten Partition). Im Anschluss an das Kopieren ersetzen sie den MBR durch ihren eigenen Schadcode. Aus diesem Grund ist es für Sie als Forensiker notwendig, sich der Analyse der gesamten Struktur zu widmen und nicht bloß partiell MBR/VBR auszuwerten. Um einzelne Sektoren zu betrachten, können Sie sie mit folgendem Kommando auslesen (ersetzen Sie die 61 durch die Nummer des zu analysierenden Sektors minus eins) :

```
Linux:   dd if=./disk.dd bs=512 count=1 skip=61 | xxd
```

Identifizieren Sie verschiedene FAT-Dateisysteme
»FAT12, FAT16 oder FAT32«

Das FAT-Dateisystem existiert bereits seit 1980. Seitdem wurde es immer wieder weiterentwickelt und findet auch heute noch Anwendung, insbesondere bei externen Datenträgern wie USB-Sticks, Speicherkarten für Digitalkameras und ähnlichen Medien. Im Rahmen Ihrer Untersuchungen werden Sie es daher immer wieder mit FAT-formatierten Datenträgern zu tun haben. Die unterschiedlichen Versionen von FAT unterscheiden sich in verschiedenen Kennwerten, die Ihnen als Forensiker bekannt sein sollten. Forensiktools interpretieren diesen Sachverhalt zwar automatisch für Sie, jedoch sollten auch Sie selbst in der Lage sein, herauszufinden, mit welchen Versionen des FAT-Dateisystem Sie es bei der Untersuchung eines Datenträgers zu tun haben. In diesem Hack erfahren Sie, wie Sie auf hexadezimaler Ebene Informationen über die verwendete FAT-Version auslesen können.

Informationen aus dem Master Boot Record (MBR)

Der MBR verwaltet unter anderem die Partitionen auf einem Datenträger in Form einer Partitionstabelle, die im Offset 446 für 64 Bytes startet. Jeder Partitionseintrag besteht aus 16 Bytes, woraus klar wird, warum auf MBR-verwalteten Datenträgern maximal vier primäre Partitionen existieren können. Neben den primären Partitionen können auf Kosten eines Eintrags auch noch weitere, sogenannte »erweiterte Partitionen« bestehen. Im Eintrag einer primären Partition finden Sie den erwarteten Dateisystemtyp am Offset 4 für ein Byte.

```
432   00 00 00 00 00 00 00 00   21 57 DD 04 00 00 80 01
448   01 00 0B FE 7F EB 3F 00   00 00 AD 9A 78 00 00 00
464   00 00 00 00 00 00 00 00   00 00 00 00 00 00 00 00
480   00 00 00 00 00 00 00 00   00 00 00 00 00 00 00 00
496   00 00 00 00 00 00 00 00   00 00 00 00 00 00 55 AA
```

Abbildung 2-3: Partitionstabelle im MBR mit markiertem FAT32-Partitionseintrag

Um nun eine Identifizierung der genauen Version des FAT-Dateisystems durchführen zu können, benötigen Sie folgende Tabelle. In der obigen Abbildung sehen Sie den Wert 0x0B für eine FAT32-Partition.

Tabelle 2-1: FAT Dateisystemtypen in der Partitionstabelle des MBR

Hexwert	Typ
0x01	FAT12, CHS
0x04	FAT16, 16–32MB, CHS
0x06	FAT16, 32MB–2GB, CHS

Tabelle 2-1: FAT Dateisystemtypen in der Partitionstabelle des MBR (Fortsetzung)

Hexwert	Typ
0x0B	FAT32, CHS
0x0C	FAT32, LBA
0x0E	FAT16, 32MB–2GB, LBA
0x11	FAT12, CHS, versteckt
0x14	FAT16, 16–32MB, CHS, versteckt
0x16	FAT16, 32MB–2GB, CHS, versteckt
0x1B	FAT32, CHS, versteckt
0x1C	FAT32, LBA, versteckt
0x1E	FAT16, 32MB–2GB, LBA, versteckt

Informationen aus dem Volume Boot Record (VBR)

Nach der Analyse der Partitionseinträge durch das System wird auf den Anfangssektor der Partition gesprungen. Diesen Sektor nennt man VBR. Er enthält Informationen über die OEM-ID, den Partitionstyp, die Clustergröße, die Gesamtgröße der Partition und weitere Dateisystemeinstellungen. Im VBR finden Sie an Offset 3 für 8 Bytes die OEM-ID, das ist ein Name, der vom Formatierungsprogramm vergeben wird, beispielsweise *MSDOS5.0* von aktuellen Windows-Versionen.

Je nachdem, mit welcher FAT-Version Sie es zu tun haben, finden Sie entweder an Offset 54 (FAT12, FAT16) oder Offset 82 (FAT32) für 8 Bytes den gesuchten Partitionstyp. Ein Blick in die ASCII-Ansicht verrät Ihnen, ob Sie es mit einer FAT12-, FAT16- oder FAT32-formatierten Partition zu tun haben.

```
00  EB 58 90 4D 53 44 4F 53   35 2E 30 00 02 08 20 00   ëX MSDOS5.0
16  02 00 00 00 00 F8 00 00   3F 00 FF 00 3F 00 00 00        ø  ? ÿ ?
32  AD 9A 78 00 18 1E 00 00   00 00 00 00 02 00 00 00   -|x
48  01 00 06 00 00 00 00 00   00 00 00 00 00 00 00 00
64  00 00 29 C4 B4 B1 38 4E   4F 20 4E 41 4D 45 20 20    )Ä´±8NO NAME
80  20 20 46 41 54 33 32 20   20 20 33 C9 8E D1 BC F4    FAT32   3ÉŽÑ¼ô
```

Abbildung 2-4: VBR einer FAT32-Partition

Wie Sie in obiger Abbildung erkennen, steht unmittelbar vor dem Partitionstyp (FAT32) der vermeintliche Volume-Name (»NO NAME«). Die Führung des Namens an dieser Stelle hat heute keine Bedeutung mehr. Den eigentlichen Volume-Namen finden Sie im Verzeichniseintrag des Root-Verzeichnisses.

Das Prinzip gelöschter Dateien unter NTFS

»Lieber gelöscht als überschrieben«

Das Wissen darüber, wann eine Datei gelöscht ist und wann nicht, ist für Sie als Forensiker essenziell. Natürlich automatisieren Programme wie *EnCase*, *X-Ways*, *FTK* und *Sleuthkit* das Wiederherstellen dieser Dateien für Sie, jedoch müssen Sie wissen, wie dieses Tools auf das entsprechende Ergebnis gekommen sind – um einerseits das Vorgehen von Forensik-Tools vor Gericht erklären und andererseits die Ergebnisse dieser Programme validieren zu können.

Was passiert beim Löschen einer Datei?

Im Dateisystem NTFS werden alle Dateien und Verzeichnisse in einer zentralen Datenbank, der *Master File Table* (MFT) verwaltet. Diese Datenbank, die nie schrumpft, speichert Metainformationen wie Dateinamen, Größen, Zeitstempel und Inhalte bzw. Verweise auf Cluster, die die Inhalte speichern. Eine weitere wichtige Information ist das sogenannte *Allocation Flag*. Es speichert für jede Datei und jedes Verzeichnis den Zustand, also ob sie bzw. es gelöscht oder zugeordnet ist.

Zur Verdeutlichung eine Analogie: Stellen Sie sich die MFT als Inhaltsverzeichnis eines Buches vor. Jedes Kapitel (Datei/Verzeichnis) in dem Buch ist dort aufgeführt.

Wenn Sie nun auf Ihrem Rechner eine Datei löschen, werden die Inhalte nicht vom Datenträger entfernt, die Seiten des Buches also nicht herausgerissen, sondern lediglich der Eintrag in der MFT, dem Inhaltsverzeichnis, verändert. Die folgende Abbildung zeigt eine vereinfachte Darstellung dieses Sachverhalts.

Gelöscht?	Name	Zeit	Anfangs-Cluster	Größe
Nein	Text.txt	28.01.2012,09:12	189153	4896
Ja	Bild.jpg	30.01.2012,10:43	97135620	786192
Nein	Dokument.doc	02.02.2012,11:27	4532166	7591209

Abbildung 2-5: Vereinfachte Darstellung der MFT-Inhalte

Die Spalte »Gelöscht?« repräsentiert das *Allocation Flag* in der MFT. Es befindet sich an den Offsets 22 und 23 eines jeden MFT-Eintrags und kann die Werte besitzen, die in der folgenden Tabelle aufgelistet sind.

Tabelle 2-2: Allocation Flag in der MFT an Offsets 22 und 23

Hexwerte	Typ
00 00	gelöschte Datei
01 00	zugeordnete Datei
02 00	gelöschtes Verzeichnis
03 00	zugeordnetes Verzeichnis

Folgende Beispiele zeigen den Zustand des Allocation Flag in der Datei $MFT eines NTFS-Dateisystems, zunächst für eine gelöschte Datei, darunter dann für eine zugeordnete Datei.

```
                              gelöscht
    46 49 4C 45 30 00 03 00   8F 34 01 CF 01 00 00 00 | FILE0    4 Ï
    14 00 01 00 38 00 00 00   A8 01 00 00 00 04 00 00 |      8  ¨
    00 00 00 00 00 00 00 00   04 00 00 00 13 00 00 00 |
```

Abbildung 2-6: Allocation Flag einer gelöschten Datei in $MFT

```
                              zugeordnet (nicht gelöscht)
    46 49 4C 45 30 00 03 00   C0 99 53 88 02 00 00 00 | FILE0   À™S
    04 00 01 00 38 00 01 00   60 01 00 00 00 04 00 00 |      8  `
    00 00 00 00 00 00 00 00   04 00 00 00 03 02 00 00 |
```

Abbildung 2-7: Allocation Flag einer zugeordneten Datei in $MFT

HACK #18 Wie Sie Zeitstempel einer Datei validieren
»Wer hat an der Uhr gedreht?«

Wie in den anderen Hacks dieses Kapitels zeigen wir Ihnen auch in diesem, woher automatisierte Forensiktools ihre Daten beziehen. Dabei geht es primär um das Ziel, tieferes Verständnis der einzelnen Datenstrukturen zu erlangen. Dieser Hack beschäftigt sich mit den gespeicherten Zeitstempeln in einem NTFS-Dateisystem. Wir zeigen Ihnen, welche vier Zeitstempel einer Datei gespeichert werden, wo Sie diese – auch bei längst gelöschten Dateien – finden und wie Sie sie in unser Zeitformat umrechnen. Außerdem erfahren Sie, wie Zeitstempel zur Beschleunigung des Betriebssystems beitragen können. Zu guter Letzt geben wir Ihnen einen Hinweis darauf, wie Sie eventuelle Zeitstempel-Manipulationen feststellen können.

Wo, was, wie?

Wie Sie bestimmt schon richtig vermuten, werden die Zeitstempel im Inhaltsverzeichnis des NTFS-Dateisystems, der MFT, gespeichert. Für jede Datei werden vier Zeitstempel geschrieben: Erstellungsdatum, Änderungsdatum, Änderungsdatum des MFT-Eintrags und Datum des letzten Zugriffs. Jeder MFT-Eintrag ist 1.024 Bytes groß und beherbergt sogenannte Attribute von variabler Länge. Die Zeitstempel werden im *Standard Information Attribute* mit dem Header *10 00 00 00* gespeichert. Zusätzliche Zeitinformationen werden im *Filename Attribute* mit dem Header *30 00 00 00* vorgehalten. Wie Sie wissen, kann es mehrere *Filename Attributes* geben – *Short Filename* und *Long Filename*. Professionelle Forensiktools und betriebssystemeigene Programme nehmen ihre Darstellung der Zeit jedoch ausschließlich aus dem *Standard Information Attribute*.

```
46 49 4C 45 30 00 03 00   BB 3C 63 AA 02 00 00 00   FILE0    »<c³
B2 00 01 00 38 00 01 00   68 01 00 00 00 04 00 00   ²    8     h
00 00 00 00 00 00 00 00   03 00 00 00 F4 16 00 00 ──┐1       ô
11 00 00 00 00 00 00 00   10 00 00 00 00 00 00 00
00 00 00 00 00 00 00 00   48 00 00 00 18 00 00 00           H
23 4F EB 67 C9 83 CB 01   10 20 6B CD EB DF CC 01   #OëgÉ¡È   k¡ëߺÎ
10 20 6B CD EB DF CC 01   71 44 F9 24 89 DA CC 01   k¡ëߺÎ  qDù$¡ÛÎ
26 00 00 00 00 00 00 00   00 00 00 00 00 00 00 00   &
 2        4         3        5
```

Abbildung 2-8: Vier Zeitstempel im Standard Information Attribute

Tabelle 2-3: Legende der obigen Abbildung

Position	Typ
1	Header Standard Information Attribute
2	Erstelldatum
3	Änderungsdatum
4	Änderungsdatum des MFT Eintrags
5	Datum des letzten Zugriffs

Die Zeitstempel im NTFS-Dateisystem sind im Win32-FILETIME-Format als 8-Byte-Folge gespeichert. Sie erkennen einen Zeitstempel in der hexadezimalen Ansicht auf einen Blick, indem Sie auf die letzten zwei Bytes schauen. Diese haben zurzeit den Wert *0xC[X] 0x01*. Der Grund dafür liegt darin, dass die Zeit seit dem Jahr 1600 in Millisekunden gespeichert wird und sich die ersten Bytes (Little-Endian!) nur sehr langsam ändern.

Um die Zeitstempel in das für uns lesbare gregorianische Zeitformat umzurechnen, können Sie auf Standardbibliotheken zugreifen. Die Funktion heißt *strftime()*. Alternativ gibt es verschiedene kostenlose, dialogbasierte Tools, zum Beispiel *DCode* von der Digital Detective Group Ltd (*http://www.forensikhacks.de/dcode*).

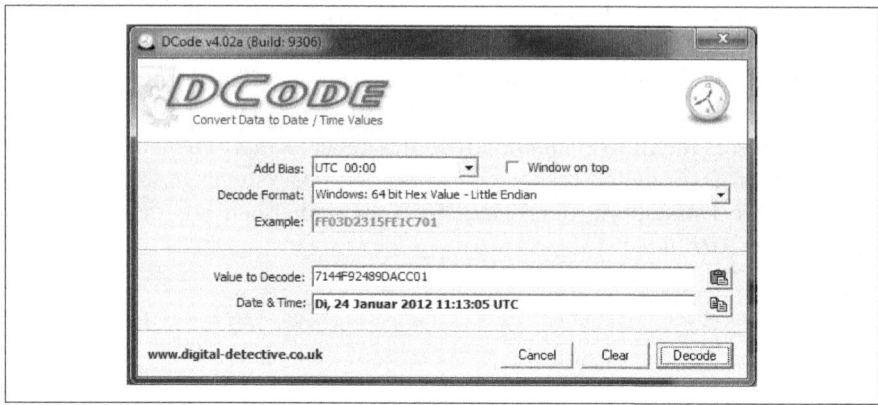

Abbildung 2-9: Beispiel für die Zeitstempelkonvertierung mit DCode

Wie Zeitstempel zur Beschleunigung des Betriebssystems beitragen können

Beim Schreiben einer Datei auf die Festplatte werden Metadateninformationen und Nutzdaten (Dateiinhalte) auf die Festplatte geschrieben. Wenn man diesen mehrstufigen Schreibprozess optimieren möchte, gibt es nur wenige Stellschrauben, an denen man drehen kann. Das Schreiben der Nutzdaten selbst lässt sich nur durch Komprimierung der Daten beschleunigen. Weglassen von Daten kommt hier natürlich nicht infrage. Anders sieht es bei der Speicherung der Metadateninformationen aus: Referenzen auf Cluster oder Namensinformationen können zwar auch nicht weggelassen werden, Zeitinformationen wie das Datum des letzten Zugriffs sind hingegen entbehrlich. Gerade dieses Datum wird häufig durch unterschiedlichste Aktionen verändert. Ein Verzicht auf die Speicherung beschleunigt in diesem Fall den mehrstufigen Schreibprozess enorm.

Auch Microsoft nutzt seit Windows Vista, also auch unter Windows 7, diese Optimierungsmöglichkeit, indem das Schreiben des letzten Zugriffsdatums von Haus aus deaktiviert ist. Dieses Verhalten wird über den folgenden Registry-Key gesteuert:

```
HKLM\SYSTEM\CurrentControlSet\Control\FileSystem\NtfsDisableLastAccessUpdate
```

Wenn Sie bei Ihrer forensischen Untersuchung in diesem Key auf den Wert 1 (DWORD) treffen, wird das letzte Zugriffsdatum nicht geschrieben bzw. erhält beim Anlegen den Wert des Erstelldatums.

Im laufenden Betrieb – oder auf einer virtuellen Maschine – können Sie mit dem Systemprogramm *fsutil* den Zustand des Parameters abfragen:

```
C:\Windows\system32>fsutil behavior query DisableLastAccess
> DisableLastAccess = 1
```

Unter Linux-Derivaten steuert sich das Verhalten über die Mount-Option *noatime*. Diese Option wird entweder direkt im Mount-Befehl verwendet oder in die Datei */etc/fstab* integriert.

```
mount /dev/sda1 /mnt/disk -o noatime
```

Beispiel 2-1: Abgeschaltetes Zugriffsdatum in /etc/fstab

```
/dev/sda1   /mnt/disk   ext3   defaults,noatime   0  1
```

> Wussten Sie es schon? Die Zugriffszeiten von RAM und Festplatte unterscheiden sich um den Faktor 1.000 (Mikrosekunde vs. Millisekunde). Sie können also in den Arbeitsspeicher 1.000-mal schneller Daten schreiben als auf eine Festplatte. Das ist auch der Grund dafür, dass Ihr Rechner merklich langsamer wird, wenn er beginnt, den Auslagerungsmechanismus (Swap/Pagefile) zu verwenden.

Hinweis auf manipulierte Zeitstempel

Es ist möglich, alle Zeitstempel im Dateisystem durch spezielle Software zu manipulieren. Es ist schwer, diese Art der Verschleierung beweissicher nachzuvollziehen. Einen Hinweis auf solch eine Manipulation kann Ihnen ein genauerer Blick auf den Hexadezimalwert des entsprechenden Datums geben. Die Zeiten werden in Windows millisekundengenau gespeichert, während viele Manipulationstools sie nur sekundengenau überschreiben. Finden Sie daher ein Verzeichnis mit mehreren Dateien, welche alle auf 0 Millisekunden enden, grenzt das schon an ein statistisches Wunder.

So identifizieren Sie unter NTFS die Eigenschaften einer gelöschten Datei
»Gelöscht und doch nicht verschwunden«

Bei bestehenden Dateien auf einem NTFS-Dateisystem ist es kein Problem, selbst mit betriebssystemeigenen Mitteln (wie dem Windows Explorer) die Eigenschaften dieser Dateien herauszufinden. Durch Rechtsklick auf eine Datei können Sie leicht herausfinden, ob die Datei beispielsweise versteckt, schreibgeschützt, archiviert, EFS verschlüsselt oder komprimiert war.

Je nachdem, welche dieser Eigenschaften eine verfahrensrelevante Datei aufweist, kann das in Ihrer Untersuchung eine Rolle spielen. Schließlich kann es für die Beurteilung des Vorsatzes einen Unterschied ausmachen, ob das gefälschte Dokument versteckt und verschlüsselt war oder nicht.

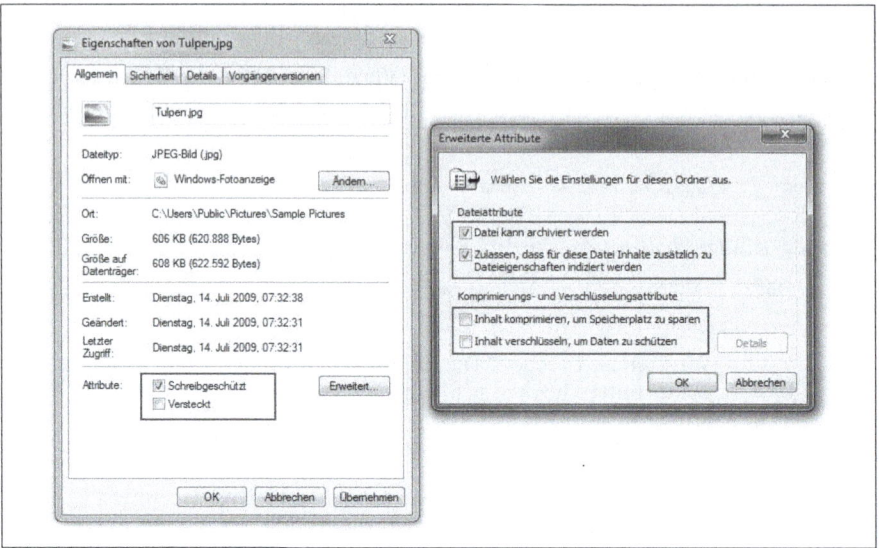

Abbildung 2-10: Ansicht der Dateieigenschaften im Windows Explorer

Doch wie verhält sich das bei gelöschten Dateien? Es wird Sie freuen zu hören, dass Sie für diejenigen Dateien, die in der MFT zwar als gelöscht markiert sind, deren Inhaltsverzeichniseintrag (MFT-Eintrag) jedoch noch existiert, auch noch alle Eigenschaften herausfinden können. Suchen Sie dazu den Eintrag der gelöschten Datei in der MFT (siehe [Hack #17]).

Alle Eigenschaften der Datei finden Sie innerhalb des *Standard Information Attribute*. Gehen Sie vom Header (*10 00 00 00*) aus an Offset 56 und schauen Sie sich die folgenden vier Bytes genauer an. Man nennt diese vier Bytes auch *DOS Permissions* oder *DOS Flags*. Sie können anhand der nachfolgenden Tabelle die Eigenschaften der Datei aufschlüsseln und somit nicht nur verifizieren, ob Ihre Forensiksoftware die korrekten Werte darstellt, sondern auch die Eigenschaften von gelöschten Dateien herausfinden.

Tabelle 2-4: Allocation Flag in der MFT an Offsets 22 und 23

Hexwerte	Typ
01 00 00 00	schreibgeschützt
02 00 00 00	versteckt
04 00 00 00	Systemdatei
10 00 00 00	Verzeichnis
20 00 00 00	archiviert

Tabelle 2-4: Allocation Flag in der MFT an Offsets 22 und 23 (Fortsetzung)

Hexwerte	Typ
40 00 00 00	Gerät
80 00 00 00	normal
00 01 00 00	temporär
00 02 00 00	Sparse-Datei
00 04 00 00	Reparse Point (Link – Mountpunkt)
00 08 00 00	komprimiert
00 10 00 00	offline
00 20 00 00	Inhalt vom Indexieren ausgenommen
00 40 00 00	EFS-verschlüsselt

Meist weist eine Datei mehr als eine Eigenschaft auf, Sie werden also auch durchaus auf andere Werte treffen, als in der Tabelle dargestellt sind. Aber auch diese bislang unbekannten Werte können Sie aufschlüsseln, sie entstehen nämlich aus der Addition der oben genannten Hexadezimalwerte. Die folgende Tabelle verdeutlicht Ihnen diese Addition anhand einiger Beispiele.

Tabelle 2-5: Allocation Flag in der MFT an Offsets 22 und 23

Hexwerte	Typ
03 00 00 00	schreibgeschützt und versteckt
03 08 00 00	schreibgeschützt, versteckt und komprimiert
27 40 00 00	archiviert, schreibgeschützt, versteckt, Systemdatei, EFS-verschlüsselt
30 00 00 00	archiviert und Verzeichnis

HACK #20 Wie ein Puzzle: Setzen Sie trotz Fragmentierung gelöschte Dateien wieder zusammen
»Spreng die Ketten«

Bei der Vielzahl an Dateien auf heutigen Festplatten kommt es notwendigerweise früher oder später dazu, dass die Dateiinhalte nicht mehr zusammenhängend auf den Datenträger geschrieben werden. Man spricht dabei von *Fragmentierung*. Diese Fragmentierung wird im NTFS-Dateisystem durch sogenannte *Data Run Lists* innerhalb der MFT abgebildet. Für zugeordnete Dateien, deren Inhalte nicht resident in der MFT gelagert sind, werden diese Run-Listen im *Data Attribute* (Header 80 00 00 00) gespeichert. In diesem Hack erfahren Sie, wie diese Listen aufgebaut sind und wie Sie die Inhalte gelöschter Dateien wieder richtig zusammensetzen können. Ein anderes Verfahren zur Wiederherstellung gelöschter Dateien stellt das Carving dar (siehe [Hack #34]). Die Technik des Carvens funktioniert allerdings nur bei zusammenhängenden Nutzdaten, nicht bei fragmentierten. Aus diesem Grund sollten

Sie sich mit dem Zusammensetzen von Clustern über die Data Run Lists beschäftigen. Natürlich erleichtern Forensiktools Ihnen die Arbeit beim Zusammensetzen. Trotzdem kann es in manchen Fällen vonnöten sein, es von Hand zu tun – des Weiteren können Sie auf diese Art und Weise die korrekte Arbeitsweise Ihres Forensiktools validieren.

Wie sind Data Run Lists aufgebaut?

Bevor Sie die Data Run List einer Datei analysieren können, müssen Sie sie erst einmal lokalisieren. Die Position der Liste innerhalb des Data Attribute ist variabel; sie wird im Offset 32 für 2 Bytes (Little-Endian) definiert.

```
85 01 DC 09 7D 69 A2 09   80 00 00 00 48 00 00 00 ── Header Data Attribute
01 00 00 00 00 00 03 00   00 00 00 00 00 00 00 00
06 00 00 00 00 00 00 00   40 00 08 00 00 00 00 00   Offset 32 (2 Bytes)
00 70 00 00 00 00 00 00   00 62 00 00 00 00 00 00   Zeiger zur Run Liste
00 62 00 00 00 00 00 00   31 07 FA 07 4A 00 63 00 ── Data Run Liste
```

Abbildung 2-11: Data Attribute mit Data Run List

In obiger Abbildung verweist der Zeiger in Offset 32 auf Offset 64 (Hex 00 40). Dort befindet sich die Data Run List, bestehend aus einem Element mit den Werten *31 07 FA 07 4A*. Der Fakt, dass die Run-Liste nur ein einziges Element aufweist, zeigt Ihnen, dass die Inhalte dieser Datei nicht fragmentiert sind. Doch wie finden Sie heraus, aus wie vielen Elementen eine Data Run List besteht?

Das ist gar nicht so schwer, denn jedes Element einer Data Run List ist gleich aufgebaut. Es beginnt mit einem Meta-Byte, das Ihnen Auskunft darüber gibt, wie viele der folgenden Bytes zum Element gehören und welche dieser Bytes Ihnen den Anfangscluster sowie die Größe angeben. Die folgende Abbildung stellt diese Zuordnung dar.

```
31 | 07 FA 07 4A

3 + 1 = 4 Bytes Länge des Elements

3 = 3 Bytes für den Anfangscluster, d.h. Anfangscluster = 4A 07 FA

1 = 1 Byte für die Größe der Daten, d.h. 07 Cluster
```

Abbildung 2-12: Aufbau eines Elements von einer Data Run List

Das Element, das wir hier betrachten, besteht also aus einem Meta-Byte, gefolgt von vier Bytes. Wenn unmittelbar nach diesen vier Bytes ein Null-Byte (0x00) erscheint, wissen Sie, dass kein weiteres Element mehr folgt. Treffen Sie hingegen auf andere Werte, beginnt ein zweites Element; die Datei ist dann fragmentiert.

Welche weiteren Informationen können Sie dem Element entnehmen? Wie Sie in der letzten Abbildung sehen, können Sie durch Auflösung des Meta-Bytes erfahren, welche der vier folgenden Bytes die Startposition des Anfangsclusters der Datei angeben und welche die Größe der Daten. Das sind die eigentlich wichtigen Informationen, die Sie benötigen, um eine gelöschte Datei wieder zusammensetzen zu können, selbst wenn sie fragmentiert war. Unsere Datei können Sie also wiederherstellen, indem Sie zu Cluster 4.851.706 (Hex 4A 07 FA) im Dateisystem springen und diesen sowie die nächsten sechs Cluster (insgesamt als sieben Cluster) extrahieren. In folgender Tabelle sehen Sie einige Beispiele für Elemente von Data Run Lists und deren Auflösung.

Tabelle 2-6: Einige Beispiele für Elemente von Data Run Lists

Hexwerte	Informationen
31 1A D6 9B 2F	Länge des Elements: 4 Bytes
	Startcluster: 2F 9B D6 = 3.120.086
	Größe: 26 Cluster
32 AF 04 82 34 0E	Länge des Elements: 5 Bytes
	Startcluster: 0E 34 82 = 930.946
	Größe: 1199 Cluster
41 8A 5E C3 27 01	Länge des Elements: 5 Bytes
	Startcluster: 01 27 C3 5E = 19.383.134
	Größe: 138 Cluster

Glückwunsch, Sie können jetzt gelöschte Dateien anhand eines Data Run wiederherstellen! Allerdings nur unfragmentierte, aber das ändern wir jetzt!

Stellen Sie fragmentierte Dateien anhand ihrer Data Run wieder her

Das Wiederherstellen von fragmentierten Dateien ist im Grunde genommen nicht viel schwieriger als das von nicht fragmentierten. Sie müssen sich lediglich vor Augen führen, dass Sie es nun mit einer Verkettung von mehreren Elementen zu tun haben, anstatt nur mit einem einzigen. Wichtig dabei ist, dass der Startcluster des ersten Elements immer logisch vom Start des Dateisystems aus zu sehen ist, während die Startcluster aller folgenden Elemente immer relativ zum Startcluster des Vorgängerelements zu sehen sind. Man spricht dabei von *virtuellen Clusternummern* (VCN). Die folgende Abbildung zeigt Ihnen schematisch, wie die Adressierung eines jeden Folgeelements auf dem Startcluster des Vorgängerelements basiert (Abbildung 2-13).

Wenn Sie also folgende gelöschte Datei wiederherstellen möchten, müssen Sie zunächst jedes Element einzeln betrachten. Wie Sie sehen, liegen hier zwei Elemente vor (Abbildung 2-14).

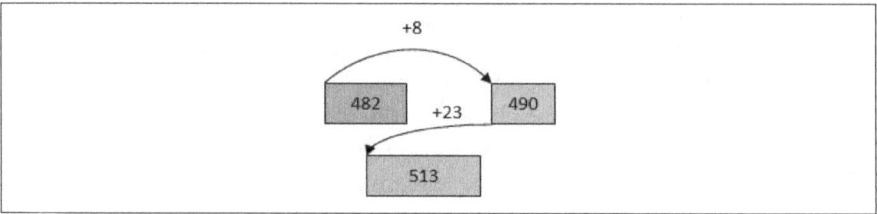

Abbildung 2-13: Schematische Ansicht eines Data Run mit positiven Sprüngen

```
80 00 00 00 50 00 00 00   01 00 40 00 00 00 01 00
00 00 00 00 00 00 00 00   FF 28 03 00 00 00 00 00
40 00 00 00 00 00 00 00   00 00 90 32 00 00 00 00
00 00 90 32 00 00 00 00   00 00 90 32 00 00 00 00
33 40 92 00 00 00 0C 43   C0 96 02 2B CD 27 05 00
```

Abbildung 2-14: Data Run List einer gelöschten Datei, bestehend aus zwei Elementen

Tabelle 2-7: Analyse der einzelnen Elemente

Hexwerte	Informationen
33 40 92 00 00 00 0C	Länge des Elements: 6 Bytes
	Startcluster: 0C 00 00 = 786.432
	Größe: 37.440 Cluster
43 C0 96 02 2B CD 27 05	Länge des Elements: 7 Bytes Startcluster: (0C 00 00) + (05 27 CD 2B) = 786.432 + 86.494.507 = 87.280.939
	Größe: 169.664 Cluster

Würde nun ein drittes Element folgen, könnten Sie dieses genau wie das zweite berechnen, allerdings mit dem Startcluster 87.280.939 als Basis für die Addition. Für alle weiteren Folgeelemente gestaltet sich das Verfahren ganz genauso. Glückwunsch, Sie sind nun in der Lage, sogar fragmentierte gelöschte Dateien wieder zusammenzusetzen!

Zu guter Letzt: Negative Sprünge

Da die Startcluster der Folgeelemente vorzeichenbehaftete Integerzahlen sind, können sie auch negative Werte annehmen. Das passiert dann, wenn Teile der Datei an weiter vorne liegende Bereiche auf den Datenträger geschrieben wurden als ihre Vorgängerfragmente. Wie der Data Run einer derart fragmentierten Datei aussehen kann, stellt Abbildung 2-15 schematisch dar.

Sie erkennen einen negativen Sprung übrigens schnell, wenn Sie sich den allerersten Nibble des ersten Bytes in der Hexansicht des Startclusters anschauen. Taucht dort ein Wert von über 8 auf (also 8 bis F), haben Sie es mit einem negativen Sprung zu tun. Es existieren aber auch diverse Taschenrechnerprogramme und Zahlenkonverter, die Sie lediglich mit dem Wert »Signed Integer« füttern müssen, damit sie automatisch erkennen, ob ein positiver oder negativer Sprungwert herauskommt.

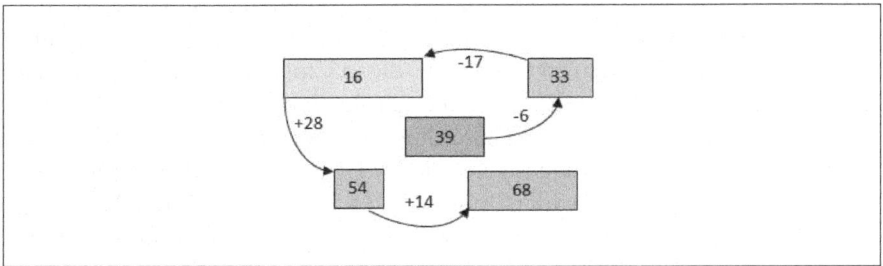

Abbildung 2-15: Schematische Ansicht eines Data Run mit negativen Sprüngen

HACK #21 Wenn Dateien keine Dateien sind
»Eine Frage des Standpunkts«

Würden Sie sagen, dass in einem Verfahren von Bedeutung sein kann, wo genau eine Spur, ein Indiz oder ein Beweis gefunden wurde? Falls Ihre Antwort auf diese Frage »Ja« war, dürfen wir Ihnen ein Kompliment aussprechen, denn dann gehören Sie zu der Fraktion von Forensikern, die sich nicht damit zufriedengeben, dass irgendwo auf einem Datenträger eine tatrelevante Datei aufgefunden wurde. Sie wollen wissen, wo genau die Datei liegt und wie sie dort hingekommen ist. Und das ist gut so! Da natürlich unzählige Orte in einem Dateisystem existieren, an denen Daten abgelegt werden können, ist es unmöglich, sie alle aufzuzählen. Das wollen wir an dieser Stelle auch nicht. Wir möchten Ihnen in diesem Hack lediglich veranschaulichen, dass Dateien nicht immer in eigenen Zuordnungseinheiten auf dem Datenträger gespeichert sind, und dass es eine Menge bringt, sich dessen bewusst zu sein.

Nehmen wir an, Sie hätten eine kleine Textdatei mit beweisrelevanten Kontoinformationen und Passwörtern aufgefunden. Sie verfassen Ihren Bericht und legen dar, dass alle relevanten Informationen in der Datei *XY.txt* vorliegen, die in Cluster 2361 der NTFS-formatierten Partition C gespeichert ist. Die findige Gegenpartei argumentiert, dass Ihre Angaben unglaubwürdig seien. Sie behauptet, ihre eigenen Gutachten könnten beweisen, dass dieser Cluster von einer gänzlich anderen Datei genutzt werde, die vom Dateisystem genutzt wird und auf die der Benutzer gar keinen Zugriff nehmen könne. Mithin könnten die dort aufgefundenen Daten gar nicht vom Benutzer des Computers stammen, sondern seien vom Dateisystem angelegt worden. Was würden Sie dann tun? Spätestens nach der Lektüre dieses Hacks werden Sie über eine solche Aussage nur müde schmunzeln.

Wie werden Daten abgelegt?

In den Hacks dieses Kapitels haben Sie ja bereits kennengelernt, wie das Dateisystem NTFS Dateien und Verzeichnisse verwaltet. Im zentralen Inhaltsverzeichnis, der Master File Table (MFT), ist jede Datei mit einer Menge Metadaten referenziert. In [Hack #20] haben Sie erfahren, wie Sie selbst von fragmentierten Dateien die Daten wiederherstellen können. Das klappt allerdings nur, wenn Sie es mit Daten zu tun haben, die in Clustern irgendwo außerhalb der MFT auf dem Datenträger abgelegt sind. Man spricht dabei von *nicht residenten Daten*. Ist eine Datei allerdings klein genug, dann schreibt das NTFS-Dateisystem ihre Daten noch in den MFT-Eintrag der Datei mit hinein. Das klingt zunächst etwas widersprüchlich, da die MFT von ihrem Wesen her keine Daten, sondern nur Metainformationen beinhalten dürfte. Doch aus Performanz- und Kapazitätsaspekten ist es durchaus sinnvoll. Jeder MFT-Eintrag belegt sowieso 1.024 Bytes, warum sollte man also für sehr kleine Dateien diesen Platz ungenutzt lassen und noch zusätzlich einen kompletten Cluster auf dem Datenträger belegen, zu dem der Lese-/Schreibkopf erst einmal springen muss? Genau aus diesen Erwägungen heraus können Daten also innerhalb der MFT gespeichert sein. Ein Beispiel gefällig?

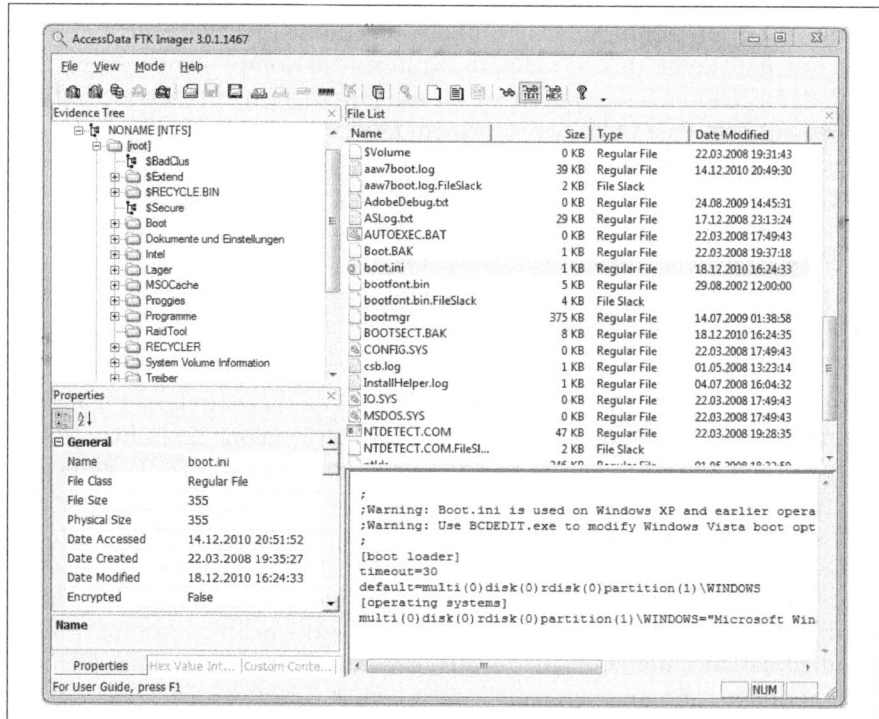

Abbildung 2-16: Die sehr kleine Datei boot.ini in der herkömmlichen Ansicht

Die Informationen von *boot.ini* sind jedoch eigentlich in *$MFT* gespeichert.

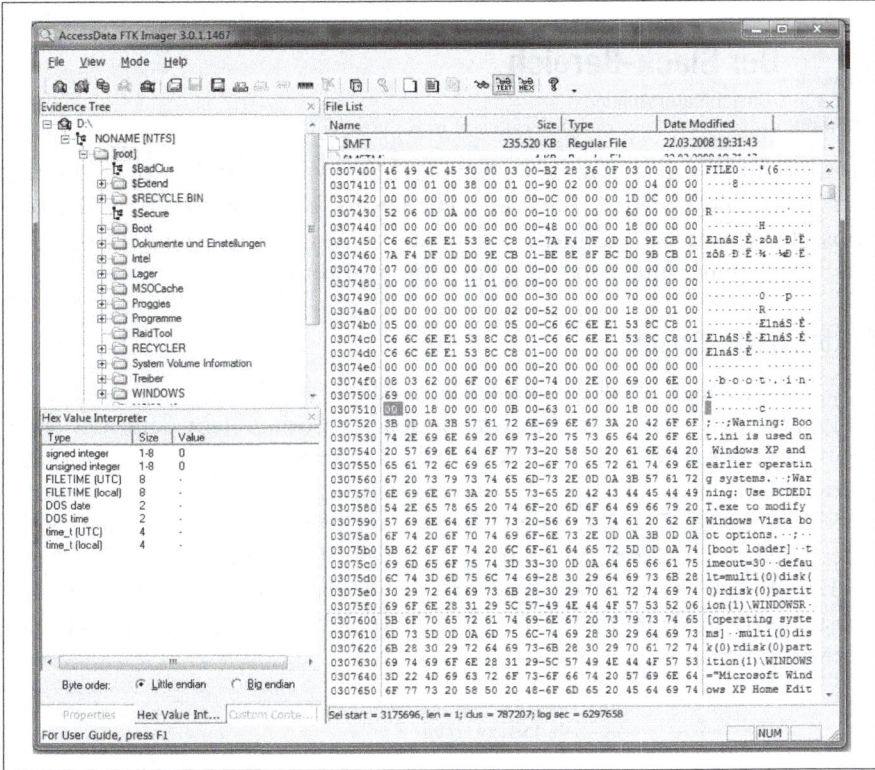

Abbildung 2-17: MFT-Eintrag von boot.ini inklusive der Daten, markiert ist das Resident Flag.

Sie können sehr einfach erkennen, ob die Daten einer Datei resident, also innerhalb von *$MFT*, abgelegt sind oder nicht. Speziell dafür gibt es ein fest definiertes Byte, das sogenannte *Resident Flag*. Sie finden es bei jedem Attribut innerhalb eines MFT-Eintrags an Offset 8. Erscheint an diesem Offset der Wert *0x00*, sind die Daten resident, stoßen Sie hingegen auf den Wert *0x01*, werden sie außerhalb von *$MFT* gespeichert.

Kommen wir nun zurück zum Argument Ihrer Gegenseite, dass der in Ihrem Bericht angegebene Cluster bereits durch eine Datei des NTFS-Dateisystems genutzt würde. Wie Sie gesehen haben, schließt das Vorhandensein von Daten in einer Datei nicht aus, dass diese Daten eigentlich in einem Cluster der Datei *$MFT* liegen. Sie können nun also getrost begründen, dass es sich dabei um eine Funktionalität des NTFS-Dateisystems handelt. Diese Eigenschaft erlaubt es Dateien von sehr geringer Größe, ihre Daten innerhalb ihres

MFT-Eintrags zu speichern. Somit gehören die Daten zwar zu der Datei, ihr Speicherort allerdings in den Bereich von *$MFT*.

HACK #22 Der Slack-Bereich
»Unsichtbarer Anhang«

Als Computerforensiker untersuchen Sie Dateisysteme auf der Ebene von Bits und Bytes. Das bedeutet, dass Sie mehr Daten sehen als das Betriebssystem selbst. Dieser Hack zeigt Ihnen, warum das so ist und wie Kriminelle sich diesen Sachverhalt zunutze machen, um Daten zu verstecken.

Sektoren und Cluster

Wie Sie wissen, definiert der *Master Boot Record* (MBR) die Partitionen einer Festplatte (siehe [Hack #15]). Am Anfang jeder Partition steht dann der sogenannte *Volume Boot Record* (VBR), der die Kennzahlen des Dateisystems definiert. Hier wird z.B. die Clustergröße festgelegt. Ein Sektor besteht üblicherweise aus 512 Bytes. Eine Gruppe von Sektoren, oft acht Stück, bildet einen Cluster. Das Betriebssystem schreibt seine Daten in Cluster. Eine Datei, auch wenn Sie nur ein Byte groß ist, verbraucht immer ganze Cluster. Die Cluster werden vom Dateisystem in der Metadatenstruktur verwaltet, z.B. der MFT.

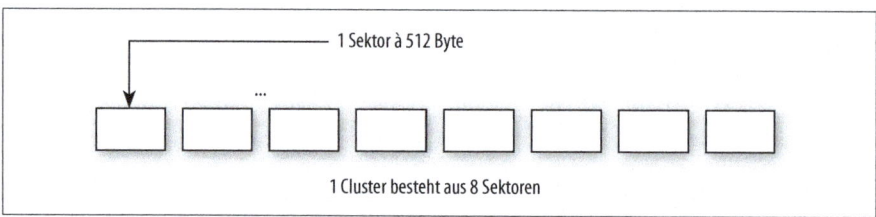

Abbildung 2-18: 8 Sektoren bilden einen Cluster

Datei-Slack

Schreibt das Betriebssystem die Daten auf die Festplatte, werden diese in Cluster geschrieben. Es werden, wie bereits erwähnt, immer ganze Cluster verwendet, und eine Datei kann aus mehreren Clustern bestehen. Das bedeutet: Wenn Sie eine Datei der Größe 1 Byte auf der Festplatte speichern, verwendet diese Datei einen ganzen Cluster – 4.095 Bytes bleiben ungenutzt. Man spricht hier von einer *logischen Größe* von – in diesem Beispiel – 1 Byte und der *physischen Größe* von 4.096 Bytes. Die nicht zur Datei gehörenden Bytes des Clusters bezeichnet man als *Datei-Slack*.

Dieser Slack-Bereich wird nochmals in einen sogenannten *RAM-Slack* und einen *Drive-Slack* aufgeteilt. Der RAM-Slack ist der Bereich vom letzten Byte der tatsächlichen Datei zur nächsten Sektorgrenze. Früher wurde dieser Bereich mit Daten aus dem RAM überschrieben. Aus Sicherheitsgründen wird dieser Bereich heute vom Betriebssystem mit Nullen gefüllt. Der Drive-Slack ist der Bereich vom Ende des RAM-Slack bis zur Clustergrenze. Andere Begriffe dafür (die uns besser gefallen) sind *Sektor-Slack* und *Cluster-Slack*.

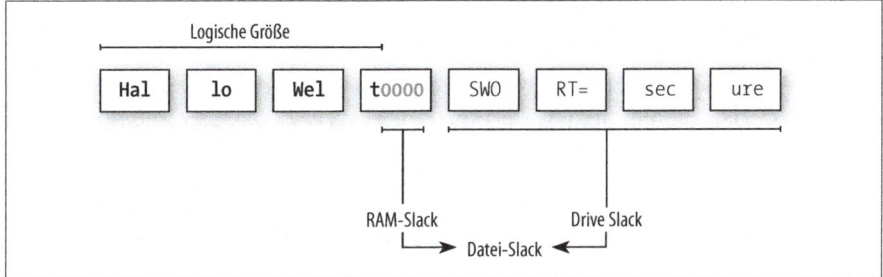

Abbildung 2-19: Ein Datei-Slack besteht aus RAM-Slack (Sektor-Slack) und Drive-Slack (Cluster-Slack).

Drive-Slack (Cluster-Slack)

Im Drive-Slack-Bereich des Clusters können Sie nützliche Daten für Ihre Auswertung finden – sind es doch Daten aus der Vergangenheit, die dem Benutzer des Dateisystems verborgen sind. Aber Vorsicht mit vorschnellen Vermutungen und Annahmen: Im Strafrecht muss ein Beweis einer Person zugeordnet werden können. Das ist bei Drive-Slack erst einmal nicht der Fall. Dennoch können die Informationen aus diesem Bereich Sie in Ihrer weiteren Analyse weiterbringen, wenn er z.B. das Passwort eines *TrueCrypt*-Containers enthält.

Slacker

Slacker (slacker.exe) ist ein Verschleierungstool, mit dem Sie beliebige Daten in den Drive-Slack verschiedener Dateien schreiben können. Das Betriebssystem wird die »versteckten« Daten nicht sehen können. Sie als Forensiker müssen wissen, dass es diese Möglichkeit gibt. Zu jeder seriösen forensischen Analyse gehört die Untersuchung des Slack-Bereichs.

Weitere Arten von Slack

Generell ist ein Slack-Bereich der Platz auf einer Festplatte, der vom Betriebssystem nicht gesehen wird. Auf einer Festplatte gibt es mehrere solcher Stellen, mit denen Sie als Forensiker sich auseinandersetzen müssen.

- Reservierte Bereiche, z.B. Sektor 1-62. Hier finden Sie z.B. den Code von *Boot-Viren*.
- MFT-Slack: Eine Datei wurde resident gespeichert und wächst auf eine solche Größe an, dass sie in einen Cluster ausgelagert werden muss. Das Datenattribut (80 00 00 00) muss jetzt nur noch die *Data Run List* speichern und nicht mehr die gesamten Daten.
- Partitions-Slack (Volume-Slack): Das sind Sektoren am Ende einer Partition, die keinem Cluster mehr zugeordnet worden sind.
- Disk-Slack: Der nicht partitionierte Bereich einer Festplatte.
- HPA – Host Protected Area: Siehe *http://www.forensikhacks.de/hpa*.
- DCO – Device Configuration Overlay: Siehe *http://www.forensikhacks.de/dco*.

HACK #23 Welche Daten Sie sonst noch in der MFT finden können

»Organisation ist das halbe Leben.«

Die *Master File Table* (MFT) ist das Herzstück des NTFS-Dateisystems. Wie Sie wissen, werden dort die Metadaten einer Datei gespeichert. Die für Sie wichtigsten Attribute sind

- Standard Information Attribute,
- Filename Attribute und
- Data Attribute.

In diesen drei Attributen können Sie schon sehr viele Informationen über eine Datei herausfinden, zum Beispiel Zeitstempel, Eigenschaften, Namen und auch Standort auf dem Datenträger. Innerhalb der MFT gibt es jedoch noch weitere Attribute, aus denen Sie Informationen über eine Datei erhalten können. Die folgende Tabelle zeigt Ihnen alle Attribute in der Übersicht.

Tabelle 2-8: MFT-Attribute und ihre Header

Header	Attribut
10 00 00 00	Standard Information Attribute
20 00 00 00	Attribute List
30 00 00 00	Filename Attribute
40 00 00 00	Object_ID
50 00 00 00	Security Descriptor
60 00 00 00	Volume Name
70 00 00 00	Volume Information

Tabelle 2-8: MFT-Attribute und ihre Header (Fortsetzung)

Header	Attribut
80 00 00 00	Data Attribute
90 00 00 00	Index Root
A0 00 00 00	Index_Allocation
B0 00 00 00	Bitmap
C0 00 00 00	Reparse_Point
D0 00 00 00	EA_Information
E0 00 00 00	EA
00 00 00 00	Logged_Utility_Stream

Wenn Sie sich bezüglich der vorhandenen Attribute und ihrer Header einmal unsicher sind, können Sie übrigens auch einen Blick in die Datei *$AttrDef* werfen. Dort sind sie alle mit aufgelistet. Jeder Eintrag ist 160 Bytes lang, beginnt mit dem Namen des Attributs und beinhaltet an Offset 128 für vier Bytes den dazugehörigen Header.

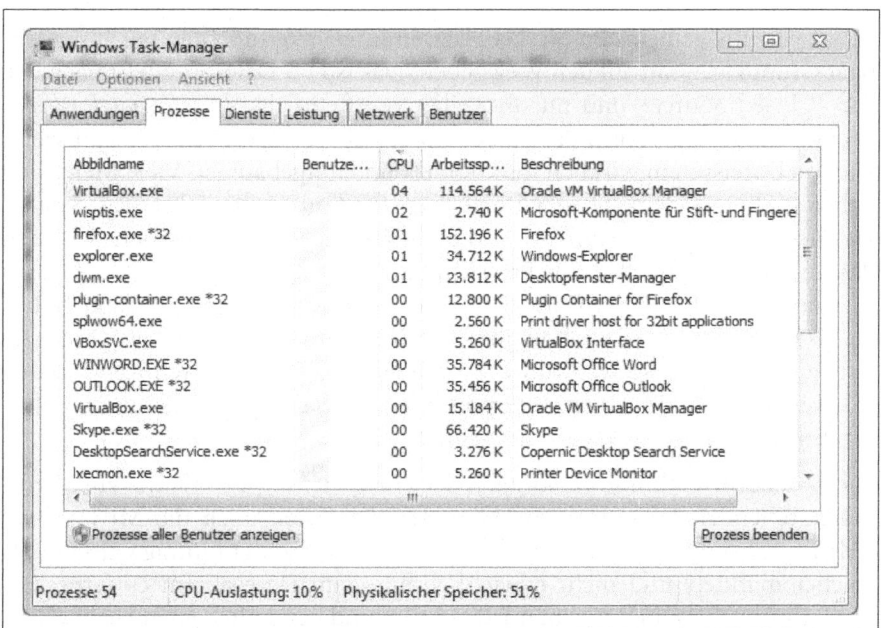

Abbildung 2-20: Laufende Prozesse auf einem Windows-7-System

Wenn Sie sich für die Analyse der weiteren Attribute interessieren, empfehlen wir Ihnen die detaillierten Ausführungen in der einschlägigen Forensikliteratur, beispielsweise *File System Forensics* von Brian Carrier (*http://www.forensikhacks.de/carrier/*).

HACK
#24 # Schreiben Sie Ihren eigenen MFT-Eintragsparser
»10 00 00 00, 30 00 00 00 und 80 00 00 00«

Die MFT (Master File Table) ist das Herzstück eines jeden NTFS-Dateisystems. Sie ist wie das Inhaltsverzeichnis eines Buches: Nutzdaten, Metadaten und Verweise auf Cluster, in denen die Daten stehen, werden in der MFT gespeichert und verwaltet. In diesem Hack lernen Sie durch Programmierung eines eigenen MFT-Eintragsparsers Struktur und Aufbau der Datei *$MFT* besser kennen. Keine Angst, wir werden zusammen das Programm entwickeln und die Struktur besprechen. Als Programmiersprache haben wir uns für die Shell (bash, Bourne-again shell) entschieden, da sie am einfachsten ohne Programmierkenntnisse zu verstehen und zu lesen ist. Nachdem wir den Parser gemeinsam entwickelt haben, geben wir in diesem Hack einen Ausblick auf Projekte, die zum Ziel haben, die MFT vollständig in ihrer Struktur darzustellen.

$MFT

Bevor wir uns gemeinsam an das Programm wagen, möchten wir Ihnen ein paar Grundlagen mit auf den Weg geben. Das NTFS-Dateisystem ist nach wie vor »Closed Source« und nur in Teilen veröffentlicht (*http://www.forensik-hacks.de/ntfs*). Das heißt, dass niemand außer Microsoft selbst genau weiß, wie das Dateisystem wirklich funktioniert und aufgebaut ist. Viele Menschen haben sich mit dem Thema beschäftigt und über die Jahre das System »reverse engineered«. Führend in diesem Gebiet ist Brian Carrier, der auch das TSK (The Sleuth Kit) als Projekt betreut. Es gibt zahlreiche Quellen im Internet, die sich mit der Datei *$MFT* beschäftigen – suchen Sie danach! Für Sie als Forensiker ist es unabdingbar, die Struktur von *$MFT* bis auf das letzte Byte zu verstehen (so weit das eben möglich ist), um in Ihren forensischen Auswertungen zur richtigen Interpretation zu gelangen und damit die richtigen Entscheidungen treffen zu können.

Die Datei *$MFT* nimmt direkt nach der Formatierung 12,5 % der zur Verfügung stehenden Kapazität ein. Alles ist eine Datei, auch die MFT selbst! *$MFT* wächst nur und schrumpft niemals. Ein gelöschter Eintrag wird nur als solcher markiert und nicht tatsächlich aus dem Dateisystem entfernt. Ein MFT-Eintrag besteht aus genau 1.024 Bytes und beinhaltet einen Header und die verschiedenen Attribute für die jeweils repräsentierte Datei. Der Header besteht in der aktuellen NTFS-Version aus 56 Bytes, in früheren Versionen aus 48 Bytes. Der Header wird gefolgt von sogenannten Attributen. Jedes Attribut enthält Metadaten für die jeweilige Datei, z.B. Zeiten, Dateiname, Rechte und Referenz auf die Cluster im Dateisystem.

Resident vs. Non-Resident

Jedes Attribut hat die Möglichkeit, seine Daten direkt in *$MFT* zu speichern oder diese Daten in einen Cluster auszulagern. Sind die Daten direkt in *$MFT* gespeichert, spricht man von *residenten Daten* (siehe [Hack #21]). Sind die zu speichernden Informationen zu groß, um sie in *$MFT* selbst zu speichern, werden die Daten auf die Cluster des Dateisystems ausgelagert und über eine Data Run List referenziert (siehe [Hack #20]). Man spricht dann von *nichtresiden-ten Daten* (engl. non-resident). Theoretisch hat jedes Attribut die Möglichkeit der Auslagerung, praktisch finden wir das jedoch nur im Datenattribut mit dem Header *80 00 00 00*. Die Aufgabe unseres Parsers wird sein, genau diese Attribute zu separieren, um sie dann gegebenenfalls entsprechend weiterzu-verarbeiten. Einen kompletten $MFT-Parser zu schreiben, würde den Umfang dieses Buches sprengen. Das stellt jedoch für Sie kein Problem dar, weil wir Ihnen in [Hack #38] den vollständigen NTFS-Parser von Brian Carrier vorstellen.

Attribute

Die in der Datei *$MFT* gespeicherten Attribute speichern die Eigenschaften jeder Datei. Die drei wichtigsten Attribute für das Verständnis eines NTFS-Dateisystems sind folgende:

- Standard Information Attribute – 10 00 00 00. Hier werden z.B. die vier verschiedenen Zeiten der Datei gespeichert. Das sind Creation Time, Modification Time, Last Accessed Time und die Zeit der Erzeugung des $MFT-Eintrags selbst.

- Filename Attribute – 30 00 00 00. Hier wird der Name der Datei bzw. des Verzeichnisses gespeichert. Es können mehrere Filename Attributes in einem Eintrag existieren – DOS Filename (8.3-Konvention) und Long Filename.

- Data Attribute – 80 00 00 00. In diesem Attribut werden die Nutzdaten entweder direkt (resident) oder durch eine Data Run List referenziert (non-resident) gespeichert. Auch das Attribut kann mehrmals vorkom-men. Stichwort: ADS (Alternate Data Stream).

Das Thema ist für Einsteiger sicherlich etwas kompliziert. Lassen Sie sich nicht entmutigen. Wir werden hier nicht alle Attribute besprechen, das würde auch viel zu weit führen. Vielmehr wollen wir Ihnen den Einstieg erleichtern und Ihnen Schritt für Schritt den Weg zum Umgang mit der Datei *$MFT* ebnen.

Little-Endian vs. Big-Endian

Für unseren Parser werden wir die Daten (Hexwerte) direkt interpretieren. Dazu müssen Sie wissen, dass die Bytes von einem Prozessor entweder vorwärts (Big-Endian) oder rückwärts (Little-Endian) interpretiert/gelesen werden. Alle Intel-x86-Prozessoren verwenden Little-Endian. Big-Endian brauchen Sie z.B. bei der Auswertung von PowerPC. Für unseren Parser benötigen wir eine Funktion, die uns eine Little-Endian-Repräsentation der Daten ausgibt:

Beispiel 2-2: Die Funktion big2little

```
function big2little
{
    declare -a tmp_a=( "$@" )
    typeset -i count_i=${#tmp_a[@]}

    for ((i=count_i-1; i>=0; i--))
    do
        echo -n ${tmp_a[$i]}" "
    done
}
```

Diese Funktion konvertiert die Endian-Werte. So werden z.B. aus den Big-Endian-Werten *01 02 FF AB 3E* die Little-Endian-Werte *3E AB FF 02 01*.

Der Aufbau eines Attributs und seine Länge

Ein Attribut besteht aus einem Header, den Sie bitte nicht mit dem Header des kompletten Eintrags verwechseln sollten. Die ersten vier Bytes des Headers eines jeden Attributs beschreiben den Typ, z.B. *10 00 00 00*, gefolgt von der Länge des Attributs in weiteren vier Bytes. Hier eine kleine Aufgabe: Wie viele Bytes ist das folgende Attribut lang, und wie heißt es?

Beispiel 2-3: Auszug der ersten neun Bytes eines $MFT-Attributs

30 00 00 00 72 00 00 00 00 …

Das Attribut heißt *30 00 00 00*, was dem Filename Attribute entspricht. Die Länge des Attributs steht in den folgenden vier Bytes: *72 00 00 00*. Diese wandeln wir in Little-Endian um und berechnen den Dezimalwert: 00 00 00 72 – 7 x 16 +2 = 114. Das heißt, dass das Attribut aus 114 Bytes besteht.

Hexadezimalwerte in Dezimalwerte wandeln

Die Länge eines Attributs ist nicht konstant, wird aber im Offset 4 für 4 Bytes angegeben. Daher benötigen wir eine Funktion, die uns hexadezimale Werte in dezimale Werte umwandelt. Mit dem entsprechenden Ergebnis schneiden wir dann das Attribut aus.

Beispiel 2-4: Die Funktion hex2int

```
function hex2int
{
   declare -a tmp_a=( "$@" )
   let x_i=0x$(echo ${tmp_a[@]} | tr -d " ")
   echo $x_i
}
```

Aufbau und Umsetzung des MFT-Eintragsparsers

Wir übergeben dem Programm 1.024 Bytes eines $MFT-Eintrags. Diese 1.024 Bytes werden in ein Array mit 1.024 Feldern eingetragen. Das Programm entscheidet auf Grund der Signatur des Eintrags-Headers (*FILE0, FILE**)[1], ob der Header 56 oder 48 Bytes lang ist. Je nach Ergebnis werden die entsprechenden Bytes ausgeschnitten und danach auf dem Monitor ausgegeben.

Beispiel 2-5: Die Funktion arraycut

```
function arraycut
{
   typeset -i start="$1"
   typeset -i wieviel="$2"

   echo ${mftentry_a[@]:$start:$wieviel}
}
```

Jetzt brauchen wir nur noch eine Schleife (*while*-Schleife) über alle Attribute. Wir holen uns die Länge des jeweiligen Attributs, wandeln von Big-Endian in Little-Endian um, berechnen den dezimalen Wert und schneiden entsprechend aus. Die Schleife ist beendet, wenn der Wert eines Attribut-Headers *FF FF FF FF* ist. Den Rest bis zum letzten Byte nennt man MFT-Eintrags-Slack.

Beispiel 2-6: Kompletter Code des MFT-Eintragsparsers

```
#! /bin/bash
#
# $MFT-Eintragsparser - separierte Attribute
# Aufruf: ./$0 MFT_Entry.dd
#
# http://www.forensikhacks.de/
# Lorenz Kuhlee, Victor Voelzow
#
# Version: 1.0beta
#
```

---

[1] Es reicht eigentlich, das fünfte Byte zu analysieren. Der Einfachheit halber vergleichen wir aber die ID und die Version.

Schreiben Sie Ihren eigenen MFT-Eintragsparser

Beispiel 2-6: Kompletter Code des MFT-Eintragsparsers

```
tmpfile_s="/tmp/tmp$$.txt"
mftentryfile_s="$1"
declare -a mftentry_a=""
start_i=0
laenge_i=0
mfttyp_s=""
MFTRecordSize=1024

function big2little
{
   declare -a tmp_a=( "$@" )
   typeset -i count_i=${#tmp_a[@]}

   for ((i=count_i-1; i>=0; i--))
   do
      echo -n ${tmp_a[$i]}" "
   done
}

function hex2int
{
   declare -a tmp_a=( "$@" )
   let x_i=0x$(echo ${tmp_a[@]} | tr -d " ")
   echo $x_i
}

function arraycut
{
  typeset -i start="$1"
  typeset -i wie viel="$2"

  echo ${mftentry_a[@]:$start:$wieviel}
}

# $MFT_Entry-Datei als Hexwert-Datei
xxd -c 1 -p -u $mftentryfile_s > "$tmpfile_s"
# ARRAY auf Grundlage der Datei erzeugen
# fuer einfachen Zugriff per Index
mapfile mftentry_a < "$tmpfile_s"

# FILE0 => Header 56; FILE* => Header 48
mfttyp_s=$(arraycut 0 5 | xxd -r -p)
if test "$mfttyp_s" = "FILE0"
then
   laenge_i=56
else # FILE*
   laenge_i=48
fi
```

Beispiel 2-6: Kompletter Code des MFT-Eintragsparsers

```
echo "-----------------"
echo "MFT Record Header"
echo "-----------------"
arraycut $start_i $laenge_i

start_i=$(($start_i+$laenge_i))
ende_s="false"
while [ "$ende_s" = "false" ]
do
    attributid_s=$(arraycut $start_i 4)

    if test "$attributid_s" = "FF FF FF FF"
    then
        attributid_s="\$MFT Slack"
        ende_s="true"
    else
        echo "-----------"
        echo $attributid_s
        echo "-----------"
        attributlaengebighex_a=( "$(arraycut $(($start_i+4)) 4)" )
        attributlaengelittlehex_a=$(big2little ${attributlaengebighex_a[@]})
        attributlaengedec_i=$(hex2int $(echo ${attributlaengelittlehex_a[@]}))
        arraycut $start_i $attributlaengedec_i

        start_i=$((start_i+attributlaengedec_i))
    fi
done

# MFT Slack
MFT_Rest=$((MFTRecordSize-start_i))
echo "---------"
echo "MFT Slack"
echo "---------"
arraycut $start_i $MFT_Rest

# Garbage Collection
rm $tmpfile_s

exit 0
```

Anwendung des MFT-Eintragsparsers

Bevor Sie den MFT-Eintragsparser ausprobieren können, benötigen Sie natürlich einen $MFT-Eintrag. Um den zu bekommen, tun Sie bitte Folgendes: Installieren Sie TSK (The Sleuth Kit) aus dem Repository Ihrer Linux-Distribution (z.B. Ubuntu) oder verwenden Sie die meist aktuelleren Quellen von *http://www.forensikhacks.de/tsk*. Zum Testen der Funktionalität und zum

Herausfinden der Version tippen Sie fls –V in Ihre Shell ein. TSK gibt es auch für Windows. Wir empfehlen Ihnen, immer die aktuellste Version zu verwenden. In unserem Fall ist das Version 3.2.3. Bitte installieren Sie The Sleuth Kit mit dem Befehl aptitude install sleuthkit oder kompilieren Sie das Tool aus den Quellen.

```
# fls -V
The Sleuth Kit ver 3.2.3
```

Jetzt kopieren Sie mithilfe des Sleuth Kit die *$MFT*-Datei aus einem beliebigen Image Ihrer Wahl. Haben Sie The Sleuth Kit gegen *libewf* kompiliert, können Sie selbstverständlich auch ein Image im EWF-Format verwenden. Verwenden Sie den Befehl mmls, um sich die Partitionstabelle der Festplatte bzw. des Image anzeigen zu lassen.

```
# mmls Festplatte.E01

DOS Partition Table
Offset Sector: 0
Units are in 512-byte sectors

      Slot    Start       End         Length      Description
00:   Meta    0000000000  0000000000  0000000001  Primary Table (#0)
01:   -----   0000000000  0000000062  0000000063  Unallocated
02:   00:00   0000000063  0009510479  0009510417  NTFS (0x07)
03:   -----   0009510480  0009514259  0000003780  Unallocated
```

Mit dem Befehl fls -f ntfs -i ewf -o 63 Festplatte.E01 listen Sie die Dateien und Verzeichnisse sowie Metadaten Dateien von NTFS, der ersten Ebene des Datenverzeichnis (Directory) auf.

Beispiel 2-7: Ausgabe des fls-Befehls

```
d/d 3671-144-7:      Documents and Settings
r/r 343-128-1:       hiberfil.sys
r/r 133-128-3:       IO.SYS
r/r 126-128-3:       MSDOS.SYS
d/d 330-144-7:       My Documents
r/r 125-128-3:       NETLOG.TXT
r/r 3663-128-3:      ntdetect.com
r/r 3662-128-3:      ntldr
r/r 228-128-1:       pagefile.sys
d/d 134-144-4:       Program Files
d/d 11736-144-1:     RECYCLER
d/d 411-144-1:       System Volume Information
d/d 10519-144-1:     Temp
d/d 458-144-6:       WINDOWS
r/r 4-128-4:         $AttrDef
r/r 8-128-2:         $BadClus
r/r 8-128-1:         $BadClus:$Bad
```

Beispiel 2-7: Ausgabe des fls-Befehls

```
r/r 6-128-1:          $Bitmap
r/r 7-128-1:          $Boot
d/d 11-144-4:         $Extend
r/r 2-128-1:          $LogFile
r/r 0-128-7:          $MFT
r/r 1-128-1:          $MFTMirr
r/r 9-128-8:          $Secure:$SDS
r/r 9-144-11:         $Secure:$SDH
r/r 9-144-14:         $Secure:$SII
r/r 10-128-1:         $UpCase
r/r 3-128-3:          $Volume
r/r 127-128-3:        AUTOEXEC.BAT
r/r 3664-128-4:       boot.ini
r/r 120-128-3:        COMMAND.COM
r/r 129-128-3:        CONFIG.SYS
r/- * 0:              CONFIG.SYS
```

Finden Sie die Zeile, die die Datei *$MFT* anzeigt (*r/r 0-128-7: $MFT*). Mit folgendem Befehl kopieren Sie die Datei *$MFT* aus dem Image heraus. Es empfiehlt sich, den Namen der herauskopierten Datei nicht mit dem Dollarzeichen $ beginnen zu lassen.

```
icat -f ntfs -i ewf -o 63 Festplatte.E01 0-128-7 > MFT.dd
```

Mit folgendem Befehl zeigen Sie alle Dateien und Verzeichnisse auf dem Monitor an, sortiert nach Namen:

```
fls -f ntfs -i ewf -o 63 -r Festplatte.E01 | sort -k 4
```

Die erste Zahl der Zahlenkombination (z.B. *127-128-3*) gibt den korrespondierenden Eintrag innerhalb von *$MFT* an. Um diesen Eintrag aus der Datei *$MFT* (*MFT.dd*) zu kopieren, verwenden Sie folgenden Befehl:

```
dd if=MFT.dd of=ENTRY.dd count=1 bs=1024 skip=127
```

Geschafft! Jetzt nur noch den MFT-Eintragsparser aufrufen:

```
./parser.sh ENTRY.dd
```

Das Projekt »analyzeMFT«

Als Ausblick und weitere Möglichkeit der $MFT-Analyse mit Open Source-Tools möchten wir Ihnen gern das Projekt »*analyzeMFT*« vorstellen. Informationen finden Sie auf der Webseite *http://www.forensikhacks.de/integrio.analyzeMFT* ist ein in Python geschriebenes Werkzeug, das zum Ziel hat, die komplette *$MFT* zu parsen und in ein Format zu überführen, mit dem eine einfache Weiterverarbeitung möglich ist. Das Ausgabeformat von *analyzeMFT* ist eine *.csv*-Datei, die Sie leicht in Microsoft Excel importieren können.

Der Unterschied zwischen Hard- und Soft-Link

HACK
#25   »Direkt oder indirekt verlinkt?«

Forensiker lieben es, ins Detail zu gehen. Sie auch? In diesem Hack beschreiben wir den Unterschied zwischen einem Hard- und einem Soft-Link in I-Node-basierten Dateisystemen wie z.B. Ext3. Links, also Verknüpfungen, sind Verweise, die zur Organisation der Verzeichnisstruktur verwendet werden. Es gibt zwei Arten von Verknüpfungen, sogenannte Hard-Links und Soft-Links. Über Hard-Links wird sogar die interne Vater-Kind-Beziehung (sprich ».« und »..«) des Dateisystems geregelt.

Hard-Link

Einen *Hard-Link* erstellen Sie mit dem folgenden Befehl:

```
ln a.txt a_h.txt
```

Dabei wird ein neuer Verzeichniseintrag erzeugt, der auf dieselbe I-Node zeigt. Der Link-Counter (wird in der I-Node gespeichert) wird um 1 erhöht. Löschen Sie die Quelle (*a.txt*), wird der Link-Counter um 1 erniedrigt, die Daten erreichen Sie weiterhin über die Datei *a_h.txt*. Ein *Hard-Link* kann nur innerhalb einer Dateisystemstruktur existieren, da die I-Node mit der Nummer 4711 in einem anderen Dateisystem mit Sicherheit auf ganz andere Daten verweist. Einen Hard-Link können Sie nur auf eine Datei anwenden, nicht auf ein Verzeichnis – Ausnahme ist die interne Struktur.

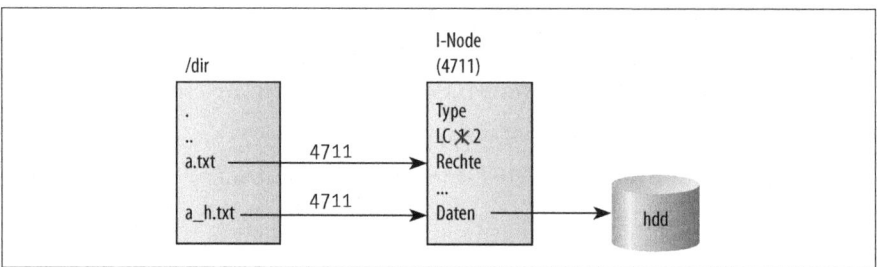

Abbildung 2-21: Schematische Darstellung eines Hard-Links

Soft-Link

Einen *Soft-Link*, oft auch »Symlink« oder »symbolischer Link« genannt, erzeugen Sie genau wie den *Hard-Link* mit dem Befehl ln. Allerdings müssen Sie die Option –s hinzufügen:

```
ln -s a.txt a_s.txt
```

Es werden ein neuer Verzeichniseintrag und eine neue I-Node erzeugt. Der Link-Counter bleibt auf seinem Wert stehen. Wird die Datei *a.txt* gelöscht, sind die Daten nicht mehr erreichbar: Der Link zeigt ins Leere. Ein Soft-Link kann dateisystemübergreifend (Mount-Point) eingesetzt werden. Ein Soft-Link kann außerdem sowohl auf eine Datei als auch auf ein Verzeichnis verweisen.

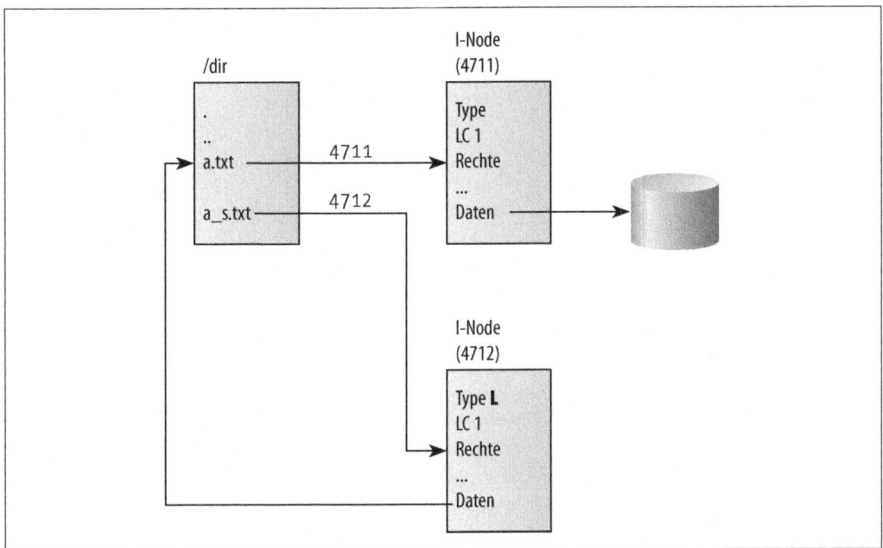

Abbildung 2-22: Schematische Darstellung eines Soft-Links

Analyse und Wiederherstellung von Daten
Hacks #26-45

Vielleicht haben Sie sich in Kapitel 1 schon den einen oder anderen nützlichen Tipp zur Datensicherung durchgelesen und sich in Kapitel 2 mit Grundlagenwissen von Dateisystemen versorgt. Nun interessiert es Sie, wie Sie mithilfe von kostenlosen Tools Dinge wie Mounten, Datenrettung, Hash-Abgleiche und noch Vieles mehr umsetzen können? Möglicherweise haben Sie aber auch dieses Kapitel als Direkteinstieg gewählt? In jedem Fall haben Sie eine exzellente Wahl getroffen. In diesem Kapitel erwarten Sie einige echte Hack-Highlights. Es ist zudem das umfangreichste Kapitel von *Computer-Forensik Hacks*.

Die Analyse und Wiederherstellung von Daten ist eines der Schwerpunktthemen in der digitalen Forensik, ist es doch schließlich die ureigenste Aufgabe des Forensikers, Daten sogar aus verloren geglaubten Bereichen wiederherzustellen und zu untersuchen. In den letzten Jahren wurden zahlreiche Techniken entwickelt, die die Untersuchung von Datenträgern zum einen erschweren, dem Forensiker zum anderen aber auch gute Hilfsmittel zur Verfügung stellen, um den immer größer werdenden Datenmengen angemessen zu begegnen. In Zeiten stetig wachsender Speicherkapazitäten bis zu mehreren Terabytes je Datenträger benötigen Sie intelligente Filtermechanismen, zu denen wir Ihnen in diesem Kapitel auch einiges an Tipps geben, beispielsweise zu Hash-Abgleichen, cleveren Keywordsuchen mit regulären Ausdrücken, Logdateianalysen und dem Erstellen von Zeitleisten. Doch nicht nur die effizientere Auswertung von großen Datenmengen ist Inhalt dieses Kapitels – auch versteckte, verschleierte und gelöschte Daten sind ein wichtiges Thema.

Wir wünschen Ihnen viel Spaß beim Lesen der folgenden Hacks!

- Zugriff auf Images mit grafischen Helfern [Hack #26]
- Binden Sie Images in Ihr System ein [Hack #27]
- Finden Sie alte Bekannte [Hack #28]

- Retten Sie in wenigen Minuten Dateien mit Freeware unter Windows [Hack #29]
- Ausflug in die Welt der Zahlen [Hack #30]
- Decodieren Sie Rot13 und Base64 [Hack #31]
- Entdecken Sie das wahre Gesicht einer Datei [Hack #32]
- Erst auspacken, dann suchen [Hack #33]
- Wenn Sie doch einmal manuell Carven müssen [Hack #34]
- Wenn nichts mehr hilft: Block Hashing [Hack #35]
- Keywordsuche mit regulären Ausdrücken [Hack #36]
- Volltreffer [Hack #37]
- Listen für Forensiklaien generieren [Hack #38]
- Kopieren nach Dateinamenerweiterung [Hack #39]
- Jede Platte hat ihre Geschichte [Hack #40]
- Visualisieren Sie Ihre Zeitleiste [Hack #41]
- Logfile-Auswertung, Teil 1 [Hack #42]
- Logfile-Auswertung, Teil 2 [Hack #43]
- Automatisierte Auswertung von Logfiles [Hack #44]
- Analyse der gesicherten RAM-Dumps [Hack #45]

 HACK #26 Zugriff auf Images mit grafischen Helfern
»Spieglein, Spieglein an der Wand«

In Kapitel 2 haben Sie erfahren, wie Sie Daten gerichtsverwertbar sichern können. Bei der Sicherung von Datenträgern werden Sie zumeist ein exakt übereinstimmendes Spiegelbild des Originals angefertigt haben, ein sogenanntes *Image*. Genauer betrachtet, handelt es sich nicht um eine exakte physische Kopie des Datenträgers, sondern um eine bytegenaue Kopie aller Inhalte in eine Imagedatei. Je nach verwendetem Format werden die Daten um zusätzliche Metainformationen und Prüfsummen ergänzt sowie Kompressions- und Verschlüsselungsverfahren auf die Inhalte angewendet. Am Ende Ihres Datensicherungsprozesses steht also eine inhaltsgleiche Imagedatei in einem der gängigen Imageformate, zumeist *E01* (*Expert Witness Format*), *E01x* (*extended EWF*), *AFF* (*Advanced Forensic Format*) und natürlich *DD* (Rohformat). Wie aber gelangen Sie nun zurück zu den eigentlichen Inhalten des Datenträgers, die Sie ja sicherlich näher untersuchen möchten? In diesem Hack stellen wir Ihnen zwei einfache Methoden vor, wie Sie mit kostenlosen Tools einen GUI-gestützten Zugriff auf die Inhalte Ihrer Imagedateien erhalten können.

Zugriff auf Ihre Imagedateien unter Windows

Vielleicht kennen Sie das Programm *FTK Imager* von *Access Data* (*http://www.forensikhacks.de/ftki*) bereits aus anderen Hacks in diesem Buch. Sie können nicht nur Images von Datenträgern mit diesem Programm erstellen, sondern Sie auch konvertieren und öffnen. Die letzte dieser Möglichkeiten benötigen Sie, um die Inhalte des Datenträgerabbilds betrachten zu können.

Klicken Sie in *FTK Imager* auf FILE → ADD EVIDENCE ITEM.

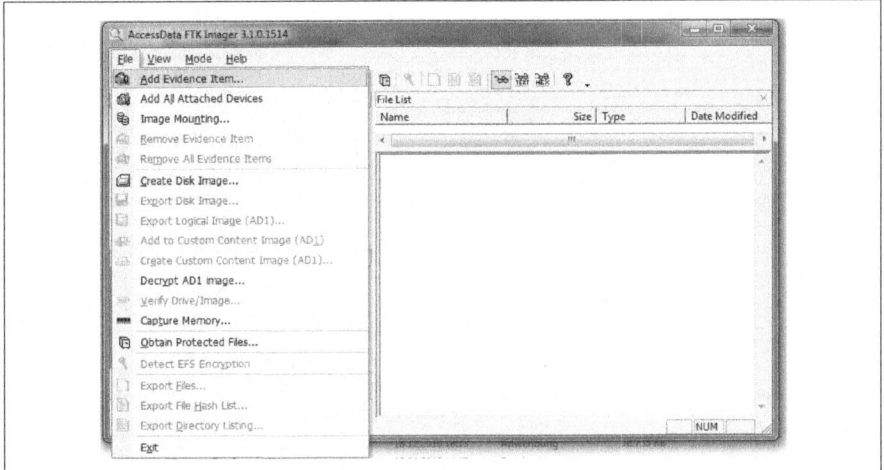

Abbildung 3-1: Öffnen eines Image mit FTK Imager

Wählen Sie danach die Option *Image File* aus. Im darauf folgenden Dialog müssen Sie die Imagedatei angeben, die Sie öffnen möchten. Wählen Sie bei aufgesplitteten Images das erste Element an.

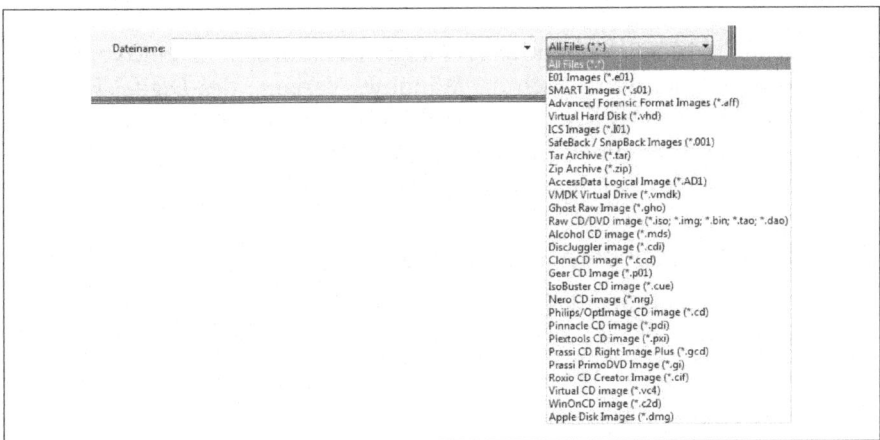

Abbildung 3-2: FTK Imager beherrscht viele unterschiedliche Imageformate.

Sie müssen nun nur noch das Öffnen bestätigen und können dann beginnen, den Dateisystembaum zu erkunden.

Abbildung 3-3: Im [root] Verzeichnis finden Sie die zuordenbaren Daten einer Partition.

Die dargestellte Möglichkeit mit *FTK Imager* ist natürlich nur eine von vielen. Sie können beispielsweise auch die Windows-Variante des *Digital Forensics Framework* nutzen, das wir Ihnen im folgenden Abschnitt näherbringen werden. Mit gängigen kommerziellen Forensik-Suiten können Sie selbstverständlich auch problemlos auf Ihre Images zugreifen.

Zugriff auf Ihre Imagedateien unter Linux

Unter Linux bietet Ihnen das *Digital Forensics Framework* (DFF) von *ArxSys* (*http://www.forensikhacks.de/dff*) eine komfortable und kostenlose Möglichkeit, grafisch gestützt auf Ihr gesichertes Datenträgerimage zuzugreifen.

Wählen Sie FILE → OPEN EVIDENCE FILE(S).

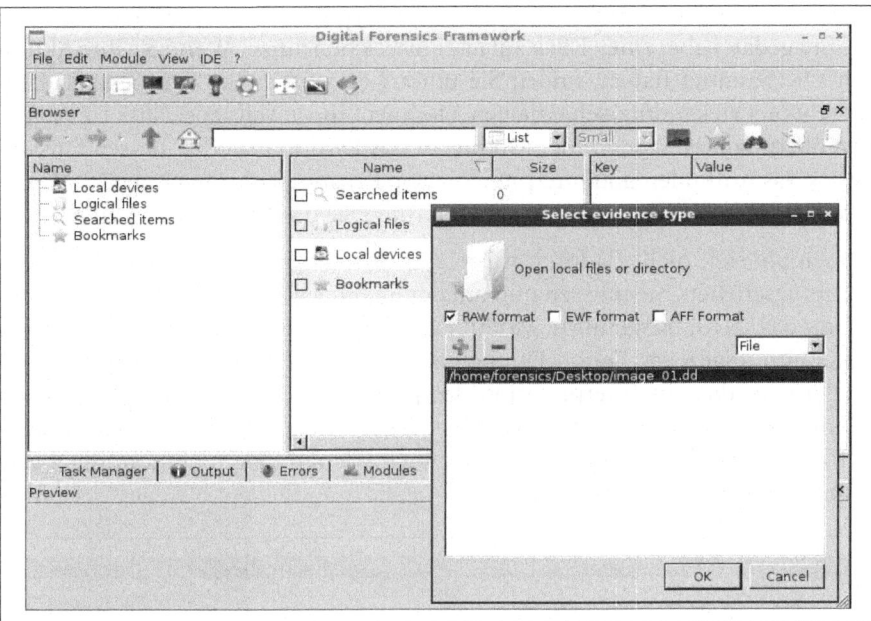

Abbildung 3-4: Öffnen eines Image mit Digital Forensics Framework

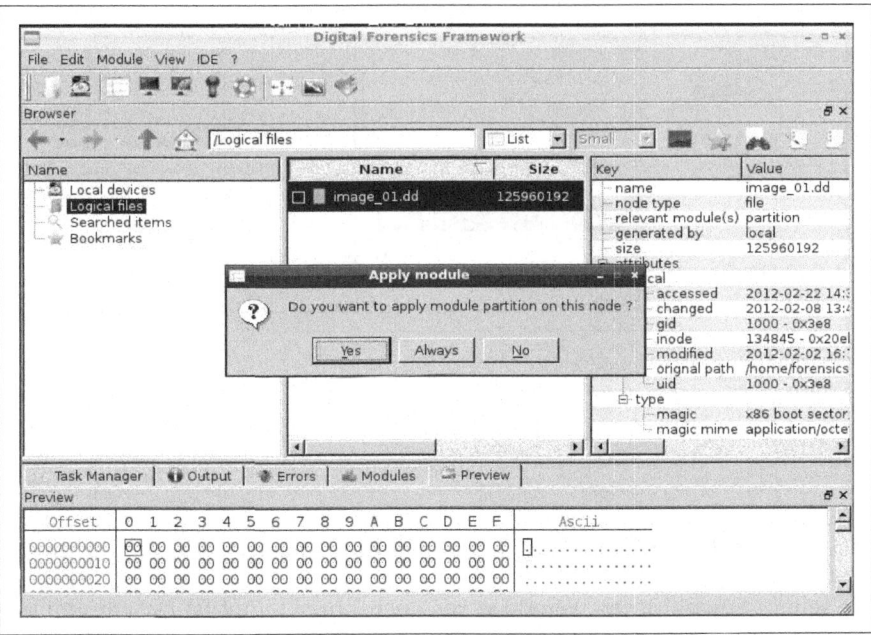

Abbildung 3-5: DFF fragt, ob Sie durch Doppelklick das Partitionsmodul aufrufen wollten.

Wählen Sie in der folgenden Dialogbox den Typ Ihres Image aus und fügen Sie die Imagedatei über einen Klick auf das Pluszeichen hinzu. Wenn Sie Ihre Aktion mit OK bestätigt haben, finden Sie unter *Logical files* Ihre Imagedatei. DFF besteht aus vielen unterschiedlichen Modulen, die jeweils spezialisierte Aufgaben übernehmen. Eines dieser Module ist das Partitionsmodul, dessen Einsatzzweck das Auffinden und Interpretieren von Partitionsinformationen ist. Durch Doppelklick auf Ihre Imagedatei in DFF rufen Sie das Partitionsmodul auf.

Lassen Sie sich nicht dadurch irritieren, dass es zunächst so scheint, als sei nichts geschehen. Sie müssen nun auf der linken Seite eine Ebene tiefer gehen. Wenn das zuvor ausgeführte Modul Partitionen gefunden hat, werden Ihnen diese nun angezeigt. Durch Doppelklick auf eine Partition wird das Modul aufgerufen, das zur Interpretation des jeweiligen Dateisystems geeignet ist. Wenn Sie nun auf der linken Seite weitere Ebenen tiefer in das Dateisystem der Partition gehen, können Sie schließlich wie auf einem herkömmlich verbundenen Datenträger navigieren.

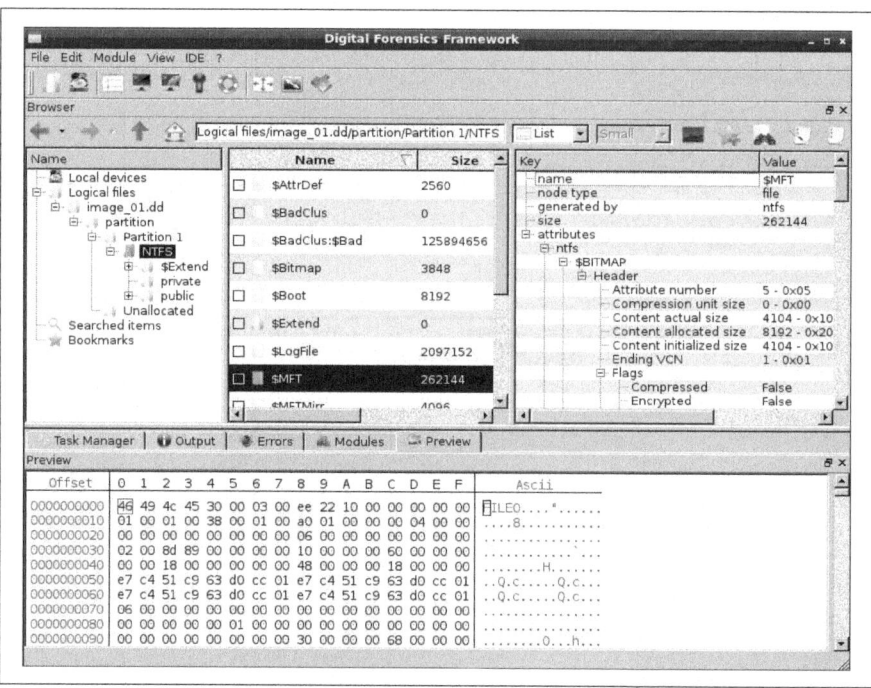

Abbildung 3-6: DFF fragt, ob Sie durch Doppelklick das Partitionsmodul aufrufen wollten.

Sie sehen: Sowohl unter Windows als auch unter Linux ist es sehr einfach, grafisch gestützten Zugriff auf die von Ihnen gesicherten Datenträgerimages zu erhalten.

Binden Sie Images in Ihr System ein

#27 »Clever eingehängt«

Im vorigen Hack haben wir Ihnen beschrieben, wie Sie die Inhalte von Datenträgerimages mithilfe von speziellen Betrachtungsprogrammen sichten können. In vielen Fällen wollen Sie aber vielleicht die im Image befindlichen Daten mit Drittprogrammen weiterbearbeiten. Beispiele dafür wären der Einsatz von Carving-Tools oder speziellen Parsern für Betriebssystem- und Internetartefakte. Sie können in diesen Fällen entweder einzelne Dateien bzw. Verzeichnisse mühsam extrahieren und damit einen erhöhten Speicherplatzbedarf in Kauf nehmen, oder aber Sie binden die Images schreibgeschützt in Ihr laufendes System ein – man spricht dabei vom sogenannten *Mounten*. Wie Sie die Inhalte von Images in Ihr System einbinden können, um Ihrer Software den Lesezugriff darauf zu ermöglichen, erfahren Sie in diesem Hack.

Mounten unter Windows

Das Einbinden von Images im EWF-Format war unter Windows lange Zeit nur mithilfe von kostenpflichtiger Spezialsoftware möglich. Glücklicherweise hat sich das aber in jüngerer Zeit geändert: Das kostenlose Programm *FTK Imager* von Access Data (*http://www.forensikhacks.de/ftki*), das Sie bereits in anderen Hacks kennengelernt haben, ermöglicht Ihnen das einfache Mounten von Imagedateien in Ihr laufendes System. Öffnen Sie *FTK Imager* und klicken Sie auf FILE → IMAGE MOUNTING.

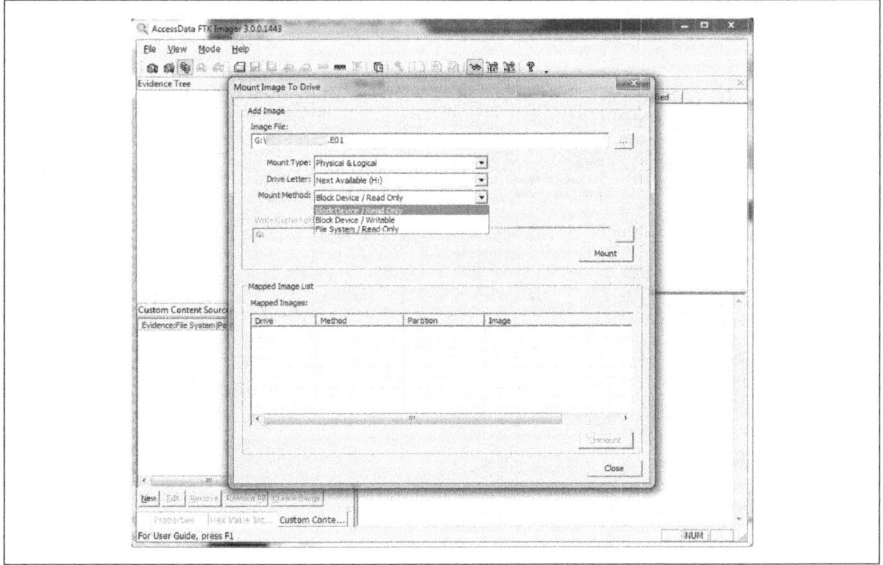

Abbildung 3-7: Die Dialogbox der Funktion Image Mounting in FTK Imager

Wählen Sie in der erscheinenden Dialogbox Ihr Image aus. Im Anschluss
können Sie noch einstellen, ob Sie nur die logischen Partitionen des Image
oder auch das physische Laufwerk simulieren möchten. Je nachdem, welches
Tool Sie einsetzen möchten, kann es durchaus sinnvoll sein, auch das Vorhandensein des physischen Datenträgers vorzutäuschen. Weiterhin können
Sie Laufwerksbuchstaben zuweisen und einstellen, ob das Image komplett
schreibgeschützt eingebunden werden soll oder ob Schreibzugriffe simuliert
zugelassen und in ein Cacheverzeichnis umgeleitet werden sollen. Auch hier
hängt die beste Einstellung davon ab, was genau Sie mit dem Image anstellen
möchten. Klicken Sie nach Auswahl der für Sie passenden Konfiguration auf
MOUNT.

Ist das Image erst einmal eingebunden, wird Ihnen das im unteren Abschnitt
der Dialogbox angezeigt. Sie können nun mit Ihren Tools auf das frisch einge-
hängte Laufwerk zugreifen. Wenn Sie fertig sind, wählen Sie einfach ein oder
(mit *Umschalttaste*) mehrere Laufwerke aus und klicken Sie unten rechts auf
UNMOUNT.

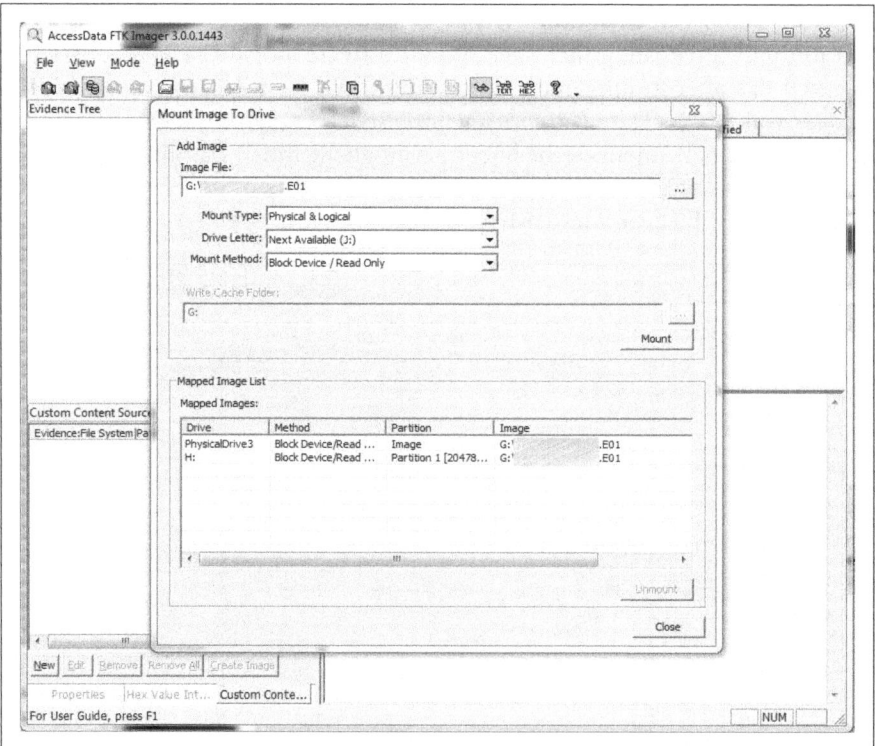

Abbildung 3-8: Gemountete Laufwerke in FTK Imager

Mounten unter Linux

Unter Linux war das Mounten von Images im DD-Format noch nie ein Problem, und auch das EWF-Format kann seit Erscheinen von *libewf* und *xmount* sehr einfach in das laufende System eingebunden werden. Alles, was Sie dazu tun müssen, ist, entsprechende Mountpunkte anzulegen und die Images mithilfe von ewfmount oder xmount an diesen Mountpunkten einzuhängen.

```
mkdir MP
ewfmount /pfad/zum/image/<imagename>.E01 /MP/
ls MP
```

oder

```
mkdir MP MP2
xmount -in ewf.-- out dd /pfad/zum/image/<imagename.E??> /MP/
mount -o ro /MP/<imagename>.dd /MP2
ls MP2
```

Und schon haben Sie Zugriff auf die Inhalte der Images. Gar nicht so schwer, oder?

HACK #28 Finden Sie alte Bekannte
»Hallo! Schön, Dich wiederzusehen!«

Der Abgleich von Hash-Werten ist ein altbekanntes Verfahren in der Computerforensik. Sie konnten es bereits in Kapitel 1 kennenlernen, als es darum ging, MD5- und SHA-1-Hash-Funktionen auf einzelne Dateien anzuwenden, beispielsweise um den Originaldatenträger Ihrer Untersuchung mit dem von Ihnen erstellen Image hinsichtlich Inhaltsgleichheit zu verifizieren.

In der digitalen Forensik gibt es jedoch noch weitere Anwendungsgebiete für Hash-Abgleiche. Zum einen können sie benutzt werden, um bekannte Betriebssystemdateien, Software und dazugehörige Bibliotheken für die forensische Analyse auszublenden. Das reduziert die Menge an Daten, die Sie untersuchen müssen. Zum anderen können Sie Hash-Abgleiche aber auch nutzen, um gezielt nach untersuchungsrelevanten Dateien zu suchen, beispielsweise bei Vorfällen, bei denen spezifische Dateien durch einen Mitarbeiter eines Unternehmens entwendet wurden. In beiden Fällen ist das Verfahren ähnlich: Sie bilden jeweils eine Liste mit Hash-Werten der bekannten oder gesuchten Dateien und eine Liste von allen Dateien auf dem zu untersuchenden Datenträger. Diese beiden Listen gleichen Sie dann miteinander ab und suchen nach Übereinstimmungen. In diesem Hack erfahren Sie, wie das funktioniert.

Erfassen Sie Ihre Bekannten

Nehmen wir an, Sie möchten auf einem zu untersuchenden Datenträger nach dem Konstruktionsplan suchen, den ein Mitarbeiter Ihres Unternehmens unerlaubterweise aus der zentralen Datenablage entwendet hat. In diesem Fall sollten Sie zuerst die Originaldatei hashen:

```
md5sum Konstruktionsplan.pdf | awk '{print $1}'
E442660ae74d18ae1b3a1c5468857425
```

Bilden Sie Vergleichslisten

Im nächsten Schritt müssen Sie alle Dateien des zu untersuchenden Datenträgers in einer Hash-Liste erfassen. Natürlich dauert dieser Schritt wesentlich länger als der vorherige, jedoch müssen Sie ihn nur einmal ausführen, egal, wie viele Dateien Sie im Anschluss noch abgleichen möchten. Je nach Untersuchung können Sie auch nur die Dateien eines bestimmten Ordners samt Unterverzeichnissen hashen (beispielsweise die *Home-Verzeichnisse* bestimmter Benutzer).

```
find . -type -f -print0 | xargs -0 md5sum > /fall/12345/md5liste.txt
```

Datenabgleich

Nun können Sie den Abgleich vornehmen:

```
grep "E442660ae74d18ae1b3a1c5468857425" /fall/12345/md5liste.txt
E442660ae74d18ae1b3a1c5468857425 /home/v73261/mitnehmen.pdf
```

Die Datei wurde in diesem Fall trotz geänderten Dateinamens aufgefunden.

Mehrere Dateien gleichzeitig abgleichen

Wenn Sie nach mehreren Dateien suchen möchten, können Sie sich mit folgendem Befehl eine Liste der Hash-Werte Ihrer bekannten Dateien erstellen. Das ist natürlich etwas einfacher, als sich jede Prüfsumme zu merken.

```
find /fall/suchdateien/ -type f -print0 | xargs -0 md5sum | awk ' {
print $1 } ' > suchliste.txt
```

Diese Liste mit Hash-Werten können Sie nun wiederum mithilfe von *grep* abgleichen:

```
grep -f suchliste.txt md5liste.txt
E442660ae74d18ae1b3a1c5468857425 /home/v73261/mitnehmen.pdf
9a176a9d2ac864a51348460fbb0dfbd1 /var/www/htdocs/leak/modell2.dwg
E442660ae74d18ae1b3a1c5468857425 /var/www/htdocs/leak/plan.pdf
```

 Hash-Abgleiche können natürlich immer nur dann funktionieren, wenn sich an der Datei, die Sie suchen, nichts verändert hat – noch nicht mal ein einziges Byte. Andernfalls ist der Hash ein völlig anderer. Ein Hash-Abgleich kann daher nie eine vollständige forensische Auswertung ersetzen. Er kann sie, eingebettet in einen gut strukturierten Workflow, aber beschleunigen.

Bei Untersuchungen mit einer extrem hohen Anzahl an Rechnern und Datenträgern kann ein Hash-Abgleich bei der Erstsortierung (Triage) behilflich sein, allerdings sind hier kommerzielle Lösungen mit ausgereifteren Erkennungsmechanismen vorzuziehen.

HACK #29 Retten Sie in wenigen Minuten Dateien mit Freeware unter Windows

»Einmal Datenwiederherstellung zum Mitnehmen, bitte!«

Insbesondere wenn Sie ein Neueinsteiger in die Forensik sind oder sich zwar für digitale Forensik und Datenwiederherstellung interessieren, aber den hohen zeitlichen Aufwand und die Kosten scheuen, die mit einer professionellen Ausbildung zum Forensiker einhergehen, dann sind Sie in diesem Hack genau richtig. Aber auch wenn Sie als Forensiker die Ergebnisse Ihrer professionellen Tools mit denen anderer Software vergleichen möchten, finden Sie in diesem Hack einige Anregungen dafür. Wir möchten Ihnen an dieser Stelle nämlich einige wirklich brauchbare Freeware-Programme vorstellen, mit denen Sie auch ohne große Spezialkenntnisse beachtliche Erfolge erzielen können – ideal, um die verloren geglaubten Urlaubsbilder wiederherzustellen.

Recuva

Recuva von Piriform (*http://www.forensikhacks.de/recuva*) ist eine der beliebtesten Freeware-Lösungen zur Dateiwiederherstellung. Der Hersteller bietet neben der kostenlosen Version auch Personal- und Business-Varianten, die mit entsprechenden Supportpaketen daherkommen.

Das Programm startet mit deaktivierbarem Wizard, der Sie Schritt für Schritt fragt, welche Art von Dateien Sie von welchem Ort wiederherstellen möchten. Der Wizard bietet Ihnen zwei grundsätzlichen Suchmodi an: den normalen, schnellen Scanmodus und den sogenannten Tiefenscan (eine Art Carving). Der zweite Modus dauert natürlich wesentlich länger, da der komplette nicht zugeordnete Speicherbereich nach Signaturen durchsucht werden muss, dafür bietet er aber auch die höhere Wiederherstellungsquote. Durch die Möglichkeit der Eingrenzung auf bestimmte Formate, Orte und Scanmodi lassen sich Tiefe und Geschwindigkeit der Suche gut justieren. Ist der Suchlauf erst einmal durchgelaufen, bietet *Recuva* Ihnen nicht nur die Möglichkeit zur Wiederherstellung der Daten, sondern als Alternative auch eine Option zum sicheren Löschen. Die Suchergebnisse können Sie in einer Vorschau oder auch in der Hex-Ansicht betrachten.

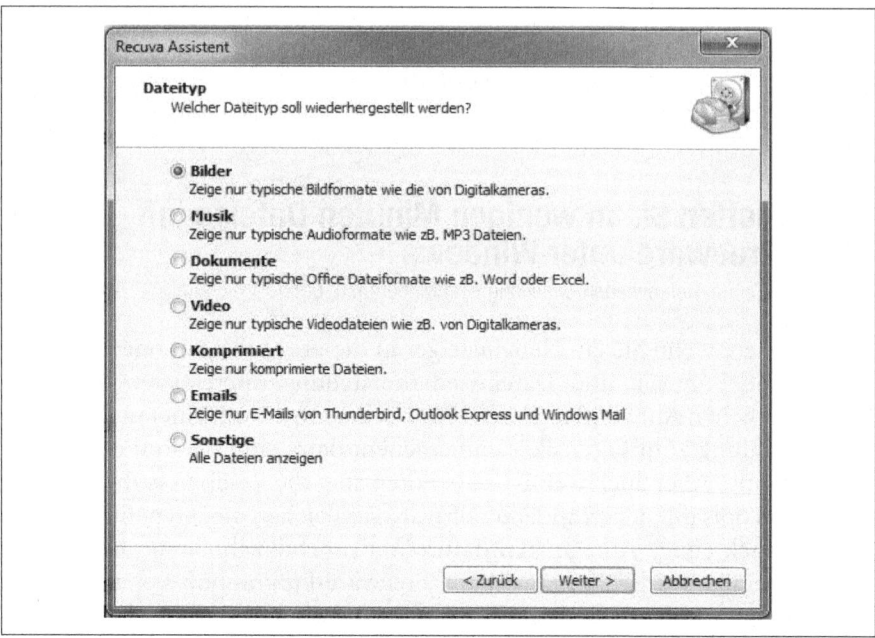

Abbildung 3-9: Der Startwizard von Recuva

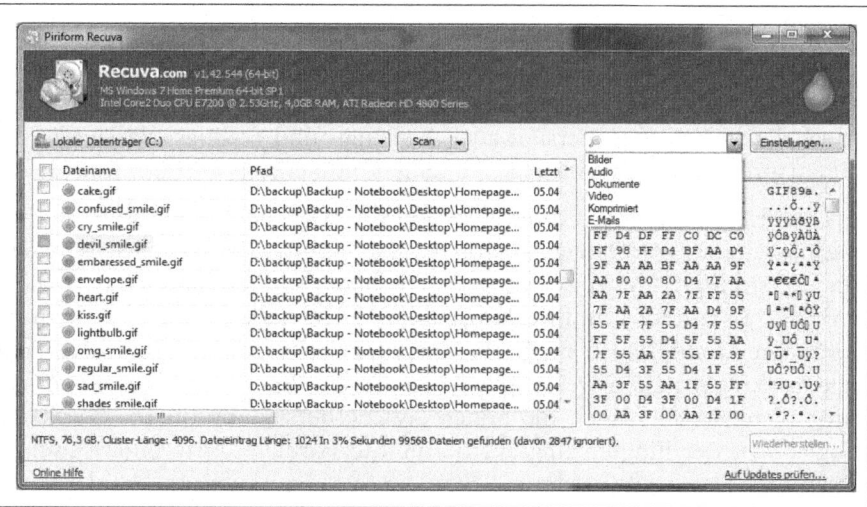

Abbildung 3-10: Präsentation der wiederherstellbaren Dateien in Recuva

PC Inspektor File Recovery

Eine weitere beliebte Freeware-Lösung zur Datenwiederherstellung ist das Programm *PC Inspektor File Recovery* von Convar (*http://www.forensikhacks. de/pcins*). Es ist zwar kostenlos, kommt dafür aber mit ein wenig Werbung im Gepäck. Genau wie *Recuva* erfordert es eine Installation und bietet Ihnen zu Beginn eine Art Wizard. Sie können dabei anfangs aus drei Modi auswählen. Im Wesentlichen sind das eine Suche nach gelöschten Dateien, Carving und eine Partitionswiederherstellung.

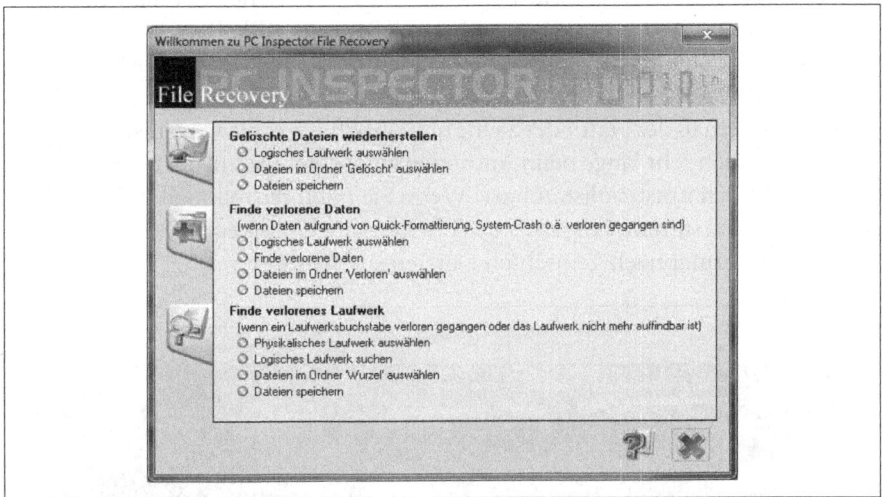

Abbildung 3-11: Die Modusauswahl beim Start von PC Inspektor File Recovery

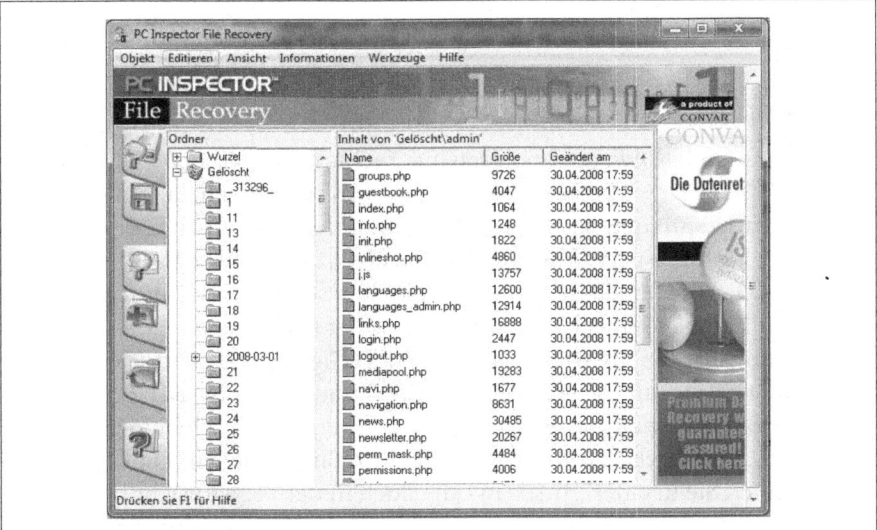

Abbildung 3-12: Präsentation der Ergebnisse in PC Inspektor File Recovery

Wenn Sie sich für einen der Modi entschieden haben, müssen Sie im Anschluss auswählen, auf welchem logischen oder physischen Datenträger Sie die Aktion durchführen möchten. Die Präsentation der gefundenen Dateien ist eher nüchtern: Eine Vorschaufunktion existiert nicht, dafür werden die Dateien direkt in ihrer wiederhergestellten Ordnerstruktur dargestellt.

Testdisk und Photorec

Die Programme *Testdisk* und *Photorec* von Christophe Grenier (*http://www.forensikhacks.de/photorec*) sind keine üblichen Wiederherstellungstools, sondern spezialisiert auf Partitionswiederherstellung und MBR-Reparatur (*Testdisk*) sowie Carving (*Photorec*). Die beiden kostenlosen Programme kommen ohne GUI in der Windows-Oberfläche daher und laufen stattdessen in einem Konsolenfenster. Gemäß der Natur der Sache braucht *Photorec* als spezialisierter Datei-Carver natürlich sehr lange beim Auffinden gelöschter Daten, allerdings sind die Ergebnisse auch umso vollständiger. Wenn Sie *Photorec* manuell von der Kommandozeile aus starten, können Sie es übrigens auch direkt auf Datenträgerimages im DD-Format nach gelöschten Dateien suchen lassen.

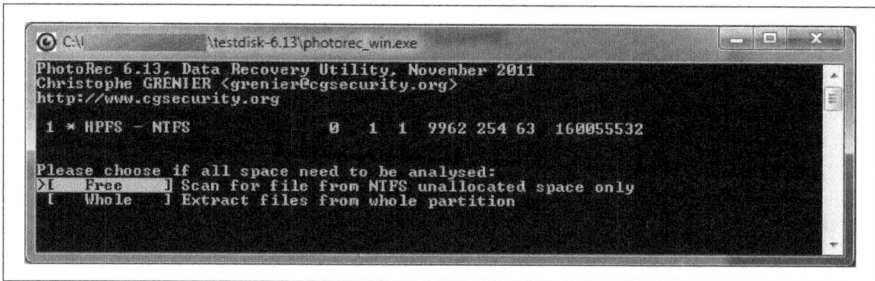

Abbildung 3-13: Photorec in der Konsolenansicht

Diskdigger

Das Programm *Diskdigger* von Defiant Technologies (*http://www.forensikhacks.de/diskdigger*) ist kostenlos für den Privatgebrauch, allerdings kann man zur Unterstützung des Entwicklers eine Lizenz erwerben. Für den kommerziellen Einsatz ist eine kostenpflichtige Lizenz vorgeschrieben. In unserem Test war Diskdigger das Programm, das am schnellsten eine beachtliche Anzahl an Ergebnissen geliefert hat. Es benötigt keine Installation und bietet Ihnen beim Start die Auswahl aus zwei Modi, *Dig Deep* als normaler Wiederherstellungsmodus und *Dig Deeper* als Carver auf dem physischen Datenträger. Eine Besonderheit des Programms ist neben der Geschwindigkeit seine Fähigkeit, auch direkt auf Images im DD-Format zu suchen. Die Suchergebnisse können Sie in einer Vorschau oder auch in der Hex-Ansicht betrachten.

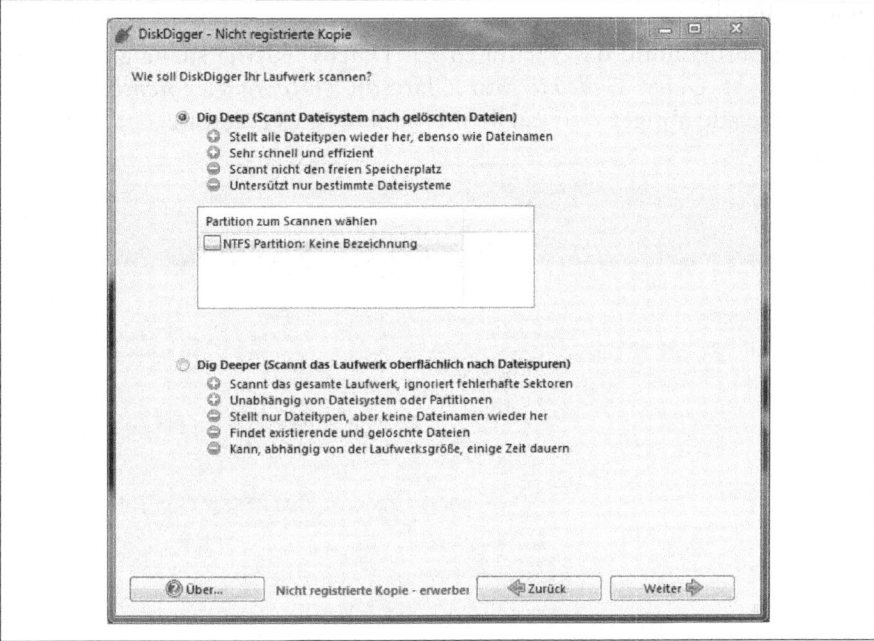

Abbildung 3-14: Diskdigger bietet Ihnen zwei Modi zur Dateiwiederherstellung.

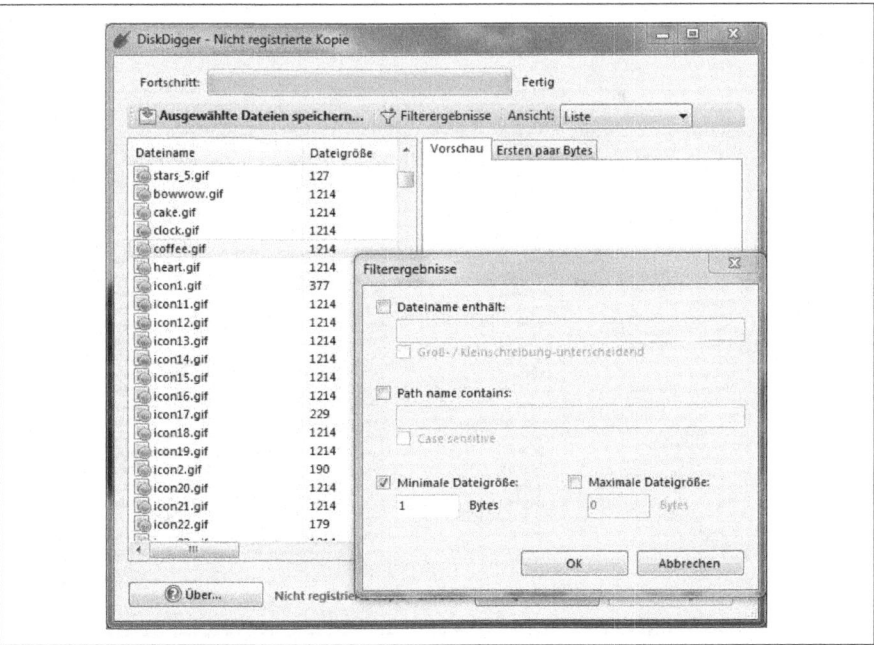

Abbildung 3-15: Die Filterfunktion von Diskdigger

Glary Undelete

Das letzte Programm, das wir Ihnen zur Datenwiederherstellung vorstellen möchten, ist *Glary Undelete* von Glarysoft (*http://www.forensikhacks.de/ glary*). Wie alle übrigen vorgestellten Produkte ist es Freeware.

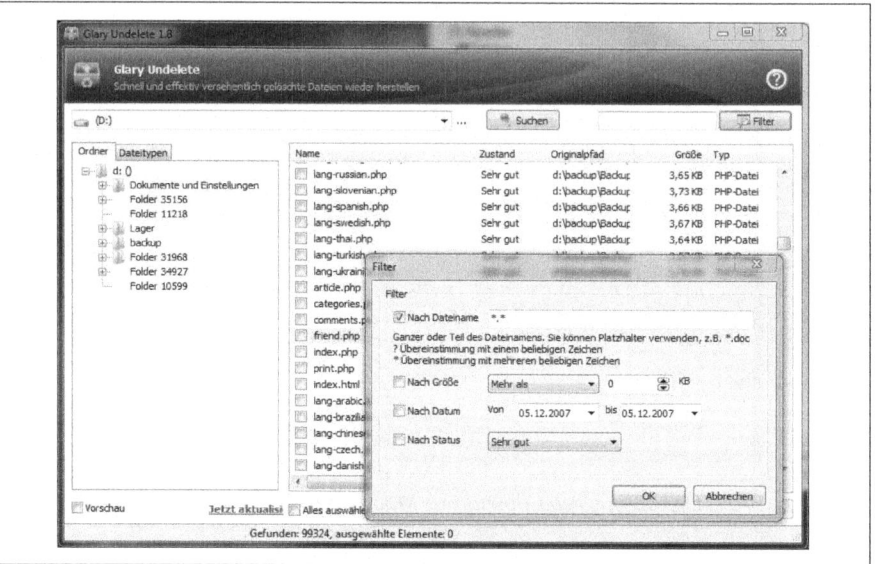

Abbildung 3-16: Glary Undelete bietet Ihnen eine sehr gute Filterfunktion...

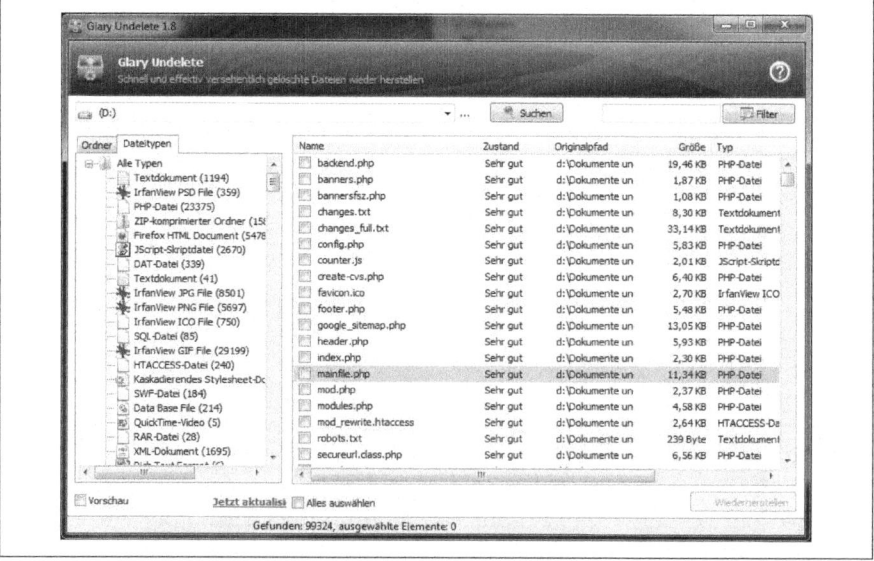

Abbildung 3-17: ... und auch eine umfangreiche Sortierung nach Dateitypen.

Die logische Suche ist zwar etwas langsam, dafür kategorisiert das Programm die aufgefundenen Dateien aber direkt in Dateitypen. Das zahlt sich beim Glary Undelete erfordert eine Installation und kann nur logische Laufwerke und Verzeichnisse nach gelöschten Daten untersuchen, Carving ist nicht möglich. Betrachten der Ergebnisse aus, denn dort lassen sich gute Filter setzen und auch gezielt nur bestimmte Dateitypen zur Wiederherstellung einblenden. Eine Vorschauansicht bietet das Programm leider nicht.

HACK #30 Ausflug in die Welt der Zahlen

»Leibniz hat das Binärsystem erfunden, als er mit seiner Mutter telefonierte:
Ja. – Nein. – Nein. – Ja. – Nein. – Ja. – Ja.«

Computer rechnen mit Zahlen, alles ist in Nullen und Einsen verpackt – Strom an und Strom aus. Zur Vereinfachung fassen wir Menschen mehrere Bits zu einer hexadezimalen Zahl zusammen. Diese Zahl wird eventuell wiederum in eine dezimale Zahl umgewandelt, die dann zum Beispiel mithilfe des ASCII-Codes wiederum in einen Buchstaben umgewandelt wird. Das Verständnis der Zahlensysteme ist für Sie als Forensiker deshalb so wichtig, da Sie in der Lage sein müssen, Zahlen selbst umzurechnen, die nicht von einem Ihrer Tools interpretiert werden können. Zudem können Sie durch dieses Wissen Ihre automatisierten Programme validieren. Die Zahlensysteme selbst sind für Sie als Zahlenjongleur bestimmt nichts Neues. In diesem Hack bieten wir Ihnen einen Schnellüberblick über Bekanntes und werden gleichzeitig versuchen, Ihnen ein paar Kniffe im täglichen Umgang mit den Zahlen zu bieten.

Binärsystem

Der Grund dafür, dass ein Computer überhaupt so gut mit Zahlen rechnen kann, ist die Einführung der stellenbasierten Zahlensysteme – römische Zahlen lassen sich schlecht addieren. Das Binärsystem ist stellenbasiert und stellt sich in zwei Zuständen dar: 0 und 1. So können Sie z.B. die Dezimalzahl 1.234 wie folgt stellenbasiert darstellen: 1x1000+2x100+3x10+4x1. Die Binärzahl 10011011 lässt sich wie folgt ausdrücken: 1x128+0x64+0x32+1x16+1x8+0x4+1x2+1x1. Jede Stelle hat ihren Wert und wird wie in jedem stellenbasierten Zahlensystem nach ihrer Wertigkeit addiert (siehe Abbildung 3-18).

Hexadezimalsystem

Das Hexadezimalsystem ist genau wie das Binärsystem und unser Zehnersystem stellenbasiert. Es werden die Zahlen 0–9 und A–F für die Werte 10–15 verwendet, allerdings mit anderen »Sprüngen«. So lässt sich die hexadezimale Zahl 12A wie folgt ausdrücken: 1x256+2x16+10x1.

2^7	2^6	2^5	2^4	2^3	2^2	2^1	2^0
1 2 8	6 4	3 2	1 6	8	4	2	1
1	0	0	1	1	0	1	1

Abbildung 3-18: Das Binärsystem: stellenbasiert

Oktalsystem

Das Oktalsystem ist genau wie das Binärsystem, das Hexadezimalsystem und unser Zehnersystem stellenbasiert. Es werden die Zahlen 0–7 für die Werte 0–7 verwendet, allerdings mit anderen »Sprüngen«. So lässt sich die Oktalzahl 123 wie folgt ausdrücken: 1x64+2x8+3x1. Das Oktalsystem wird u. a. bei den Linux-Rechten verwendet.

Binär in hexadezimal umwandeln

Der Computer »sieht« und codiert seine Daten im Binärsystem. Der Mensch tut sich sehr schwer, solche langen Zahlenketten aus Nullen und Einsen zu interpretieren. Aus diesem Grund fassen wir immer vier Bits zu einer hexadezimalen Zahl zusammen. Das reduziert nicht nur die Länge des Codes, sondern erhöht die Lesbarkeit ungemein. Vergessen sollten Sie als Forensiker allerdings nie, dass viele Forensikprogramme zwar eine hexadezimale Darstellung aufweisen, dahinter aber immer eine Binärzahl steckt. Dieser Sachverhalt ist enorm wichtig, um die verschiedenen Codierungen besser begreifen und erkennen zu können.

1001	0001
9	1

9x16+1x1=145

Abbildung 3-19: Umrechnen: binär nach hexadezimal

Binär in oktal umwandeln

Während Sie bei der Umrechnung in hexadezimale Darstellung die Bits in Viererblöcke aufteilen, müssen Sie bei der Umrechnung in das Oktalsystem in Dreierblöcke unterteilen.

010	010	001
2	2	1

2x64+2x8+1x1

Abbildung 3-20: Umrechnen: binär nach oktal

Erkennen Sie negative hexadezimale Zahlen auf einen Blick

Eine negative Binärzahl wird durch das sogenannte *Zweierkomplement* gebildet, und zwar so: erst einmal alle Bits umdrehen (Einerkomplement) und dann eine 1 addieren. Die Zahl –7 (minus sieben) wird wie folgt dargestellt:

00000111	7
11111000	1 er
1̅1111001	2 er

Abbildung 3-21: Binärdarstellung der Zahl »minus sieben«

In hexadezimaler Schreibweise entspricht die Zahl minus sieben F9. F9 hat den dezimalen positiven Wert von 15x16+9=249. Ob Sie als Forensiker den Wert positiv oder negativ interpretieren, hängt vom Kontext ab. Ohne Kenntnis der schreibenden Anwendung kann man keine Aussage treffen. In der Metadatenstruktur MFT des NTFS-Dateisystems gibt es nur eine Stelle, an der negative Zahlen stehen können, und das ist ab dem zweiten Data Run. Da dieser Clustersprung relativ ist, ist ein negativer Sprung von fragmentierten Dateien nicht selten. Da bei jeder negativen Zahl das höchste Bit gesetzt ist, ergibt sich in hexadezimaler Schreibweise des linken »Nibble« der Wert 8 oder höher. Bei einem Word (zwei Bytes) oder Double Word (vier Bytes) müssen Sie zuerst die Bytes herumdrehen (Little-Endian), um eine Entscheidung treffen zu können. Klar?

Hex-Wert	Little-Endian	Negativ?	Dezimaler Wert
CB	CB	Ja	–53
75	75	Nein	117
07 CD	CD 07	Ja	–13049
AA 55	55 AA	Nein	21930

HACK #31 Decodieren Sie Rot13 und Base64

»Pbzchgre Sberafvx Unpxf, Q29tcHV0ZXIgRm9yZW5zaWsgSGFja3M=«

Rot13

Bei *Rot13* handelt es sich um eine sogenannte *Caesar-Chiffre*. Dabei verschiebt man die Zeichen des Alphabets um 13 Stellen. Aus »A« wird »N«, aus »G« wird »T« usw. Der Vorteil einer Verschiebung um 13 Zeichen eines aus 26 Zeichen bestehenden Alphabets besteht darin, dass man nur eine Funktion zum Codieren und Decodieren braucht. Zweimal Rot13 ergibt die Ursprungsnachricht. Des Weiteren ist zu beachten, dass nur Buchstaben rotiert werden, Sonderzeichen und Zahlen aber unbetrachtet bleiben. Rot13 wird z.B. in der Windows-Registry verwendet.

A	B	C	D	E	F	G	H	I	J	K	L	M
N	O	P	Q	R	S	T	U	V	W	X	Y	Z

Unter Linux können Sie sehr einfach mit dem Befehl tr eine Nachricht codieren und decodieren:

```
tr "A-Za-z" "N-ZA-Mn-za-m" < text.txt > codiert.txt
tr "A-Za-z" "N-ZA-Mn-za-m" < codiert.txt > text.txt
```

Base64

Base64 codiert 8-Bit-Binärdaten und wird sehr oft zur Codierung von E-Mail-Anhängen verwendet. Der Grund einer Base64-Codierung liegt darin, dass der entstehende Code aus Codepage-unabhängigen ASCII-Zeichen besteht. Das heißt, dass der Code keinerlei Sonderzeichen usw. enthält. Damit wird gewährleistet, dass jedes beliebige Binärformat als E-Mail-Anhang verschickt werden kann. Die Codierung ist sehr einfach, dabei werden je 3 Bytes (24-Bit) eines Datenstroms in 4 Blöcke á 6 Bit zerteilt. Jedem dieser 6-Bit-Datenblöcke wird ein definiertes Zeichen zugewiesen (siehe Tabelle). Ist die gesamte Nachricht nicht durch 3 Bytes teilbar, werden Null-Bits angehängt. Das erkennt man daran, dass am Ende der codierten Nachricht ein (oder mehrere) Gleichzeichen (=) stehen.

Wert	Zeichen	Wert	Zeichen	Wert	Zeichen	Wert	Zeichen
0	A	16	Q	32	g	48	w
1	B	17	R	33	h	49	x
2	C	18	S	34	i	50	y
3	D	19	T	35	j	51	z
4	E	20	U	36	k	52	0
5	F	21	V	37	l	53	1
6	G	22	W	38	m	54	2
7	H	23	X	39	n	55	3
8	I	24	Y	40	o	56	4
9	J	25	Z	41	p	57	5
10	K	26	a	42	q	58	6
11	L	27	b	43	r	59	7
12	M	28	c	44	s	60	8

Wert	Zeichen	Wert	Zeichen	Wert	Zeichen	Wert	Zeichen
13	N	29	d	45	t	61	9
14	O	30	e	46	u	62	+
15	P	31	f	47	v	63	/

Ein Beispiel: Sie möchten das Wort »Hallo« in Base64 codieren. Dazu wandeln Sie zuerst die Buchstaben gemäß der ASCII-Tabelle in einen Bit-Strom um. Sie erhalten das hier:

```
0100100001100001011011000110110001101111.
```

Buchstabe	Binär
H	01001000
a	01100001
l	01101100
o	01101111

Nun füllen Sie auf Modulo 3 Bytes mit Nullen auf und teilen den Binärstrom in 6-Bit-Blöcke auf:

```
010010 000110 000101 101100 011011 000110 111100 000000
```

Jetzt codieren Sie die Nachricht nach den Regeln der Base64-Tabelle und erhalten das hier:

Binärwert	Base64-Code
010010	(18) S
000110	(6) G
000101	(5) F
101100	(44) s
011011	(27) b
000110	(6) G
111100	(60) 8

Daraus ergibt sich folgender Base64-Code:

```
SGFsbG8=
```

Das Gleichzeichen wird angehängt, da Sie ja einmal mit Nullen auf 3 Bytes aufgefüllt haben. Ist doch toll, der Matrix ein Stück näher zu kommen! Unter Linux können Sie mit dem Befehl openssl Dateien in Base64 codieren ...

```
openssl base64 -in meinedatei.jpg -out meinedatei.b64
```

... und auch decodieren:

```
openssl base64 -d -in meinedatei.b64 -out meinedatei.jpg
```

Notepad++

Notepad++ (*http://www.forensikhacks.de/npp*) ist ein Texteditor, der unter Windows läuft. Dieser Editor bietet nicht nur die Funktionalität des Editierens von Texten, sondern auch die Möglichkeit, Texte in verschiedene Codes umzuwandeln. Notepad++ lässt sich mit zahlreichen Plugins erweitern. So können Sie z. B. über den Plugin-Manager das Plugin *MIME Tools* installieren, um jeden beliebigen Text mit einem Rechtsklick in *Base64* zu codieren bzw. ihn zu decodieren. Viele weitere Codeumwandlungen stehen Ihnen entweder per Plugin oder von Haus aus über das Menü zur Verfügung – so auch *Rot13*.

HACK
#32 Entdecken Sie das wahre Gesicht einer Datei
»Auf die Extension kommt es nicht an.«

Windows erkennt seine Dateien anhand der Dateinamenerweiterung (Extension, *http://www.forensikhacks.de/ext*). Eine Datei die auf »TXT« endet, ist eine Textdatei, und eine Datei, die auf »JPG« endet, ist eben ein Bild im JPEG-Format. Doch wer bestimmt das Format einer Datei? Die Extension oder der eigentliche Inhalt einer Datei? Sie als Forensiker wissen, dass es auf den Inhalt einer Datei ankommt. Ein JPEG-Bild mit dem Dateinamen »Forensik Hacks. txt« sollte von Ihnen bei Ihrer Untersuchung selbstverständlich als Bild interpretiert werden und nicht als Textdatei. In diesem Hack zeigen wir Ihnen, wie Sie mit Open Source-Tools das wahre Gesicht einer Datei entdecken und wo die Schwierigkeiten für automatisierte Tools liegen.

Die Signaturanalyse

Die Signaturanalyse vergleicht die Dateinamenerweiterung mit dem Header einer Datei. Stimmen beide überein, können Windows-Programme, die anhand der Extension ihre Entscheidungen fällen, bei einem Doppelklick die richtige Anwendung starten. Folgende Beziehungen zwischen Dateinamenerweiterung und Header können bestehen:

Die Extension ist bekannt, der Header ist bekannt und stimmt überein.	Übereinstimmung
Die Extension ist bekannt, der Header stimmt nicht überein und ist zudem unbekannt.	falsche Signatur
Die Extension ist unbekannt, der Header ist unbekannt.	unbekannt
Die Extension ist bekannt, der Header stimmt nicht überein, ist aber bekannt (umbenannte Dateierweiterung).	falsche Dateinamenerweiterung

Achtung vor sogenannten *False Positives* (falschen Positiven). Stellen Sie sich eine Textdatei mit dem Namen »Forensik Hacks.txt« und folgendem Inhalt vor: »BMW ist ein tolles Auto«. Die Signaturanalyse würde den Header »BM«

für Bitmap-Datei erkennen und Ihnen »Falsche Dateinamenerweiterung« angeben. Das wäre in diesem Fall aber falsch, da es sich ja tatsächlich um eine Textdatei handelt. Vorsicht ist also geboten, und Sie sollten keine voreiligen Schlüsse ziehen.

file-Befehl

Unter Linux können Sie sich mit dem Befehl file die Signatur einer Datei anzeigen lassen.

```
file beweis.txt
beweis.txt: JPEG image data, JFIF standard 1.01
```

Der file-Befehl analysiert den Datei-Header und gleicht ihn mit dem soge-nannten *magic file* ab. Die Datenbasis für den file-Befehl finden Sie für unter-schiedliche Distributionen an verschiedenen Orten, die man nach Belieben erweitern kann:

Debian und Derivate (Ubuntu, Kubuntu etc.):

```
/usr/magic
/etc/gnome-vfs-mime-magic
/usr/share/mimelnk/magic
```

RedHat und Fedora:

```
/usr/share/magic
/etc/gnome-vfs-mime-magic
/usr/share/mimelnk/magic
```

Nautilus–Skript unter Gnome

Unter Gnome heißt der Dateimanager Nautilus. Dieser Dateimanager lässt sich sehr einfach mit Ihren eigenen Skripten erweitern. Die Skripten legen Sie im folgenden Verzeichnis ab:

```
/home/<Benutzer Name>/.gnome2/nautilus-scripts/
```

Die Skripten können Sie dann mit der *rechten Maustaste – Scripts* auf ein Ver-zeichnis oder Datei (je nach Logik) unter Nautilus auswählen und damit aus-führen. Das folgende Skript kopiert alle Bilddateien eines Ordners und Unterordner anhand der Header-Information in ein Verzeichnis (*/tmp/out/*).

```
#!/bin/bash
inputdir="$1"
find "$inputdir" -type f -exec file {} \; | \
                          grep 'image data' | \
                          awk -F: '{ print $1 }' | \
        while read filename
        do
           cp -ai "$filename" "/tmp/out/$filename"
        done
```

Oder lassen Sie sich mit einem Rechtsklick den Typ einer Datei zeigen:

```
#!/bin/bash
output=$(file $1)
zenity –info –text "$output"
```

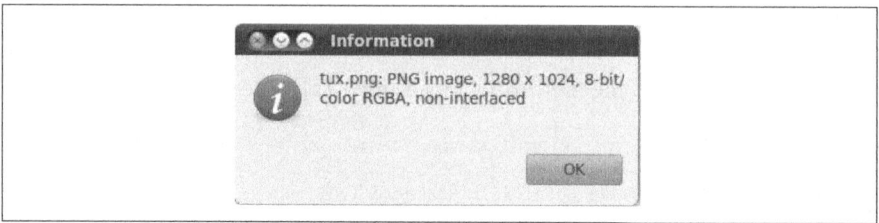

Abbildung 3-22: Nautilus-Skript in Aktion (file-Befehl)

Bevor Sie das Skript ausprobieren können, müssen Sie *zenity* für den Dialog GTK+ installieren:

```
aptitude install zenity
```

gthumb

Installieren Sie mit aptitude install gthumb einen Bildbetrachter, der die Eigenschaft besitzt, Bilder anhand des Headers anzuzeigen. Starten sie *gthumb* und setzen Sie einen Haken bei EDIT → PREFERENCES → BROWSER-TAB → *Determine image type from content*.

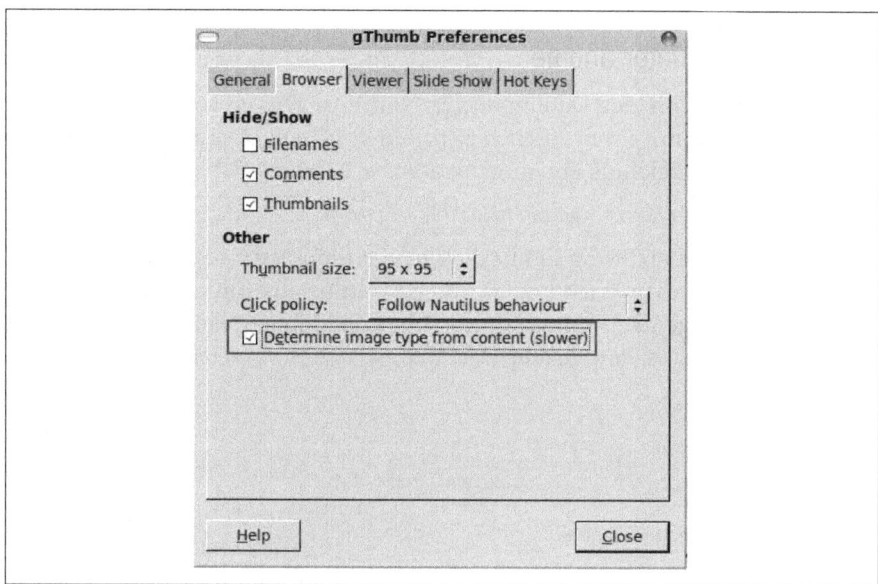

Abbildung 3-23: gthumb-Einstellungen

Ab sofort zeigt Ihnen *gthumb* alle Bilder an. Natürlich ist die Geschwindigkeit des Bildbetrachters etwas langsamer, da das Programm erst den jeweiligen Header untersuchen muss.

HACK #33 Erst auspacken, dann suchen
»Packen Sie das Paket aus!«

In diesem Kapitel erfahren Sie unter anderem, wie Sie Signaturenanalysen, Hashabgleiche und Stichwortsuchen durchführen können. All das sind gute Vorgehensweisen für Ihre Untersuchungen, allerdings bringen sie Ihnen nichts, wenn Sie sie nicht auf den kompletten Datenbestand eines Datenträgers oder Image anwenden. Stellen Sie sich vor, Sie suchen nach entwendeten Daten und finden diese nicht, nur weil sie in einem ZIP- oder TAR-Container gespeichert waren. Da die Inhalte von komprimierten Containern nicht mehr anhand ihrer Signatur oder Hashsumme identifiziert werden können, laufen alle Ihre Untersuchungen mit den oben genannten Methoden ins Leere. Dieser Hack soll nicht nur Ihr Bewusstsein für diesen Umstand schärfen, sondern Ihnen auch einfache Methoden an die Hand geben, mit denen Sie Container-dateien öffnen können.

Fallabhängiges Vorgehen

Die Entscheidung, ob Sie bereits zu Beginn einer Untersuchung alle Container öffnen und erst dann Ihre Analysen durchführen möchten, hängt ein Stück weit von Ihrer Untersuchung und deren Dringlichkeit ab. Natürlich benötigt das Öffnen aller Container etwas Zeit und auch zusätzlichen Speicherplatz, zudem erhöht sich die Anzahl auszuwertender Daten. Andererseits sollten Sie versuchen, Ihre Analysen direkt auf alle wiederherstellbaren Daten durchzu-führen, damit Sie später vermeiden, Daten doppelt untersuchen oder sichten zu müssen. Wir können Ihnen diese Entscheidung nicht abnehmen, jedoch sollten Sie in jedem Fall daran denken, dass Containerdateien eine Vielzahl zusätzlicher Daten enthalten können, die möglicherweise Einfluss auf den Ausgang Ihrer Untersuchung haben könnten.

Entpacken unter Windows

Unter Windows empfehlen wir Ihnen den Entpacker *7-Zip* von Igor Pavlov (*http://www.forensikhacks.de/7z*). Das Programm beherrscht sehr viele unter-schiedliche Paketformate von ZIP über RAR, ISO, GZIP und TAR bis hin zu VHD und dem eigenen Format 7z.

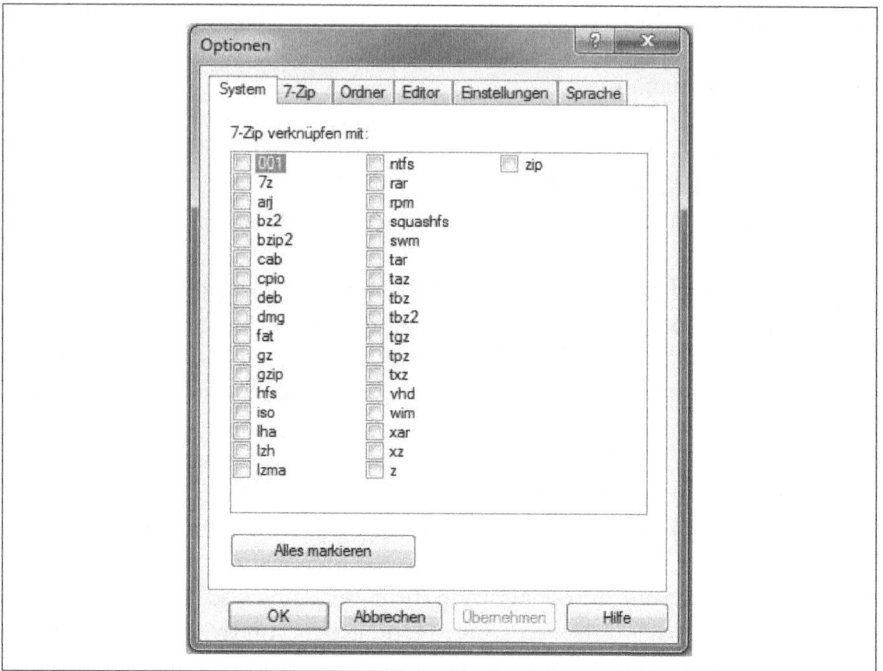

Abbildung 3-24: 7-Zip kann mit einer Vielzahl unterschiedlicher Archive umgehen.

Laden Sie *7-Zip* von der Herstellerseite herunter und installieren Sie es auf Ihrem System. Sie können das Programm starten, indem Sie nach der Installation im Startmenü die Verknüpfung *7-Zip File Manager* aufrufen. Die Bedienung des Programms erklärt sich von selbst, und wir sind zuversichtlich, dass Sie dabei keine Schwierigkeiten haben werden. Um einzelne Dateien zu entpacken, ist der *7-Zip File Manager* sehr gut geeignet, aber kaum, um alle Archive auf einem Datenträger zu finden und zu extrahieren.

Glücklicherweise kommt *7-Zip* mit einer Konsolenvariante seines Entpackers daher. Die zugehörige Datei nennt sich *7z.exe* und liegt in dem Ordner, den Sie bei der Installation als Programmverzeichnis angegeben haben, meist *C:\Programme*. Die Konsolenvariante hat den Vorteil, dass man sie wunderbar in ein Skript integrieren kann. Wenn Sie beispielsweise alle ZIP-, RAR-, TAR. GZ-, TAR- und 7z-Archive extrahieren wollen, die sich in irgendeinem Verzeichnis auf Ihrem schreibgeschützt gemounteten Image (Laufwerksbuchstabe *E:*) befinden, können Sie unter Windows folgende Kommandozeile verwenden:

```
for /R "C:\test" %D in (*.zip,*.rar,*.tar.gz,*.tar,*.7z) do 7z.exe x "%D" -
aou -o"C:\fall\12345\container\%~pnxD"
```

Die extrahierten Dateien werden mit voller Pfadangabe in den Zielordner *C:\fall\12345\container* extrahiert. Um sehen zu können, aus welchem Archiv in diesem Pfad die Dateien stammen, lassen wir sie jeweils in einen Ordner mit dem Archivnamen entpacken. Praktisch, oder?

Entpacken unter Linux

Was in der Windows-Kommandozeile funktioniert, klappt auf der Linux Shell schon lange. Für Archivtypen wie TAR, GZIP und ZIP brauchen Sie noch nicht einmal zusätzliche Programme:

```
find /mnt/image/ –iname "*.tar.gz" \
            –exec tar xvzf {} –C /fall/12345/container \;
find /mnt/image/ –iname "*.zip" \
            –exec unzip {} –d /fall/12345/container \;
```

Für alle anderen Archivtypen gibt es übrigens auch eine Konsolenversion von *7-Zip* für Linux. Das Paket heißt *p7zip*. Sie finden es auf der Downloadseite des Herstellers oder in Ihrem Paketmanager.

> Beachten Sie, dass Sie mit den hier vorgestellten Verfahren logisch vorhandene Archive ohne Berücksichtigung der Dateisignatur extrahieren. Sie sollten zusätzlich eine Signaturanalyse durchführen, um nach umbenannten Archiven zu suchen.

HACK
#34 Wenn Sie doch einmal manuell Carven müssen
»Carving ist eine Weiterentwicklung des geschnittenen Schwungs beim Skifahren.«

Wie Sie wissen, hat das Carving in der Forensik rein gar nichts mit Skifahren zu tun. Beim Datei-Carving oder einfach nur Carving handelt es sich um die Suche nach Inhalten in Festplatten, Abbildern oder sogenannten Compound-Dateien wie z.B. PDF. Beim Carven wird rein auf dem Byte-Stream nach Inhalten gesucht, ohne die Kenntnis von Metadaten-Informationen des Dateisystems. Das bedeutet, dass nach dem Carven »nur« die reinen Nutzdaten zur Verfügung stehen. Metadaten-Informationen zu der Datei, die aus dem Dateisystem stammen, gehen verloren. Sie werden durch Carven daher keine Information wie z.B. das Erstelldatum erhalten. Allerdings ist Carven die letzte Möglichkeit, Ihre Daten wiederherzustellen, wenn die Metadatenstruktur des Dateisystems korrupt ist. Bedenken Sie auch die Beweiskraft »gecarvter« Inhalte! Können Sie die gefundenen Daten einem eindeutigen Nutzer zuweisen? In diesem Hack zeigen wir Ihnen die Technik des Carvens, indem Sie selbst »per Hand« den kompletten Prozess durchspielen. Es geht hier nicht um die Anwendung eines automatisierten Tools wie *Photorec*. Vielmehr soll Ihnen dieser Hack die Technik, die hinter dem Carven steckt, verständlich machen, damit Sie forensisch auf alle Fragen selbstsicher antworten können. Weiterhin werden wir zeigen, dass es unterschiedliche Algorithmen des Carvens gibt, und so ist dann geklärt, warum verschiedene Programme zu unterschiedlichen Ergebnissen kommen können. Gutes Carven ist eine hohe Kunst!

Als Beispiel wollen wir ein JPG-Bild carven.

JPG Record (Header und Footer)

Header: Offset 00 für 3 Bytes; hex *FFD8FF* gefolgt von *E0* oder *E1 – E0* ohne EXIF-Information, *E1* mit EXIF-Information

Footer: Offset ?? für 2 Bytes; hex *FFD9*

Vorgehen

Vereinfacht gesagt, wird der Inhalt zwischen (bzw. inklusive) Header und Footer der Struktur herauskopiert. Wir verwenden dazu den Befehl dd.

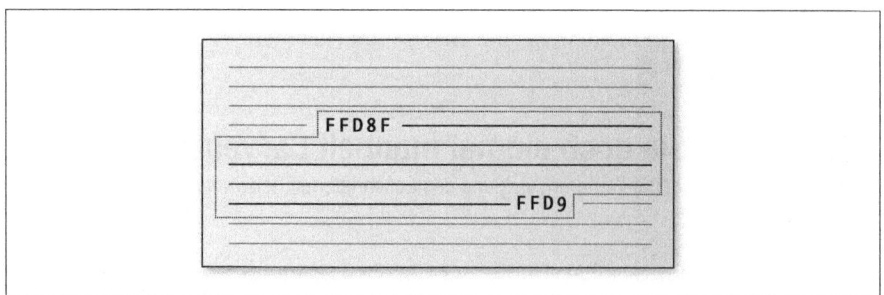

Abbildung 3-25: Carving: schematische Darstellung der Funktionsweise

Schritt 1: Suche nach dem JPG-Header (FFD8)

```
xxd jpg_carving.raw | grep -i ffd8
0024c40: b806 c651 90b7 f79e ffd8 ffe0 0010 4a46  ...Q.........JF
```

Schritt 2: Berechnung des Start-Offsets in dezimal

```
printf "%d\n" 0x0024c40
150592
```

oder

```
echo 'ibase=16; 0024C40' | bc
150592
```

Natürlich muss noch dem Byte-Offset eine Korrektur hinzugefügt werden! *150592 + 8 = 150600*. Da wir ja nicht den Offset am Anfang der Zeile wollen, sondern des *FFD8* Offsets.

Schritt 3: Suche nach dem JPG-Footer (FFD9)

```
xxd -s 150600 jpg_carving.raw | grep ffd9
00688a8: 5719 21d1 df71 c945 deac 368d ffd9 9348  W.!..q.E..6....H
```

Der Parameter –s steht für »Skip«, da wir erst ab dem gefundenen Header suchen wollen und nicht von Anfang der gefundenen Zeile an.

Schritt 4: Berechnung des End-Offsets in dezimaler Darstellung

Wir müssen auch Kleinbuchstaben in Großbuchstaben umwandeln, da der Befehl bc nur diese versteht.

```
echo "ibase=16;$(echo 00688a8 | tr "[:lower:]" "[:upper:]")" | bc
428200
```

Dazu kommen die Bytes für den Byte-Offset sowie »FFD9«, das ergibt 428214.

Schritt 5: Berechnung der Größe

Die Größe berechnet sich so:

```
echo "428214 - 150600" | bc
277614
```

Schritt 6: Carving

```
dd if=jpg_carving.raw of=image.jpg skip=150600 bs=1 count=277614
264566+0 Datensätze ein
264566+0 Datensätze aus
264566 Bytes (265 kB) kopiert, 2,55902 s, 103 kB/s
```

Nachüberlegung

Unser Carving-Algorithmus ist keineswegs perfekt! Dennoch zeigt er die Herausforderungen, die ein Carving-Programm heutzutage zu bewältigen hat. Die intelligente Suche nach dem Footer ist ein essenzieller Bestandteil einer professionellen Software. Wie sieht es aus, wenn der Footer gar nicht mehr existiert? Bricht das Programm dann ab, oder sehen Sie wenigstens noch Teile der Nutzdaten? Ein großes Problem beim Carven ist auch, wenn die Datei fragmentiert ist.

Wenn nichts mehr hilft: Block Hashing

HACK
#35   »Portionsweise zum Ziel«

Kennen Sie das? Sie suchen auf einem Datenträger nach dem Vorhandensein einer bestimmten Datei und sind sich sicher, dass sie irgendwo sein muss, nur können Sie sie nicht finden. Sie haben bereits alle Möglichkeiten zur Datenwiederherstellung ausgeschöpft, doch ein MFT-Eintrag mit Data Run List existiert genauso wenig wie ein Verzeichniseintrag, und auch mit Carving sind Sie nicht weitergekommen? Dann möchten wir mit Ihnen an dieser Stelle an einer Lösung dafür arbeiten, wie Sie diese Datei vielleicht doch auffinden und wieder zusammensetzen können, obwohl sie unreferenziert und fragmentiert im nicht mehr zugeordneten Speicherbereich liegt.

Das Verfahren wird bezeichnet als blockweises oder auch *partielles Hashen*. Das Prinzip ist so einfach wie genial. Sie kennen Hashen ja bereits von Dateien. Über den Inhalt von Datei A wird ein Hashwert gebildet; stimmt er mit dem Hashwert von Datei B überein, herrscht mit einer fest definierten Wahrscheinlichkeit (abhängig vom verwendeten Algorithmus) Gleichheit im Inhalt. Beim blockweisen Hashen werden nun einfach anstelle des einen Hashwerts über die kompletten Dateiinhalte Hashsummen über viele Teilstücke des Inhalts gebildet.

Ein Vorteil des blockweisen Hashens liegt darin, dass man selbst dann eine Datei als inhaltsähnlich identifizieren kann, wenn sich Teile der Datei geändert haben. Beim herkömmlichen Hashabgleich würde Datei B nicht mehr gefunden werden, selbst wenn sie sich nur in einem einzigen Byte von Datei A unterscheidet. Wenn Sie nun aber die Dateien A und B in zehn Blöcke unterteilen, für jeden dieser Blöcke einen Hashwert generieren und dann die beiden Hashlisten miteinander vergleichen, würde nur der Hashwert eines einzigen Blocks nicht mehr übereinstimmen, die übrigen 90 % würden aber Inhaltsgleichheit signalisieren.

Diese Technik lässt sich jedoch nicht nur beim Abgleich von Dateien anwenden. Sie können auch eine Ihnen bekannte Datei in viele kleine Blöcke unterteilen (zum Beispiel auf Clustergröße) und dasselbe bei Auslagerungsdateien oder nicht mehr zugeordneten Speicherbereichen tun. Im Anschluss könnten Sie abgleichen, welche Teil-Hashwerte Ihrer Datei auch in diesen Speicherbereichen auftauchen.

Der Beweiswert dieser Methode ist je nach eingestellter Blockgröße sehr kritisch zu sehen. Ist die Blockgröße zu klein gewählt, schwindet die Beweiskraft gegen null, da sich z.B. bei einer Blockgröße von einem Byte auf nahezu jedem Datenträger alle Fragmente wiederfinden lassen. Doch selbst bei großer Blockgröße bedeutet das Auffinden aller Fragmente lediglich, dass die Datei sich zu einem nicht bestimmbaren Zeitpunkt in fragmentiertem Zustand auf dem Datenträger befunden hat.

Wir haben für Sie das Verfahren beim blockweisen Hashen einmal in einer schematischen Grafik dargestellt.

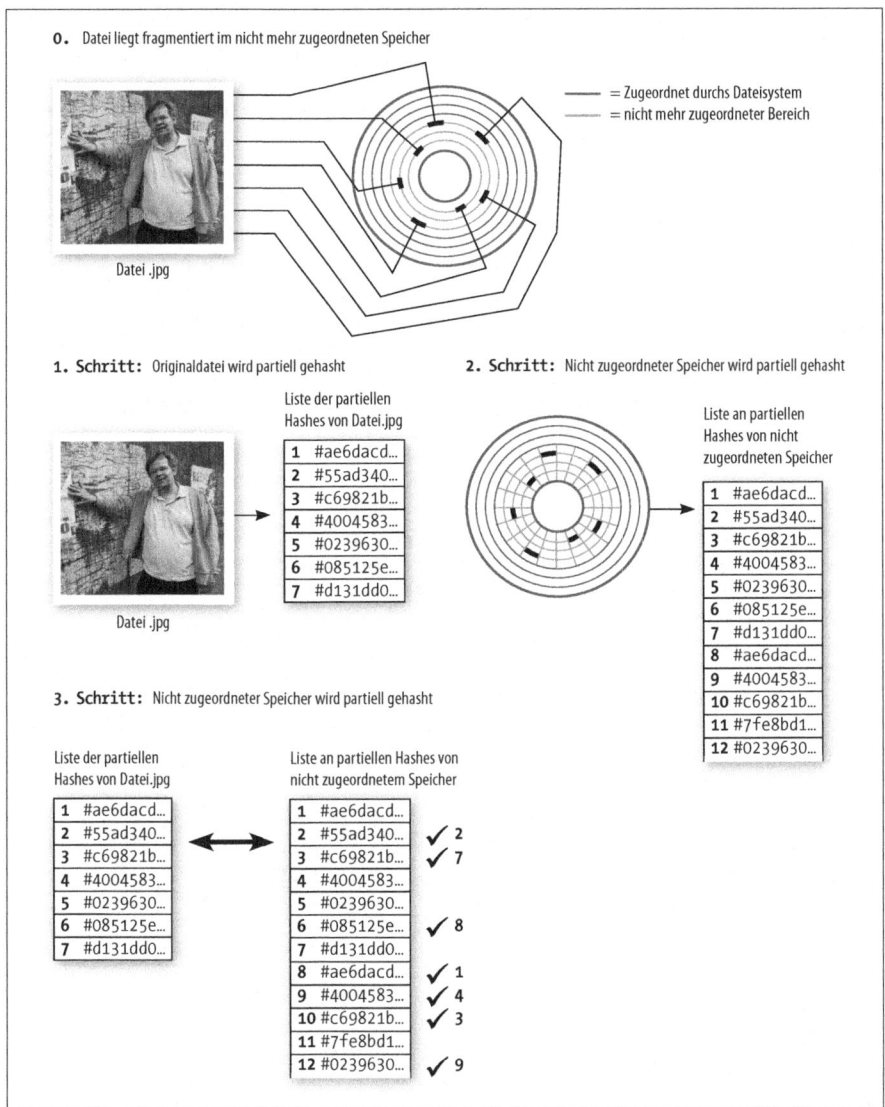

Abbildung 3-26: Schematische Darstellung der Funktionsweise beim blockweisen Hashen

Sie haben in [Hack #8] bereits den Befehl dd zum Sichern von Daten auf der Kommandozeile kennengelernt. Dieser Befehl ermöglicht Ihnen die Ausgabe von Dateiinhalten als Datenstrom und lässt Sie einstellen, wie lang der Datenstrom sein soll (Blockgröße). Diese Eigenschaft von dd können Sie sich zunutze machen, indem Sie immer nur kleine Blöcke einer Datei auslesen lassen und über diese Blöcke einen Hash bilden. Das Ergebnis können Sie als Hashliste speichern und mit einer anderen Liste abgleichen, beispielsweise über *grep*. Wie Sie diesen Vorgang automatisiert in einem Skript ablaufen lassen können, möchten wir Ihnen an folgendem Beispiel erläutern.

Das hier beschrieben Vorgehen ist sehr langsam und natürlich nicht perfektioniert. Es zeigt Ihnen aber, was alles möglich ist.

Beispiel 3-1: blockhash.sh

```bash
#!/bin/bash
first=$1
second=$2
blocksize=$3

if [[ (-n "$first") && (-n "$second") && (-n "$blocksize") ]]; then
    echo "Zu suchende Datei = $first"
    echo "Suchbereich = $second"
    echo "Blockgroesse = $blocksize"

    firstsize=$(du -sb $first | awk ' { print $1 } ')
    secondsize=$(du -sb $second | awk ' { print $1 } ')
    let firstlength=$firstsize/$blocksize
    let secondlength=$secondsize/$blocksize

    for ((i=0; i < $(($firstlength)); i++)) ; do
    echo $i+1 | bc
    dd if=$first bs=$blocksize skip=$i count=1 | md5sum | awk ' { print $1 } '
    >> $first.hashes
    done

    for ((i=0; i < $(($secondlength)); i++)) ; do
    echo $i+1 | bc
    dd if=$second bs=$blocksize skip=$i count=1 | md5sum | awk ' { print $1 } '
    >> $second.hashes
    done

    echo "===================================================="
    echo "Block-Hashlisten wurden erstellt ..."
    echo "Es folgt der Abgleich (bitte Geduld) ..."
    echo ""

    hits1=$(grep -c -f $first.hashes $second.hashes)
    firstpercent=$(echo "scale=2; ($hits1/$firstlength*100)" | bc -l )
```

Beispiel 3-1: blockhash.sh (Fortsetzung)

```
    echo "$hits1 von $firstlength Teilen ($blocksize Bytes pro Block) von
$first konnten in $second gefunden werden. Das entspricht $firstpercent %."

    hits2=$(grep -c -f $second.hashes $first.hashes)
    secondpercent=$(echo "scale=2; ($hits2/$secondlength*100)" | bc -l )

    echo "$hits2 von $secondlength Teilen ($blocksize Bytes pro  Block) von
$second konnten in $first gefunden werden. Das entspricht $secondpercent %."

else
    echo "Fehlerhafte Eingabe. Bitte versuchen Sie: blockhash.sh
[Ausgangsdatei] [Suchdatei] [Blockgröße]"
fi
```

HACK #36 Keywordsuche mit regulären Ausdrücken
»^Aller Anfang ist schwer$«

Die Suche nach bestimmten Stichwörtern ist die gebräuchlichste Art und Weise, um gezielt auf die Suche nach verfahrensrelevanten Dateien oder Fragmenten zu gehen. Statt auf gut Glück unstrukturiert zufällig ausgewählte Dateien zu öffnen und auf ihre Relevanz hin zu überprüfen, hilft Ihnen eine gut geplante Stichwortsuche dabei, diejenigen Elemente vorzufiltern, die für Ihre Untersuchung von Interesse sein könnten.

Bestimmt haben Sie schon einmal nach Schlüsselbegriffen gesucht, und sei es nur bei der Windows-Suche. Vielleicht haben Sie sogar schon einmal Platzhalter wie * gesucht, um Ihre Suchergebnisse zu optimieren? Reguläre Ausdrücke gehen noch ein ganzes Stück weiter als die üblichen Platzhalter der Betriebssysteme und können nicht nur Dateinamen, sondern auch Inhalte durchsuchen. Mit regulären Ausdrücken können Sie genau bestimmen, wie Ihr Schlüsselwort aussehen soll und in welchem Kontext der Suchtreffer stehen soll. In diesem Hack lernen Sie nicht nur alles, was Sie über reguläre Ausdrücke wissen müssen, sondern wenden sie auch in konkreten Beispielen an.

Reguläre Ausdrücke

Es gibt viele unterschiedliche Nuancen von regulären Ausdrücken, die übrigens auch gern als Regex (Regular Expressions) bezeichnet werden. Perl, GNU, POSIX, Java, .NET, Python, EMACS, Ruby, XML und auch Forensiktools wie EnCase und FTK nutzen reguläre Ausdrücke, die sich oft nur in Kleinigkeiten voneinander unterscheiden. Es ist wichtig, dass Sie um diesen Umstand wissen, damit sie sich beim Wechsel von einem zum anderen Tool nicht wundern, warum ein mühsam erstellter regulärer Ausdruck nicht mehr funktioniert.

In diesem Hack werden Sie Keywordsuchen mit dem Linux-Befehl grep ausführen, daher nutzen wir nur die Ausdrücke, die dieses Tool versteht. Für den Befehl grep gibt es jeweils einen Satz an standardmäßigen und erweiterten regulären Ausdrücken. Die erweiterten Regex lassen sich mit grep -E aufrufen, der Einfachheit halber kann man aber auch direkt egrep ausführen. Wir empfehlen Ihnen, für Ihre Stichwortsuchen grundsätzlich egrep zu nutzen, dann brauchen Sie sich nicht jedes Mal Gedanken darüber zu machen, ob Sie nun einen standardmäßigen oder einen erweiterten Ausdruck benutzen.

Auf der folgenden Seite geben wir Ihnen eine Übersicht der wichtigsten regulären Ausdrücke. Sie können diese Tabellen nutzen, um die Beispiel auf der übernächsten Seite besser nachvollziehen zu können. Ideal können Sie sie aber auch als Schnellreferenz benutzen, wenn Sie einmal eigene Stichwörter mit regulären Ausdrücken schreiben.

Tabelle 3-1: Standardmäßige reguläre Ausdrücke

Regulärer Ausdruck	Bedeutung
.	Ein beliebiges Zeichen (außer Zeilenumbruch)
*	Zeichen kann kein oder mehrmals vorkommen
^	Ausdruck soll am Anfang der Zeile stehen
$	Ausdruck soll am Ende der Zeile stehen
\< \>	Ausdruck soll am Anfang (\<) bzw. Ende (\>) des Wortes stehen
\	Das nächste Zeichen escapen
[ ]	Oder-Gruppe: jedes Zeichen zählt, z.B. [aEiuU], auch Bereiche, z.B. [0-9] [a-z]
[^]	Alle Zeichen außer die in der Klammer zählen

Tabelle 3-2: Erweiterte reguläre Ausdrücke

Regulärer Ausdruck	Bedeutung
+	Mindestens einmal
|	Entweder das davorstehende Zeichen oder das nachfolgende
?	Ein oder kein Mal
( )	Und-Gruppe, zum Gruppieren von Zeichen
{x,y}	Das vorangegangene Zeichen muss x- bis y-mal vorkommen. Sonderfälle: {x} = muss x-mal vorkommen {x,} = mindestens x-mal

Tabelle 3-3: Posix-Charakterklassen

Klasse	Bedeutung
[[:upper:]]	Großbuchstaben
[[:alpha:]]	Buchstaben

Tabelle 3-3: Posix-Charakterklassen (Fortsetzung)

Klasse	Bedeutung
[[:alnum:]]	alphanumerisch
[[:digit:]]	numerisch
[[:xdigit:]]	hexadezimal
[[:space:]]	Leerstellen & Umbrüche
[[:punct:]]	Interpunktionszeichen

> Die folgenden regulären Ausdrücke sind nur Vorschläge. Wir haben absichtlich unterschiedliche Notationsformen verwendet, um Ihnen die Anwendung von Gruppierungen und POSIX-Klassen näherzubringen. Finden Sie für sich selbst heraus, welcher Ausdruck für Ihre Untersuchungen am besten funktioniert.

Suche nach Domainnamen

Wie würden Sie in einer Datei (z.B. Logdatei) nach allen Domainnamen suchen? Mit einer normalen Stichwortsuche würden Sie das kaum hinbekommen – insbesondere dann nicht, wenn Sie gern die Liste der Ergebnisse zur Weiterverarbeitung in eine Datei exportieren möchten.

Eine einfache Lösung wäre folgende Suchabfrage:

```
egrep '(www\.)?.*\.[a-z]{2,6}(\.[a-z]{2,4})?' logdatei.log
```

Also: *www* kann vorkommen, muss es aber nicht. Gefolgt von einem Punkt. Gefolgt von einer beliebigen Anzahl an Zeichen (dem Domainnamen selbst). Gefolgt von einem Punkt. Gefolgt von der Top-Level-Domain (inklusive solcher Sonderformen wie *info*, *museum* und *co.uk*).

Hier ein etwas komplexerer Suchvorschlag, der gleichzeitig auch alle Suchtreffer (und nur diese) in eine Datei (*URLS.txt*) exportiert.

```
egrep -o '((http://)|(https://)|(www\.)?)([[:alnum:]]|\.|-|_)*\.[a-z]
{2,6}(\.[a-z]{2})?([[:alnum:]]|[-_?,% @=$&#/~;:|\.|\+|\\|\*])*' logdatei.log
> URLS.txt
```

Wenn Sie selbst Ihre Regex optimieren möchten, werfen Sie am besten einen Blick in die Sektion 2 des zugehörigen RFC 3696 (*http://www.forensikhacks. de/regex-web*).

Suche nach IP-Adresse

Wenn Sie aus einer Logdatei alle IP-Adressen heraussuchen möchten, empfehlen sich ebenfalls reguläre Ausdrücke. Ein einfacher könnte so lauten:

```
egrep '([0-9]{1,3}\.){3}[0-9]{1,3}' logdatei.log
```

Also: Eine Zahl von 0 bis 9, die ein- bis dreistellig ist, gefolgt von einem Punkt, muss genau drei Mal vorkommen. Danach muss noch einmal eine ein bis dreistellige Zahl erscheinen, diesmal ohne Punkt.

Wollen Sie Ihre Suche ein wenig präzisieren und die Suchergebnisse in eine Liste exportieren, wäre folgender Ausdruck eine Möglichkeit:

```
egrep -o '((25[0-5]|2[0-4][0-9]|[01]?[0-9][0-9]?)\.){3}(25[0-5]|2[0-4][0-9]|[01]?[0-9][0-9]?)' logdatei.log > IPS.txt
```

Suche nach E-Mail-Adresse

Eine Suche nach allen E-Mail-Adressen innerhalb einer Datenbank oder Logdatei ist sicherlich für die ein oder andere Ihrer Untersuchungen nicht uninteressant. Ganz simpel könnte eine solche Abfrage so lauten:

```
egrep '.*@.*\.[a-z]{2,6}(\.[a-z]{2})?' datenbank.db
```

Also: beliebig viele Zeichen, gefolgt von einem @-Symbol, gefolgt von beliebig vielen Zeichen. Dahinter eine Top-Level-Domain (inklusive solcher Sonderformen wie *info*, *museum* und *co.uk*).

Etwas genauer ist folgende Abfrage:

```
egrep -o '[a-z#~_\.\!\#$%\^&\*\(\)\-]+@[a-z#_\-\.]+\.[a-z]{2,6}(\.[a-z]{2})?' datenbank.db > E-Mails.txt
```

Wenn Sie selbst Ihre Regex optimieren möchten, werfen Sie am besten einen Blick in die Sektion 3 des zugehörigen RFC 3696 (*http://www.forensikhacks. de/regex-mail*).

Suche nach Kreditkartennummern

Wenn Sie viele Untersuchungen im Finanzsektor durchführen, kann es bei der einen oder anderen Auswertung sinnvoll sein, aus Logdateien eine Liste aller eingesetzten Kreditkartennummern zu extrahieren. Diese Abfrage kann Ihnen da weiterhelfen:

```
egrep -o '[0-9]{2,4}[ -]?[0-9]{4}[ -]?[0-9]{4}[ -]?[0-9]{3,4}' logdatei.log
```

HACK #37 Volltreffer
»Ein Sechser im Lotto«

In diesem Hack zeigen wir, wie Sie unter dem Betriebssystem Linux mithilfe von »The Sleuth Kit« (TSK) eine oder mehrere Dateien nach getroffenem Suchmuster wiederherstellen.

In diesem Hack werden wir Befehle aus dem *Sleuth Kit* (TSK) benutzen. Sie müssen es also vor Verwendung dieses Hacks installiert haben, z.B. durch Eingabe von `aptitude install sleuthkit`.

Partitionsüberblick

Bevor Sie mit der Schlüsselwortsuche beginnen, müssen Sie sich erst einmal einen Überblick über die Partitionen verschaffen. Der `mmls`-Befehl aus dem TSK zeigt Ihnen alle Informationen übersichtlich an:

```
mmls sicherung.dd

DOS Partition Table
Offset Sector: 0
Units are in 512-byte sectors

      Slot    Start        End          Length       Description
00:   Meta    0000000000   0000000000   0000000001   Primary Table (#0)
01:   -----   0000000000   0000000062   0000000063   Unallocated
02:   00:00   0000000063   0006465689   0006465627   NTFS (0x07)
03:   -----   0006465690   0008808038   0002342349   Unallocated
```

Wie Sie sehen, existiert auf dem Datenträger eine große NTFS-Partition, die an Sektor 63 beginnt.

Schlüsselwörter

Legen Sie mit Ihrem Lieblingseditor eine Datei (schlüsselwörter.txt) mit Ihren fallbezogenen Suchbegriffen an:

```
vi schlüsselwörter.txt

Langfinger
Beute
Lösegeld
CX1812H-LK-VV
Prototyp
```

Die Suche

Diese Suchbegriffe werden Sie nun für eine Stichwortsuche verwenden. Die Suche starten Sie mit folgendem Befehl. Dabei wird das gesamte Abbild von Anfang bis Ende durchsucht:

```
dd if=sicherung.dd | pv -i 1 -s 4g | strings -td | \
            egrep -i -f ./schlüsselwörter.txt > ergebnis.txt
 117MB 0:00:26 [5.66MB/s] [>                          ]  3% ETA 0:10:57
```

Ergebnisauswertung

Wie Sie sehen, hat der Befehl alle Suchtreffer zusammen mit ihrem Byte-Offset in die Datei *ergebnis.txt* gespeichert. Wir empfehlen Ihnen, die Qualität des Ergebnisses zu prüfen, bevor Sie mit den nächsten Schritten fortfahren. Denn eine Liste von mehreren hunderttausend Suchtreffern bringt Sie in Ihrer Analyse nicht weiter. In so einem Fall müssen Sie Ihre Suchbegriffe spezifischer wählen. Suchbegriffe wie z.B. Temp und Path sind selbstverständlich ungeeignet.

```
less ergebnis.txt
```

```
wc -l ergebnis.txt
64 ergebnis.txt
```

Im weiteren Vorgehen müssen Sie das Suchergebnis interpretieren. Liegen die Treffer im *Dateisystem* oder im *unallocated* bzw. *slack space*? Aus diesem Grund sind folgende Schritte notwendig:

- vom Byte-Offset zum Sektor
- vom Sektor zum Cluster
- vom Cluster zur I-Node (MFT-Eintrag)
- von der I-Node zur Datei

Vom Byte-Offset zum Sektor

Um eine Liste derjenigen Sektoren zu erhalten, die Suchtreffer beinhalten, ist es notwendig, jedes einzelnes Byte-Offset aus *ergebnis.txt* in einen Sektor umzurechnen. Es liegt eine Sektorgröße von 512 Byte vor. Da ein Suchbegriff mehrmals in demselben Sektor vorkommen kann, müssen Sie die Ergebnisse um die doppelt vorkommenden Sektorennummern bereinigen.

```
$ cat ergebnis.txt | awk '{ print $1 }' | \
    while read OFFSET; do echo $(($OFFSET/512)); done | uniq > sektoren.txt
```

Sie können bereits jetzt einen ersten Blick auf die Ergebnisse werfen, um ein Gefühl für Ihre Treffer zu bekommen. Dabei ist zu beachten, dass Sie sich den Sektor anschauen und im Moment noch dateisystemunabhängig arbeiten.

```
cat sektoren.txt | while read SEKTOREN; do \
        dd if=sicherung.dd skip=$SEKTOREN count=1 | hexdump -C | less;
done
```

Wo liegen die Daten aus Dateisystemsicht?

Vom Sektor zum Cluster

Das Dateisystem, in unserem Fall NTFS, verwaltet seine Daten in Clustern. Um also unserem Ziel, die beweiserhebliche Datei zu finden, näher zu kommen, müssen wir die Sektorennummern in Clusternummern umrechnen. Eine umgerechnete Sektornummer muss nicht zwingend im Dateisystem liegen. Falls das der Fall ist, liegt der Treffer im »unallocated« Bereich und muss von Ihnen gesondert behandelt werden. Der Befehl fsstat liefert Ihnen die Clustergröße:

```
fsstat -o 63 sicherung.dd

FILE SYSTEM INFORMATION
--------------------------------------------
File System Type: NTFS
Volume Serial Number: EF232B1912COFFEE
OEM Name: NTFS
Version: Windows XP

METADATA INFORMATION
--------------------------------------------
First Cluster of MFT: 261222
First Cluster of MFT Mirror: 421727
Size of MFT Entries: 1024 bytes
Size of Index Records: 4096 bytes
Range: 0 - 11664
Root Directory: 5

CONTENT INFORMATION
--------------------------------------------
Sector Size: 512
Cluster Size: 4096
...
```

Nun müssen Sie ein wenig rechnen, um die zugehörige Clusternummer zu erhalten. Cluster werden innerhalb eines Dateisystems definiert, Bereiche davor sind aus Sicht des Dateisystems nicht existent. Daher müssen Sie den Offset zum Dateisystem in Ihrer Rechnung berücksichtigen. Der Offset zum Dateisystem beträgt *63 Sektoren*. Ein Cluster entspricht 8 Sektoren. Daraus folgt, dass die Treffer in Cluster *(Sektornummer-63)/8* liegen!

```
cat sektoren.txt | while read SEKTOREN; \
    do echo $((($SEKTOREN-63)/8)); done | uniq > cluster.txt
```

Vom Cluster zur I-Node (MFT-Eintrag)

Um von einem Cluster zur I-Node zu gelangen, verwenden Sie den ifind-Befehl. Er gibt Ihnen die I-Node in Form von *M-At-Aid* zurück.

- *M:* MFT-Eintrag
- *At:* Attribute Type Identifier, z.B. $DATA
- *Aid:* Attribute ID, eineindeutige ID des Attributs in der MFT

Suchen Sie sich einfach mal einen Cluster exemplarisch heraus und führen Sie folgenden Befehl aus:

```
ifind -o 63 sicherung.dd -d 2152671
5436-128-4
```

Wie Sie sehen, ist der Cluster 2152671 der I-Node 5436-128-4 zugeordnet. Generieren Sie sich nun eine Liste aller I-Nodes. Das Vorgehen funktioniert natürlich nur für Cluster, die von der MFT verwaltet werden. In dem Fall, dass der Cluster nicht von der MFT verwaltet wird, erhalten Sie die Meldung »I-Node Not found«.

```
cat cluster.txt | while read CLUSTER; \
    do ifind -o 63 sicherung.dd -d $CLUSTER; done | sort -u > inode.txt
```

Information über die I-Node erhalten Sie mit dem Kommando istat. Interessant sind u. a. der Dateiname und die Zeiten:

```
istat -o 63 sicherung.dd 5436-128-4

MFT Entry Header Values:
Entry: 5436          Sequence: 1
$LogFile Sequence Number: 24315648
Allocated File
Links: 2

$STANDARD_INFORMATION Attribute Values:
...
Created:           Wed Jan  20 14:03:12 2012
File Modified:     Wed Jan  20 15:03:12 2012
MFT Modified:      Wed Jan  20 14:03:12 2012
Accessed:          Wed Jan  20 15:05:44 2012

$FILE_NAME Attribute Values:
Flags: Archive
Name: Goldschatz.txt
```

Den Pfad zur Datei erhalten Sie mit dem Befehl ffind:

```
ffind -o 63 sicherung.dd 5436-128-4
/WINDOWS/System32/config/Goldschatz.txt
```

Inhalt der Datei

Sie sind kurz vor dem Ziel. Sie wissen nun, wie die Datei heißt, die das Suchwort enthält, und kennen ihre Metadaten. Nun müssen Sie die Nutzdaten nur noch wiederherstellen. Das erledigt der icat-Befehl für Sie:

```
icat -o 63 sicherung.dd 5436-128-4 | less
...
```

Sollten Sie Ihren Suchbegriff nicht in den soeben kopierten Nutzdaten wiederfinden, befindet sich der Suchbegriff im Slack-Bereich der Datei.

Slack

Der icat-Befehl kann Ihnen die Nutzdaten mit und ohne Slack-Bereich extrahieren. Dafür ist die Option –s verantwortlich. Sie können ein einfaches diff verwenden, um ausschließlich den Slack-Bereich anzeigen zu lassen. Diesen müssen Sie dann abschließend separat auswerten:

```
icat -o 63 sicherung.dd 5436-128-4 > datei

icat -s -o 63 sicherung 5436-128-4 > datei_slack

diff datei datei_slack
```

Listen für Forensiklaien generieren
»Auf die Liste, fertig, los!«

Nicht selten kommt es vor, dass Sie Dateilisten z.B. aller auf dem Datenträger befindlichen Word-Dokumente oder JPEG-Bilder für Dritte bereitstellen müssen. Dieser Hack zeigt Ihnen, wie Sie diese Listen ohne großen Aufwand erzeugen und zur Verfügung stellen können. Stellen Sie sich folgendes Szenario vor: Sie werden gebeten, von einem Laptop mit installiertem Windows 7 – »mal schnell« – alle Dateinamen mit der Endung JPG zu liefern. Die Dateinamen sind wichtig und müssen mit einer Datenbank abgeglichen werden. Wir schlagen Ihnen das im Folgenden beschriebene Vorgehen vor.

Erstellen Sie eine Datenbank mit tsk_loaddb

Booten Sie den Laptop über das CD-ROM-Laufwerk oder über einen Netzwerkboot (PXE) in ein Linux-Betriebssystem. Installieren Sie (falls nicht schon vorhanden) *The Sleuth Kit* (TSK). Mit dem Befehl fdisk –lu lassen Sie sich die Partitionen mit den zugehörigen Device-Namen anzeigen, z.B. */dev/sda1*. Führen Sie, nachdem Sie das Device identifiziert haben, folgende Befehle aus (ersetzen Sie bitte */dev/sda2* durch Ihren Device-Namen):

```
cd ~
mkdir output_dir
tsk_loaddb –i raw –d output_dir /dev/sda2
```

Der Befehl tsk_loaddb erzeugt für Sie eine SQLite-Datenbank im Unterordner *output_dir*. In der Datenbank stehen Ihnen verschiedene Tabellen zur Verfügung. Die für Sie wichtige Tabelle heißt *tsk_fs_files*. In ihr stehen alle auf dem Dateisystem befindlichen Dateinamen inklusive ihrer Metadateninformationen wie z.B. Zeiten. Öffnen Sie die Datei in einem SQLite-Explorer Ihrer Wahl. Wir verwenden den *SQLite-Manager*, den Sie als *Firefox*-Add-on installieren können. »Connecten« Sie sich mit der Datenbank und sehen Sie selbst, welche Leistung das Tool vollbracht hat. Sie können nun mit einfachen SQL-Befehlen nach Lust und Laune Ihre Listen erzeugen.

```
SELECT * FROM tsk_fs_files WHERE name LIKE "%jpg"
```

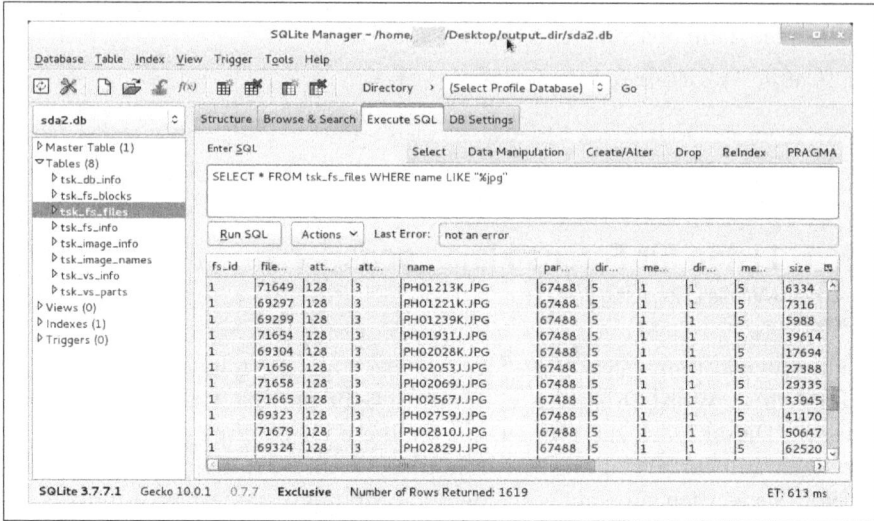

Abbildung 3-27: tsk_loaddb – Ergebnis in SQLite-Manager verarbeiten

Nachdem Sie Ihre Liste nach Ihren Wünschen generiert haben, exportieren Sie sie im CSV-Format. Dann können Sie die Daten in Form einer Excel-Tabelle weitergeben. Weitere Verarbeitungen und Filterungen (z.B. Excel Auto-Filter) stehen nun auch dem Forensiklaien zur Verfügung.

 Dieses Verfahren, eine Liste aller Dateien in einer Datenbank vorzuhalten, ist sehr performant. Innerhalb weniger Sekunden erstellen Sie so verschiedene Listen Ihrer Wahl, z.B. nach Dateinamen, Erweiterungen, Erstellungsdatum etc.

Generieren Sie einfache Listen mit dem find-Befehl

Sie können auch mit einfachen Linux-Bordmitteln eine Liste von Dateien nach einem bestimmten Kriterium erstellen. Die Verarbeitung ist grundsätzlich langsamer als in einer Datenbank. Sie benötigen dazu nur den Befehl find, den Sie auf Ihr gemountetes Abbild fliegen lassen:

```
find /mnt/image/ -iname "*.jpg" > /fall/12345/Bilder.txt
```

 Beachten Sie, dass es sich bei den mit dem hier vorgestellten Verfahren erstellten Listen um Listen von logisch vorhandenen Dateien ohne Berücksichtigung der Dateisignatur handelt.

Kopieren nach Dateinamenerweiterung

»copy *.jpg nach /fall/12345/«

In [Hack #38] haben Sie erfahren, wie Sie Listen von Dateinamen auf einfachste Art erzeugen. Der vorliegende Hack liefert Ihnen ein Shell-Skript, das rekursiv alle Dateien mit einer bestimmten Dateinamenerweiterung aus einem vorgegebenen Verzeichnis in Ihr Zielverzeichnis kopiert. Das kann Ihnen Ihr Leben sehr erleichtern, wenn einmal die Anfrage an Sie herangetragen wird, beispielsweise alle JPG aus einem bestimmten Heimatverzeichnis oder einem bestimmten Datenträger zu extrahieren. Vielleicht möchten Sie auch zur einfacheren Sichtung vorab alle Word-Dokumente aus einem Image extrahieren, um einen Index zu erstellen?

Sie können das Skript mit folgendem Befehl auf der Kommandozeile ausführen:

```
cpbyext.sh -q Quellverzeichnis -z Zielverzeichnis -e Erweiterung
```

Also beispielsweise so:

```
cpbyext.sh -q /mnt/Users -z /fall/12345/pdfs -e pdf –l
```

Die Option –l ist hierbei keine Pflicht. Wir empfehlen Ihnen allerdings, sie zu verwenden, da damit ein Protokoll aller Kopieraktionen angelegt wird. Diesem Protokoll können Sie entnehmen, woher die Dateien ursprünglich stammten und wie ihr neuer Name im Zielverzeichnis lautet. Zusätzlich werden MD5-Summen für alle Dateien erstellt.

Beispiel 3-2: cpbyext.sh

```
#!/bin/bash
#
# (c) 2012 Lorenz Kuhlee, Victor Voelzow
# Fuer O'Reilly - Computer-Forensik Hacks
#
# cpbyext.sh -q quelldir -z zieldir -e extension [-l]
#
# Kopiert rekursiv alle Dateien mit vorgegebener Dateinamenerweiterung
# in ein Zielverzeichnis. Dateien mit gleichen Namen werden
# mit [0] [1] [2] ... erweitert. Eine optionale Logdatei [-l] enthaelt:
# MD5Summe, Originalpfad + -name, Zielname.
#
# Beispiel: cpbyext.sh -q /mnt/Users -z fall1234 -e pdf -l
#
# This program is free software: you can redistribute it and/or modify
# it under the terms of the GNU General Public License as
# published by the Free Software Foundation, either
# version 3 of the License, or (at your option) any later version.
#
# This program is distributed in the hope that it will be useful,
# but WITHOUT ANY WARRANTY; without even the implied warranty of
```

Beispiel 3-2: cpbyext.sh (Fortsetzung)

```
# MERCHANTABILITY or FITNESS FOR A PARTICULAR PURPOSE.
# See the GNU General Public License for more details.
#
# You should have received a copy of the GNU General Public License
# along with this program. If not, see <http://www.gnu.org/licenses/>.
#
# Initialisierung
quelle=""      # Quellverzeichnis
destdir=""     # Zielverzeichnis
extension=""   # Dateinamenextension
logging="off"  # Logging
logfile="$(date +%Y%m%d)_log.txt"

while getopts "q:z:e:l" opt
do
    case $opt in
        q)
            quelle="$OPTARG"
            ;;
        z)
            destdir="$OPTARG"
            ;;
        e)
            extension="$OPTARG"
            ;;
        l)
            logging="on"
            ;;
        \?)
            echo "usage: $0 -q quellverzeichnis -z zielverzeichnis -e dateinamenerweiterung" >&2
        ;;
    esac
done

if [ ! -d "$quelle" ]
then
    echo "Fehler: Quellverzeichnis existiert nicht! EXIT"
    echo "usage: $0 -q quellverzeichnis -z zielverzeichnis -e
dateinamenerweiterung" >&2
    exit 1
fi

if [ -d "$destdir" ]
then
    echo "Fehler: Zielverzeichnis existiert! EXIT"
    echo "usage: $0 -q quellverzeichnis -z zielverzeichnis -e dateinamenerweiterung" >&2
    exit 1
fi

if [ -z "$extension" ]
then
```

Beispiel 3-2: cpbyext.sh (Fortsetzung)

```
        echo "Fehler: Dateinamenerweiterung fehlt! EXIT"
        echo "usage: $0 -q quellverzeichnis -z zielverzeichnis -e dateinamenerwei-
                                                    terung" >&2
        exit 1
fi

function fnexists
# Pruefung, ob Dateiname schon im Zielverzeichnis existiert
{
        local tocheck="$1"
        if [ -f "$destdir"/"$tocheck" ]
        then
            echo "0"
        else
            echo "1"
        fi
}

echo "... ich arbeite"

mkdir -p ./"$destdir"

find "$quelle" -iname "*.$extension" | while read DATEI
# Finde alle Dateien (rekursiv) mit der Dateinamenerweiterung $extension
do
        orig="$DATEI" # Original: Pfad+Dateiname
        fn=$(basename "$orig") # Dateiname
        pn=$(dirname "$orig") # Pfadname
        fne=$(echo "$fn" | awk -F. '{ print $NF }') # Dateinamenerweiterung
        fnb=$(echo ${fn%.*}) # Dateiname OHNE Dateinamenerweiterung
        fnz="" # Dateinamenzusatz (falls Dateiname schon im Zielverzeichnis existiert)
        fnn=$(echo "$fnb""$fnz""."""$fne") # Dateiname NEU

        z="0" # Zaehler fuer eventuellen Zusatz [0], [1], [2], ...
        while [ $(fnexists "$fnn") -eq 0 ]
        # Wenn der Dateiname schon im Zielverzeichnis existiert
        do
            fnz="[$z]" # Dateinamenzusatz: [0], ...
            fnn=$(echo "$fnb""$fnz""."""$fne") # Neuen Dateinamen zusammensetzen
            ((z++)) # Zaehler plus eins
        done
        if [ X"$logging" == X"on" ]
        then
            echo $(md5sum "$orig") "$fnn" >> "$destdir"/"$logfile" 2>&1
        fi
        cp -i "$orig" "$destdir"""/"""$fnn" # Kopieren
        echo -n "."
done

echo "... fertig"

exit 0
```

Jede Platte hat ihre Geschichte
»Eine Reise zurück in der Zeit«

Zeitliche Betrachtungen spielen in der Forensik eine immer wichtigere Rolle. Sie geben Ihnen nicht nur Hinweise darauf, wann welche Aktivitäten auf einem Datenträger stattgefunden haben, sondern Sie können, indem Sie sich zunächst auf Aktivitäten aus einem bestimmten Zeitraum beschränken, die zu untersuchende Datenmenge auch erheblich reduzieren. Das bedeutet gleichzeitig, dass Sie bei Ihren Untersuchungen wertvolle Zeit sparen können, dadurch dass Sie vielleicht schon bei der ersten Sichtung der relevanten Zeiträume die gesuchten Spuren finden können. Eine gute Möglichkeit, zeitliche Betrachtung von Datenträgerimages durchzuführen, sind Zeitleisten. In diesem Hack zeigen wir Ihnen, wie Sie umfangreiche Zeitleisten von vielen unterschiedlichen Fragmenten erstellen können.

Die Wunderwaffe log2timeline

Das Framework *log2timeline* von Kristinn Gudjonsson (*http://www.forensik-hacks.de/l2t*) erlaubt Ihnen die Erstellung von Zeitleisten Ihrer gemounteten Imagedateien und eingebundenen Datenträger. Die über die Jahre stetig im Funktionsumfang gewachsene Software beherrscht die Aufbereitung einer Vielzahl von Betriebs- und Dateisystemfragmenten. Doch *log2timeline* macht beim einfachen Auslesen nicht halt, es bietet Ihnen zusätzlich einige sehr interessante Ausgabefunktionen, zu denen Sie gleich mehr erfahren werden.

Die Installation von log2timeline

Da *log2Timeline* eine Vielzahl von Abhängigkeiten benötigt, ist es sehr aufwendig, das Programm manuell zu installieren. Wir empfehlen Ihnen daher die Installation über einen Paketmanager. Leider ist das Paket noch in keinem der üblichen Repositories vorhanden, weshalb Ihr Paketmanager es nicht auf Anhieb findet. Sie können jedoch das Repository des Herstellers verwenden. Erstellen Sie zunächst einen neuen Eintrag für diese Quelle:

```
sudo gedit /etc/apt/sources.list.d/timeline.list
```

Fügen Sie nun den Ort in die leere Datei ein, an dem das Repository gefunden werden kann:

```
deb http://log2timeline.net/pub/ natty main (Ubuntu 11.04)
deb http://log2timeline.net/pub/ lucid main (Ubuntu 10.04)
deb http://log2timeline.net/pub/ maverick main (Ubuntu 11.10)
```

Um Ihrem System zu signalisieren, dass Sie dem Hersteller trauen, sollten Sie seinen Schlüssel importieren:

```
wget http://log2timeline.net/gpg.asc
apt-key add gpg.asc
```

Nun können Sie *log2timeline* installieren:

```
apt-get update
apt-get install log2timeline-perl
```

Für Fedora hält das *Cert Forensics Repository* (*http://www.forensikhacks.de/cert*) das Paket *log2timeline* bereit:

```
rpm -Uhv http://www.cert.org/forensics/tools/cert-forensics-tools-release-
16.rpm
rpm —import http://www.cert.org/forensics/repository/forensics.asc
yum install log2timeline
```

Was log2timeline kann

Einen kleinen Überblick über die wichtigsten Aufbereitungs- und Ausgabemöglichkeiten von *log2timeline* geben Ihnen die folgenden Tabellen. Sie werden erstaunt sein, wie viele unterschiedliche Daten das Tool einlesen kann.

Tabelle 3-4: Ein Auszug aus den Fragmenten, die log2timeline auslesen kann

Bezeichnung	Bedeutung
apache2_access, apache2_error, generic_linux, squid, syslog	Logdateien von unterschiedlichen Linux-Diensten
chrome, ff_bookmark, ff_cache, firefox2, firefox3, iehistory, opera, safari	Artefakte von unterschiedlichen Browsern
evt, evtx	Windows-Ereignisprotokolle
mactime	Mactime-formatierte Datei, z. B. fls | mactime
mft	MFT-Einträge
mssql_errlog, iis, isatxt	Logdateien von Microsoft IIS-, ISA-, SQL-Servern
prefetch,recycler, restore, win_link, xpfirewall	unterschiedliche Windows-Artefakte
ntuser, sam, security, software, system, userassist	Windows-Registrierungsdatenbanken
exif, oxml, pdf	Metainformationen aus unterschiedlichen Dateien
mcafee, mcafeefireup, mcafeehel, mcafeehs openvpn, skype_sql, symantec, pcap	Artefakte unterschiedlicher Applikationen und Captures von Netzwerkverkehr

Tabelle 3-5: Mögliche Ausgabeformate (Auswahl)

Bezeichnung	Bedeutung
beedocs	Format für die Software BeeDocs (Mac OS X)
cef	ArcSight Commen Event Format (CEF)
cftl	CyberForensics Timelab CFTL
csv, tab	komma- und tabseparierte Werte (z. B. für Excel)
mactime	Mactime-Format
simile	Format für die Software SIMILE widget
sqlite	SQLite-Datenbank
tln, tlnx	Harlan Carvey's Timeline Format (+XML)

So erstellen Sie Ihren Zeitstrahl mit log2timeline

Die Erstellung eines Zeitstrahls ist gar nicht so schwer. Um *log2timeline* möglichst effektiv zu nutzen, sollten Sie sich vorher genau überlegen, auf welche Daten Sie besonderen Wert legen und wo Sie diese vermutlich auf dem Image finden werden. Am besten extrahieren Sie sogar gezielt diejenigen Dateien aus Ihrem Image, die Sie analysieren möchten, also beispielsweise nur die *Mozilla Firefox*-SQLite-Datenbanken oder die Apache-Logdateien. Das spart Ihnen zum einen Zeit im Vergleich dazu, wenn *log2timeline* selbst nach den Daten suchen muss, und zum anderen können Timelines im Handumdrehen riesengroß und damit schwer handhabbar werden. Wir werden mit Ihnen einmal einige Beispiele durchgehen. Binden Sie zunächst das Image, das Sie untersuchen möchten, in Ihr System ein:

```
mkdir MP
mmls image.dd
mount -t ntfs-3g -o loop,ro,noexec,offset=$((2048*512)),streams_
interface=windows,show_sys_files image.dd MP
```

Wenn Sie nun beispielsweise die Programmausführungen in eine Zeitleiste bringen möchten, rufen Sie folgendes Kommando auf:

```
log2timeline -z CET -f prefetch -o sqlite -w /fall/12345/prefetch.sqlite \
MP/Windows/Prefetch
```

Sie erhalten als Ausgabe eine SQLite-Datenbank, die Sie wie in [Hack #67] beschrieben beispielsweise mit dem *SQLite Manager* für *Firefox* analysieren können. Das Herz der von *log2timeline* angelegten Datenbank ist die Tabelle *records*. Sie enthält alle verarbeiteten Daten. Besonders interessant sind hier die Spalten *detailed* und *time*. In *detailed* werden die geparsten Daten gespeichert, während in *time* der Zeitstempel für das Ereignis abgelegt ist. Wenn Sie nun alle Programmaufrufe nach Zeiten sortiert ausgeben lassen möchten, könnte Ihre Abfrage beispielsweise so lauten:

```
SELECT detailed AS Programmaufruf,datetime(time,'unixepoch','localtime') AS
Zeit FROM records ORDER BY Zeit DESC
```

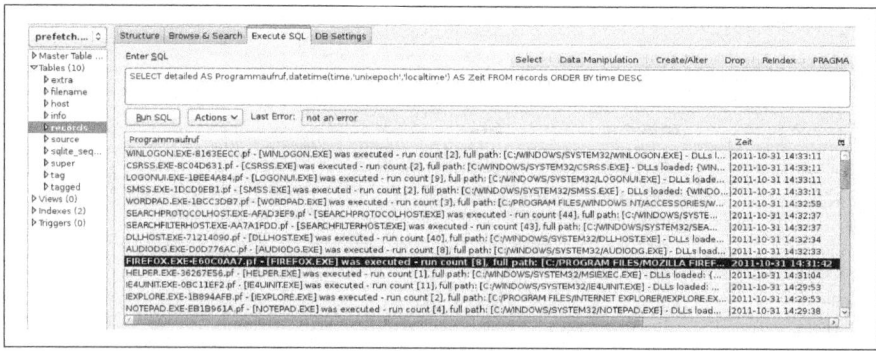

Abbildung 3-28: Die erstellte Datenbank mit SQLite Manager mit entsprechender Abfrage

---

Wenn Sie hingegen nach ganz bestimmten Programmausführungen suchen, versuchen Sie doch einmal hiermit:

```
SELECT detailed AS Programmaufruf,datetime(time,'unixepoch','localtime') AS
Zeit FROM records WHERE detailed LIKE "%truecrypt%" ORDER BY Zeit
```

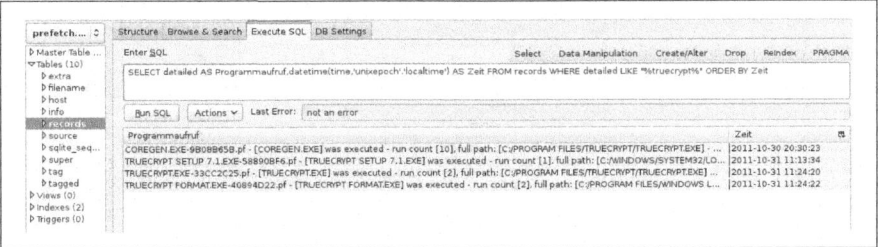

Abbildung 3-29: Gezielte Suche nach Ausführungen von Truecrypt

Sollten Sie die Ausgabe im CSV-Format bevorzugen, um die Datei beispielsweise in einem Tabellenkalkulationsprogramm zu öffnen, dann können Sie Ihr Abfrageergebnis vom *SQLite Manager* aus exportieren oder bereits einen Schritt früher *log2timeline* dazu bringen, das CSV-Format zur Ausgabe zu nutzen:

```
log2timeline -z CET -f prefetch -o csv -w /fall/12345/prefetch.csv \
                MP/Windows/Prefetch
```

Auf ähnliche Art und Weise können Sie alle oben aufgezählten Eingabeformate verarbeiten lassen. So können Sie beispielsweise Zugriffsprotokolle eines *Apache*-Webservers analysieren lassen:

```
log2timeline -z CET -f apache_access -o sqlite \
                -w /fall/12345/apache.sqlite MP/var/log/apache2
```

 Die Option -z bestimmt die Zeitzone für die Zeiten, die in der Spalte *time* der Tabelle *records* gespeichert sind. Lassen Sie diese Option weg, bekommen Sie Warnhinweise angezeigt und es wird die lokale Zeit Ihres Rechners genommen.

Auch diese SQLite-Datenbank können Sie wie in [Hack #67] beschrieben abfragen. Ein möglicher SQL-Befehl kann so lauten:

```
SELECT detailed AS Abfrage,datetime(time,'unixepoch','localtime') AS Zeit,
user AS IP FROM records ORDER BY Zeit
```

Ist für Ihre Untersuchung entscheidend, wann eine bestimmte IP Anfragen an den Webserver gesendet hat, dann können Sie beispielsweise die folgende Abfrage benutzen:

```
SELECT detailed AS Abfrage,datetime(time,'unixepoch','localtime') AS Zeit,
user AS IP FROM records WHERE IP="193.106.214.30" ORDER BY Zeit
```

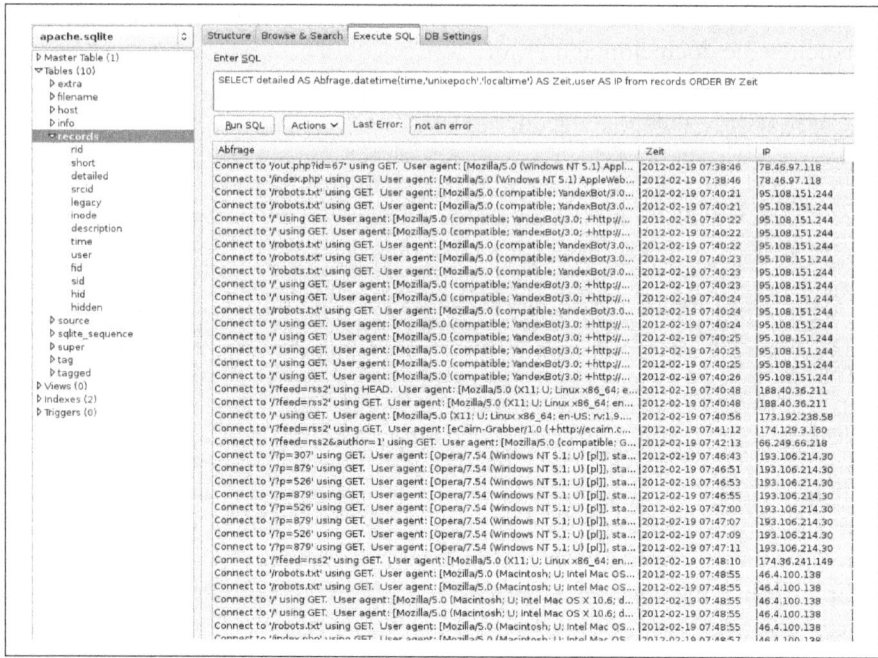

Abbildung 3-30: Bei aufbereiteten Apache-Logs liegt die anfragende IP im Feld user.

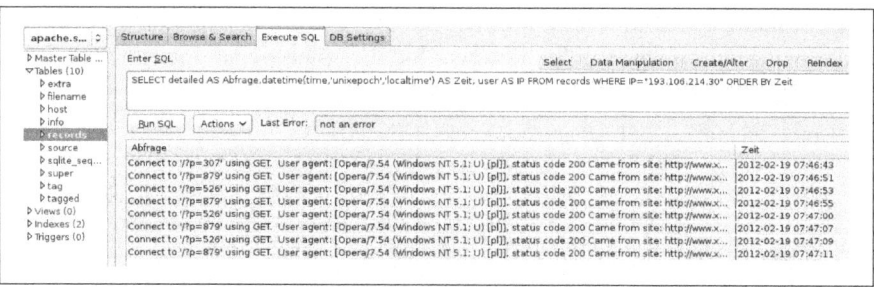

Abbildung 3-31: Weitere Informationen zu Webserver-Anfragen eines bestimmten Users

Erinnern Sie sich noch an [Hack #38]? Wie wäre es, wenn Sie alle Daten aus der MFT statt als SQLite-Datenbank noch in viele andere Formate exportieren könnten? Kein Problem:

```
log2timeline -z CET -f mft -o csv -w /fall/12345/mft.csv MP/\$MFT
```

Probieren Sie doch auch einmal die anderen Aufrufe aus. Besonders interessant sind auch die vorgefertigten Betriebssystemprofile, die gleich mehrere Module von *log2timeline* hintereinander abarbeiten.

Tabelle 3-6: Betriebssystemprofile von log2timeline

Bezeichnung	Bedeutung
linux	apache2_access, apache2_error, pcap, syslog, generic_linux, proftpd_xferlog
webhist	chrome, firefox3, firefox2, ff_bookmark, opera, iehistory, iis, safari, sol
win7	chrome, evt, exif, ff_bookmark, firefox3, iehistory, iis, mcafee, opera, oxml, pdf, prefetch, recycler, restore, sol, win_link, xpfirewall, wmiprov, ntuser, software, system, sam, mft
win7_no_reg	chrome, evt, exif, ff_bookmark, firefox3, iehistory, iis, mcafee, opera, oxml, pdf, prefetch, recycler, restore, sol, ntuser, win_link, xpfirewall, wmiprov, mft
winsrv	evt, exif, iis, isatxt, mcafee, pdf, prefetch, recycler, restore, setupapi, win_link, xpfirewall, wmiprov, ntuser, software, system, apache2_access, apache2_error, mft, mssql_errlog
winxp	chrome, evt, exif, ff_bookmark, firefox3, iehistory, iis, mcafee, opera, oxml, pdf, prefetch, recycler, restore, setupapi, sol, win_link, xpfirewall, wmiprov, ntuser, software, system, sam, mft
winxp_no_reg	chrome, evt, exif, ff_bookmark, firefox3, iehistory, iis, mcafee, opera, oxml, pdf, prefetch, recycler, restore, setupapi, sol, ntuser, win_link, xpfirewall, wmiprov, mft

Wir empfehlen Ihnen, direkt auch noch den nächsten Hack zu lesen. Dort erfahren Sie, wie Sie aus den Daten, die Sie mit *log2timeline* aufbereitet haben, grafische Timelines erstellen.

HACK #41 Visualisieren Sie Ihre Zeitleiste
»Geschichte sichtbar machen«

Sie haben im vorigen Hack das Tool *log2timeline* kennengelernt und konnten bereits eine Vielzahl unterschiedlicher Zeitleisten erstellen. Gerade die betriebssystemspezifischen Profile von *log2timeline* erzeugen unheimlich komplexe Zeitleisten. Wäre es nicht schön, wenn Sie diese Zeitleisten nun auch grafisch darstellen könnten? Wir zeigen Ihnen in diesem Hack zwei Möglichkeiten, um das zu tun.

Sie haben einen Mac?

Eines vorweg: Wenn Sie Besitzer eines Mac OS X-Geräts sind und den ein oder anderen Groschen übrig haben, sollten Sie einen Blick auf *BeeDocs* werfen (*http://www.forensikhacks.de/bee*). *Log2timeline* bietet Ihnen nämlich eine Ausgabefunktion in dem Format dieser Software. Sie brauchen die Datei dann nur noch zu importieren.

Visualisieren mit GnuPlot

GnuPlot ist ein Programm, mit dem Sie aus einer Datenbasis wie beispielsweise einer *.csv*-Liste eine Grafik zeichnen können. Um Ihre Grafiken mit *GnuPlot* aufbereiten zu können, müssen Sie drei Voraussetzungen erfüllen:

- Installieren Sie *GnuPlot*.
- Schaffen Sie eine verwendbare Datenbasis.
- Erstellen Sie ein *GnuPlot*-Skript.

Schauen wir uns an, wie Sie diese Bedingungen erfüllen können. So installieren Sie *GnuPlot* :

```
sudo aptitude install gnuplot (Ubuntu)
sudo yum install gnuplot (Fedora)
```

Um Daten mit *GnuPlot* aufzubereiten, benötigen Sie eine verwendbare Datenbasis. Ideal sind komma- oder leerzeichenseparierte Textdateien, die zwei Spalten mit Daten enthalten.

Sie können als Beispiel Ihr Ergebnis von *log2timeline* aus dem vorigen Hack für die Liste der Programmausführungen nehmen:

```
log2timeline -z CET -f prefetch -o csv -w /fall/12345/prefetch.csv \
                    MP/Windows/Prefetch
```

Wenn Sie die *.csv*-Datei mit head betrachten, werden Sie sehen, dass diese Daten noch nicht das richtige Format haben, schließlich möchten Sie ausschließlich zwei Werte von *GnuPlot* aufbereiten lassen. Um beispielsweise eine schöne Grafik davon zu erhalten, welche 15 Programme am häufigsten ausgeführt wurden, benötigen Sie eine Textdatei, die pro Zeile nur den *Run Count* und den Dateinamen enthält. Folgende Abfrage bereitet Ihnen die Daten aus *prefetch.csv* korrekt auf:

```
cat prefetch.csv | awk -F, '{print $11}' | awk -F\- '{print $1,$4}' | awk
'{print $4,$1}' | tr -d "[]" | sort -g | tail -15 > prefetch.neu
```

Sie nehmen also nur das elfte Feld (kommasepariert) und extrahieren daraus die Felder 1 und 4 (bindestrichsepariert). Aus den resultierenden Daten benötigen Sie nur das erste und vierte Feld, Sie entfernen also die Wörter *run count*. Mit dem Kommando tr entfernen Sie die eckigen Klammern. Im Anschluss lassen Sie das Ganze nach dem *Run Count* sortieren und nur die Zeilen mit den höchsten 15 Werten ausgeben. Gut, Sie haben die zweite Bedingung für das Erstellen einer Grafik mit *GnuPlot* erfüllt.

Es folgt der letzte Schritt: Sie erstellen ein *GnuPlot*-Skript. Wir haben da schon einmal etwas für Sie vorbereitet. Probieren Sie es selbst aus, indem Sie es in einem Texteditor Ihrer Wahl abtippen und unter dem Namen *prefetch. gnu* abspeichern.

Beispiel 3-3: prefetch.gnu

```
# GnoPlot Script: Meistausgeführte Programme aus log2timeline Prefetch
# Computer-Forensik Hacks; Lorenz Kuhlee und Victor Voelzow
set title "Meistausgeführte Programme"
```

Beispiel 3-3: prefetch.gnu (Fortsetzung)

```
set ylabel "Ausführungen"
set xlabel "Programm"
set terminal png
set output "prefetch.png"
set key
set grid ytics
set xtics nomirror rotate
set xrange [ -1 : * ]
set yrange [ 1 : *]
set style data boxes
set boxwidth 0.6
set style fill solid border -1
plot "prefetch.neu" using 0:1:xticlabels(2) notitle w boxes lc rgb "#0000FF",
"prefetch.neu" using 0:1:-1 notitle w labels
```

Nun können Sie das Skript laufen lassen. Achten Sie dabei jedoch darauf, dass sich die Dateien *prefetch.neu* und *prefetch.gnu* im selben Verzeichnis befinden.

```
gnuplot prefetch.gnu
```

Wenn Sie sich nun das Ergebnis des Skripts ansehen, nämlich die Datei *prefetch.png*, werden Ihnen Ihre Top 15 der ausgeführten Programme in einer schönen Grafik dargeboten.

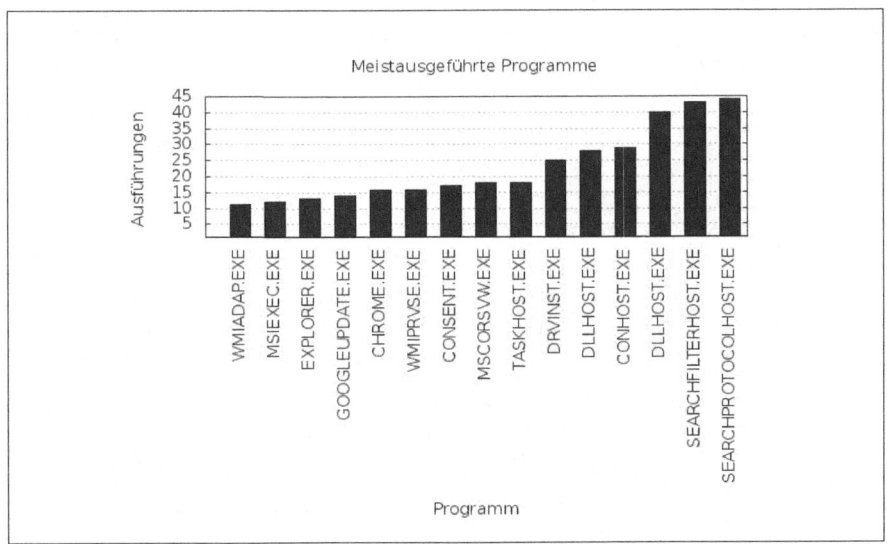

Abbildung 3-32: Die Top 15 der ausgeführten Programme

Noch mehr Visualisierung mit GnuPlot

Sie können das *GnuPlot*-Verfahren übrigens nicht nur auf Daten von *log2timeline* anwenden. Wenn Sie beispielsweise die Zugriffslogs eines Apache-Webservers aufbereiten möchten, können Sie wie folgt vorgehen.

Bringen Sie Ihre *Apache*-Logs zunächst wieder in das richtige Format. Sie haben hier die unterschiedlichsten Möglichkeiten – wollen Sie beispielsweise die Zugriffe pro Tag oder pro Monat messen, oder möchten Sie die häufigsten Herkunftsseiten grafisch darstellen lassen? Im Folgenden erfahren Sie, wie Sie die am häufigsten anfragenden IP-Adressen mithilfe von *GnuPlot* grafisch darstellen lassen können.

Vereinigen Sie zunächst alle Logdateien zu einer einzigen großen, wie es in [Hack #43] beschrieben wurde. Schauen Sie sich nun den Aufbau der Logdateifelder an:

```
head -2 zusammen.log
81.169.145.x - - [02/Jan/2012:00:41:44 +0100] "GET /images/logo.jpg HTTP/1.
0" 200 258 www.webseite.de "-" "-" "-"
81.169.145.x - - [02/Jan/2012:00:41:45 +0100] "GET /images/banner.jpg HTTP/
1.0" 200 4164 www.webseite.de "-" "-" "-"
```

Wir werden jetzt also alle IP-Adressen herausfiltern, zählen, wie häufig die jeweiligen IP-Adressen vorkommen, und das Ergebnis im Anschluss leerstellengetrennt ausgeben lassen.

```
awk '{print $1}' zusammen.log | sort | uniq -c | awk '{print $1, $2}' | sort
-g | tail -20> apache.neu
```

```
[forensics@linuxforensics access]$ cat apache.neu
662 79.243.113.x
673 91.42.115.x
708 178.4.177.x
741 85.25.184.x
754 66.249.66.x
850 78.46.42.x
869 188.138.94.x
883 195.226.123.x
1164 81.169.145.x
1210 195.50.168.x
1335 82.165.104.x
1357 91.42.126.x
1366 94.219.7.x
1386 76.72.167.x
1460 204.11.219.x
1617 91.42.124.x
2732 91.121.196.x
3383 79.243.115.x
3444 94.219.121.x
6065 94.219.185.x
```

Abbildung 3-33: Die Top 20 der anfragenden IP-Adressen

Nun benötigen Sie nur noch ein *GnuPlot*-Skript zum grafischen Aufbereiten. Nehmen Sie doch einfach eine Abwandlung unseres ersten Skripts:

Beispiel 3-4: apache.gnu

```
# GnoPlot Script: Top 20 IPs aus Apache Access Log
# Computer-Forensik Hacks; Lorenz Kuhlee und Victor Voelzow
set title "Anfragende IP-Adressen"
set ylabel "Anzahl der Zugriffe"
set xlabel "IP-Adresse"
set terminal png
set output "ipadressen.png"
set key
set grid ytics
set xtics nomirror rotate
set xrange [ -1 : * ]
set yrange [ 1 : *]
set style data boxes
set boxwidth 0.6
set style fill solid border -1
plot "apache.neu" using 0:1:xticlabels(2) notitle w boxes lc rgb "#87ADFF",
     "apache.neu" using 0:1:-1 notitle w labels
```

Nun können Sie das Skript laufen lassen:

```
gnuplot apache.gnu
```

Ein Blick auf das Ergebnis, die Datei *ipadressen.png*, zeigt Ihnen nun 20 IP-Adressen mit den meisten Anfragen an den Webserver:

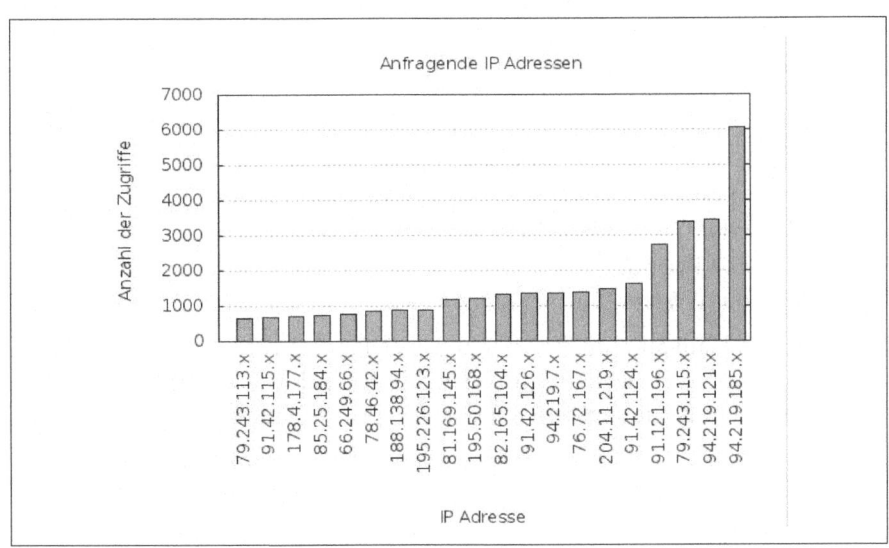

Abbildung 3-34: Die Top 20 der anfragenden IP-Adressen

Logfile-Auswertung, Teil 1

HACK #42 »Auf der Suche nach dem goldenen Logfile«

Wann auch immer Sie es in Ihren Untersuchungen mit Serversystemen zu tun haben, ist die Wahrscheinlichkeit hoch, dass Logdateien für Ihre Auswertung eine wichtige Rolle spielen. Die Protokolldateien halten für Sie alle möglichen Informationen bereit, von den externen Zugriffen auf eine Webseite über Angriffe auf die Firewall bis hin zu fehlerhaften oder geglückten Loginversuchen auf die zu untersuchenden Systeme. Doch Logfile-Einträge müssen nicht immer mit Einwirkungen von außen zu tun haben. Auch Systemdienste loggen von sich aus alle möglichen Aktivitäten wie zum Beispiel gestartete Cronjobs, aufgefundene Hardware, installierte Software, Fehler bei der Ausführung von Programmen und Diensten und Vieles mehr.

Bevor Sie mit der Auswertung von Logdateien beginnen können, müssen Sie herausfinden, wo sich diese befinden. Es gibt zwar Standardpfade, aber es können auch andere Verzeichnisse zum Speichern dieser wertvollen Protokolle angegeben werden. Dieser Hack wird Ihnen beim Auffinden der korrekten Pfade helfen. In diesem Hack werden auch die Standardpfade für Windows-Ereignisprotokolle angegeben, aber wir werden in diesem und den folgenden Hacks vorwiegend auf Linux-Logdateien eingehen, da diese in der Serverlandschaft deutlich häufiger anzutreffen sind. Wenn Sie sich für die Auswertung von Ereignisprotokollen unter Windows interessieren, empfehlen wir Ihnen, sich [Hack #50] durchzulesen.

Finden Sie Windows-Ereignisprotokolle

Die Logdateien unter Windows heißen *Ereignisprotokolle*. Sie finden sie standardmäßig als *.evt*- und *.evtx*-Dateien in den folgenden Verzeichnissen:

- Windows XP
  c:\Windows\System32\config
- Windows Vista / 7
  c:\Windows\System32\winevt\Logs

Der Benutzer kann allerdings auch ein abweichendes Verzeichnis zur Speicherung konfigurieren. Sie finden diese Pfade für jedes Eventlog dann in den Unterschlüsseln des folgenden Windows-Registry-Pfades:

```
HKEY_LOCAL_MACHINE\SYSTEM\CurrentControlSet\services\eventlog
```

Finden Sie Linux-Logdateien

Ganz so einfach wie unter Windows, wo alle Ereignisprotokollpfade an einer zentralen Stelle in der Registry-Datenbank zu finden sind, ist es bei Linux leider

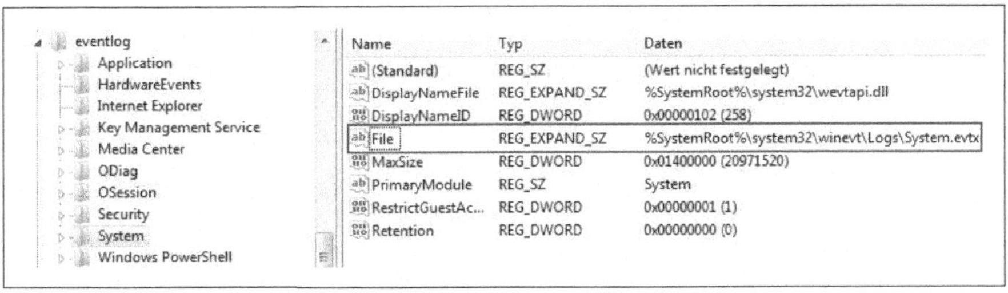

Abbildung 3-35: Der Pfad, an dem das System-Ereignisprotokoll abgelegt ist

nicht. Da jeder Dienst seine Logdateien etwas anders ablegt und konfiguriert, können wir Ihnen keine Schritt-für-Schritt-Anleitung für jeden einzelnen Dienst anbieten. Wir möchten Ihnen aber die Methode zum Aufspüren der Logdateien erläutern und anhand von einigen Beispielen in die Tat umsetzen.

Wie bereits erwähnt, besitzen viele Dienste eine Funktion zum Mitprotokollieren bestimmter Ereignisse. Diese Funktion wird meist über Konfigurationsdateien gesteuert. Diese Dateien enthalten Angaben wie: In welchem Fall soll ein Logeintrag angelegt werden? In welchem Format sollen die Logeinträge hinzugefügt werden? Wo sollen die Logdateien gespeichert werden? – Sie sehen: Die Konfigurationsdateien sind der Schlüssel für unsere Spurensuche.

Generelles Vorgehen

Bevor wir uns einige konkrete Beispiele für Konfigurationsdateien anschauen, sollten Sie zwei wichtige Pfade kennen, nämlich die Standardpfade für Konfigurationen und für Logdateien.

Standardpfad für Konfigurationsdateien: */etc/*

Standardpfad für Logdateien: */var/log/*

Suchen Sie also immer zunächst die Konfigurationsdatei für den Dienst, der Sie interessiert, im Verzeichnis */etc/* und betrachten Sie diese Datei genauer. Meist findet sich dort eine Variable, die den Pfad zu der Logdatei dieses Dienstes enthält. Sie können auch das komplette Verzeichnis */etc/* nach möglichen Namen für Variablen durchsuchen, z.B. mit folgender Abfrage:

```
sudo egrep -Ri '^[^#].*log.*[= ].*/.*' /etc/
```

In der folgenden Tabelle finden Sie eine Auflistung typischer Dienste und ihrer Konfigurations- und Logdateien:

Tabelle 3-7: Standard-Speicherpfade von Konfigurations- und Logdateien

Dienst	Zweck	Konfigurationsdatei	Standardpfad Logdatei
dpkg	Softwareverwaltung	/etc/dpkg/dpkg.cfg	/var/log/dpkg.log
yum		/etc/yum.conf	/var/log/yum.log

Tabelle 3-7: Standard-Speicherpfade von Konfigurations- und Logdateien (Fortsetzung)

Dienst	Zweck	Konfigurationsdatei	Standardpfad Logdatei
syslog	Authentifizierung	/etc/rsyslog.conf	/var/log/auth.log*
	Cronjobs	/etc/rsyslog.d/*.conf	/var/log/cron*
	Logs einiger Dienste		/var/log/daemon.log*
	Debug-Informationen		/var/log/debug*
	Kernel-Meldungen		/var/log/kern.log*
	alter Druckservice		/var/log/lpr.log*
	Maildienst		/var/log/mail*
	Systemmeldungen		/var/log/messages*
	Authentifizierung		/var/log/secure
	Logs einiger Dienste		/var/log/syslog*
	Userlevel-Logs		/var/log/user.log*
samba	Dateifreigabe	/etc/samba/smb.conf	/var/log/samba/*
apache	Webserver	/etc/apache2/*.conf	/var/log/apache2/*
		/etc/httpd/*.conf	/var/log/httpd/*
lighthttpd		/etc/lighthttps/*.conf	/var/log/lighthttpd/*
dmesg	Kernel-Ringpuffer	/etc/init/dmesg.conf	/var/log/dmesg
cups	Druckerservice	/etc/cups/cupsd.conf	/var/log/cups/*
logrotate	in diesem Fall:	/etc/logrotate.conf	/var/log/btmp
	Login-Protokollierung		/var/log/wtmp
mysql	Datenbankserver	/etc/mysql/my.cnf	/var/log/mysql/*

Jetzt, wo Sie die Standardpfade kennen, widmen wir uns anhand von drei Beispielen der Suche nach Logfiles.

Finden Sie die Logfiles eines Apache-Webservers

Finden Sie Hinweise in der Konfigurationsdatei des Apache-Webservers, zum Beispiel mit einem dieser Kommandos:

```
egrep '^[^#].*Log ' /etc/apache2/apache2.conf
```

oder

```
egrep '^[^#].*Log ' /etc/httpd/conf/httpd.conf
```

```
[root@linuxforensics etc]# egrep '^[^#].*log' /etc/httpd/conf/httpd.conf
LoadModule log_config_module modules/mod_log_config.so
LoadModule logio_module modules/mod_logio.so
ErrorLog logs/error_log
CustomLog logs/access_log combined
```

Abbildung 3-36: Die allgemeinen Logdateien für Fehler haben wir schon einmal gefunden.

Da auf einem Webserver oft mehrere Seiten in Form von virtuellen Hosts betrieben werden, sollten Sie sich nun nach diesen umschauen. Denn jeder

Host kann eine eigene Logdatei-Ablage definieren. Schauen Sie also im Verzeichnis */etc/apache2/* bzw. in */etc/httpd/* in den *.conf*-Dateien der Verzeichnisse *conf.d* sowie *sites-available* und *sites-enabled* nach Hinweisen auf individuelle Logpfade. Sie können auch direkt nach allen Logpfaden suchen, indem Sie einen der folgenden Befehle ausführen:

```
egrep -R '^[^#].*Log ' /etc/apache2/
```

oder

```
egrep -R '^[^#].*Log ' /etc/httpd/
```

Finden Sie die Logfiles eines MySQL-Servers

Für den Dienst MySQL gestaltet sich die Suche nach den Logdateien etwas einfacher. Mit einem der folgenden Befehle können Sie sich die Logpfade aus der Konfiguration heraussuchen lassen:

```
grep 'log_' /etc/mysql/my.cnf
```

oder

```
grep 'log' /etc/my.cnf
```

Finden Sie die Logfiles für Loginversuche

Um herauszufinden, wo die für Authentifizierung zuständigen Logfiles gespeichert werden, müssen Sie einen Blick in die Konfiguration des Dienstes *rsyslog* werfen. Da dieser Dienst mehrere Konfigurationsdateien besitzen kann, können Sie sich die Suche nach der richtigen Datei mithilfe von *grep* etwas erleichtern.

```
grep -R 'auth' /etc/rsyslog*
```

Da der Dienst *rsyslog* in der Konfiguration des Loggings ein wenig komplizierter ist als die bisher vorgestellten Dienste, sollten Sie in jedem Fall einen Blick in die Konfiguration werfen, die Sie soeben gefunden haben.

```
# Log anything (except mail) of level info or higher.
# Don't log private authentication messages!
*.info;mail.none;authpriv.none;cron.none          /var/log/messages

# The authpriv file has restricted access.
authpriv.*                                         /var/log/secure
```

Abbildung 3-37: Hier werden die Authentifizierungen in /var/log/security geschrieben.

Wie Sie in der Abbildung erkennen können, hätte die Konfiguration auch so eingestellt sein können, dass die Authentifizierungsmeldungen nach */var/log/messages* geleitet werden. Sie sollten beim Dienst *rsyslog* also immer etwas genauer hinschauen.

HACK #43 Logfile-Auswertung, Teil 2
»elifgoL«

In [Hack #42] haben Sie erfahren, wo sich die verschiedenen Logdateien befinden. In diesem Hack zeigen wir Ihnen, was Sie bei der Auswertung von Logfiles beachten sollten, und schlagen Ihnen Lösungen für die besonderen Herausforderungen vor.

Logrotate

Logrotate ist ein Programm, das – wie der Name schon sagt – Logfiles rotiert. Damit ist gemeint, dass ein Logfile z. B. nach Erreichen einer gewissen Größe umkopiert wird und die neuen Daten in eine neue Datei geschrieben werden. Das hat den Vorteil, dass eine Logdatei nicht zu groß werden kann und somit dem Systemadministrator der Umgang mit den Logdateien erleichtert wird. Die umkopierten Daten werden je nach Konfiguration von *Logrotate* zusätzlich z. B. ab der zweiten Rotation komprimiert, was aufgrund der hohen Kompressionsfähigkeit von textbasierten Logdateien erhebliche Mengen an Speicherplatz auf dem Server einsparen hilft. Die Konfigurationsdatei von *Logrotate* befindet sich im Verzeichnis */etc*. Ihr Name lautet *logrotate.conf*.

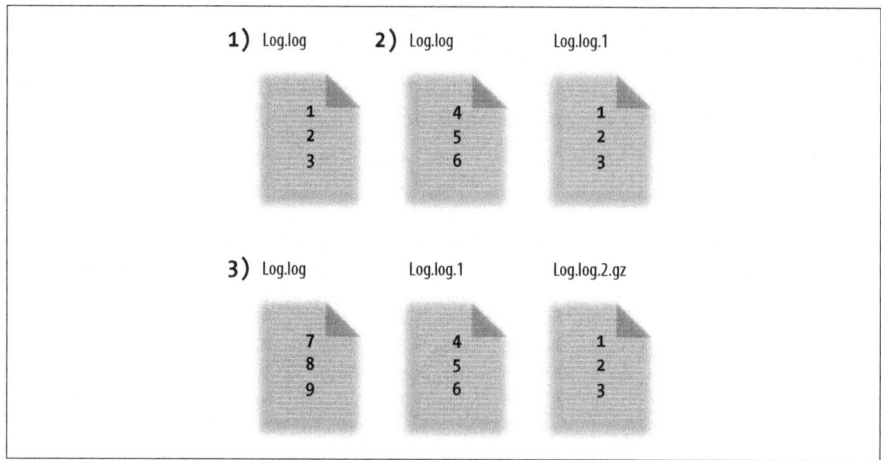

Abbildung 3-38: Funktionsweise des Programms Logrotate

Ihre Herausforderung

Bevor Sie die Logdateien auswerten können, müssen Sie sie gegebenenfalls dekomprimieren. Das stellt keine größere Hürde dar, ein einfacher Befehl wie `gunzip *.gz` genügt meistens. Weiterhin sollten Sie die Logdateien wieder zusammenfügen, damit Sie zeitliche Verläufe besser analysieren können. Selbstverständlich können Sie auch jede einzelne Datei auswerten. Besser ist es jedoch, wenn Sie alle relevanten Daten in einer einzigen Datei vorliegen haben. Und genau darin liegt die Schwierigkeit: Sie können die Dateien leider nicht einfach mit dem Befehl cat zusammenfügen, da die Reihenfolge der Logeinträge nicht mehr stimmen würde.

```
gunzip Log.gz
cat Log*
```

```
7
8
9
4
5
6
1
2
3
```

Eine Lösung: Der Befehl tac

Verwenden Sie den Befehl tac. Das Kommando arbeitet im Prinzip genauso wie der Befehl cat, aber mit dem Unterschied, dass er die Datei rückwärts ausgibt. Sie erhalten als Ausgabe die richtige Reihenfolge, allerdings mit dem zuletzt eingetragenen Wert an erster Stelle. Natürlich können Sie den Befehl ein weiteres Mal anwenden, um eine Datei mit der ursprünglichen Reihenfolge zu erzeugen.

```
tac Log*
```

```
9
8
7
6
5
4
3
2
1
```

Das ganze Spiel funktioniert leider nur, wenn die Namen der Logdateien sich durch die Wildcard * sortieren lassen. Wenn das nicht der Fall ist, wird tac zwar seine Arbeit korrekt erledigen, aber die Reihenfolge der Dateien wird Ihnen einen Strich durch die Rechnung machen, so wie in diesem Beispiel:

```
echo Log*
```

```
Log.1 Log.10 Log.11 Log.2 Log.3 Log.4 Log.5 Log.6 Log.7 Log.8 Log.9
```

Der Trick über die Zeit

Eine Möglichkeit, die korrekte Reihenfolge der Logdateien zu gewährleisten, besteht in der Auswertung der letzten Änderungszeit, die Sie mit ls -lt durchführen können:

```
echo $(ls -t Log*)

Log.1 Log.2 Log.3 Log.4 Log.5 Log.6 Log.7 Log.8 Log.9 Log.10 Log.11
```

Nun haben Sie die Dateien in der richtigen Reihenfolge vorliegen und können sie mit cat aneinanderfügen. Der Befehl tac ist jetzt nicht mehr vonnöten.

```
cat $(ls -t Log*) >> Log_gesamt.log
```

HACK #44 Automatisierte Auswertung von Logfiles
»Zwei Schritte vor und einen zurück«

Mit diesem Hack unterstützen wir Sie bei der Auswertung von Logdateien, was wir am Beispiel von *Netflow*-Protokollen demonstrieren (*http://www. forensikhacks.de/netflow*). Die Technik von *Netflow* wird in der Netzwerkanalyse eingesetzt und die erzeugten Protokolldateien beinhalten Informationen über einen IP-Datenstrom. Stellen Sie sich vor, ein Webshop wurde mit einer »Distributed Denial of Service«-Attacke (DDoS-Attacke) angegriffen. Der Angriff wurde vom Internet Service Provider (ISP) mitgeschnitten, und Ihnen liegt nun die entsprechende Protokolldatei im *Netflow*-Format vor. Ihre Aufgabe ist es, eine statistische Auswertung durchzuführen. Dabei ist besonders interessant, welche IP-Adressen an dem Angriff beteiligt waren (Bots), um weitere Maßnahmen vorzubereiten.

Das Format der Netflow-Datei

Die Logdatei ist mehrere Megabyte groß, daher hat es keinen Sinn, sie in einem Editor zu öffnen. Der Befehl head zeigt Ihnen die ersten Zeilen:

```
# head -35 ddos_netflow.txt

Flow Record:
  Flags        =             0x00 Unsampled
  size         =               76
  first        =       1325462943 [2012-02-01 00:09:03]
  last         =       1325462943 [2012-02-01 00:09:03]
  msec_first   =               35
  msec_last    =               35
  src addr     =    74.43.195.207
  dst addr     =    22.69.227.48
  src port     =            21042
  dst port     =               80
```

```
fwd status      =                   64
tcp flags       =            0x02 ....S.
proto           =                    6
(src)tos        =                   16
(in)packets     =                    1
(in)bytes       =                   60
input           =                   20
output          =                   21
src as          =                19969
dst as          =                35704
src mask        =                   20 74.43.195.0/20
dst mask        =                   20 22.69.227.0/20
dst tos         =                    0
direction       =                    0
bgp next hop =       226.8.90.25
ip router    =       226.8.90.25
engine type     =                    0
engine ID       =                    1


Flow Record:
  Flags         =            0x00 Unsampled
  size          =                   76
```

Extrahieren Sie die für Sie wichtigen Daten

Die für Ihre Auswertung wichtigen Daten sind z.B. die Unix-Zeit, die Zeit in 24-Stunden-Notation, der Zielport, die Ziel-IP, der Quellport und die Quell-IP. Extrahieren Sie die Werte je *Netflow*-Record mit ein paar *awk*-Zeilen:

Beispiel 3-5: logaufbereiten.awk

```
#!/usr/bin/awk -f
BEGIN   {
          OFS=" "
          c=0
        }
/Flow Record/ {
          c=c+1
          getline; getline; getline
          zeit=$3
          getline; getline; getline; getline
          scrip=$4
          getline
          dstip=$4
          getline
          scrport=$4
          getline
          dstport=$4
          print zeit,strftime("[%Y-%m-%d_%R:
%S]",zeit),dstport,dstip,scrport,scrip
        }
```

Beispiel 3-5: logaufbereiten.awk (Fortsetzung)

```
END    {
            # print "# Verarbeitete Zeilen: "NR
            # print "# Verarbeitete Datensätze: "c
        }
```

Erzeugen Sie die neue Datei mit folgendem Befehl:

```
time cat ddos_netflow.txt | \
     ./logaufbereiten.awk > log_auswertung.txt
```

Werfen Sie doch einmal einen Blick in die gerade neu erzeugte Datei:

```
# head log_auswertung.txt

1325462943 [2012-02-01 00:09:03] 80 22.69.227.48 11097 74.43.195.207
1325462943 [2012-02-01 00:09:03] 80 22.69.227.48 32060 73.12.203.149
1325462943 [2012-02-01 00:09:03] 80 22.69.227.48 42887 48.95.137.134
...
```

Um die Komplexität einschätzen zu können, können Sie die Anzahl der Einträge zählen:

```
wc -l log_auswertung.txt
121684 log_auswertung.txt
```

Nun liegt Ihnen die *Netflow*-Protokolldatei in einem besser handhabbaren Format vor. Einer weiteren Analyse steht nichts mehr im Wege.

> Logdateien enthalten oft Beziehungen, z.B. welche IP-Adresse welche Ressource angefragt bzw. angegriffen hat. Solche Beziehungen sind gerade bei großen Logdateien textbasiert für uns Menschen schwer zu erfassen. In [Hack #64] zeigen wir Ihnen, wie Sie Beziehungen grafisch aufbereiten können. Wir verarbeiten dort die Ausgabedaten aus diesem Hack weiter.

HACK #45 Analyse der gesicherten RAM-Dumps
»Computer nicht ausschalten«

In der Praxis als Forensiker werden immer öfter Live-Sicherungen notwendig. In Zeiten von Verschlüsselung, Cloudservices und immer größer werdendem Arbeitsspeicher können Sie es sich nicht mehr erlauben, volatile Daten bei der Sicherung und Analyse zu ignorieren. In Kapitel 2 haben wir Ihnen bereits gezeigt, wie Sie flüchtige Daten sichern können, insbesondere den Arbeitsspeicher eines Computers. Doch was bringt Ihnen die Sicherung, wenn Sie sie später nicht in Ihre Untersuchung mit einfließen lassen? Nicht viel, oder? Genau darum möchten wir Ihnen in diesem Hack zeigen, wie Sie mit einfachen Mitteln wertvolle Erkenntnisse aus dem RAM gewinnen und Ihre Untersuchung somit um potenziell wichtige Beweise ergänzen können.

Auswertung mit Volatility

Das Framework *Volatility* von Volatile Systems (*http://www.forensikhacks.de/
volatility*) ist ein mächtiger Helfer, wenn es darum geht, anhand eines RAM-
Dumps Erkenntnisse über das gesicherte System zu erhalten. Sie können die
Software sowohl unter Linux als auch unter Windows nutzen. Laden Sie sich
also *Volatility* von der Website des Herstellers herunter und starten Sie es in
der Shell Ihrer Wahl. Da das Programm auf der Programmiersprache *Python*
basiert, sollten Sie die entsprechenden Bibliotheken installiert haben. Wenn
Sie das Linux-Paket heruntergeladen haben, genügt normalerweise ein make,
sudo make install, um die Voraussetzungen zu erfüllen. Für Windows können
Sie die Datei *standalone.EXE* sofort ausführen.

Volatility mit all seinen Plugins ist mittlerweile sehr komplex geworden und
kann sogar zur Analyse von Schadsoftware eingesetzt werden. Wir möchten
Ihnen an dieser Stelle einige wirkungsvolle Abfragen vorstellen, mit denen Sie
schnell erste Erfolge erzielen können.

Um Informationen über Ihren RAM-Dump zu erhalten, führen Sie folgenden
Befehl aus:

```
python vol.py -f ram.dd imageinfo
```

Die Ausgabe wird ähnlich wie in der folgenden Abbildung aussehen.

```
[forensics@linuxforensics 12345]$ python vol.py -f ram.dd imageinfo
Volatile Systems Volatility Framework 2.0.1
          Suggested Profile(s) : WinXPSP3x86, WinXPSP2x86 (Instantiated with WinXPSP2x86)
                    AS Layer1 : JKIA32PagedMemoryPae (Kernel AS)
                    AS Layer2 : FileAddressSpace (/fall/12345/ram.dd)
                     PAE type : PAE
                          DTB : 0x319000
                         KDBG : 0x80545ae0L
                         KPCR : 0xffdff000L
             KUSER_SHARED_DATA : 0xffdf0000L
          Image date and time : 2012-03-01 18:39:12
    Image local date and time : 2012-03-01 18:39:12
         Number of Processors : 1
                   Image Type : Service Pack 3
```

Abbildung 3-39: Volatility erkennt als Ursprung des Dumps einen WinXP SP3-Rechner.

Sie wissen nun, dass Sie, wenn es einmal Probleme mit den übrigen *Volatility*-
Optionen bei der Erkennung des Image geben sollte, als Profil *WinXPSP3x86*
angeben können.

Lassen Sie sich eine Liste aller Prozesse ausgeben, die während der Sicherung
des RAM auf dem PC liefen:

```
python vol.py --profile=WinXPSP3x86 -f ram.dd pslist
```

Sie bekommen eine Prozessliste mit dem Namen, der Prozess-ID, der Eltern-
prozess-ID und der Anzahl von Threads und Handles aller laufenden Prozesse

zusammen mit ihrem virtuellem Offset im Arbeitsspeicher und der Startzeit
des Prozesses.

```
[forensics@linuxforensics 12345]$ python vol.py --profile=WinXPSP3x86 -f ram.dd pslist
Volatile Systems Volatility Framework 2.0.1

Offset(V)    Name             PID    PPID   Thds   Hnds   Time
----------   ------------     ----   ----   ----   ----   -------------------
0x823c8830   System             4      0     59     403   1970-01-01 00:00:00
0x820df020   smss.exe         376      4      3      19   2011-08-13 15:39:53
0x821a2da0   csrss.exe        600    376     11     395   2011-08-13 15:39:54
0x81da5650   winlogon.exe     624    376     19     570   2011-08-13 15:39:54
0x82073020   services.exe     668    624     21     431   2011-08-13 15:39:54
0x81e70020   lsass.exe        680    624     19     342   2011-08-13 15:39:54
0x81db8da0   svchost.exe      856    668     17     193   2011-08-13 15:39:55
0x81e61da0   svchost.exe      940    668     13     312   2011-08-13 15:39:55
0x822843e8   svchost.exe     1032    668     61    1169   2011-08-13 15:39:55
0x81e18b28   svchost.exe     1080    668      5      80   2011-08-13 15:39:55
0x81ff7020   svchost.exe     1200    668     14     197   2011-08-13 15:39:55
0x81fee8b0   spoolsv.exe     1412    668     10     118   2011-08-13 15:39:56
0x81e0eda0   jqs.exe         1580    668      5     148   2011-08-13 15:40:05
0x8205ada0   alg.exe          188    668      6     107   2011-08-13 15:40:09
0x820ec7e8   explorer.exe    1196   1728     16     582   2011-08-13 15:42:49
0x820ecc10   wscntfy.exe     2040   1032      1      28   2011-08-13 15:42:49
0x81e86978   TSVNCache.exe    324   1196      7      54   2011-08-13 15:42:49
0x8210d478   jusched.exe     1712   1196      1      26   2011-08-13 15:42:50
0x82279998   imapi.exe        756    668      4     116   2011-08-13 15:42:55
0x822b9a10   wuauclt.exe      976   1032      3     133   2011-08-13 15:14:03
0x81c543a0   Procmon.exe      660   1196     13     189   2012-03-01 18:31:56
0x81fa5390   wmiprvse.exe    1872    856      5     134   2012-03-01 18:31:58
0x81c498c8   lsass.exe        868    668      2      23   2012-03-01 18:32:55
0x81c47c00   lsass.exe       1928    668      4      65   2012-03-01 18:32:55
0x81c0cda0   cmd.exe          968   1664      0   ------  2012-03-01 18:38:35
0x81f14938   ipconfig.exe     304    968      0   ------  2012-03-01 18:38:35
```

Abbildung 3-40: Welche Prozesse liefen auf dem System und wann wurden sie gestartet?

Um die Prozesse mit ihren jeweiligen Elternelementen übersichtlicher darzustellen, können Sie *Volatility* anweisen, sie in einer Baumstruktur auszugeben:

```
python vol.py --profile=WinXPSP3x86 -f ram.dd pstree
```

```
[forensics@linuxforensics 12345]$ python vol.py --profile=WinXPSP3x86 -f ram.dd pstree
Volatile Systems Volatility Framework 2.0.1

Name                            PID    PPID   Thds   Hnds   Time
0x823c8830 System                 4      0     59     403   1970-01-01 00:00:00
. 0x820df020 smss.exe            376      4      3      19   2011-08-13 15:39:53
.. 0x821a2da0 csrss.exe          600    376     11     395   2011-08-13 15:39:54
.. 0x81da5650 winlogon.exe       624    376     19     570   2011-08-13 15:39:54
... 0x82073020 services.exe      668    624     21     431   2011-08-13 15:39:54
.... 0x81c0cda0 cmd.exe          968   1664      0   ------  2012-03-01 18:38:35
..... 0x81f14938 ipconfig.exe    304    968      0   ------  2012-03-01 18:38:35
.... 0x822843e8 svchost.exe     1032    668     61    1169   2011-08-13 15:39:55
..... 0x822b9a10 wuauclt.exe     976   1032      3     133   2011-08-13 15:14:03
..... 0x820ecc10 wscntfy.exe    2040   1032      1      28   2011-08-13 15:42:49
[...]
0x820ec7e8 explorer.exe        1196   1728     16     582   2011-08-13 15:42:49
. 0x81c543a0 Procmon.exe         660   1196     13     189   2012-03-01 18:31:56
. 0x81e86978 TSVNCache.exe       324   1196      7      54   2011-08-13 15:42:49
. 0x8210d478 jusched.exe        1712   1196      1      26   2011-08-13 15:42:50
```

Abbildung 3-41: Welcher Unterprozess wurde von welchem Prozess aus gestartet?

Sie können sich für jeden Prozess mithilfe der Prozess-ID eine Liste der gela-
denen DLLs ausgeben lassen (in unserem Beispiel für *procmon.exe*):

```
python vol.py --profile=Win7SP0x86 -f ram.dd dlllist --pid=660
```

Um im RAM-Dump nach Dateiobjekten zu suchen, können Sie den Befehl unten ausführen. Sie sollten sich jedoch auf eine lange Liste vorbereiten. Sie können diese Liste in eine Datei speichern und dann beispielsweise mit grep gezielter auf die Suche nach bestimmten Dateiarten bzw. -namen gehen.

```
python vol.py --profile=Win7SP0x86 -f ram.dd filescan
```

Selbst die aktiven Netzwerkverbindungen von der live gesicherten Maschine kann Ihnen *Volatility* aus dem RAM herausholen:

```
python vol.py --profile=Win7SP0x86 -f ram.dd connections (WinXP)
python vol.py --profile=Win7SP0x86 -f ram.dd sockets (WinXP)
python vol.py --profile=Win7SP0x86 -f ram.dd netscan (Win Vista/7)
```

```
[forensics@linuxforensics 12345]$ python vol.py --profile=WinXPSP3x86 -f ram.dd connections
Volatile Systems Volatility Framework 2.0.1

Offset(V)  Local Address              Remote Address              Pid
---------- -------------------------- -------------------------- ------
0x81c543a0 10.0.0.14:9431             10.0.0.1:28173              1244
0x81c0cda0 127.0.0.1:1168             127.0.0.1:1169              968
0x81c0cda0 127.0.0.1:1169             127.0.0.1:1168              968
0x81c543a0 10.0.0.14:1283             184.81.196.198:80           1752
0x82210440 10.0.0.14:1214             22.194.204.63:80            880
0x822843e8 10.0.0.14:1269             68.143.216.88:80            1032
```

Abbildung 3-42: Welcher Prozess hatte wohin eine Verbindung?

Auch auf Registry-Informationen können Sie mit *Volatility* zugreifen, da die Windows-Registry im laufenden Betrieb des Rechners ja ständig im Arbeitsspeicher gehalten wird.

```
python vol.py --profile=Win7SP0x86 -f ram.dd hivelist
```

```
[forensics@linuxforensics 12345]$ python vol.py --profile=WinXPSP3x86 -f ram.dd hivelist
Volatile Systems Volatility Framework 2.0.1

Virtual      Physical     Name
0xe1069008   0x14b8d008   \Device\HarddiskVolume1\Dokumente und Einstellungen\Administrator\Lokale E.
0xe1077758   0x152b7758   \Device\HarddiskVolume1\Dokumente und Einstellungen\Administrator\NTUSER.D.
0xe1628b60   0x0a768b60   \Device\HarddiskVolume1\WINDOWS\system32\config\software
0xe16386b8   0x0a7a06b8   \Device\HarddiskVolume1\WINDOWS\system32\config\default
0xe1638b60   0x0a7a0b60   \Device\HarddiskVolume1\WINDOWS\system32\config\SAM
0xe1628008   0x0a768008   \Device\HarddiskVolume1\WINDOWS\system32\config\SECURITY
0xe13feb60   0x02e6ab60   [no name]
0xe1035b60   0x02a9eb60   \Device\HarddiskVolume1\WINDOWS\system32\config\system
```

Abbildung 3-43: Welche Registry-Hives waren aktiv und auf welchem virtuellen Offset gelagert?

Die Offsets für die Registry-Hives brauchen Sie, wenn Sie aus dem RAM-Dump die Userliste des Systems zusammen mit den Passwort-Hashes auslesen möchten. Setzen Sie einfach im folgenden Befehl an die Position –y den virtuellen Offset des SYSTEM-Hive und an die Position –s den des SAM-Hive. In unserem Beispiel würde die Abfrage so aussehen:

```
python vol.py --profile=Win7SP0x86 -f ram.dd hashdump -y 0xe1035b60 -s
0xe165cb60
```

Sie können auch ganz gezielt Informationen aus bestimmten Registry-Keys auslesen (siehe [Hack #47]), und zwar mit folgendem Befehl:

```
python vol.py --profile=Win7SP0x86 -f ram.dd printkey -K
"Software\Microsoft\Internet Explorer\TypedURLS"
```

```
[forensics@linuxforensics 12345]$ python vol.py --profile=WinXPSP3x86 -f ram.dd printkey -K
"Software\Microsoft\Internet Explorer\TypedURLs"
Volatile Systems Volatility Framework 2.0.1

Legend: (S) = Stable   (V) = Volatile

----------------------------
Registry: \Device\HarddiskVolume1\Dokumente und Einstellungen\Administrator\NTUSER.DAT
Key name: TypedURLs (S)
Last updated: 2012-01-09 22:08:58

Subkeys:

Values:
REG_SZ    url1     : (S) F:\xxDokumente\bauplan.iwd
REG_SZ    url2     : (S) http://www.google.de/search?q=unternehmensdaten+stehlen
REG_SZ    url3     : (S) http://www.xxxseite.xxx
REG_SZ    url4     : (S) F:\truecrypt\zahlen.xlsx
```

Abbildung 3-44: Welche Pfade wurden zuletzt im Internet Explorer eingetippt?

Die gezeigten Abfragen von *Volatility* stellen nur einen kleinen Teil der Informationen dar, die Sie mit diesem Tool aus gesicherten RAM-Dumps extrahieren können. Wenn Sie sich näher für das Thema interessieren, hält der Hersteller weitere, ausführlichere Informationen auf seiner Website (*http://www.forensikhacks.de/volatility*) für Sie bereit.

Carven mit Photorec

Sie können mit dem Carving-Programm *Photorec* den kompletten RAM-Dump auf Dateisignaturen hin carven lassen. Da Daten im Arbeitsspeicher grundsätzlich anders abgelegt werden als auf einem herkömmlichen Speichermedium, ist die Wahrscheinlichkeit wesentlich geringer, unfragmentierte Dateien vorzufinden. Das Carving im RAM erzeugt zudem sehr viele falsche positive Treffer, also Daten, die als angeblich intakte Dateien wiederhergestellt werden, jedoch eigentlich einen ganz anderen Inhalt aufweisen und für Sie völlig belanglos sind. Um *Photorec* auf Ihren RAM-Dump carven zu lassen, rufen Sie das Programm wie folgt auf:

```
photorec /d export ram.dd
```

Sie können den Bildschirmanweisungen folgen, wobei Sie immer auswählen sollten, dass keine Partitionierung und kein Dateisystem vorhanden sind.

Digitale Spuren in Windows
Hacks #46-55

Als das am häufigsten eingesetzte Betriebssystem im Heim- und auch Unternehmensbereich ist Windows heute aus der Welt der Computer kaum wegzudenken. In der digitalen Forensik spiegelt sich das natürlich wider. Das Problem bei der Auswertung vieler Spuren besteht darin, dass viele systemeigene Fragmente proprietäre Formate nutzen, die teilweise gar nicht oder nur dürftig dokumentiert sind. Glücklicherweise existiert im Internet eine große Community von Forensikern, die sich in kleinen Blogposts, aber auch in umfangreicheren Artikeln über die Analyse bestimmter Fragmente von Microsofts Betriebssystem austauschen. Viele dieser Leute haben sich daran gemacht, undokumentierte Formate für die Analyse auseinanderzubauen und eigene kleine, spezifische Tools zur Untersuchung dieser Formate zu entwickeln. Ein paar dieser Tools empfehlen wir Ihnen in diesem Kapitel, wobei wir Ihnen auch direkt die Links zum einfachen Download bereitstellen.

Freuen Sie sich auf Hacks, die viele derjenigen Spuren analysieren, die Sie vielleicht aus Ihrem Alltag an einem Windows-PC kennen, z.B. der Papierkorb, die zuletzt verwendeten Dateien und die Vorschaubilder aus dem Explorer. Wie andere Betriebssysteme auch, hinterlässt Windows an vielen Stellen im System Fragmente, die Rückschlüsse auf Benutzerverhalten, Systemeinstellungen, gelöschte Dateien und Vieles mehr geben. Viel Spaß beim Stöbern!

- Wichtige Verzeichnisse in Windows XP / Vista / 7 [Hack #46]
- Die Registry-Top-10 [Hack #47]
- Ihre Goldgrube – MRU-Listen für alle Zwecke [Hack #48]
- Welche Programme wurden gestartet? [Hack #49]
- So werten Sie Ereignisprotokolle aus [Hack #50]
- Reisen Sie in die Vergangenheit [Hack #51]
- Finden Sie Spuren in Vorschaudatenbanken [Hack #52]

- Sehen Sie, was gedruckt wurde [Hack #53]
- Stöbern Sie im Müll [Hack #54]
- Passwort vergessen? Kein Problem! [Hack #55]

HACK #46 Wichtige Verzeichnisse in Windows XP / Vista / 7
»VID – Very Important Directories«

Heutzutage existieren auf jedem Datenträger, auf dem ein Windows-Betriebssystem installiert ist, Abertausende von Dateien und Ordnern. Da fällt es einem manchmal schwer, die Übersicht zu behalten. Das ist der Grund dafür, dass Sie in diesem Kapitel eine Schnellübersicht über die wichtigsten Verzeichnisse in den Betriebssystemen Windows XP, Vista und 7 finden. So können Sie sich schnell auch auf einem fremden System zurechtfinden und wissen, in welchen Verzeichnissen Sie Ihre Spurensuche beginnen können.

Windows XP

Tabelle 4-1: Wichtige Verzeichnisse in Windows XP

Verzeichnis	Nutzen
C:\Dokumente und Einstellungen\BENUTZER\	Persönliches Verzeichnis eines Benutzers mit eigenen Daten und Ordnern *
C:\Dokumente und Einstellungen\BENUTZER\ Eigene Dateien\, Eigene Bilder\, Eigene Musik\ usw.	Dateien, die der Nutzer selbst dort abgelegt hat *
C:\Dokumente und Einstellungen\BENUTZER\Desktop\	Die Arbeitsoberfläche des Nutzers *
C:\Dokumente und Einstellungen\BENUTZER\Anwendungsdaten\ C:\Dokumente und Einstellungen\BENUTZER\Lokale Einstellungen\Anwendungsdaten\	Benutzerspezifische Konfigurationen und temporäre Dateien von Programmen *
C:\Dokumente und Einstellungen\BENUTZER\Cookies\	Cookies von besuchten Webseiten und Drittanbietern des Internet Explorer *
C:\Dokumente und Einstellungen\BENUTZER\Favoriten\	Von Benutzer oder Programmen angelegte Lesezeichen *
C:\Dokumente und Einstellungen\BENUTZER\Recent\	Zuletzt geöffnete Dateien des Benutzers *
C:\Dokumente und Einstellungen\BENUTZER\Temp\	Zwischengespeicherte Dateien, z.B. direkt geöffnete, ungespeicherte Dateien aus Browsern und anderen Programmen *
C:\Dokumente und Einstellungen\BENUTZER\Temporary Internet Files\	Zwischengespeicherte Webseiten des Internet Explorer *
C:\Dokumente und Einstellungen\BENUTZER\Verlauf\	Verlauf von Internet und Windows Explorer *
C:\Programme\	Standardordner für installierte Programme
C:\Windows\System32\config\	Speicherort für Registry-Dateien und Ereignisprotokolle

Tabelle 4-1: Wichtige Verzeichnisse in Windows XP (Fortsetzung)

Verzeichnis	Nutzen
C:\Windows\Prefetch	Eine Liste ausgeführter Programme mit Zusatzinformationen
C:\RECYCLER\	Die »entfernten« Dateien jedes Benutzers
C:\System Volume Information\	Restore Points

Windows Vista und Windows 7

Tabelle 4-2: Wichtige Verzeichnisse in Windows Vista und Windows 7

Verzeichnis	Nutzen
C:\Users\BENUTZER\	Persönliches Verzeichnis eines Benutzers mit eigenen Daten und Ordnern *
C:\Users\BENUTZER\ Documents\, Pictures\, Music\ usw.	Dateien, die der Nutzer selbst dort abgelegt hat *
C:\Users\BENUTZER\Desktop\	Die Arbeitsoberfläche des Nutzers *
C:\Users\BENUTZER\AppData\Roaming\ C:\Users\BENUTZER\AppData\Local\	Benutzerspezifische Konfigurationen und temporäre Dateien von Programmen *
C:\Users\BENUTZER\AppData\Roaming\Microsoft\Windows\ Cookies\	Cookies von besuchten Webseiten und Drittanbietern des Internet Explorer *
C:\Users\BENUTZER\Favorites\	Vom Benutzer oder Programmen angelegte Lesezeichen *
C:\Users\BENUTZER\AppData\Roaming\Microsoft\Windows\Recent	Zuletzt geöffnete Dateien des Benutzers *
C:\Users\BENUTZER\ AppData\Local\Temp\	Zwischengespeicherte Dateien, z. B. direkt geöffnete, ungespeicherte Dateien aus Browsern und anderen Programmen *
C:\Users\BENUTZER\AppData\Local\Microsoft\Windows\ Temporary Internet Files	Zwischengespeicherte Webseiten des Internet Explorer *
C:\Users\BENUTZER\AppData\Local\Microsoft\Windows\History	Speicherort für den Verlauf des Internet und Windows Explorer *
C:\Users\BENUTZER\AppData\Local\Microsoft\Windows \Explorer\	Thumbcache-Dateien mit Vorschaugrafiken
C:\Program Files\	Standardordner für installierte Programme
C:\Windows\System32\config\	Speicherort für Registry-Dateien
C:\Windows\Prefetch	Eine Liste ausgeführter Programme mit Zusatzinformationen
C:\$Recycle.bin\	Die »entfernten« Dateien jedes Benutzers
C:\System Volume Information\	Volumenschattenkopien
C:\Windows\System32\winevt\Logs	Speicherpfad für Ereignisprotokolle (Logdateien)

Natürlich handelt es sich bei diesen Tabellen nicht um abschließende Aufzählungen. Sie sollten die anderen Verzeichnisse eines Systems daher keinesfalls vernachlässigen.

Wenn Sie sich für weitere interessante Orte im Windows-Betriebssystem und in Webbrowsern interessieren, sollten Sie sich unbedingt die Hacks in diesem Kapitel und in Kapitel 6 ansehen.

*Zwar hat standardmäßig nur der Nutzer selbst Zugriff auf diese Verzeichnisse, aber durch Nutzung eines Administrator-Accounts oder Umgehung der NTFS-Berechtigungen können auch Dritte in diese Verzeichnisse schreiben.

Die Registry-Top-10
HACK
#47   »Zentral gespeichert«

Mindestens genauso interessant wie die Dateien und Ordner im Dateisystem ist auf Windows-Systemen die Registry. Die Registry ist die zentrale Datenbank, in der das Windows-Betriebssystem und auch die meisten gängigen Anwendungen ihre Einstellungen speichern. Jedes Programm, das einmal auf dem Rechner installiert war, hinterlässt hier seine Spuren, denn nur die wenigsten Anwendungen löschen bei der Deinstallation ihre hinterlegten Informationen aus der Registry.

Die Registry ist hierarchisch strukturiert und besteht aus fünf Hauptschlüsseln (auch Wurzelschlüssel genannt):

- HKEY_CLASSES_ROOT (HKCR)
- HKEY_LOCAL_MACHINE (HKLM)
- HKEY_USERS (HKU)
- [HKEY_CURRENT_USER (HKCU)]
- [HKEY_CURRENT_CONFIG (HKCC)]

Die letzten beiden CURRENT-Schlüssel sind streng genommen keine eigenständigen Schlüssel, sondern lediglich Verweise, die während der Laufzeit des Systems gebildet werden. So verweist HKCU auf den entsprechenden Unterschlüssel von HKU, und HKCC verweist auf den entsprechenden Unterschlüssel von HKLM.

Alle Registry-Informationen werden beim Systemstart in den Arbeitsspeicher geladen, während des laufenden Betriebs dort gehalten und beim Herunterfahren in folgende Dateien auf die Windows-Partition geschrieben:

- C:\Windows\System32\config\SOFTWARE   (= HKLM\Software)

- C:\Windows\System32\config\SYSTEM   (= HKLM\System)
- C:\Windows\System32\config\SECURITY   (= HKLM\Security)
- C:\Windows\System32\config\SAM   (= HKLM\SAM)
- Windows XP:
  C:\Dokumente und Einstellungen\BENUTZER\NTUSER.DAT

  (= HKU\BENUTZER)

Vista / 7:
C:\Users\BENUTZER\NTUSER.DAT

und

C:\Users\BENUTZER\AppData\Local\Microsoft\Windows\USRCLASS.dat
(= HKU\BENUTZER)

Diese Dateien treten in unterschiedlichen Formen auf. Ohne Dateiendung sind es die ursprünglichen, vollständigen Registry-Dateien. Mit der Endung *.log* sind es Dateien, die lediglich Änderungen von Registry-Werten enthalten. Mit der Endung *.sav* handelt es sich um Sicherungskopien der Ursprungs-Registry. Die Endung *.alt* taucht lediglich bei der Sicherungskopie der Datei *SYSTEM* auf.

Zum Betrachten dieser Registry-Dateien benötigt man spezielle Programme. In den einschlägigen Forensikprogrammen sind diese meist eingebaut oder als Zusatzkomponenten erhältlich. Als freie Produkte empfehlen wir für Windows den *RegistryViewer* (*http://www.forensikhacks.de/regview*) und für Linux *RegRipper* (*http://www.forensikhacks.de/regrip*).

> Ihre eigene Registry können Sie übrigens mit dem Windows-eigenen Registry-Editor anschauen. Klicken Sie einfach auf START → AUSFÜHREN oder drücken Sie die Windows-Taste zusammen mit der Taste R und tippen Sie Regedit ein.

Obwohl die Registry eine echte Fundgrube für nützliche Informationen ist, sollten Sie bei Ihren Untersuchungen insbesondere die folgende Top 10 der Registy-Schlüssel im Auge haben.

Tabelle 4-3: Die Registry-Top-10

TOP	Registry-Schlüssel	Nutzen
1	HKCU\Software\Microsoft\Windows\CurrentVersion\Explorer\RecentDocs	Zuletzt geöffnete Dateien,
	HKCU\Software\Microsoft\Windows\CurrentVersion\Explorer\RunMRU	Ordner und Programme
	HKCU\Software\Microsoft\Office\10.0\Word\Data	
	HKCU\Software\Microsoft\Windows\CurrentVersion\Explorer\ComDlg32\OpenSavePidlMRU	
	HKCU\Software\Microsoft\Windows\CurrentVersion\Explorer\ComDlg32\LastVisitedPidlMRU	
	HKCU\Software\Microsoft\MediaPlayer\Player\RecentFileList	

Tabelle 4-3: Die Registry-Top-10 (Fortsetzung)

TOP	Registry-Schlüssel	Nutzen
2	HKLM\SOFTWARE\	Einstellungen für alle installierten Programme
3	HKLM\SYSTEM\CurrentControlSet\Control\TimeZoneInformation	Zeitzoneninformationen; wichtig, um Zeitstempel auf dem System richtig deuten zu können.
4	HKLM\SYSTEM\ControlSet00X\ Services\Tcpip\Parameters\Interfaces\	Netzwerk-einstellungen
5	HKLM\SYSTEM\MountedDevices	Gemountete Geräte, z. B. USB-Sticks oder verschlüsselte Container
6	HKLM\SYSTEM\ControlSet00x\Enum\USB HKLM\SYSTEM\ControlSet00x\Enum\USBSTOR	Angeschlossene USB-Geräte
7	HKCU\Software\Microsoft\ Internet Explorer\TypedURLs	Eingegebene URLs im Internet Explorer
8	HKLM\Software\Microsoft\Windows\CurrentVersion\Runonce HKLM\Software\Microsoft\WIndows\CurrentVersion\policies\ Explorer\Run HKLM\Software\Microsoft\Windows\CurrentVersion\Run HKCU\Software\Microsoft\Windows NT\CurrentVersion\Windows\Run HKCU\Software\Microsoft\Windows\CurrentVersion\Run HKCU\Software\Microsoft\Windows\CurrentVersion\RunOnce	Diese Programme werden beim Start des Betriebssystems automatisch gestartet. Insbesondere Schadsoftware nistet sich hier gern ein.
9	HKCU\Software\Microsoft\Internet Explorer\IntelliForms\SPW HKCU\Software\Microsoft\Protected Storage System Provider	Verschlüsselte Passwörter, die sich jedoch durch Secure Storage Viewer entschlüsseln lassen
10	HKLM\SOFTWARE\Microsoft\Windows NT\CurrentVersion	Informationen über das Betriebssystem

HACK #48 Ihre Goldgrube – MRU-Listen für alle Zwecke

»Ich weiß, was Du letzten Sommer getan hast.«

Nachdem Sie im vorigen Hack die Windows-Registry etwas besser kennengelernt haben, möchten wir Ihnen in diesem Hack eine Kurzübersicht über die wichtigsten Orte für »Most Recently Used«- (MRU-)Listen zur Verfügung stellen. Diese Listen können für Sie deshalb von großer Bedeutung sein, weil Sie mit ihrer Hilfe feststellen können, welche Dateien und Programme der Nutzer zuletzt verwendet hat, und welche Orte für ihn und somit potenziell auch für Sie interessant sein könnten. Die Listen können sogar Verweise zu längst gelöschten und überschrieben Ordnern beinhalten und erfassen geöffnete Dateien auch dann, wenn sie von externen und/oder verschlüsselten Medien aus aufgerufen wurden.

Tabelle 4-4: MRU-Listen

Ort	Nutzen
HKCU\Software\Microsoft\Windows\CurrentVersion\Explorer\RecentDocs	Zuletzt geöffnete Dokumente (Startmenü)
HKCU\Software\Microsoft\Windows\CurrentVersion\Explorer\RunMRU	Im »Ausführen«-Dialog ausgeführte Programme
HKCU\Software\Microsoft\Windows\CurrentVersion\Explorer\ComDlg32\OpenSaveMRU (XP) HKCU\Software\Microsoft\Windows\CurrentVersion\Explorer\ComDlg32\OpenSavePidlMRU (Vista/7)	Zuletzt gespeicherte und geöffnete Dokumente (über Common Dialog)
HKCU\Software\Microsoft\Windows\CurrentVersion\Explorer\ComDlg32\LastVisitedPidlMRU (XP) HKCU\Software\Microsoft\Windows\CurrentVersion\Explorer\ComDlg32\LastVisitedPidlMRU (Vista/7) HKCU\Software\Microsoft\Windows\CurrentVersion\Explorer\ComDlg32\LastVisitedPidlMRULegacy (Vista/7)	Zuletzt besuchte Dokumente (über Common Dialog)
HKCU\Software\Microsoft\Windows\CurrentVersion\Explorer\ComDlg32\CIDSizeMRU HKCU\Software\Microsoft\Windows\CurrentVersion\Explorer\ComDlg32\FirstFolder	Informationen über angepasste Fensterlayouts
HKCU\Software\Microsoft\MediaPlayer\Player\RecentFileList HKCU\Software\Microsoft\MediaPlayer\Player\RecentURLList	Vom MediaPlayer geöffnete Dokumente und URLs
HKCU\Software\Microsoft\Office\10.0\Word\Data HKCU\Software\Microsoft\Office\10.0\Excel\Recent Files HKCU\Software\Microsoft\Office\10.0\PowerPoint\Recent File List HKCU\Software\Microsoft\Office\10.0\Common\Open Find\Microsoft Access\Settings\File New Database\File Name MRU	Zuletzt in Office XP geöffnete Dateien
C:\Dokumente und Einstellungen\BENUTZER\Recent (XP) C:\Users\BENUTZER\AppData\Roaming\Microsoft\Windows\Recent (Vista/7)	Zuletzt geöffnete Dokumente des Benutzers
HKCU\Software\Microsoft\Windows\CurrentVersion\Explorer\TypedPaths (Vista/7)	Im Explorer eingetippte Pfade
HKCU\Software\Microsoft\Internet Explorer\TypedURLs	Aufgerufene URLs des Internet Explorer
HKCU\Software\Microsoft\Windows\CurrentVersion\Applets\Regedit	Zuletzt in Regedit geöffnete Dateien
HKCU\Software\Microsoft\Windows\CurrentVersion\Applets\Paint\Recent File List	Zuletzt in Paint geöffnete Dateien
HKCU\Software\Microsoft\Windows\CurrentVersion\Applets\WordPad\Recent File List	Zuletzt in Wordpad geöffnete Dateien
HKCU\Software\Adobe\Acrobat Reader\VERSION\AVGeneral\cRecentFiles	Zuletzt im Acrobat Reader geöffnete Dateien
NTUSER.DAT\Software\Microsoft\Windows\Shell\BagMRU NTUSER.DAT\Software\Microsoft\Windows\Shell\Bags USRCLASS.DAT\Local Settings\Software\Microsoft\Windows\Shell\BagMRU USRCLASS.DAT\Local Settings\Software\Microsoft\Windows\Shell\Bags	Informationen über die Darstellung von Verzeichnissen; können Aufschluss selbst über längst gelöschte und überschriebene Verzeichnisstrukturen geben.

Welche Programme wurden gestartet?
#49 »Fahrtenbuch der Applikationen«

Wenn Sie wissen möchten, wie oft welches Programm auf einem Computer gestartet wurde, wann es zuerst und wann zuletzt aufgerufen wurde und welche Dateien zusammen mit der Anwendung geladen werden, sind Sie in diesem Hack genau richtig.

Das Windows-Betriebssystem speichert seit Windows XP Informationen über häufig ausgeführte Anwendungen in sogenannten *Prefetch*-Dateien: Die Idee dahinter ist, dass das Betriebssystem beliebte Programme schneller laden kann, wenn es schon im Vorfeld weiß, welche Bibliotheken und Hilfsdateien für dieses Programm mitgeladen werden müssen.

Diese *Prefetch*-Dateien, von denen maximal 128 gespeichert werden, finden sich standardmäßig im Verzeichnis *C:\Windows\Prefetch*.

Sie sind leicht an der Dateiendung *.pf* zu erkennen. Natürlich können sich auch in gelöschten Bereichen *Prefetch*-Dateien befinden. In den Hacks [#29], [#30], [#34] und [#35] erfahren Sie, wie Sie Daten aus solchen Bereichen wiederherstellen.

Für die Suche nach gelöschten Prefetch-Dateien empfehlen wir, nach folgenden Signaturen zu suchen:

\x11\x00\x00\x00\x53\x43\x43\x41 für Windows XP

\x17\x00\x00\x00\x53\x43\x43\x41 für Windows Vista / Windows 7

Wenn Sie sich schon einmal die *Prefetch*-Dateien auf einem System angesehen haben, ist Ihnen vielleicht aufgefallen, dass es für ein Programm mehrere Dateien mit der Endung *.pf* geben kann. Der Schein trügt hier jedoch, denn für ein und dasselbe Programm gibt es tatsächlich nur eine einzige Datei. Alle *.pf*-Dateien tragen neben dem Programmnamen auch noch vier Bytes an Hexwerten im Dateinamen. Wenn diese Hexwerte unterschiedlich sind, handelt es sich um eine andere Version der ausgeführten Datei, z.B. aus einem anderen Verzeichnis heraus oder nach einem Update.

Wie eingangs erwähnt, finden Sie wertvolle Informationen in *Prefetch*-Dateien. Hier einige Beispiele:

- Offset 0x10:
  Name der ausgeführten Datei

- Offset 0x78 (XP), 0x80 (Vista/7):
  Zeitstempel des letzten Aufrufs

- Offset 0x90 (XP), 0x98 (Vista/7):
  Anzahl der Aufrufe der Datei (Run Count)

Einen Indikator für die erste Ausführung des Programms gibt die Erstellungszeit der *Prefetch*-Datei.

Eine gute und effiziente Möglichkeit, um *Prefetch*-Dateien auszuwerten, stellt
unter Windows das Programm *Windows File Analyzer (WFA)* dar. Es ist
kostenlos unter *http://www.forensikhacks.de/wfa* erhältlich. Neben der Analyse von *Prefetch*-Dateien beherrscht *WFA* übrigens auch noch andere nützliche Funktionen, auf die wir in anderen Hacks zurückgreifen. Nach dem
Entpacken von *WFA.exe* sollten Sie zunächst einmal alle *Prefetch*-Dateien, die
Sie analysieren möchten, in einen Ordner auf Ihre Festplatte extrahieren.
Danach starten Sie *WFA.exe* und klicken einfach auf FILE → ANALYZE PRE-
FETCH. In der erscheinenden Dialogbox brauchen Sie nun nur noch das Ver-
zeichnis auszuwählen, das die *Prefetch*-Dateien enthält. Mit der
Tastenkombination *Strg+P* können Sie das Ergebnis ausdrucken oder an
einen PDF-Drucker senden.

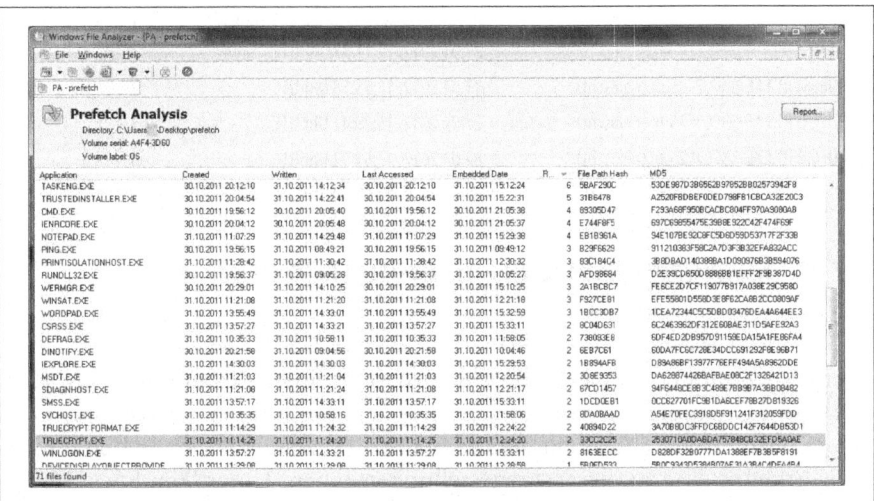

Abbildung 4-1: Prefetch-Auswertung mit Windows File Analyzer

Als weiteres Programm zur Analyse von *Prefetch*-Dateien empfiehlt sich der
Windows Prefetch Parser, der sowohl unter Windows als auch unter Linux
und Mac OS X funktioniert. Das kommandozeilenbasierte Tool kann unter
http://www.forensikhacks.de/prefetch kostenlos heruntergeladen werden.
Sobald Sie es auf Ihrem System entpackt haben, können Sie es einfach auf den
Ordner ansetzen, der die extrahierten *Prefetch*-Dateien enthält, und zwar mit
folgenden Kommandos:

unter Windows mit

```
dir c:\fall\export\prefetch\*.pf /b /s | pf.exe -v > prefetch.txt
```

und unter Linux mit

```
ls /home/user/fall/export/prefetch/*.pf | ./pf -m > prefetch.txt
```

Durch Abgleich der Run Counts von existierenden mit gelöschten Prefetch-Dateien können Sie sich für besonders interessante Programme eine Zeitleiste aufbauen. Wenn Sie z.B. die existierende Datei *TRUECRYPT.EXE-33CC2C25.pf* mit einem Run Count von 5 und einem letzten Ausführungsdatum am 03.03.2012, 12:00:00 Uhr UTC vorfinden und außerdem drei gelöschte *TRUECRYPT.EXE-33CC2C25.pf* mit unterschiedlichen Run Counts und Ausführungszeiten wiederherstellen können, verfügen Sie über eine komplette Dokumentation jeder einzelnen Ausführung des Programms. Eine mögliche Darstellung könnte aussehen wie in der folgenden Tabelle.

Tabelle 4-5: Zeitleiste für die Ausführung des Programms TrueCrypt

Prefetch-Datei	Ausführungszeit	Run Count
	(Erstellungszeit der Prefetch-Datei) 21.01.2012, 12:14:37 Uhr UTC	1
TRUECRYPT.EXE-33CC2C25.pf (gelöscht)	11.02.2012, 18:35:58 Uhr UTC	2
TRUECRYPT.EXE-33CC2C25.pf (gelöscht)	27.02.2012, 15:29:41 Uhr UTC	3
TRUECRYPT.EXE-33CC2C25.pf (gelöscht)	02.03.2012, 22:57:12 Uhr UTC	4
TRUECRYPT.EXE-33CC2C25.pf (existiert)	03.03.2012, 12:00:00 Uhr UTC	5

So werten Sie Ereignisprotokolle aus
HACK
#50   »Ein Log für alle Fälle«

Wann auch immer Sie wissen möchten, was zu einem bestimmten Zeitpunkt auf einem Computer passiert ist oder in welchem Zustand sich das System zu einem bestimmten Zeitpunkt befunden hat – Logdateien können Ihnen wertvolle Erkenntnisse zu diesen Fragestellungen geben. Unter Windows werden Logdateien als »Ereignisprotokolle« bezeichnet. Je nachdem, welche Version von Microsofts Betriebssystem Sie untersuchen, werden Sie auf unterschiedlich viele dieser Ereignisprotokolle treffen. Ob und wenn ja wann eine Aktion im Hintergrund mitprotokolliert wird, hängt nicht nur von der Betriebssystemversion ab, sondern auch von den eingestellten Gruppenrichtlinien. In diesem Hack gehen wir daher weniger auf bestimmte Logdateien oder Ereignisse ein, sondern geben Ihnen das notwendige Werkzeug an die Hand, um selbstständig die üblichsten Formen von Ereignisprotokollen untersuchen zu können.

Quo vadis, Ereignisprotokoll?

Bevor Sie mit der Auswertung von Ereignisprotokollen anfangen können, müssen Sie wissen, wo diese gespeichert werden. Alle Aktionen, die laut Systemeinstellungen überwacht und mitprotokolliert werden sollen, werden in Dateien auf die Festplatte des Computers geschrieben. Windows XP und Vista / 7 nutzen dabei standardmäßig folgende Pfade:

- Windows XP:
  c:\Windows\System32\config

- Windows Vista / 7:
  c:\Windows\System32\winevt\Logs

Natürlich können diese Standardpfade auch vom Benutzer verändert werden. Ob die Speicherpfade vom Standard abweichen, können Sie in folgendem Schlüssel der Windows Registry nachvollziehen:

```
HKEY_LOCAL_MACHINE\SYSTEM\CurrentControlSet\services\eventlog
```

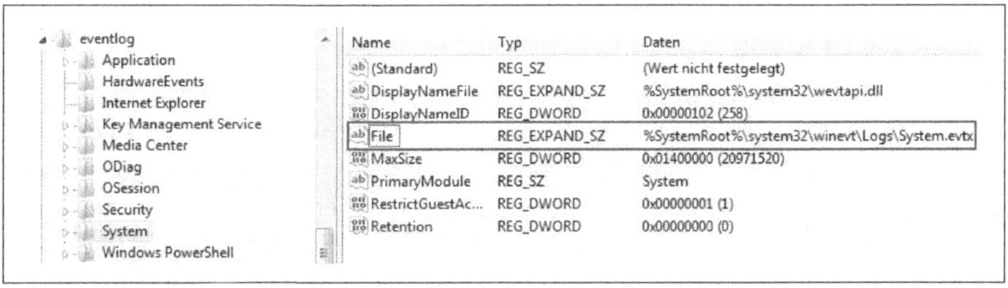

Abbildung 4-2: Für jedes Ereignisprotokoll ist der Speicherpfad in der Registry abgelegt.

Wenn Sie einen Blick in diese Verzeichnisse werfen, erkennen Sie die Ereignisprotokolldateien an den folgenden Dateiendungen:

- .evt   Windows NT 3.1 bis Windows XP

- .evtx   Windows Vista / 7

- .etl   Event Trace Logs des Service *Event Tracing für Windows*

Die Protokolldateien von Windows XP und Vista / 7 unterscheiden sich nicht nur in ihren Dateiendungen, sondern auch in ihrem Aufbau. Daher benötigen Sie auch verschiedene Tools zur Auswertung beider Protokollarten, aber dazu gleich mehr.

Nun, da Sie wissen, wie Sie Protokolldateien unter Windows anhand ihrer Dateiendung und ihres Speicherpfades erkennen können, werden Sie schnell feststellen, dass unter Windows Vista / 7 standardmäßig die Protokollierung von erheblich mehr Ereignissen aktiviert ist als unter Windows XP. Das schlägt sich natürlich in der Anzahl der gespeicherten Logdateien nieder. Hier nur einige Beispiele:

- Systemlog   *Sysevent.evt*
  System.evtx
- Sicherheitslog   *Secevent.evt*
  Security.evtx
- Anwendungslog   *Appevent.evt*
  Application.evtx
- Hardwareereignislog   *HardwareEvents.evtx*
  Setuplog   *Setup.evtx*
- verschiedenste Anwendungslogs   z. B. *Internet Explorer.evtx*
- verbundene WLAN-Netzwerke   Microsoft-Windows-WLAN-Auto
                                     Config*.evtx
- weitergeleitetete Eventlogs   auf entfernten PCs gesammelt

Auf zur Auswertung

Die eigentliche Herausforderung bei der Untersuchung von Ereignisprotokollen besteht darin, die Masse der Daten herunterzufiltern auf die Informationen, die Sie tatsächlich interessieren. Sie könnten sich beispielsweise nur diejenigen Logeinträge anzeigen lassen, die in einem bestimmten Zeitraum mitprotokolliert wurden. Oder Sie filtern lediglich fehlgeschlagene oder erfolgreiche Loginversuche heraus. Für diese Filteraufgaben gibt es für beide Sorten von Logdateien (*.evt* und *.evtx*) gute kostenlose Programme.

Für Windows XP empfehlen wir Ihnen den *Event Log Explorer* von FSPro Labs (*http://www.forensikhacks.de/eventxp*). Seine Nutzung ist allerdings nur für private Verwendung kostenlos. Kommerzielle Benutzer müssen eine kommerzielle Lizenz erwerben. Nach Installation des Programms können Sie *.evt*- und *.evtx*-Dateien mit dem *Event Log Explorer* öffnen, indem Sie auf *File →Open Log File* klicken oder das zugehörige Symbol in der Schnellzugriffsleiste anwählen. Ist die Datei erst einmal geladen, sehen Sie auf der rechten Bildschirmseite alle Ereignisse. Die wahre Stärke von *Event Log Explorer* ist die Filterfunktion. Um Filter zu setzen, klicken Sie einfach auf das entsprechende Symbol in der Schnellzugriffsleiste oder rufen Sie *View → Filter (bzw. Strg+L)* auf. Dann können Sie ganz gezielt nach einzelnen Ereignistypen von bestimmten Benutzern zu genau definierten Zeiträumen suchen (siehe Abbildung 4-3).

Wenn Sie sehr große Logs auszuwerten haben, sollten Sie die Einstellungen unter *View → Log Loading Options* anpassen. Sie können dort schon im Vorfeld filtern. Sollten Sie bei der Untersuchung eines Systems festgestellt haben, dass die eingestellte Zeitzone von Ihrer Zeitzone abweicht, passen Sie die Einstellungen unter *View → Time Correction* an. Sie können dort Werte von +23 bis –23 eintragen.

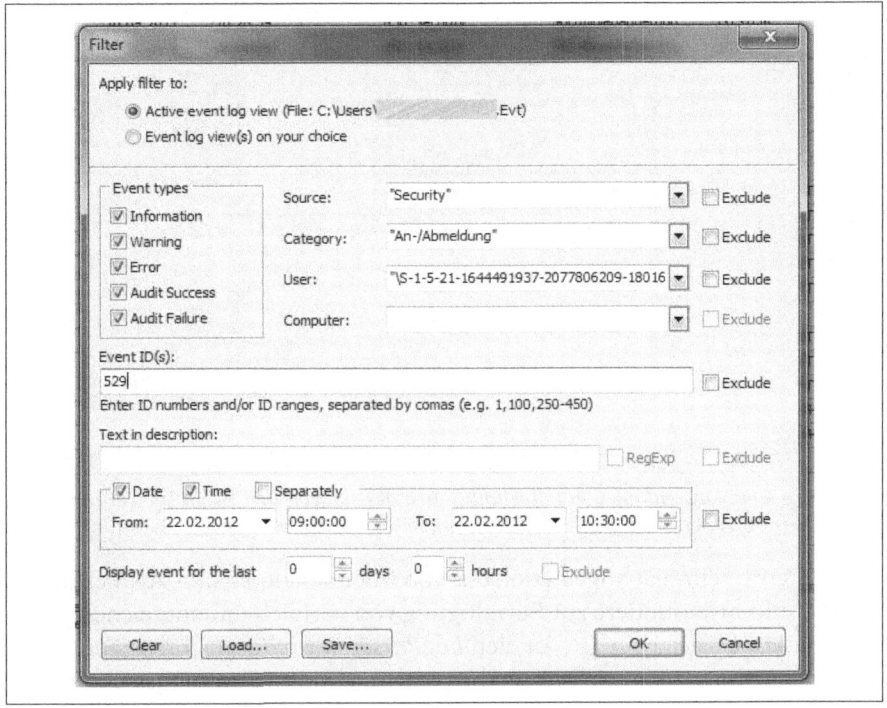

Abbildung 4-3: Die mächtige Filterfunktion von Event Log Explorer

Für Ereignisprotokolle unter Windows Vista bzw. 7 können Sie problemlos und kostenlos den eingebauten *Event Viewer* nutzen, den Microsoft seinem Betriebssystem beigelegt hat. *eventvwr.exe* verfügt im Vergleich zum Vorgänger unter Windows XP über eine ausführlichere Darstellung und erweiterte Filterfunktionen. Diese sind zwar nicht ganz so mächtig mit beim *Event Log Explorer*, reichen aber aus, um die zu untersuchenden Datenmengen wirksam zu reduzieren.

Den Event Viewer starten Sie, indem Sie im Windows-7-Startmenü einfach eventvwr.exe eintippen. Auch hier können Sie externe Ereignisprotokolldateien laden lassen. Klicken Sie dazu einfach auf *Aktion → Gespeicherte Protokolldatei öffnen*. Die Inhalte der geöffneten Datei finden Sie auf der linken Bildschirmseite unter *Ereignisanzeige → Gespeicherte Protokolle*. Nun können Sie einen Filter auf die Daten setzen, indem Sie rechts auf *Aktuelles Protokoll filtern…* klicken.

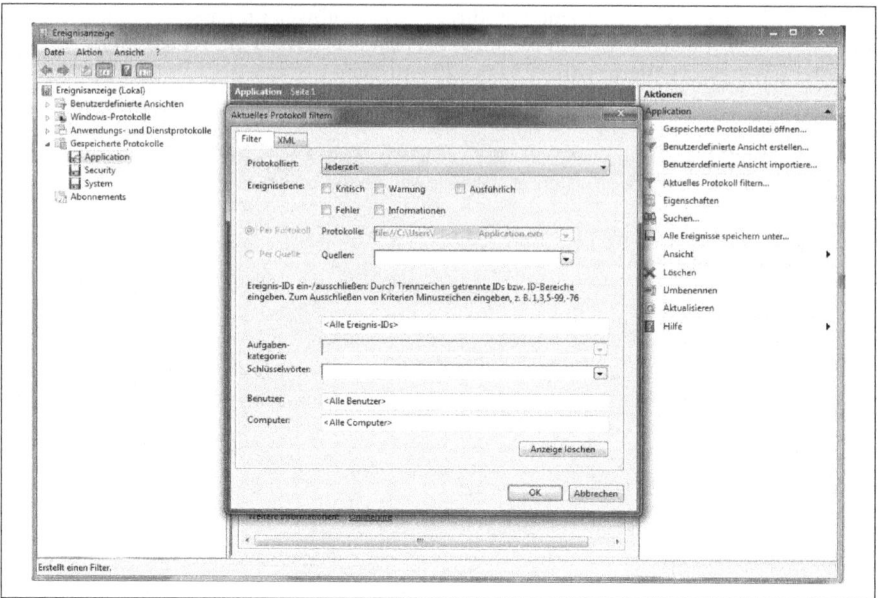

Abbildung 4-4: Anwendung von Filterfunktionen des eingebauten Event Viewer auf gespeicherte Protokolle

Ein weiteres, sehr mächtiges Tool, das von Microsoft kostenlos zur Verfügung gestellt und insbesondere zur Bewältigung von wirklich umfangreichen Ereignisprotokollen geeignet ist, ist der *LogParser* (*http://www.forensikhacks.de/ logpars*). Er ist so universell einsetzbar und mächtig an Funktionsvielfalt, dass man ihm problemlos ein eigenes Buch widmen könnte. Daher wollen wir uns nur einige wenige Praxisbeispiele anschauen:

```
LogParser.exe -i:evt -o:datagrid "SELECT * FROM Security.evtx WHERE Message
LIKE '%logon%'"
```
oder
```
LogParser.exe -i:evt -o:datagrid "SELECT * FROM Security.evtx WHERE EventID
= 4720"
```

Wie Sie an diesem Beispiel sehen können, haben wir das Programm mit Optionen für das Inputformat (-i) und das Outputformat (-o) gestartet. Die Ausgabe erfolgt in unserem Fall im Logparser-eigenen Format Datagrid. Die Anweisung in den Anführungszeichen beschreibt, welche Daten woher anhand welcher Kriterien gefiltert werden sollen. In unserem Beispiel werden aus der Datei *Security.evtx* alle Datensätze herausgefiltert, die in der Spalte *Message* das Wort *logon* enthalten. Wenn Sie schon über Erfahrungen mit SQL-Abfragen verfügen, dürfte Ihnen das Abfrageschema bekannt vorkommen.

```
LogParser.exe -i:evt -o:CSV "SELECT TimeGenerated AS Zeit, EXTRACT_
TOKEN(Strings, 0, '|') AS Konto FROM Security.evtx WHERE EventID NOT IN
(541;542;543) AND EventType = 8 AND EventCategory = 13824"
```

Zeigt Ihnen Loginzeiten und Namen der zuletzt eingeloggten Benutzerkonten. Als Ausgabe haben wir dieses Mal –o:CSV (kommaseparierte Werte) gewählt. Der Vorteil bei diesem Format liegt in der Möglichkeit der Weiterarbeitung durch andere Tools und auch dem einfachen Import in Tabellenkalkulationsprogramme.

```
LogParser -i:FS -o:NAT "SELECT Path, Size, CreationTime FROM C:\*.* ORDER BY
Size"
```

In diesem Beispiel können Sie sehen, dass Sie *LogParser.exe* nicht nur für die Auswertung von Ereignisprotokollen verwenden können. Dieser Aufruf stellt Ihnen im NAT-Format auf der Konsole die Dateien auf *C:* mit Größe und Erstellungszeit dar – und zwar sortiert nach der Dateigröße. Sie können mit *Logparser.exe* sogar grafische Statistiken zeichnen lassen und auch andere Logformate auswerten. Im Internet finden Sie eine Vielzahl an tollen Anwendungsmöglichkeiten. Stöbern Sie doch ruhig einmal nach »Logparser.exe Examples«.

Ereignisse werden mit sogenannten Event-IDs gekennzeichnet. Über Filterung nach diesen IDs lassen sich also gezielt Ereignistypen wie zum Beispiel alle erfolgreichen Useranmeldungen herausfiltern. Eine gute Möglichkeit, nach Event-IDs zu recherchieren, bietet die Website EventID (*http://www.forensikhacks.de/eventid*).

Event-IDs in Windows XP, Vista und 7 unterscheiden sich. Versichern Sie sich, dass Sie nach der korrekten Event-ID suchen, bevor Sie mit dem Filtern beginnen.

HACK #51 Reisen Sie in die Vergangenheit
»Warum auch Schatten Kopien haben können«

Ein tolles Feature an Windows ist Möglichkeit der Erstellung von sogenannten Systemwiederherstellungspunkten. Diese ermöglichen es, den Zustand von wichtigen Systemdateien und seit Windows Vista / 7 auch anderer Dateien zu einem Zeitpunkt X festzuhalten. Sollte der Benutzer durch Softwareinstallationen oder Änderungen an Konfigurationen sein System in einen instabilen Zustand gebracht haben, kann er dann immer wieder zu Zustand X zurückkehren – und alles funktioniert wieder wie geschmiert.

Für Sie bietet diese Funktion natürlich auch ihre Vorteile, denn Sie können sich den Zustand von Systemdateien, Windows-Registry und auch normalen Dateien und Ordnern in der Vergangenheit anschauen. Selbst wenn also ein ehemaliger Mitarbeiter die wichtigen Projektdaten nicht nur gelöscht, sondern gleich noch überschrieben hat oder der Beschuldigte den Erpresserbrief nur kurzfristig auf seinem System gespeichert und anschließend entfernt hat, haben Sie dank Systemwiederherstellungspunkten die Chance, auf eine alte Kopie dieser Daten zurückzugreifen. Klingt spannend? Ist es auch! Los geht's.

Sowohl für Windows XP als auch für Vista / 7 werden die Systemwiederherstellungspunkte im Ordner *C:\System Volume Information* gespeichert. Selbst mit Administratorrechten kommen Benutzer im laufenden Betrieb nicht an die Dateien und Ordner in diesem Verzeichnis heran. Man müsste sich zuvor Systemrechte verschaffen oder externe Tools einsetzen, um diese Zugriffskontrolle zu umgehen. Das heißt, dass eine Manipulation zwar nicht unmöglich, aber sehr schwierig ist – und mithin bei Otto Normaluser eher unwahrscheinlich.

Systemwiederherstellungspunkte unter Windows XP

Systemwiederherstellungspunkte unter Windows XP werden durch unterschiedliche Ereignisse angelegt, zum Beispiel beim ersten Booten des Systems, alle 24 Stunden, bei der Installation von Programmen, bei Windows-Updates, vor der Installation eines unsignierten Treibers oder wenn sie durch den Benutzer manuell angestoßen werden. Die Wiederherstellungspunkte rotieren nach dem Prinzip *First In, First Out* und dürfen standardmäßig maximal 12 % des Festplattenspeichers belegen. Ihre Auswertung ist relativ einfach, da alle Daten vollständig innerhalb der Unterverzeichnisse von *System Volume Information* vorliegen.

Schauen wir uns den Verzeichnisaufbau der Systemwiederherstellungspunkte unter Windows XP einmal genauer an.

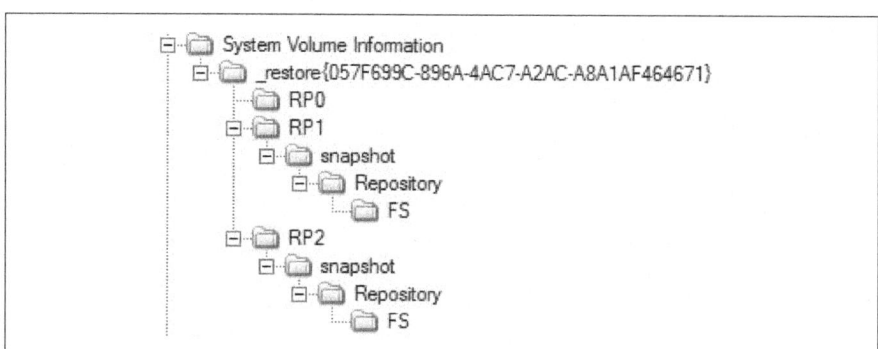

Abbildung 4-5: Verzeichnisaufbau der Systemwiederherstellungspunkte unter Windows XP

Am wichtigsten sind für Sie die einzelnen *RP*-Verzeichnisse sowie deren Unterordner *snapshot*. In den *RP*-Verzeichnissen finden Sie die Verwaltungsdatei *rp.log*, die Ihnen durch einen Zeitstempel in den letzten 8 Bytes verrät, wann der Wiederherstellungspunkt erstellt wurde. Des Weiteren finden Sie in den *RP*-Verzeichnissen alle gesicherten Systemdateien. Je nach Konfiguration des Systemwiederherstellungsdienstes werden zusätzlich zu den Systemdateien auch noch weitere Dateien basierend auf ihrer Dateiendung mitgesichert, standardmäßig geschieht das aber nicht. In der Datei *C:\Windows\system32\Restore\filelist.xml* können Sie einsehen, welche Dateien und Dateiendungen für die Sicherung vorgesehen sind.

Alle gesicherten Dateien liegen in umbenannter Form im Format *A#######.ini* (Originalendung wird übernommen), das heißt, Sie können diese Dateien im Original betrachten und auswerten. Woher die Dateien stammen und wie ihr Originalname war, können Sie den *change.log**-Dateien entnehmen.

Im Unterverzeichnis *snapshot* finden Sie Zustände der Windows-Registry zum Zeitpunkt des Wiederherstellungspunkts. In Hacks **[#47]** und **[#48]** zeigen wir Ihnen, welche wertvollen Informationen die Registry enthalten kann.

Wenn Sie nun sorgfältig die *A#######.**-Dateien zusammen mit den zugehörigen *change.log*-Dateien und auch die Registry-Abbilder analysieren, können Sie alte Versionen von mittlerweile gelöschten Dateien oder auch ehemals installierten Programmen (z.B. Schadsoftware, Keylogger etc.) feststellen.

Systemwiederherstellungspunkte unter Vista / 7

Ganz so einfach wie unter Windows XP funktioniert die Auswertung der Systemwiederherstellungspunkte unter Windows Vista / 7 leider nicht. Grund dafür ist die effizientere Speichermethode durch einen neuen Dienst namens *Volume Shadow Copy Service* (daher auch der Name Volumenschattenkopien für Systemwiederherstellungspunkte unter Vista / 7). Statt wie zuvor komplette Kopien der zu sichernden Dateien abzulegen, werden unter Windows Vista / 7 nur noch Änderungen an den Dateien in 16 Kilobyte großen Blöcken mitprotokolliert. Hat also der Erpresser nur einen kleinen Teil des Erpresserschreibens geändert, fänden Sie unter Windows XP unter Umständen noch das komplette frühere Schreiben, während Sie unter Vista / 7 nur die 16 Kilobyte großen Blöcke mit geändertem Inhalt zu Gesicht bekämen. Doch keine Angst, es gibt eine Lösung für diese Herausforderung.

Um auf Volumenschattenkopien zugreifen zu können, muss sich die Festplatte, auf der diese gespeichert sind, als lokale Festplatte im System befinden. Nur so ist die Rekonstruktion aus den einzelnen kleinen Blöcken möglich. Das bedeutet, dass Sie an einem toten Datenträgerimage die Auswertung nicht so ohne Weiteres durchführen können. Selbst das Mounten des Image in das lokale System reicht meist nicht aus, um auf die Volumenschattenkopien zuzugreifen. Wir brauchen also einen Trick.

Im Folgenden zeigen wir Ihnen das Vorgehen bei einem toten Image. Sollten Sie es mit einem Live-System zu tun haben, benötigen Sie lediglich die folgenden Schritte.

1. Erstellen Sie aus Ihrem toten Image eine virtuelle Festplatte, zum Beispiel im *.vmdk*-Format. Wenn Sie sich unsicher sind, empfehlen wir Ihnen einen Blick in Kapitel 8.

2. Erstellen Sie eine virtuelle Maschine, zum Beispiel im *.vmx*-Format für VMWare Player. Booten Sie entweder direkt von der neu erstellten virtuellen Festplatte (bei Problemen siehe Kapitel 8) oder binden Sie die neue virtuelle Platte einfach als Zweitfestplatte in eine schon bestehende virtuelle Maschine auf Basis von Windows Vista / 7 ein.

3. Finden Sie heraus, welchen Laufwerksbuchstaben Ihre neu erstellte virtuelle Festplatte in der gebooteten virtuellen Maschine erhalten hat.

4. Starten Sie eine Kommandozeile *cmd.exe* mit Administratorberechtigung. Führen Sie den Befehl vssadmin List Shadows /for=E: aus (wobei E: der von Ihnen zuvor lokalisierte Laufwerksbuchstabe ist). Sie erhalten eine Auflistung aller verfügbaren Schattenkopien inklusive ihrer Erstellungszeit. Suchen Sie sich die Kopie heraus, die für Ihren Fall zeitlich am relevantesten scheint, und kopieren Sie die Pfadangabe, die unmittelbar nach *Schattenkopievolume*: steht, in die Zwischenablage. Sie sollte in etwa so aussehen:

   ```
   \\?\GLOBALROOT\Device\HarddiskVolumeShadowCopy5
   ```

5. Diese kopierte Pfadangabe brauchen Sie jetzt, denn Sie müssen mit folgendem Befehl einen Link auf die Volumenschattenkopie setzen:

   ```
   mklink /d c:\schatten5
   \\?\GLOBALROOT\Device\HarddiskVolumeShadowCopy5\
   ```

Beachten Sie unbedingt den letzten Backslash hinter der Pfadangabe. Vergessen Sie ihn, werden Sie später beim Zugriff auf das Verzeichnis eine Fehlermeldung erhalten.

Dadurch wird die Volumenschattenkopie mit der Nummer 5 in das Verzeichnis *schatten5* im Dateisystem Ihrer virtuellen Maschine eingehängt und Sie können darauf zugreifen.

6. Geben Sie das Verzeichnis *schatten5* für Ihre lokale Maschine frei. Sie können das tun, indem Sie beispielsweise eine Netzwerkfreigabe in Ihrer vir-

tuellen Maschine einrichten oder einen »gemeinsamen Ordner« nutzen, den Ihnen die meisten Virtualisierungslösungen zur Verfügung stellen.

7. Von nun an arbeiten Sie wieder auf Ihrer lokalen Maschine. Erstellen Sie ein Image vom freigegebenen Verzeichnis (siehe Kapitel 1).

8. Sie können nun entweder die komplette Volumenschattenkopie untersuchen oder die Auswertung etwas effektiver gestalten, indem Sie von allen Dateien der ursprünglich zu untersuchenden Festplatte eine Hash-Datenbank erstellen und diese bekannten Dateien über einen Hash-Abgleich auf der Volumenschattenkopie ausblenden lassen. So reduzieren Sie die Masse der auszuwertenden Daten auf diejenigen Dateien, deren Inhalte sich in der Volumenschattenkopie von den Originaldaten unterscheiden.

Wenn Sie einfach nur einen Blick auf die Inhalte einer Volumenschattenkopie werfen möchten, können Sie sich die Schritte 5, 6, 7 und 8 sparen. Sie können entweder auf der virtuellen Maschine das kostenlose Programm *ShadowExplorer* (*http://www.forensikhacks.de/shadow*) benutzen, mit dem Sie über eine grafische Oberfläche auf die verschiedenen Schattenkopien der verbundenen virtuellen Platten zugreifen können, oder Sie klicken im *Windows Explorer* mit der rechten Maustaste auf die zu untersuchende Partition, wählen VORGÄNGERVERSIONEN WIEDERHERSTELLEN, klicken nach kurzer Wartezeit auf die Schattenkopie Ihrer Wahl und bestätigen mit ÖFFNEN. Die Schattenkopie wird dann als simulierte Netzwerkfreigabe Ihres Local Host angezeigt und Sie können alle Verzeichnisse untersuchen.

HACK #52 Finden Sie Spuren in Vorschaudatenbanken
»Miniaturbilder im Fokus«

Wenn Sie schon einmal im *Windows Explorer* die Ordner mit Ihren Urlaubsbildern aufgerufen haben, haben Sie sicherlich auch schon einmal Bekanntschaft gemacht mit den Vorschaugrafiken, die Ihnen den Überblick über Ihre geschossenen Fotos erleichtern. Vielleicht ist Ihnen auch schon einmal aufgefallen, dass der erste Aufruf eines Verzeichnisses mit vielen großen Bilddateien länger dauert als der zweite und dritte Aufruf. Das liegt daran, dass Windows die kleinen Vorschaubilder, die Ihnen auf dem Bildschirm angezeigt werden, beim ersten Aufruf des Verzeichnisses zunächst berechnet und dann fest in einer Datenbank abspeichert. Beim nochmaligen Aufruf des Verzeichnisses wird dann nur noch die Datenbank abgefragt. Die Vorschaubilder sind also als Beschleunigung für den Benutzer gedacht. Ihre Generierung ist standardmäßig aktiviert und die Ablage erfolgt in einer versteckten Vorschaudatenbank.

In der Forensik können diese Vorschaubilder deshalb eine große Rolle spielen, weil sie selbst dann gespeichert bleiben, wenn die eigentlichen Originalbilder gelöscht oder in ein anderes Verzeichnis auf einem anderen Datenträger kopiert werden. Das heißt, Sie können bei Ihrer Untersuchung auf Vorschauansichten der entwendeten Konstruktionszeichnungen stoßen, auch wenn der Täter diese Zeichnungen schon lange von seinem Computer entfernt hat. Grund genug, sich diese Vorschaudatenbanken einmal näher anzuschauen, meinen Sie nicht?

Vorschaubilder in Windows XP

In Windows XP speichert der *Windows Explorer* die Vorschaugrafiken standardmäßig in dem Verzeichnis ab, von dem aus die Vorschauansicht aufgerufen wurde. Die Datenbankdatei namens *Thumbs.db* findet sich also genau in diesem Verzeichnis wieder. Sie liegt im OLE2-Format vor und beinhaltet nicht nur alle Vorschaubilder, sondern in dem Eintrag CATALOG auch alle Dateinamen der dazugehörigen Originalbilder.

Für die Untersuchung von *Thumbs.db* gibt es einige sehr gute kostenlose Tools. Mit dem *Windows File Analyzer* von MiTec (*http://www.forensikhacks. de/wfa*) können Sie einfach über das Menü unter *File → Analyze Thumbnail Database → Windows XP...* die von Ihnen zu untersuchende Datei *Thumbs.db* öffnen. Ihnen werden dann alle enthaltenen Bilder mit Originalnamen angezeigt. Wenn Sie beweisrelevante Daten gefunden haben, können Sie einfach auf REPORT klicken, um diese Daten für Ihren Bericht zu exportieren.

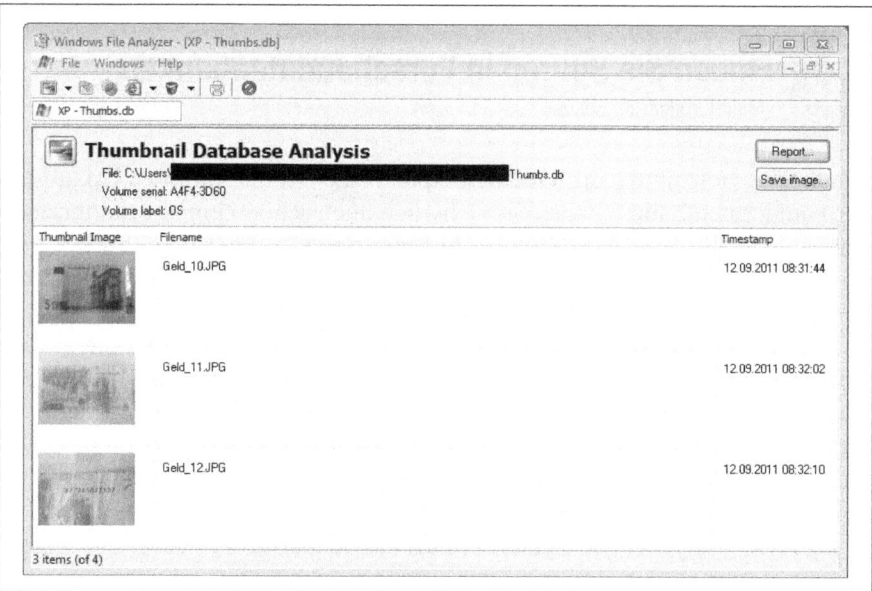

Abbildung 4-6: Thumbs.db-Darstellung mit Windows File Analyzer

Mit *vinetto* von Michel Roukine (*http://www.forensikhacks.de/vinetto*) steht Ihnen unter Linux und Mac OS X ebenfalls ein gutes kostenloses Tool zum Auswerten von *Thumbs.db*-Datenbanken zur Verfügung. Nach dem Herunterladen und Installieren können Sie es über die Kommandozeile mit folgendem Befehls nutzen:

```
$ vinetto -H -o /fall/12345/thumbs /mnt/fall/12345/bilder/Thumbs.db
```

Das extrahiert nicht nur die Vorschaubilder, sondern erstellt Ihnen gleichzeitig noch einen brauchbaren Report im HTML-Format.

Vorschaubilder in Windows Vista / 7

Anders als unter Windows XP werden unter Windows Vista / 7 die Thumbnail-Datenbanken nicht mehr dezentral pro Ordner angelegt, sondern stattdessen an einem zentralen Ort für das gesamte System. Dieses Verzeichnis findet sich unter *C:\Users\<Benutzername>\AppData\Local\Microsoft\Windows\Explorer\.*

Die Datenbanken erkennen Sie am Dateinamen, der sich aus dem Präfix *thumbcache_* gefolgt von der maximalen Seitenlänge der enthaltenen Vorschaugrafiken in Pixeln, also 32, 96, 256 oder 1024 zusammensetzt.

Auch Vorschaugrafiken von externen Datenträgern werden in den zentralen Thumbcache-Datenbanken gespeichert. Das bedeutet, dass Sie beweisrelevante Bilddateien sogar dann auffinden können, wenn sie nie auf der lokalen Festplatte des Systems gespeichert waren.

Unter Umständen speichern auch Windows Vista / 7 noch *Thumbs.db*-Dateien. Das ist zum Beispiel bei Netzwerklaufwerken der Fall.

Sie können die Thumcache-Datenbanken manuell auswerten, indem Sie über diese Datenbanken nach *.bmp*- und *.jpg*-Signaturen carven lassen (siehe Hacks [#29] und [#34]). Sie erhalten dann zwar nicht die Originalnamen der Dateien, aber diese Zuordnung ist bei Thumbcache-Datenbanken unter Windows Vista / 7 ohnehin schwierig. Die Datenbanken enthalten nämlich lediglich Hashwerte, die sogenannten *Thumbnail Cache IDs*, die zum Beispiel über einen Abgleich mit der *windows.edb*-Datenbank des *Windows Suchindexers* möglich ist.

Für die halbautomatische Auswertung von Thumbcache-Dateien in Windows Vista / 7 empfehlen wir Ihnen das kostenlose Programm *Thumbcache Viewer* (*http://www.forensikhacks.de/thumb*). Zwar bietet es keine Galerieansicht, aber dieses Manko können Sie umgehen, indem Sie alle Thumbnails in einen Ordner auf Ihrem lokalen System extrahieren lassen und dann mit dem Windows Explorer oder mit einem Bildbetrachter Ihrer Wahl anschauen.

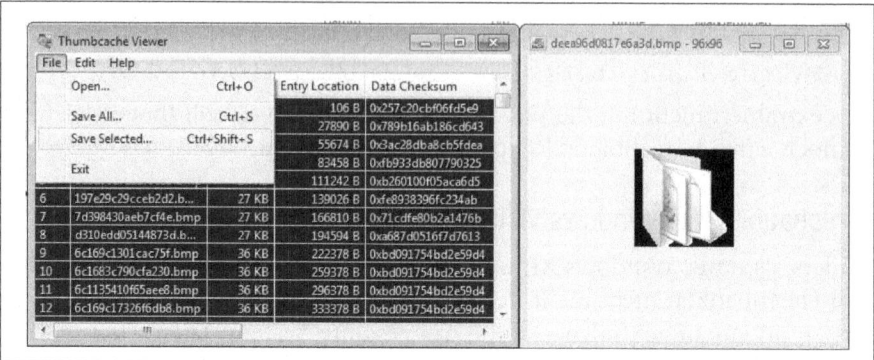

Abbildung 4-7: Thumbcache-Darstellung mit dem Thumbcache Viewer

Die beweisrechtliche Würdigung von Spuren in Thumbcache-Datenbanken ist als schwierig anzusehen, da Vorschaugrafiken durch unterschiedliche Aktionen generiert werden können. Das Vorhandensein einer Vorschaugrafik weist nicht zwangsläufig darauf hin, dass das Bild in der Vorschauansicht des Explorers auf diesem System angeschaut worden sein muss. Thumbs.db-Datenbanken könnten beispielsweise von einem anderen System kopiert worden sein.

Es sind weiterhin Fälle bekannt, in denen Windows-7-Thumbcaches Vorschaubilder von Dateien auf einer externen Festplatte enthielten, obwohl lediglich der Datenträger mit dem System verbunden wurde, die Dateien aber nie in der Vorschauansicht betrachtet wurden.

Sehen Sie, was gedruckt wurde

»Der Tinte auf der Spur«

Bei der Untersuchung von Datenträgern können insbesondere im Unternehmensumfeld die gedruckten Dokumente eine große Rolle spielen. Hat der Mitarbeiter vertrauliche Firmendaten ausgedruckt, bevor er das Unternehmen verließ? Wurde das anonyme Bedrohungsschreiben vom Computer eines Mitarbeiters aus geschrieben und ausgedruckt? Kann dem Erpresser nachgewiesen werden, dass er den Erpresserbrief von seinem PC aus drucken ließ? Das sind Fragestellungen, deren Beantwortung wir Ihnen mit diesem Hack erleichtern wollen.

Die schlechte Nachricht zuerst: Die erste, unverbindliche Antwort auf diese Fragen lautet Jein. Die Herausforderung beim Nachweis von Druckaufträgen liegt darin, dass standardmäßig zwar jeder Druckauftrag durch die Druckerwarteschleife (Spooler) von Windows geht, sobald das Dokument jedoch erfolgreich gedruckt wurde, auch wieder sofort vom System gelöscht wird. Das bedeutet, dass die Wahrscheinlichkeit, einen alten Druckauftrag zu finden, relativ gering ist. Sie müssen also Datenwiederherstellungstechniken bemühen, um aus gelöschten Bereichen alte, bereits entfernte Druckaufträge wiederherstellen zu können. In den Hacks [#29], [#30], [#34] und [#35] können Sie die entsprechenden Verfahren nachlesen.

 Für die Suche nach gelöschten Druckaufträgen empfehlen wir, nach folgenden Signaturen zu suchen. Erhalten Sie keine oder zu wenig Treffer, sollten Sie versuchen, die Signaturen etwas breiter zu fassen:

\x01\x00\x00\x00..\x00.{34,34}EMF für EMF-Dateien

\x00\x00\x01\x00.\x00\x00   für SPL-Dateien

\x68\x49\x00\x00\x88   für SHD-Dateien
(wenig einheitlich)

Die Druckaufträge werden von Windows standardmäßig in folgendem Verzeichnis gespeichert:

C:\Windows\System32\spool\PRINTERS\.

Der Pfad kann jedoch auch abweichen. Sie können das überprüfen, indem Sie sich den folgenden Registry-Eintrag näher ansehen:

```
HKLM\SOFTWARE\Microsoft\Windows NT\CurrentVersion\Print\Printers\
DefaultSpoolDirectory
```

Zu einem Druckauftrag gehören immer zwei Dateien. Die eine hat die Endung *.shd* und enthält Metainformationen zum Auftrag, kann Ihnen also Fragen beantworten wie: Wie hieß das gedruckte Dokument? Wann wurde es mit welchen Druckertreibern gedruckt? Welcher Benutzer hat es aus welchem Programm heraus gedruckt? Sie sehen: *.shd*-Dateien können Ihnen wertvolle Informationen geben.

Die andere Datei, die zu einem Druckauftrag gehört, enthält das eigentliche Dokument, das gedruckt werden soll. Sie hat denselben Namen wie die zugehörige *.shd*-Datei, allerdings weist sie die Endung *.spl* auf. Die Dokumenteninhalte sind in dieser Datei im *Windows Enhanced Metafile Format* (EMF) gespeichert.

Wenn Sie etwas Glück haben, können Sie Druckaufträge aus gelöschten Bereichen wiederherstellen oder finden sogar noch unbeendete Druckaufträge im Spooler-Verzeichnis. Für Besitzer einer kommerziellen Forensiksoftware wie EnCase, FTK oder X-Ways ist das Betrachten dieser Dateien nun ein Kinderspiel, da die SPL-Dateien meist von den internen Dateibetrachtern angezeigt werden können.

Sollten Sie nicht im Besitz einer kommerziellen Forensiksoftware sein, empfehlen wir Ihnen das Programm *SPL Viewer*, das Sie unter *http://www.forensikhacks.de/spl* herunterladen können. Mit ihm öffnen Sie ganz einfach die gewünschten *.spl*-Dateien.

HACK #54 Stöbern Sie im Müll
»Papierkörbe im Vergleich«

Sicherlich haben Sie den Papierkorb unter Windows bereits kennenlernen dürfen. Spätestens wenn Sie versuchen, eine Datei durch Betätigen der Taste *Entf* oder durch Anwählen von LÖSCHEN im Kontextmenü zu entfernen, werden Sie gefragt, ob Sie diese Datei wirklich in den Papierkorb verschieben möchten. Interessanterweise verwendet Microsoft hier die korrekte Bezeichnung, nämlich »verschieben«. Dieses Verb lässt schon erahnen, dass die Datei nicht wirklich gelöscht, sondern einfach nur in einen anderen Ordner verschoben wird, nämlich Ihren Papierkorb. Das wiederum bedeutet für Sie, dass Sie in Ihren Untersuchungen ruhig einmal im Papierkorb stöbern dürfen. Oft genug lassen sich dort interessante Spuren finden.

Die Papierkörbe von Windows XP und Windows Vista / 7 unterscheiden sich grundlegend voneinander. Während der Papierkorb unter XP im Ordner *RECYCLER* zusammen mit einer Verwaltungsdatenbank pro Benutzer abgelegt ist, suchen Sie unter Windows Vista / 7 diesen Ordner vergeblich. Dort nennt er sich nämlich *$Recycle.Bin* und lässt eine zentrale Datenbankdatei missen. Da beide Papierkorbarten unterschiedlich zu untersuchen sind, lassen Sie uns im Folgenden einen Blick auf die Papierkörbe von Windows XP und Windows Vista / 7 werfen.

Der Recycler von Windows XP

Der Papierkorb von Windows XP findet sich im Ordner *<LAUFWERK>: \RECYCLER* wieder. Er beinhaltet standardmäßig ein Unterverzeichnis für jeden Benutzer des Systems, der schon einmal eine Datei gelöscht hat. Diese Unterordner entsprechen dem *Security Identifier* (SID) des jeweiligen Benutzers auf dem jeweiligen System. Die letzten Ziffern dieses SID geben Aufschluss darüber, welchem Benutzer ein Papierkorb zuzuordnen ist. Ein SID sieht so aus:

```
S-1-5-21-1644491937-2077806209-1801674531-1004
```

Der Papierkorb ist in obigem Fall dem Benutzer mit der relativen ID (RID) 1004 zuzuordnen. Über die Windows-Registrierungsdatenbank SAM können Sie herausfinden, welcher Benutzername zu welcher RID gehört.

Jeder dieser Unterordner enthält die gelöschten Dateien des jeweiligen Benutzers. Vielleicht ist Ihnen schon aufgefallen, dass beim Löschen bzw. Verschieben in den Papierkorb die eigentlichen Dateinamen abgeändert werden. Wenn beispielsweise eine Bilddatei gelöscht wurde, könnte ihr neuer Name im Papierkorb *Dc5.jpg* lauten. Sie können bei der Untersuchung eines Papierkorbs bereits aus dieser Bezeichnung erste Rückschlüsse auf die Datei ziehen, wie folgende Abbildung zeigt.

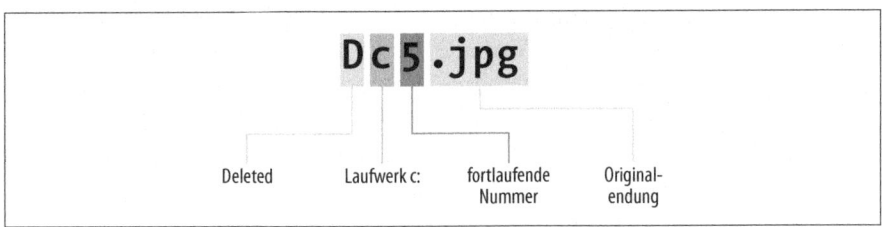

Abbildung 4-8: Aufschlüsselung von Dateinamen im Papierkorb unter Windows XP

Viel interessanter und für Sie aufschlussreicher ist die Untersuchung der Datenbankdatei *INFO2*. In dieser Datei ist jede Datei erfasst, die sich aktuell im Papierkorb befindet bzw. früher einmal dort befunden hat. Windows XP braucht diese Datei, um zu wissen, wann eine Datei gelöscht wurde, wo sie im Original herstammte und wie ihr Originalname war. Ansonsten wäre für den Benutzer ein Widerherstellen aus dem Papierkorb heraus nicht möglich.

Die Datei *INFO2* besteht aus einem Header mit 20 Bytes und Einträgen von jeweils 800 Bytes pro gelöschter Datei. Diese Einträge setzen sich so zusammen:

- Offset 0:   Original-Laufwerksbuchstabe, Pfad und Dateiname
- Offset 260: Fortlaufende Nummer korrespondierend zu der im Dateinamen
- Offset 264: Nummer des Laufwerks (0=A, 1=B, 2=C, 3=D etc.)
- Offset 268: Zeitstempel der Löschung im 32-Bit-FILETIME-Format (UTC)
- Offset 276: Logische Originalgröße der Datei in Bytes
- Offset 280: Original-Laufwerksbuchstabe, Pfad und Dateiname in Unicode

Neben diesen wertvollen Informationen über die gelöschten Dateien gibt es weitere Szenarien, die eine Auswertung der Datei *INFO2* unverzichtbar machen. Stellen Sie sich vor, ein Administrator Ihres Unternehmens möchte einen unliebsamen Mitarbeiter loswerden und kopiert belastende Materialien in dessen Papierkorb, oder ein Mitarbeiter versteckt gezielt Daten in seinem eigenen Papierkorb. In diesen Fällen sollten Sie – neben einer Analyse der

Besitzerverhältnisse und Berechtigungen dieser Dateien – unbedingt untersuchen, ob für Dateien Einträge in der *INFO2*-Datei vorliegen.

Die Analyse der *INFO2*-Datei lässt sich übrigens mit den gängigen Forensiktools und auch mit kostenloser Software erleichtern. Wir empfehlen Ihnen dazu den *Windows File Analyzer* von MiTeC (*http://www.forensikhacks.de/wfa*) und *Rifiuti* von McAfee (*http://www.forensikhacks.de/rifiuti*).

Der $Recycle.Bin unter Windows Vista / 7

Ähnlich wie der Papierkorb unter Windows XP enthält auch der Abfalleimer von Windows Vista / 7, der unter *<LAUFWERK>:\$Recycle.Bin* zu finden ist, jeweils einen Unterordner für jeden Benutzer, der schon einmal eine Datei auf dem System gelöscht hat. Die Vergabe des Ordnernamens basierend auf der SID läuft hierbei exakt so ab wie unter Windows XP.

Wenn Sie jedoch einen Blick in eines dieser Unterverzeichnisse werfen, fällt Ihnen sofort auf, dass die gelöschten Dateien dort anders benannt sind und auch von einer *INFO2*-Datei weit und breit keine Spur zu sehen ist.

Statt einer *INFO2*-Datei wird im Papierkorb von Windows Vista / 7 immer ein Set von zwei Dateien pro gelöschter Datei angelegt: eine *$I*-Datei, die Metainformationen enthält, und eine *$R*-Datei, die die eigentlichen Dateiinhalte enthält. In der folgenden Abbildung ist der Aufbau der Dateinamen schematisch dargestellt.

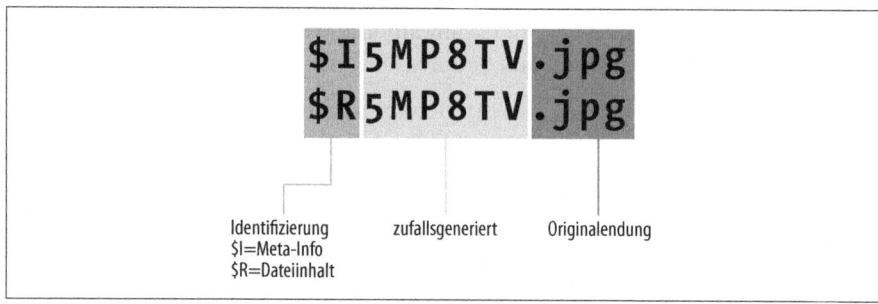

Abbildung 4-9: Aufschlüsselung von Dateinamen im Papierkorb von Windows Vista / 7

Sie sehen, die Metainformationen aus den Einträgen der *INFO2*-Datei sind im *$Recycle.Bin* quasi in einzelne kleine *$I*-Dateien ausgelagert worden. Diese 544 Bytes großen Dateien beinhalten Informationen über Löschzeitpunkt, Originaldateinamen und Originalgröße der gelöschten Datei und sind wie folgt aufgebaut.

* Offset 0:
  Dateiheader 01 gefolgt von 7 Null-Bytes

- Offset 8:
  Logische Originalgröße der Datei in Bytes
- Offset 16:
  Zeitstempel der Löschung im 32-Bit-FILETIME-Format (UTC)
- Offset 24:
  Original-Laufwerksbuchstabe, Pfad und Dateiname in Unicode

Während die meisten kommerziellen Forensikprogramme die Informationen aus den *$I*-Dateien meist automatisch oder skriptgestützt auslesen können, sind uns kaum brauchbare kostenlose Alternativen bekannt. Eine Möglichkeit zur Auswertung des Papierkorbs von Windows Vista / 7 auf einem Live-System stellt der *Recycle Reader* von Live-Forensics dar (*http://www.forensikhacks.de/recyc*).

HACK #55 Passwort vergessen? Kein Problem!
»Ersatzschlüssel gefällig?«

Sie wollten Ihren Rechner gegen Fremdzugriffe schützen und haben daher einen passwortgeschützten Benutzeraccount unter Windows angelegt, erinnern sich jetzt nach längerer Abwesenheit aber nicht mehr an das Passwort? Oder ein ehemaliger Mitarbeiter Ihrer Firma hat ohne Ihre Genehmigung auf dem Firmenlaptop die Passwörter für die Standard-Nutzerzugänge geändert? Kein Problem. Wir beschreiben Ihnen hier eine Methode, wie Sie Ihr Windows-Passwort zurücksetzen können.

Die hier beschriebenen Methoden dürfen ausschließlich zu legalen Zwecken, also beispielsweise zu forensischen Untersuchungen innerhalb des rechtlich abgedeckten Umfangs und für Versuchszwecke, beispielsweise das Umgehen des von Ihnen selbst gesetzten Passwortschutzes, eingesetzt werden. Der Paragraph 202c StGB stellt Vorbereitungshandlungen für das Ausspähen von Daten (§202a StGB) und das Abfangen von Daten (§202b StGB) unter Strafe. Darunter fällt unter anderem auch das Verschaffen eines Computerprogramms, dessen Zweck die Begehung einer solchen Tat ist. Gemäß den Beschlüssen 2 BvR 2233/07, 2 BvR 1151/08, 2 BvR 1524/08 des Bundesverfassungsgerichts sowie einer juristischen Stellungnahme der European Expert Group for IT Security (EICAR), *http://eicar.org/files/jlussi_leitfaden_web.pdf*, fallen Programme mit Dual-Use-Charakter bei legaler Anwendung nicht unter den Paragraphen 202c StGB. Dieser Hinweis stellt keine Rechtsberatung da. Wenn Sie im Zweifel darüber sind, ob bestimmte Techniken unter bestimmten Umständen zu einem Rechtsverstoß führen könnten, ersuchen Sie bitte einen Rechtsbeistand um Rat.

Um in etwa zu verstehen, wie es möglich ist, Windows-Passwörter einfach so zu ersetzen, möchten wir Ihnen einen kurzen Überblick darüber geben, wie das Betriebssystem Windows Ihr Passwort speichert.

Zentraler Dreh- und Angelpunkt in Sachen Passwörter ist die Registry, die Sie in diesem Kapitel schon kennenlernen durften. In der Datenbank des *Security Account Managers* (SAM) sind alle Benutzernamen und Passwörter verschlüsselt abgelegt. In früheren Windows-Versionen wurden die Passwörter als sicherheitsanfällige 128-Bit-LAN-Manager-Hashes (LM Hashes) gespeichert, was aus Gründen der Abwärtskompatibilität auch noch bis in aktuelle Windows-Versionen (bis XP) beibehalten wurde. Windows Vista und 7 speichern ihre Passwörter ebenfalls in der SAM-Datenbank als NT-LAN-Manager-Hashes (NTLM). In beiden Fällen ist möglich, den gespeicherten Passwort-Hash durch einen neu berechneten zu ersetzen, zum Beispiel durch den eines leeren Passworts. Und genau so geht auch die Boot-CD vor, die wir Ihnen nun vorstellen.

> Übrigens ist das Abspeichern von Passwörtern als Hashwerte in einer Datenbank keinesfalls eine Eigenheit des Windows-Betriebssystems. Sie können auch Linux-Passwörter in */etc/ shadow* auf dieselbe Art ersetzen. Mehr zum Thema Penetrationstests für Windows- und Linux-Passwörter finden Sie in den Hacks [#96] bis [#98].

Wenn Sie also Ihr vergessenes Passwort zurücksetzen möchten, laden Sie sich die Boot-CD *Offline NT Password & Registry Editor* von Petter Nordahl-Hagen (*http://pogostick.net/~pnh/ntpasswd/*) herunter. Das auf der Homepage erhältliche ZIP-Archiv beinhaltet eine ISO-Datei, die Sie einfach in gängigen Brennprogrammen auf eine CD brennen können. Alternativ können Sie natürlich auch einen bootfähigen USB-Stick erstellen. Auf der Homepage gibt es entsprechende Anleitungen.

Sobald Sie Ihre Boot-CD fertig haben, legen Sie sie in das optische Laufwerk Ihres PCs ein und starten ihn. Stellen Sie sicher, dass Ihr BIOS ein Booten von CD/DVD erlaubt und dass dieses Gerät Priorität vor der Systemfestplatte erhält. Oft reicht es aus, durch Betätigen von F8 während des Bootvorgangs das Bootmenü vom BIOS aus aufzurufen.

Wenn der PC von der CD bootet, wird zunächst das kleine Linux-Betriebssystem zusammen mit den notwendigen Treibern geladen. Im nächsten Schritt müssen Sie auswählen, auf welchem Laufwerk sich die Windows-Installation befindet, deren Passwörter zurückgesetzt werden sollen.

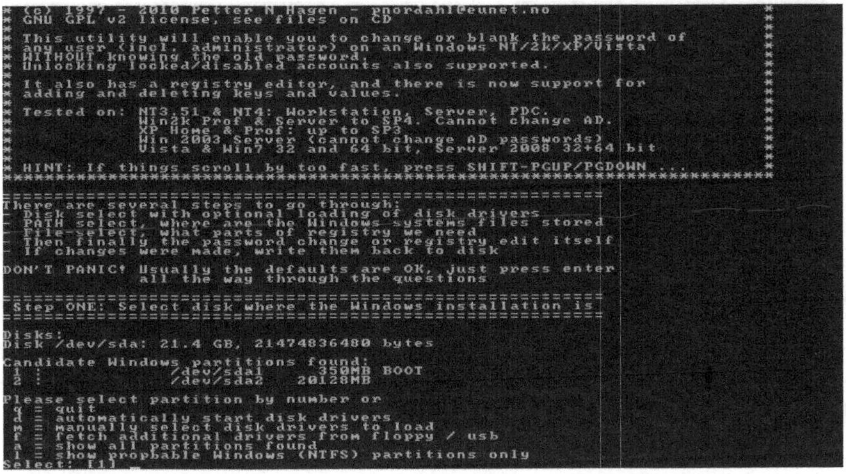

Abbildung 4-10: Gebootete Windows-7-Installation. Partition 2 ist die interessante.

Haben Sie das entsprechende Laufwerk ausgewählt, sollten Sie dem Programm mitteilen, unter welchem Pfad sich die SAM-Datei auf diesem Laufwerk befindet.

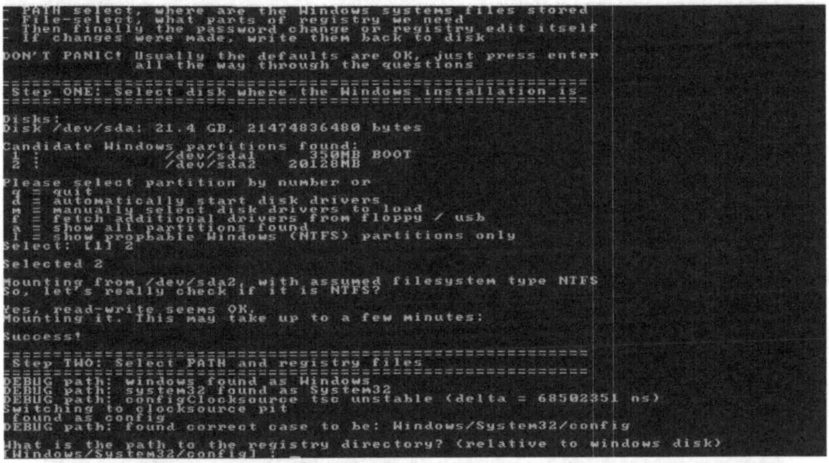

Abbildung 4-11: Drücken Sie Enter, um den Standardwert zu akzeptieren.

Die Standardeinstellung *Windows\System32\config* ist meist die richtige. Wählen Sie nun *Password reset [sam system security]* als auszuführende Aktion aus, um dann im vorletzten Schritt den Benutzer auszuwählen, dessen Passwort Sie zurücksetzen möchten.

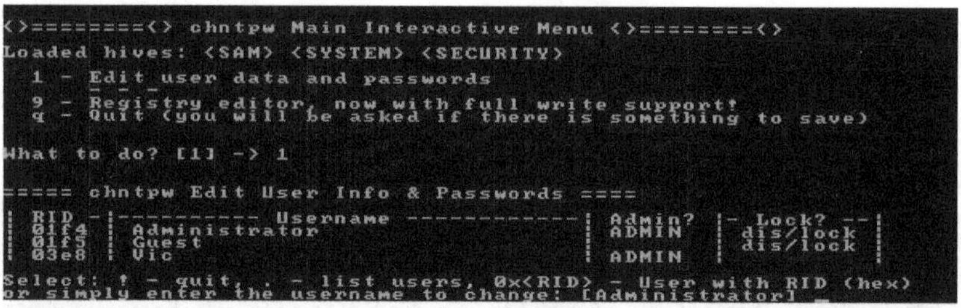

Abbildung 4-12: Sie können den Usernamen einfach im Klartext schreiben.

Nachdem Sie einen User ausgewählt und im Folgeschritt *Clear (blank) user password* gewählt haben, wird Ihnen der Erfolg dieser Aktion durch die Meldung *Password cleared* bestätigt.

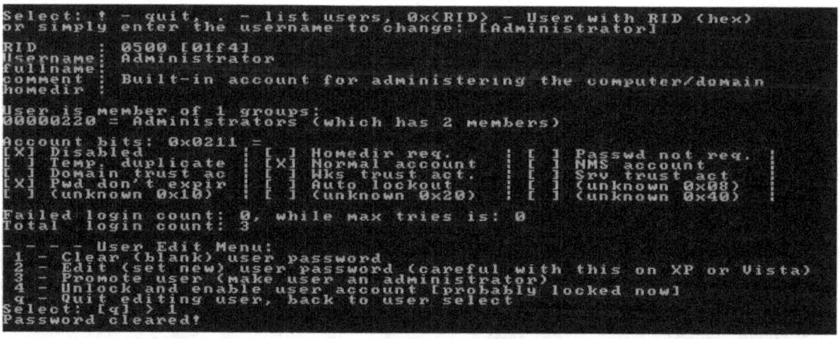

Abbildung 4-13: Wir haben unser vergessenes Passwort erfolgreich zurückgesetzt.

Durch Eingeben eines Ausrufezeichens, gefolgt von einem *q* für *quit*, beenden Sie Ihren Eingriff in die SAM-Datenbank. Nun müssen Sie lediglich Ihre Änderungen speichern. Beachten Sie, dass im letzten Schritt als Standardaktion *[n]* vorgegeben ist, also bei einem Betätigen der Enter-Taste nichts geändert würde.

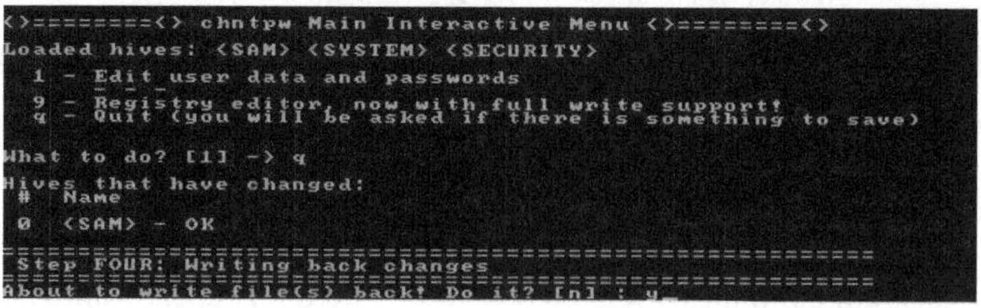

Abbildung 4-14: Ohne Speicherung am Ende gehen alle Änderungen verloren.

Glückwunsch, Sie haben nun beim Neustart des Rechners wieder Zugriff auf Ihr Benutzerkonto!

 Sie sollten diese Methode nicht anwenden, wenn Sie Ihre Daten mit der Windows-eigenen EFS-Verschlüsselung geschützt haben. Da diese zwingend den Login mit dem korrekten Passwort benötigt, bedeutet das Zurücksetzen des Passworts, dass Sie trotz erfolgreichen Logins nicht mehr auf die so verschlüsselten Daten zugreifen können.

## KAPITEL FÜNF

Digitale Spuren in Linux
Hacks #56-66

Vielen Dank, dass Sie dieses Kapitel über Linux-Forensik-Hacks aufgeschlagen und nicht sofort übersprungen haben! Linux wird oft noch als Nischenprodukt und mithin als für die Forensik uninteressant angesehen. Sie haben jedoch absolut recht, dieses Kapitel lesen zu wollen, da Linux sich auf jeden Fall auf einem aufsteigenden Ast befindet.

Obwohl es in Privathaushalten noch immer spärlich gesät ist und man es eher auf Servermaschinen findet, überlegen heutzutage immer mehr Anwender, umzusteigen. Daher ist es nur eine Frage der Zeit, bis Linux irgendwann zur Auswertung auch auf Ihrem Schreibtisch landet. Selbst viele Kommunen und mittelständische Firmen denken darüber nach, komplett auf Linux umzusteigen, da auf der einen Seite den Anwender die Lizenzkosten von Windows stören und Linux auf der anderen Seite auch immer anwenderfreundlicher geworden ist. Leider hindert den Entscheider bei Linux noch daran, Kosten für Schulungen und nicht flächendeckenden Support auszugeben. Der Mensch ist eben ein Gewohnheitstier.

Dennoch müssen Sie sich gerade im Serverbereich mit Linux beschäftigen – nicht nur wegen der Auswertung eines Linux-Systems, sondern auch wegen seines Einsatzes als Auswertungswerkzeug. In diesem Buch finden Sie an vielen Stellen Hacks, in denen Sie Linux als Auswertungstool einsetzen werden. Das liegt nicht nur daran, dass es viele geniale Open Source-Tools im Forensikbereich auf Linux gibt, sondern auch daran, dass mächtige Such- und Filterwerkzeuge bei dem Betriebssystem mit dem Pinguin schon an Bord sind. Vieles lässt sich automatisieren, wodurch der gesamte forensische Workflow vereinfacht wird. Wir sind der Meinung, dass ein Forensiker mehrere Betriebssysteme kennen muss, um den heutigen Anforderungen gerecht zu werden. Dieses Kapitel bietet sowohl für den Linux-Guru als auch für den Einsteiger hilfreiche Hacks für die tägliche Arbeit. Freuen Sie sich auf die folgenden Hacks. Es lohnt sich!

- Finden Sie heraus, welches Linux-Derivat vorliegt [Hack #56]
- Verschaffen Sie sich einen Partitionsüberblick (Sys V) [Hack #57]
- Verschaffen Sie sich einen Partitionsüberblick (BSD) [Hack #58]
- Ermitteln Sie installierte Software [Hack #59]
- Finden Sie Hinweise auf gelaufene Netzwerkdienste [Hack #60]
- Stellen Sie die Netzwerkkonfiguration fest [Hack #61]
- Spüren Sie Anomalien bei den Usern auf [Hack #62]
- Auf den Spuren des Users [Hack #63]
- Stellen Sie Beziehungen grafisch dar [Hack #64]
- Analysieren eines LAMP(P)-Servers [Hack #65]
- So rekonstruieren Sie eine dynamische Webseite [Hack #66]

HACK #56 Finden Sie heraus, welches Linux-Derivat vorliegt
»Unix ist nicht gleich Unix.«

Vor der Auswertung eines Linux/Unix-Systems müssen Sie wissen, um welches *Derivat* es sich handelt. Vieles ist standardisiert und festgelegt, aber eben nicht alles. Denken Sie z.B. an die unterschiedlichen Benennungen und Konventionen der Gerätedateien (engl. device files, special files) oder die Standardpfade eines Webservers – */usr/var/www* oder */srv/www*. Lassen Sie uns ein wenig ausholen. Begleiten Sie uns auf eine kleine Reise in die Vergangenheit.

Unix wurde in den *Bell Labs* entwickelt und im September 1969 »geboren«. Es entwickelte sich schnell zu einem funktionierenden Betriebssystem, das von dem Team rund um Dennis Ritchie programmiert und entwickelt wurde. In den 70er Jahren wurde das System außerhalb der *Bell Labs* bekannt und fand an Universitäten besonderes Interesse. Die bekannte Universität von Kalifornien in Berkeley entwickelte das System weiter und brachte 1977 eine eigene Unix-Distribution namens *Berkeley Software Distribution* (BSD) hervor. Damit gab –und gibt es noch heute – zwei große Unix-Stränge: *Sys V* (gelesen: »System five«) und *BSD*. In den 80er Jahren begannen dann die »Unix-Kriege«: Unix wurde mehr und mehr kommerzialisiert und verschiedene Entwicklungen nahmen ihren Lauf. Immer wieder kamen neue Systeme auf der Grundlage der Sys V- bzw. BSD-Schiene hervor, so z.B. im Jahr 2000 das Darvin-Projekt, das die Basis von Mac OS X bildet. Der Versuch der Standardisierung durch Gremien hält bis heute an. Verschiedene Normen wie POSIX, ISO oder IEEE versuchen, dem Wildwuchs Herr zu werden.

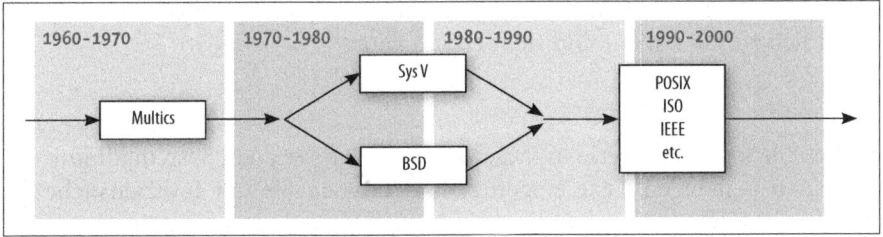

Abbildung 5-1: Kurzüberblick der Unix-Geschichte

Heutige Linux/UNIX/BSD-Distributionen lassen sich noch immer in die Zweige *Sys V* und *BSD* einteilen. Die folgende Tabelle soll Ihnen dabei helfen, eine erste Einschätzung über das auszuwertende System zu erlangen. Wie anfangs erwähnt, gibt es trotz aller Bemühungen um Standardisierung Unterschiede in Befehlssatz, Pfaden und/oder Orten der Logdateien usw. Seien Sie also gewarnt und gestalten Sie Ihre Auswertung entsprechend. Jedes System hat seine Eigenheiten, die entsprechend berücksichtigt werden müssen.

Tabelle 5-1: Linux/Unix Derivate, Einordnung in Sys V und BSD.

Sys V	BSD
Debian	Open BSD
Ubuntu/Kubuntu/Xubuntu	Free BSD
SuSE	Sun Solaris 1.x
Red Hat	Mac OS X
HP-UX	
Aix	

Aix ist das Unix aus dem Hause IBM und vereint viele Komponenten beider Schienen in sich, weshalb es eher in der Mitte der Tabelle anzusiedeln ist.

Die Geschichte von Unix ist sehr interessant, und fundiertes Hintergrundwissen über verschiedene Unix-Derivate hilft Ihnen zu einem tieferen Verständnis Ihrer forensischen Untersuchung. Wir empfehlen Ihnen, in einer freien Minute folgende Webseiten zu besuchen: *http://www.forensikhacks.de/unix* und *http://www.forensikhacks.de/unix2*.

Bei einem vorliegendem Image empfehlen wir, einen genaueren Blick in die Dateien */etc/issue* und */etc/issue.net* (falls vorhanden) zu werfen. Es handelt sich um Textdateien mit dem Inhalt einer Nachricht vor dem eigentlichen Login (pre-login message) und einem Identifikationstext (identification file).

Dies gibt Ihnen Aufschluss darüber, mit welchem System/Derivat Sie es eigentlich zu tun haben, und sieht etwa so aus:

```
less /etc/issue
  Ubuntu 10.04 LTS \n \l
```

Sollten Sie keine Hinweise in dieser Datei finden, weil ein Systemadministrator einen beliebigen Text eingefügt hat, müssen Sie auf Indiziensuche im gesamten System gehen. So unterscheiden sich die Systeme z. B. in

- dem Device der Root-Partition (*/dev/ad0s1a*, */dev/vg00/lvol1*, */dev/sda1*),
- den Namen der einzelnen Devices,
- den einbezogenen Passwortdateien (*/etc/passwd*, */etc/shadow*, */etc/security/passwd*),
- der User-ID des Users *Nobody* (*4294967294, 65534, –2, 99*),
- der für Allow/Deny bei Remote-Zugriffen verantwortlichen Datei (*/etc/security/user*, */etc/ttys*, */etc/securetty*) und
- der Verwendung diverser Befehle (`rmuser`, `userdel`).

Eine gute, erschöpfende Liste der Unterschiede finden Sie unter *http://www.forensikhacks.de/unix3*.

HACK #57 Verschaffen Sie sich einen Partitionsüberblick (Sys V)
»Eine Frage der Aufteilung«

Eine forensische Analyse beginnt immer mit der Bewertung des Partitionsschemas. Ohne Partition gibt es kein Dateisystem, ohne Dateisystem kein Operating System (OS) und ohne OS keine Applikation wie z. B. E-Mail, die Sie auswerten können. Ebenfalls sollten Sie immer große Aufmerksamkeit auf die Schlüssigkeit der Partitionsgrößen legen, denn man hat schnell mal eine 200-MB-TrueCrypt-verschlüsselte Partition übersehen – und das ist für Sie als Forensiker selbstverständlich inakzeptabel. Fragen Sie sich auch nach der möglichen Existenz einer *Host Protected Area* (HPA, *http://www.forensikhacks.de/hpa*) bzw. nach *Device Configuration Overlay* (DCO, *http://www.forensikhacks.de/dco*). Alles steht und fällt mit der konfigurierten Festplatte sowie deren intern strukturierter Hardware.

Sie sollten bei der Partitionsauswertung immer die erwartete Größe der Festplatte kennen. Diese Information bekommen Sie über den Aufkleber auf der Platte und über die Serien- bzw. Produktnummer der Festplatte selbst. Mit diesem Wissen schauen Sie sich die Partitionen im Einzelnen an und bewerten sie entsprechend. Im Folgenden befassen wir uns mit einigen Befehlen zur Partitionsauswertung.

Der Klassiker fdisk

Der Befehl fdisk mit den Optionen -lu gibt Ihnen schnell und übersichtlich eine Tabelle der konfigurierten Partitionen. Das geschieht durch Auswertung des Master Boot Record (MBR). Wie Sie sicherlich wissen, ist der MBR 512 Byte groß und befindet sich im Sektor 0 (null), welches der physische Sektor 1 (eins) der Festplatte ist. Gefolgt von reservierten Sektoren finden Sie dann im Sektor 63 für Windows XP und Sektor 2048 bei Windows Vista / 7 und Linux den Volume Boot Record (VBR), der die Definition der betriebssystemspezifischen Kennzahlen wie Clustergröße etc. beinhaltet.

Beispiel 5-1: Partitionslayout, dargestellt durch den Befehl fdisk

```
fdisk -lu festplatte.dd
...
Units = sectors of 1 * 512 = 512 bytes
Sector size (logical/physical): 512 bytes / 512 bytes
I/O size (minimum/optimal): 512 bytes / 512 bytes
Disk identifier: 0xec5dec5d

        Device Boot      Start         End      Blocks   Id  System
Festplatte.dd   *           63     9510479     4755208+   7  HPFS/NTFS
```

Der Befehl mmls aus dem Digitalforensiktool TSK

Wir empfehlen Ihnen zur digitalen forensischen Auswertung das Tool *TSK* (The Sleuth Kit, *http://www.forensikhacks.de/tsk*). Es läuft unter den Betriebssystemen Windows und Unix (Linux, OS X, Cygwin, FreeBSD, OpenBSD und Solaris). TSK wertet folgende Dateisysteme aus: NTFS, FAT, HFS+, Ext2, Ext3, UFS1 und UFS2. Weiterhin kennt das Tool verschiedene Partitionsschemata, z. B. MBR und GPT. Der Autor heißt Brian Carrier und ist nicht zuletzt mit seinem Standardwerk über Dateisysteme »File System Forensic Analysis« bekannt geworden (*http://www.forensikhacks.de/carrier*). TSK wurde in der Programmiersprache C entwickelt und stellt entsprechende kommandozeilenbasierte Befehle zur Verfügung. Der Befehl mmls stellt das Partitionsschema in einer Tabelle dar. Der Vorteil von TSK ist, dass es mit forensischen Formaten wie *EWF* (Expert Witness Compression Format, *http://www.forensikhacks.de/ewf*) oder auch *AFF* (Advanced Forensics Format, *http://www.forensikhacks.de/aff*) zurechtkommt.

Beispiel 5-2: Partitionslayout, dargestellt durch den Befehl mmls

```
mmls festplatte.E01
DOS Partition Table
Offset Sector: 0
Units are in 512-byte sectors
```

Beispiel 5-2: Partitionslayout, dargestellt durch den Befehl mmls (Fortsetzung)

```
        Slot    Start        End          Length       Description
00:     Meta    0000000000   0000000000   0000000001   Primary Table (#0)
01:     -----   0000000000   0000000062   0000000063   Unallocated
02:     00:00   0000000063   0009510479   0009510417   NTFS (0x07)
03:     -----   0009510480   0009514259   0000003780   Unallocated
```

Vermeintlich komplizierte Strukturen werden Ihnen mit `mmls` zum Kinderspiel, wie Sie hier am Beispiel eines Dual-Boot-Systems mit Windows 7 (siehe Offset 2048) und Linux (mit mehreren Partitionen) sehen können:

Beispiel 5-3: Partitionslayout, dargestellt durch den Befehl mmls – typisches Dual-Boot-System

```
mmls /dev/sda
DOS Partition Table
Offset Sector: 0
Units are in 512-byte sectors

        Slot    Start        End          Length       Description
00:     Meta    0000000000   0000000000   0000000001   Primary Table (#0)
01:     -----   0000000000   0000002047   0000002048   Unallocated
02:     00:00   0000002048   0000206847   0000204800   NTFS (0x07)
03:     00:01   0000206848   0204799999   0204593152   NTFS (0x07)
04:     00:02   0204800000   0205287423   0000487424   Linux (0x83)
05:     -----   0205287424   0205289471   0000002048   Unallocated
06:     Meta    0205289470   0625141759   0419852290   DOS Extended (0x05)
07:     Meta    0205289470   0205289470   0000000001   Extended Table (#1)
08:     01:00   0205289472   0211146751   0005857280   Linux Swap / Solaris x86 (0x82)
09:     Meta    0211146752   0217006079   0005859328   DOS Extended (0x05)
10:     Meta    0211146752   0211146752   0000000001   Extended Table (#2)
11:     -----   0211146752   0211148799   0000002048   Unallocated
12:     02:00   0211148800   0217006079   0005857280   Linux (0x83)
13:     Meta    0217006080   0625141759   0408135680   DOS Extended (0x05)
14:     Meta    0217006080   0217006080   0000000001   Extended Table (#3)
15:     -----   0217006080   0217008127   0000002048   Unallocated
16:     03:00   0217008128   0625141759   0408133632   Linux (0x83)
17:     -----   0625141760   0625142447   0000000688   Unallocated
```

Zum Vergleich die Ausgabe des entsprechenden `fdisk`-Befehls:

Beispiel 5-4: Partitionslayout, dargestellt durch den Befehl mmls – typisches Dual-Boot-System

```
fdisk -lu /dev/sda
Disk /dev/sda: 320.1 GB, 320072933376 bytes
255 heads, 63 sectors/track, 38913 cylinders, total 625142448 sectors
Units = sectors of 1 * 512 = 512 bytes
Sector size (logical/physical): 512 bytes / 512 bytes
I/O size (minimum/optimal): 512 bytes / 512 bytes
Disk identifier: 0x56570390
```

Beispiel 5-4: Partitionslayout, dargestellt durch den Befehl mmls – typisches Dual-Boot-System (Fortsetzung)

```
        Device Boot      Start       End      Blocks   Id  System
      /dev/sda1   *       2048    206847      102400    7  HPFS/NTFS
      Partition 1 does not end on cylinder boundary.
      /dev/sda2         206848 204799999   102296576    7  HPFS/NTFS
      Partition 2 does not end on cylinder boundary.
      /dev/sda3      204800000 205287423      243712   83  Linux
      Partition 3 does not end on cylinder boundary.
      /dev/sda4      205289470 625141759   209926145    5  Extended
      Partition 4 does not end on cylinder boundary.
      /dev/sda5      205289472 211146751     2928640   82  Linux swap / Solaris
      /dev/sda6      211148800 217006079     2928640   83  Linux
      /dev/sda7      217008128 625141759   204066816   83  Linux
```

Der Linux Befehl file

Mit dem Linux-Befehl file ermitteln Sie generell einen Dateityp. Wenden Sie das Kommando auf eine »Festplattenstruktur« an, zeigt es Ihnen keine Partitionstabelle an, gibt aber interessante Informationen wie z. B. »Serial« oder erkanntes Betriebssystem.

Beispiel 5-5: Interpretation eines MBR mit dem file-Befehl

```
file festplatte.dd
festplatte.dd: x86 boot sector, Microsoft Windows XP MBR, Serial 0xec5dec5d;
partition 1: ID=0x7, active, starthead 1, startsector 63, 9510417 sectors,
code offset 0xc0
```

Der native Weg mit dem Befehl dd

Hilfsmittel wie TSK oder grafische Auswertungstools wie EnCase, FTK oder X-Ways sind für Sie wichtige Werkzeuge bei Ihrer täglichen Arbeit, sie haben jedoch einen gewissen »Beigeschmack«. Lassen Sie uns erklären ...

Was werten Sie als Digitalforensiker eigentlich aus? Genau, Bits – Nullen und Einsen – auf einer Festplatte. Diese werden Ihnen in hexadezimaler Darstellung von einem Tool z.B. Hexeditor präsentiert. Diese Werte werden weiter interpretiert, z.B. als NTFS-Dateisystem, in dem wiederum hexadezimale Werte z.B. als Text interpretiert werden. Dieser Text kann in einer bestimmten Reihenfolge weiter als z.B. E-Mail interpretiert werden. Der E-Mail-Text wird dann von Ihnen interpretiert und lässt weitere Aktionen folgen. Vereinfacht gesagt, werden die Bits auf einer Festplatte in einem entsprechenden Kontext interpretiert. Die verschiedenen Kontexte nennt man die *Abstraktionsebenen* der Informatik. Was Ihnen klar sein muss: Mit jeder Abstraktionsebene können und werden – wie wir aus der Praxis wissen – Fehler gemacht. Deshalb ist es für einen Forensiker unheimlich wichtig, seine Tools zu validieren. Vertrauen Sie der Interpretation eines Tools oder Ihren Kenntnissen auf einer »tieferen« Abstraktionsebene? Wir empfehlen Ihnen, Ihre Tools zu validieren, indem Sie ihre Werte mit einem weiteren Tool verifizieren und gegebenenfalls selbst mal einen Blick auf die »Bits« legen.

Der dd-Befehl ist ein hervorragendes Tool, mit dem Sie sich schnell eine Partitionstabelle extrahieren können, z.B. des MBR:

Beispiel 5-6: Auslesen des MBR mit dem dd-Befehl

```
dd if=festplatte.dd of=mbr.dd bs=512 count=1
1+0 records in
1+0 records out
512 bytes (512 B) copied, 0.000418922 s, 1.2 MB/s
```

Nun können Sie leicht mit dem xxd-Befehl die Partitionstabelle in der untersten Abstraktionsschicht anzeigen lassen:

Beispiel 5-7: Hexadezimaleausgabe eines MBR mit dem xxd-Befehl.

```
xxd -g 1 mbr.dd
0000000: 33 c0 8e d0 bc 00 7c fb 50 07 50 1f fc be 1b 7c  3.....|.P.P....|
0000010: bf 1b 06 50 57 b9 e5 01 f3 a4 cb bd be 07 b1 04  ...PW...........
0000020: 38 6e 00 7c 09 75 13 83 c5 10 e2 f4 cd 18 8b f5  8n.|.u..........
0000030: 83 c6 10 49 74 19 38 2c 74 f6 a0 b5 07 b4 07 8b  ...It.8,t.......
0000040: f0 ac 3c 00 74 fc bb 07 00 b4 0e cd 10 eb f2 88  ..<.t...........
0000050: 4e 10 e8 46 00 73 2a fe 46 10 80 7e 04 0b 74 0b  N..F.s*.F..~..t.
0000060: 80 7e 04 0c 74 05 a0 b6 07 75 d2 80 46 02 06 83  .~..t....u..F...
0000070: 46 08 06 83 56 0a 00 e8 21 00 73 05 a0 b6 07 eb  F...V...!.s.....
0000080: bc 81 3e fe 7d 55 aa 74 0b 80 7e 10 00 74 c8 a0  ..>.}U.t..~..t..
0000090: b7 07 eb a9 8b fc 1e 57 8b f5 cb bf 05 00 8a 56  .......W.......V
00000a0: 00 b4 08 cd 13 72 23 8a c1 24 3f 98 8a de 8a fc  .....r#..$?.....
00000b0: 43 f7 e3 8b d1 86 d6 b1 06 d2 ee 42 f7 e2 39 56  C..........B..9V
00000c0: 0a 77 23 72 05 39 46 08 73 1c b8 01 02 bb 00 7c  .w#r.9F.s......|
00000d0: 8b 4e 02 8b 56 00 cd 13 73 51 4f 74 4e 32 e4 8a  .N..V...sQOtN2..
00000e0: 56 00 cd 13 eb e4 8a 56 00 60 bb aa 55 b4 41 cd  V......V.`..U.A.
00000f0: 13 72 36 81 fb 55 aa 75 30 f6 c1 01 74 2b 61 60  .r6..U.u0...t+a`
0000100: 6a 00 6a 00 ff 76 0a ff 76 08 6a 00 68 00 7c 6a  j.j..v..v.j.h.|j
0000110: 01 6a 10 b4 42 8b f4 cd 13 61 61 73 0e 4f 74 0b  .j..B....aas.Ot.
0000120: 32 e4 8a 56 00 cd 13 eb d6 61 f9 c3 49 6e 76 61  2..V.....a..Inva
0000130: 6c 69 64 20 70 61 72 74 69 74 69 6f 6e 20 74 61  lid partition ta
0000140: 62 6c 65 00 45 72 72 6f 72 20 6c 6f 61 64 69 6e  ble.Error loadin
0000150: 67 20 6f 70 65 72 61 74 69 6e 67 20 73 79 73 74  g operating syst
0000160: 65 6d 00 4d 69 73 73 69 6e 67 20 6f 70 65 72 61  em.Missing opera
0000170: 74 69 6e 67 20 73 79 73 74 65 6d 00 00 00 00 00  ting system.....
0000180: 00 00 00 00 00 00 00 00 00 00 00 00 00 00 00 00  ................
0000190: 00 00 00 00 00 00 00 00 00 00 00 00 00 00 00 00  ................
00001a0: 00 00 00 00 00 00 00 00 00 00 00 00 00 00 00 00  ................
00001b0: 00 00 00 00 00 2c 44 63 5d ec 5d ec 00 00 80 01  .....,Dc].].....
00001c0: 01 00 07 fe bf 4f 3f 00 00 00 11 1e 91 00 00 00  .....O?.........
00001d0: 00 00 00 00 00 00 00 00 00 00 00 00 00 00 00 00  ................
00001e0: 00 00 00 00 00 00 00 00 00 00 00 00 00 00 00 00  ................
00001f0: 00 00 00 00 00 00 00 00 00 00 00 00 00 00 55 aa  ..............U.
```

In Zeile *00001c0* sehen Sie mit etwas Übung schnell den Offset der Partition: *3f 00 00 00*. Das in Little-Endian dargestellt, und Sie erhalten *00 00 00 3f*. Nun noch kurz in eine Dezimalzahl umrechnen: *3x16+f=63*. Damit ist klar, dass die Partition in Sektor 63 beginnt – und wir interpretieren schon mal, dass es sich wahrscheinlich um ein Win XP handelt – oder ☺?

HACK #58 Verschaffen Sie sich einen Partitionsüberblick (BSD)

»Eine Frage der Aufteilung innerhalb der Aufteilung«

Haben Sie [Hack #56] gelesen, »Verschaffen Sie sich einen Partitionsüberblick (Sys V)«? Falls nicht, sollten Sie das jetzt tun, bis gleich.

Schön, dass Sie wieder hier sind! Im Prinzip sind die Partitionen eines BSD-Systems nichts anderes als die eines Linux- oder Windows-Systems. Es handelt sich also auch um eine DOS-Partitionstabelle. Damit können Sie dieselben Befehle wie in [Hack #56] verwenden – mit dem Unterschied, dass es sich um Partitionen in Partitionen handelt. Man spricht von sogenannten *Slices* (*http://www.forensikhacks.de/slices*). Aus diesem Grund wird Ihnen der Befehl fdisk oder mmls, ausgeführt auf eine Festplatte oder ein forensisches Image, nur die erste »Ebene« anzeigen:

Beispiel 5-8: Slices eines BSD-Systems, dargestellt durch den Befehl mmls

```
mmls bsd_festplatte.E01
DOS Partition Table
Offset Sector: 0
Units are in 512-byte sectors

      Slot    Start       End         Length      Description
00:   Meta    0000000000  0000000000  0000000001  Primary Table (#0)
01:   -----   0000000000  0000000062  0000000063  Unallocated
02:   00:00   0000000063  0012594959  0012594897  FreeBSD (0xA5)
```

Ihnen fällt sicherlich der Partitionstyp *FreeBSD (0xA5)* ins Auge. Jetzt müssen Sie sich die Partitionen innerhalb der Partition (Slices) anschauen. Das tun Sie mit folgendem Befehl:

Beispiel 5-9: Partitionslayout eines BSD-Systems, dargestellt durch den Befehl mmls mit Offset -o 63.

```
mmls -o 63 bsd_festplatte.E01
BSD Disk Label
Offset Sector: 63
Units are in 512-byte sectors
```

Beispiel 5-9: Partitionslayout eines BSD-Systems, dargestellt durch den Befehl mmls mit Offset -o 63. (Fortsetzung)

```
        Slot    Start         End           Length        Description
00:     -----   0000000000    0000000062    0000000063    Unallocated
01:     Meta    0000000001    0000000001    0000000001    Partition Table
02:     00      0000000063    0000733246    0000733184    4.2BSD (0x07)
03:     02      0000000063    0012594959    0012594897    Unused (0x00)
04:     01      0000733247    0001620986    0000887740    Swap (0x01)
05:     03      0001620987    0002616314    0000995328    4.2BSD (0x07)
06:     04      0002616315    0003191802    0000575488    4.2BSD (0x07)
07:     05      0003191803    0012594959    0009403157    4.2BSD (0x07)
```

Jetzt steht einer Auswertung der einzelnen Partitionen nichts mehr im Weg. Aufschluss über den »Zusammenbau« liefert Ihnen die Datei */etc/fstab*.

HACK #59 Ermitteln Sie installierte Software
»Eine Frage des Pfades«

In vielen Fällen ist es sehr wichtig, dass Sie sich einen Überblick über die installierte Software verschaffen. Das Wissen verrät Ihnen einiges über den User selbst. Ist dieser ein Computerguru oder eher ein reiner Anwender, ist er Systemadministrator oder Hacker? Ist Verschlüsselung im Spiel? Alle Antworten auf diese Fragen sind für eine weitere (logische) Auswertung von Nutzen.

Laufendes System

Auf Linux-Systemen kann Software auf zweierlei Weise installiert werden: entweder komfortabel über einen Paketmanager oder manuell aus den Quellen selbst. Aussagen über installierte Software bei einem laufenden System sind relativ leicht zu treffen. Ist ein Paketmanager verwendet worden, können Sie diesen selbst befragen. Die zwei am weitesten verbreiteten Paketmanager sind der *Red Hat Package Manager (RPM)* und der von Debian verwendete Manager mit Namen *Debian Package Manager (DPKG)*. Mit den Befehlen rpm -qa bzw. dpkg -l werden alle installierten Pakete aufgelistet.

Beispiel 5-10: Beispielausgaben der Befehle dpkg und rpm

```
dpkg -l | grep 'bzip2'
ii bzip2                        1.0.5-4ubuntu0.1
        high-quality block-sorting file compressor -

rpm -qa | less
…
```

Wie sieht es aber mit Programmen aus, die nicht über einen Paketmanager installiert wurden, sondern per Hand aus den Quellen? »Per Hand« heißt in diesem Fall durch ein einfaches Copy (cp) oder die Installation über den bekannten Dreisprung ./configure, make und make install.

Hier helfen die Befehle whereis und which weiter: Sie zeigen den Pfad zum jeweiligen Programm. Das funktioniert aber nur, wenn der Programmpfad zum jeweiligen Programm auch in der PATH-Variablen (*echo $PATH*) notiert wurde. Ist das nicht der Fall, hilft nur ein tieferer Blick ins System. Der Unterschied zwischen den Befehlen whereis und which liegt darin, dass whereis Ihnen noch weitere Angaben wie z. B. den Pfad zur Manpage oder den Quellen zeigt. Lesen Sie weiter!

Beispiel 5-11: Beispielausgaben der Befehle zum Auffinden installierter Programme

```
echo $PATH
/usr/local/sbin:/usr/local/bin:/usr/sbin:/usr/bin:/sbin:/bin:/usr/games

whereis xclock
xclock: /usr/bin/xclock /usr/share/man/man1/xclock.1.gz

which xclock
/usr/bin/xclock

locate xclock
/usr/bin/xclock
/usr/share/man/man1/xclock.1.gz
```

Totes System

Die Auswertung installierter Software auf einem toten System ist leider ein wenig komplizierter. Da es mehrere Möglichkeiten gibt, in einem Linux-System Software zu installieren, ist es nicht einfach, diese zu lokalisieren. Wurde ein Paketmanager verwendet oder wurden die verschiedenen Programme »per Hand« dem System hinzugefügt? Daher müssen Sie verschiedene Ansätze wählen, um zu Ihrem Ziel zu gelangen.

Üblicherweise werden Programme in einem Linux-System an fest definierten Stellen eingebunden. Daher sollten Sie sich mit den Standardpfaden auseinandersetzen. Wir empfehlen einen Blick in das *Filesystem Hierarchy System* (*http://www.forensikhacks.de/fhs*).

Eine gezielte Suche nach Programmen mit einem eXecute-Flag sollten Sie nur als letzte Lösung kurz vor der völligen Verzweiflung ansehen, da es die Anzahl auszuwertender Dateien nur unwesentlich eingrenzt. Vielversprechender ist die Auswertung der STATUS–Datei des Paketmanagers. Die finden Sie in einem Ubuntu-System unter */var/lib/dpkg/status*. Diese Datei können Sie mit einem einfachen grep durchsuchen.

Eine weitere Möglichkeit ist die gezielte Suche nach Dateinamen, die in der Pfadvariablen festgelegt sind. Es gibt eine globale PATH-Variable, üblicherweise im Verzeichnis */etc* von einer Datei gesetzt (gesourced), z.B. */etc/environment* oder */etc/profile* (*https://help.ubuntu.com/community/EnvironmentVariables*). Und natürlich gibt es auch die PATH-Variablen, die vom User selbst gesetzt wurden, in der Datei */home/<User>/.profile*. Generell ist festzuhalten, dass man in einem Linux-System beliebige Konfigurationen vornehmen kann, was Ihnen eine Analyse sehr erschweren kann, aber eben nicht muss, wenn man sich an Standards gehalten hat.

```
cat /etc/environment
PATH="/usr/local/sbin:/usr/local/bin:/usr/sbin:/usr/bin:/sbin:/bin:/usr/
games"
```

Wenn Sie die Pfade der ausführbaren Dateien kennen, können Sie mit dem find-Befehl eine gezielte Suche starten. Unserer Erfahrung nach ist die Trefferquote sehr gut.

```
find /home -iname '*truecrypt*'
```

Sie sollten bei jeder forensischen Auswertung die Möglichkeit der Virtualisierung in Betracht ziehen. So können Sie sich der Tools und Befehle bedienen, die Sie sonst nur bei einer Live-Analyse verwenden könnten. Mehrere Hacks aus Kapitel 8 leuchten dieses Thema aus.

HACK #60 Finden Sie Hinweise auf gelaufene Netzwerkdienste
»From SYN via ACK to FIN«

Wie Sie wissen, besteht ein eklatanter Unterschied zwischen der Live-Forensik und dem Auswerten eines »toten« Image. Weiterhin müssen Sie sich damit abfinden, dass es heutzutage keinerlei Sinn ergibt, sich auf reine Festplattenforensik zu konzentrieren. Die beiden Disziplinen Netzwerkforensik und »Post-mortem-Forensik« wachsen immer enger zusammen. Kein Festplattenforensiker kann heute ohne Kenntnisse über Netzwerktechnik erfolgreich bestehen, wo doch fast jeder ein kleines Heimnetzwerk hat und der Gebrauch von Cloud-Services auch dramatisch zunimmt. Aus Sicht des Gesetzgebers spielt es bei der Festlegung des Strafmaßes unter anderem eine Rolle, ob nur reiner Besitz nachgewiesen wurde oder eine Verbreitung von strafrelevanten Daten stattgefunden hat. Aus diesen Gründen finden wir es unbedingt nötig und wichtig, Sie mit entsprechenden Hacks zu versorgen. Dieser Hack soll Ihnen einen ersten Ansatz dafür geben, herauszufinden, ob auf einem Linux-System überhaupt Netzwerkdienste im Einsatz waren.

Netzwerkdienste

Kennen Sie die gängigsten Netzwerkdienste? Nehmen Sie sich etwas Zeit und denken Sie ruhig eine Minute darüber nach. Welcher dieser Dienste eignet sich um (illegale) Daten zu verbreiten? Netzwerkdienste lassen sich prinzipiell nach ihrem Zweck, also Aufgabenbereich einordnen. Die folgende Tabelle gibt Ihnen einen guten Überblick, entbehrt aber jeglichen Anspruch auf Vollständigkeit.

Tabelle 5-2: Netzwerkdienste und ihre Standardports in der Übersicht

Dienst	Port	Kurzbeschreibung	Zweck/Aufgabenbereich
FTP	20/21	File Transfer Protocol	Dateitransfer
SCP	22	Secure Copy	Dateitransfer
SSH	22	Secure Shell	Remote-Verbindung
Telnet	23	Shell-Zugriff	Remote-Verbindung
rlogin	24	Shell-Zugriff	Remote-Verbindung
SMTP	25	E-Mail-Versand	E-Mail
whois	43	Domain-Informationen	Administration
DNS	53	Namensauflösung	Administration
HTTP	80	Webserver	www
Portmapper	111	Remote Procedure Calls	Diverse, u. a. NFS (Network File System)
NTP	123	Zeitsynchronisation	Zeitdienst
imap	143	E-Mail-Zugriff	E-Mail
Samba/Netbios	139	Windows-Freigabe	Dateitransfer
LDAP	389	Lightweight Directory Access	Diverse, u. a. Autentifizierung
HTTPS	443	Secure Webserver	www
MySQL	3306	MySQL-Server	Datenbankzugriff
RDP	3389	Remote Desktop Protocol	Remote-Verbindung
Metasploit	4444	Metasploit Reverse Handler	Diverse, u. a. Remote-Verbindung

Die am häufigsten verwendeten Netzwerkdienste zum illegalen Vertreiben von Daten auf Linux-Systemen sind FTP, HTTP, SSH und BitTorrent (Port 2710 wird von vielen »Trackern« verwendet).

Wie wir schon in anderen Hacks geschrieben haben, ist das Auswerten von Linux-Rechnern aufgrund der flexiblen Konfigurationsmöglichkeiten nicht immer einfach. Daher werden wir uns auf die Standards konzentrieren und Ihnen Tipps für Hinweise auf gelaufene Netzwerkdienste geben. Weiterhin können wir das Kommando netstat -antp bei einem Image nicht anwenden, es sei denn, Sie virtualisieren und werten »live« aus – schade! Prinzipiell gibt

es drei Methoden, wie sich ein Client mit einem Server verbinden kann. Diese
müssen sie kennen, um gezielt nach diesen Konfigurationen zu suchen.

Standalone

Ein typischer Vertreter dieser Netzwerkdienstkonfiguration ist der *sshd*
(Secure Shell Daemon). Der Client baut ein Socket auf (IP-Adresse + Port),
indem er sich einen freien Port sucht, und verbindet sich dann auf Serverseite
mit dem Socket, der auf Port 22 lauscht. *sshd* läuft im Hintergrund und kann
sich somit selbst um seine Verbindungen kümmern.

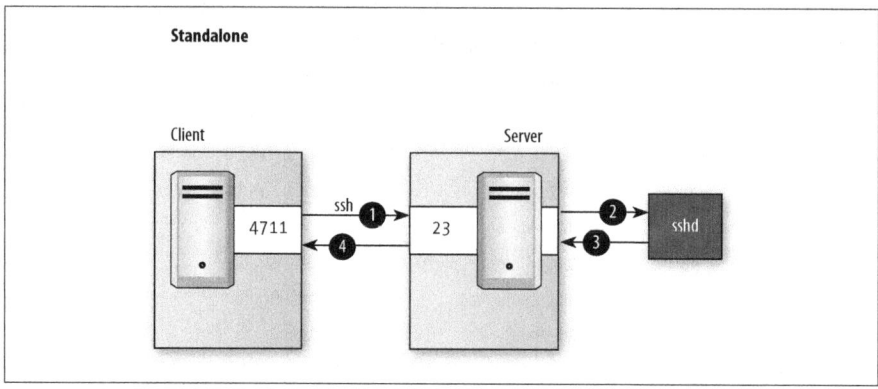

Abbildung 5-2: Client-Server-Verbindung – Standalone

Viele – fast alle – Konfigurationsdateien befinden sich unter dem Verzeichnis
/etc. Die Konfiguration von *sshd* liegt im Verzeichnis */etc/sshd*. Da der Daemon bei dieser Verbindungsart selbst laufen muss, können Sie den Start des
Daemon im Syslog bestätigen, */var/log/syslog* bzw. */var/log/messages*. Weiterhin überprüfen Sie bitte, ob ein Startskript existiert:

```
ls -l /etc/rc?.d/* | grep –i ssh
```

Der Dienst muss gestartet sein, damit sich Clients verbinden können. Untersuchen Sie weiter die Dateien (!) *.bash_history*, um eventuell nachzuweisen,
dass der Dienst »per Hand« gestartet worden ist. Untersuchen Sie nicht nur
die History-Datei des Users *root*, sondern auch die der anderen User, da der
Dienst eventuell mithilfe von sudo gestartet worden ist.

Ein weiterer Dienst, der üblicherweise im Standalone-Modus läuft, ist der
Webserverdienst. Sehr verbreitet ist der Webserver Apache (*http://www.
forensikhacks.de/apache*). Die Konfiguration befindet sich im Verzeichnis */etc/
apache2* bzw. */etc/httpd*:

```
/etc/apache2/apache2.conf
/etc/apache2/ports.conf
```

Das Verzeichnis für die bereitgestellten Dateien kann sehr unterschiedlich sein (siehe Konfigurationsdatei), zu den üblichen Verdächtigen gehören diese hier:

```
/var/www/
/var/www/html/
/srv/www/
/home/<User>/.public_html/
```

Superdaemon – inetd bzw. xinetd

Diese Technik der Client-Server-Verbindung unterscheidet sich von der Stand-alone-Variante darin, dass der Netzwerkdienst selbst nicht von Anfang an läuft. Der Dienst wird erst nach Anfrage an den sogenannten *Superdaemon* von diesem gestartet. Der Superdaemon »weckt« den angefragten Dienst auf und übergibt die Verbindung. Ein typischer Dienst, der so gestartet wird, ist *Telnet*. Aber auch *sshd* oder *httpd* (z.B. Apache Webserver) könnte so gestartet werden – das ist jedoch eher ungewöhnlich. Der Superdaemon heißt *inetd* und die Konfiguration befindet sich in der Datei *etc/inetd.conf*.

```
…
telnet      stream   tcp    nowait   root   /usr/sbin/tcpd   in.telnetd
…
```

Der Superdaemon hat die Möglichkeit, vor dem eigentlichen Start einen Security-Dienst zu befragen. Dieser Dienst heißt *TCP-Wrapper* (tcpd) und hat die Aufgabe zu prüfen, ob z.B. eine gewisse IP-Adresse eines Clients für den jeweiligen Dienst gesperrt ist. Mögliche Konfigurationen befinden sich unter *etc/hosts.allow* bzw. *etc/hosts.deny*.

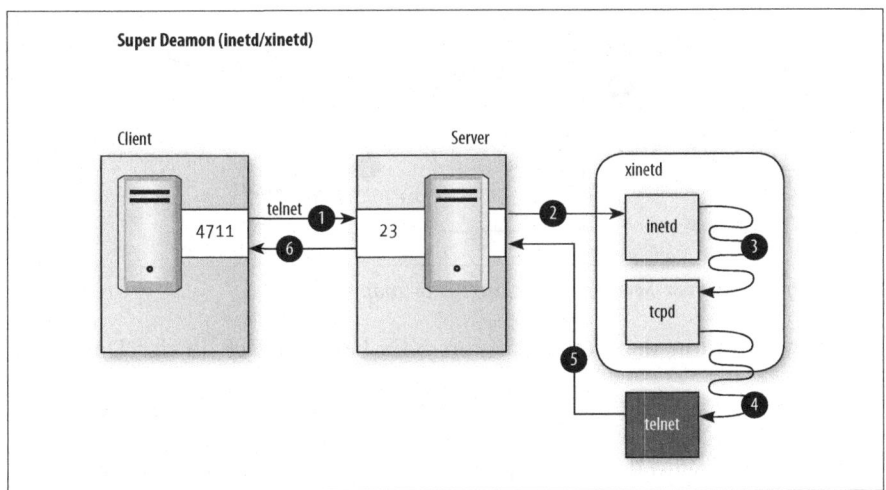

Abbildung 5-3: Client-Server-Verbindung mit Superdaemon

Durchaus üblich ist heute der Einsatz des Superdaemon *xinetd* (extended internet daemon). *xinetd* ist eine Weiterentwicklung von *inetd* und vereint *tcpd*. Weiter fügt *xinetd* exzessive Protokollmöglichkeiten hinzu. Die Konfigurationen befindet sich in der Datei */etc/xinetd.conf* und im Verzeichnis */etc/xinetd.d*. Die Konfiguration für Telnet könnte z.B. so aussehen:

```
service telnet
{
        flags            = REUSE
        socket_type      = stream
        wait             = no
        user             = root
        server           = /usr/sbin/in.telnetd
        log_on_failure  += USERID
        disable          = no
}
```

Portmapper

Ein typischer Dienst, der durch den sogenannten *Portmapper* vermittelt wird, ist die Freigabe eines Verzeichnisses durch *NFS* (Network File System). Bei dieser Art der Bereitstellung handelt es sich um eine Mischform von Standalone und der Vermittlung durch einen Superdaemon. Der Portmapper vermittelt die Ports, auf denen die bereits laufenden *mountd* lauschen, und den zugehörigen RPC (Remote Procedure Call)-Nummern. Entwickelt wurde NFS von der Firma Sun Microsystems.

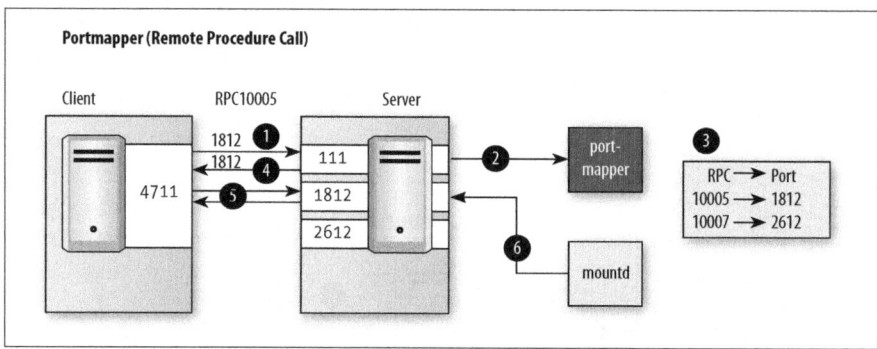

Abbildung 5-4: Client-Server-Verbindung – Portmapper

Die Konfiguration der Freigaben von NFS befindet sich in der Datei */etc/exports*.

```
/Verzeichnis/MeineFreigabe 192.168.0.100(rw,sync)
```

Normalerweise wird der Portmapper mit den Startup-Skripten gestartet.

```
ls -l /etc/rc?.d/* | grep -i nfs | grep -i server
```

Stellen Sie die Netzwerkkonfiguration fest

»192.168.0.1 oder 10.0.0.1«

Sie haben die Protokolldatei eines Proxyservers analysiert und festgestellt, dass ein PC mit der IP-Adresse z. B. 192.168.0.100 immer wieder Kontakt zu einem bestimmten Server oder einer illegalen Webseite aufnimmt. Doch wie würden Sie diesen PC im Netzwerk identifizieren? Wenn Ihnen keine weiteren Erkenntnisse zum Netzwerk vorliegen, könnten Sie die PCs auf Ihre konfigurierten IP-Adressen hin überprüfen und so bestimmen, welcher PC welche IP-Adresse besitzt. Dieser Hack zeigt Ihnen typische Konfigurationsstellen im Dateisystem und Möglichkeiten der IP-Adressanalyse eines Live-Systems.

IP-Adresskonfiguration

Die IP-Adresse eines Systems kann entweder dynamisch per *DHCP* (Dynamic Host Configuration Protocol) oder statisch konfiguriert werden. Die statische Konfiguration der IP-Adresse befindet sich bei einem Debian/Ubuntu-System in der Datei */etc/network/interfaces*.

Eine typische Konfiguration könnte so aussehen:

```
...
auto eth0
iface eth0 inet static
    address 192.168.0.100
    netmask 255.255.255.0
    gateway 192.168.0.1
...
```

Wird ein Client über DHCP konfiguriert, steht in der Datei das hier:

```
auto eth0
iface eth0 inet dhcp
```

In diesem Fall sehen Sie also keine IP-Adresse auf dem toten System. Sie müssen Ihre Nachforschungen also auf den DHCP-Server des Netzwerks ausweiten. Wobei der Begriff »Server« hier nicht unbedingt immer wörtlich zu nehmen ist. Gerade in Privathaushalten werden Sie eher selten auf dedizierte DHCP-Server treffen, viel wahrscheinlicher ist hier, dass ein DSL-Router diese Funktion übernimmt.

Um einem DHCP-Server die Daten zu entlocken, ist die Zuordnungsmethode festzustellen. Ein DHCP-Server kann eine IP-Adresse gezielt verteilen (MAC-Adresszuordnung) oder frei, nach freier IP-Adresse im DHCP-Server-Pool. Eine Analyse der Protokolldateien des DHCP-Servers ist unumgänglich, sofern diese vorliegen. Voraussetzung ist die Kenntnis der MAC-Adresse Ihres Clients und zum Abgleich der im Netzwerk verbundenen PCs.

IP-Adresse eines Live-Systems

Wenn Sie ein Live-System antreffen, gestaltet sich die Identifizierung der IP-Adresse einfacher. Mit folgenden Befehlen können Sie die IP-Adresskonfiguration ermitteln:

```
ifconfig -a
netstat -in
```

 Heutzutage ist der Einsatz von VMs (virtuellen Maschinen) keine Seltenheit. Analysieren Sie deshalb auch für jeden infrage kommenden Client den Einsatz von VMs und deren IP-Adressenkonfiguration.

HACK #62 Spüren Sie Anomalien bei den Usern auf
»Ich bin root, ich darf das!«

Sie haben den Verdacht, dass der von Ihnen zu untersuchende Linux-Rechner kompromittiert wurde. Nicht immer handelt es sich um versteckte High-End-Rootkits (*http://www.forensikhacks.de/root*). Wir zeigen Ihnen in diesem Hack, wie Sie Fehlkonfigurationen in der Benutzerverwaltung entdecken, ob die Konfiguration nun unabsichtlich von einem unwissenden Systemadministrator durchgeführt oder absichtlich vollzogen wurde. Sammeln Sie Hinweise und spüren Sie Anomalien bei den Usern auf.

User-ID 0 (Null)

Die User-ID 0 ist dem User *root* vorbehalten. Ein UNIX-System bestimmt die Rechte eines Users nicht anhand des Namens, sondern anhand der User- und Gruppen-ID. Diese IDs werden in der Datei */etc/passwd* gespeichert. Die Datei besteht aus sieben Feldern, die durch Doppelpunkte voneinander getrennt sind; sie hat folgenden Aufbau:

```
<Benutzername>:<Verschlüsseltes Passwort>:<User-ID>:<Gruppen-ID>:<Kommentar
Feld>:<Pfad zum Heimatverzeichnis>:<verwendete Login-Shell>
```

Generell ist es möglich, mehrere Benutzer als *root*-User zu konfigurieren, was in manchen Fällen auch sinnvoll sein kann, obwohl es da noch andere Mechanismen wie z. B. sudo gibt. Dennoch ist so eine Konfiguration auf jeden Fall auffällig und sollte näher untersucht werden. So finden Sie User mit der ID 0:

```
awk -F: '$3 == 0 { print }' /etc/passwd
```

Benutzerstatus

Sie können den Benutzerstatus in einem Live-System mit dem Befehl passwd –
S –a abfragen. Anstelle des Parameters –a (steht für »all«) können Sie auch
einen Benutzernamen angeben. Die Ausgabe gibt Ihnen Aufschluss darüber,
welcher Benutzer gesperrt ist und ob z.B. ein Passwort gesetzt ist oder leer ist.

```
passwd -S -a | awk '$2 == "NP" {print }'
passwd -S -a | awk '$2 == "L" {print }'
```

Wobei der Vergleich mit *NP* für »No Password« steht und der Vergleich mit *L*
für die gelockten Benutzer. Generell ist ein Test auf die Anzahl der Benutzer,
die sich potenziell am System anmelden können, immer gut, denn er liefert
einen exzellenten Indikator für die zu erwartende Komplexität.

```
cat /etc/passwd | wc -l
```

Steht Ihnen das Live-System nicht zur Verfügung, wird der passwd-Befehl
keine Hilfe sein. In so einem Fall schauen Sie sich die Dateien *etc/passwd* und
/etc/shadow »per Hand« an.

Rechte

UNIX-Rechte sind tief im System verwurzelt. Die Sicherheit Ihrer Daten steht
und fällt mit der richtigen Rechtevergabe. Die Rechte, die den User betreffen,
reichen weit über das Heimatverzeichnis hinaus. Sie sollten auf jeden Fall
überprüfen, welche Dateien im System das SUID-Bit gesetzt haben. Dieses Bit
ist dafür verantwortlich, dass ein Prozess mit den Eigentümerrechten der
Datei gestartet wird und nicht – wie normalerweise – mit den Rechten desjenigen, der ihn startet.

Den folgenden Befehl müssen Sie als *root*-User starten. Er erzeugt eine Datei
namens *suid.txt* in dem Verzeichnis, aus dem der Befehl gestartet wird. Folgende Informationen werden in die Datei geschrieben: Dateirechte, Besitzer,
Größe der Datei in Byte, I-Node-Nummer und der Name der Datei.

```
find / \( -perm -4000 -fprintf suid.txt '%M %u %s %i %p\n' \)
```

Der folgende Befehl sucht nach Dateien innerhalb eines Heimatverzeichnis-
ses, die für alle (die ganze Welt) beschreibbar sind.

```
find /home/<user> \( -type f -perm -o=w \
    -fprintf exec.txt '%M %u %s %i %p\n' \)
```

Sie können den find-Befehl auch dazu verwenden, die Rechte für »weltweit
schreibbare Dateien« zu entziehen.

```
find /home/<user> -type f -perm -o=w -print0 | xargs -0 /bin/chmod o-w
```

Auf den Spuren des Users
#63   »Gehen Sie auf Fährtensuche«

Der »Post-mortem-Forensiker« analysiert Daten ohne Kenntnis der Anwendung, die die Daten auf die Festplatte geschrieben hat. Das heißt, er sieht immer nur einen Teil des Ganzen. Jede Festplatte hat ihre Geschichte. Diese zu kennen, wäre für Ihre Untersuchung bestimmt hilfreich, oder? Dieser Hack beschreibt, wie Sie der Geschichte ein Stück näher kommen können. Schätzen Sie das Userverhalten ein und analysieren Sie die eingegebenen Shell-Befehle.

Die am häufigsten verwendete Shell auf Linux-Systemen ist die *Bourne-Again-Shell* (BASH). Die eingegebenen Daten werden üblicherweise in einer Datei namens *.bash_history* protokolliert. Diese Datei befindet sich im jeweiligen Heimatverzeichnis (*/home/<User>*). Jeder Benutzer hat seine eigene History-Datei. Bei der Analyse eines Linux-Systems sollten Sie diese Dateien für jeden einzelnen User intensiv betrachten und dort nach Spuren auf ausgeführte Programme, Pfadwechsel, Verwendung von sudo usw. suchen. Eventuell finden Sie in dieser Datei auch verwendete Passwörter. Das kann sein, wenn der User sich einmal bei einer Passwortabfrage vertippt hat und dann unabsichtlich als Loginnamen das Passwort verwendet hat, oder wenn er Verbindungen per *ftp*, *ssh* oder *mysql* nutzt und dabei über die Option -p das Passwort mitschickt.

Manche User verlegen aus Verschleierungsgründen ihre History-Datei nach */dev/null*. Auch dieser Sachverhalt gibt Ihnen Aufschluss auf den User: Ist er Anwender oder eher Hacker?

Der User *root* hat sein Heimatverzeichnis nicht unter */home* wie die anderen Benutzer des Systems, sondern im Verzeichnis */root*.

> */home* und */root* sind die Standardpfade für die Heimatverzeichnisse der Benutzer. Jedoch legt einzig und alleine die Datei */etc/passwd* (7. Feld) den Pfad fest. Beziehen Sie diese Datei unbedingt in Ihre Analyse mit ein.

In den Dateien *.profile* und *.bashrc* finden Sie benutzerspezifische Systemeinstellungen, z.B. Hinweise auf zusätzliche Pfadangaben oder gesetzte Variablen. Jeder Knoten lässt sich leicht lösen, wenn man erst einmal den Anfang in der Hand hat und zu ziehen beginnt.

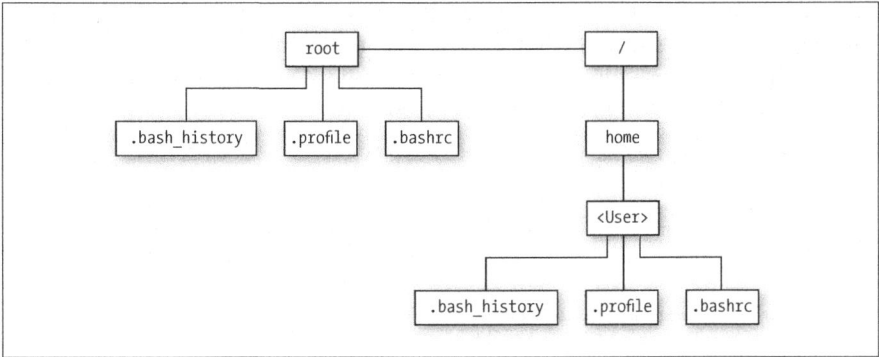

Abbildung 5-5: Verzeichnisstruktur der User

Stellen Sie Beziehungen grafisch dar

HACK
#64

»Ein Bild sagt mehr als tausend Worte.«

In [Hack #44] haben wir Ihnen gezeigt, wie Sie *Netflow*-Daten für die weitere Analyse aufbereiten. Dieser Hack verwendet die dort erstellten Ausgabedaten und bereitet sie für einen besseren Überblick grafisch auf. Sie können aber auch andere Daten wie z.B. *Apache*-Logs grafisch darstellen lassen. Besonders gut eignen sich Logdateien, die Beziehungen enthalten, z.B. Quelladresse zu Zieladresse oder E-Mail-Daten mit *From:*- und *To:*-Feldern.

Oft erkennt man Zusammenhänge oder Gewichtungen erst anhand grafischer Beziehungsdiagramme. Professionelle Tools wie *Intella*, *Nuix* und *Analyst's Notebook* erledigen diese Aufgabe selbstverständlich mit Bravour. Die Open Source-Welt stellt jedoch auch freie Alternativen wie *ERM*-Zeichenprogramme bereit. Nicht immer ist der Einsatz so schwerer Geschütze vonnöten. In diesem Hack werden wir Ihnen zeigen, wie Sie bereits mit einfachen Mitteln wie *Graphviz* (*http://www.forensikhacks.de/graphviz*) und ein wenig Shell-Programmierung gute Ergebnisse erzielen können.

Daten für Graphviz aufbereiten

Erinnern Sie sich an [Hack #44]? So sieht die Datenbasis aus:

```
head log_auswertung.txt

1325462943 [2012-02-01 00:09:03] 80 22.69.227.48 11097 74.43.195.207
1325462943 [2012-02-01 00:09:03] 80 22.69.227.48 32060 73.12.203.149
1325462943 [2012-02-01 00:09:03] 80 22.69.227.48 42887 48.95.137.134
...
```

Bevor Sie die Daten für eine Visualisierung aufbereiten, schlagen wir vor, sie erst zu bereinigen. Sonst würde eine Grafik, die für Übersicht sorgen soll, schnell unübersichtlich. Sortieren Sie die Daten und entfernen Sie doppelte Einträge. Für das Angriffsszenario ist das reine Entfernen nicht geeignet, dafür zählen wir zusätzlich aufeinanderfolgende Zeilen für eine Gewichtung. Die folgende Befehlszeile erledigt das für Sie:

```
time cat log_auswertung.txt | sort -k+6 | \
        uniq -c -f 5 > log_auswertung_gewichtung.txt
real    0m10.177s
user    0m10.730s
sys     0m0.150s


wc -l log_auswertung_gewichtung.txt
496 log_auswertung_gewichtung.txt
```

Wie Sie sehen, hat die Verarbeitung unserer Datenbasis gerade einmal 10 Sekunden gedauert. Bedenken Sie, dass Sie mit einem Logfile von mehreren MByte Größe begonnen haben. Schauen Sie sich Ihr Ergebnis einmal an:

```
tail -n 1 log_auswertung_gewichtung.txt
   5667 1325462943 [2012-02-01 06:38:28] 80 22.69.227.48 11097 34.234.176.
223
```

Grafische Darstellung Ihrer bereinigten Daten

Zur grafischen Darstellung Ihrer Daten verwenden Sie das Tool *Graphviz*. Es erstellt Ihnen einen Beziehungsgraphen auf Grundlage einer Datei im sogenannten *dot*-Format. Diese Datei werden Sie mit einem AWK-Shell-Skript namens *gen_dot.sh* erzeugen.

Beispiel 5-12: gen_dot.sh

```
#! /usr/bin/awk -f

BEGIN {
        print "digraph G"
        print "{"
        print "    node [fontname=Verdana,fontsize=12]"
        print "    node [style=filled]"
        print "    node [fillcolor=\"#EEEEEE\"]"
        print "    node [color=\"#EEEEEE\"]"
        print "    edge [color=\"#31CEF0\"]"
        print "    \"22.69.227.48\" [shape=box, color=deeppink]\n"
}
$1 > 1 {
        print "\""$7"\"" " " "\""$5"\"" " [label=\""$1"\",decorate=true]"
}
END    {
        print "}"
}
```

Durch folgenden Aufruf generieren Sie die von *Graphviz* benötigte *dot*-Datei:

```
cat log_auswertung_gewichtung.txt | ./gen_dot.sh > log_auswertung.dot
```

Ihr Ergebnis sieht so aus:

```
head -n 25 log_auswertung.dot
digraph G
{
        node [fontname=Verdana,fontsize=12]
        node [style=filled]
        node [fillcolor="#EEEEEE"]
        node [color="#EEEEEE"]
        edge [color="#31CEF0"]
        "22.69.227.48" [shape=box, color=deeppink]

        "140.19.227.148" -> "22.69.227.48" [label="2",decorate=true]
        ...
```

Eventuell editieren Sie die Datei *log_auswertung.dot* noch für ein Feintuning, indem Sie z. B. Zeilen mit Gewichtung kleiner 10 eliminieren oder auch einen Rahmen um den angegriffenen Rechner (22.69.227.48) hinzufügen. Dadurch wird die Grafik deutlich übersichtlicher. Schließlich geht es bei der Visualisierung ja darum, dass man die Rechner der DDoS-Attacke berücksichtigt und einen »guten« Graphen bekommt.

Das Ergebnis

Ihr Ergebnis könnte wie folgt aussehen:

 Die hier verwendeten Daten (IP-Adressen) sind frei erfunden.

Beispiel 5-13: logauswertung.dot

```
digraph G
{
        node [fontname=Verdana,fontsize=12]
        node [style=filled]
        node [fillcolor="#EEEEEE"]
        node [color="#EEEEEE"]
        edge [color="#31CEF0"]
        "22.69.227.48" [shape=box, color=deeppink]
        "140.19.227.148" [shape=box, color=deeppink]
        "140.34.116.229" [shape=box, color=deeppink]

        "140.19.227.148" -> "22.69.227.48" [label="*** DDoS ***",decorate=true]
        "140.34.116.229" -> "22.69.227.48" [label="*** DDoS ***",decorate=true]
        "140.119.115.226" -> "22.69.227.48" [label="350"]
        "139.211.105.16" -> "22.69.227.48" [label="312"]
```

Beispiel 5-13: logauswertung.dot (Fortsetzung)

```
"129.211.105.12" -> "22.69.227.48" [label="300"]
"132.211.115.233" -> "22.69.227.48" [label="278"]
"239.11.105.211" -> "22.69.227.48" [label="260"]
"144.21.103.56" -> "22.69.227.48" [label="245"]
"134.111.109.151" -> "22.69.227.48" [label="132"]
"170.201.122.116" -> "22.69.227.48" [label="92"]
}
```

Der Befehl, der Ihnen letztendlich die Grafik zeichnet, lautet circo und kommt aus dem *Graphviz*-Tool.

```
circo -Tpng -o DDoS_Auswertung.png logauswertung.dot
```

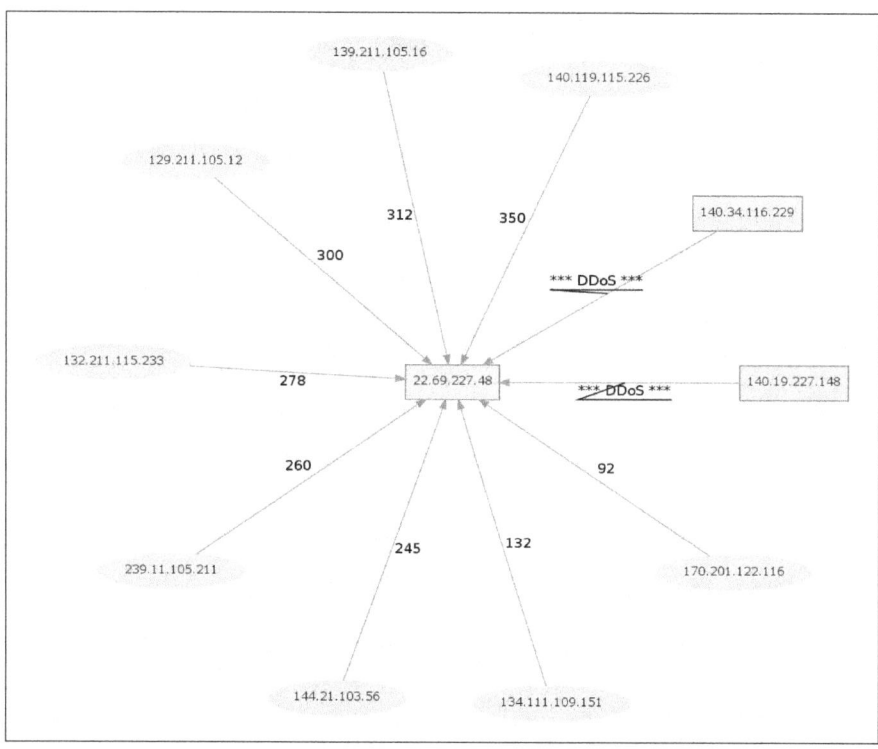

Abbildung 5-6: Graphviz-Graph

Analysieren eines LAMP(P)-Servers
 **#65** »Der Indianer unter der Lupe«

Sollten Sie im Rahmen einer Untersuchung schon einmal auf einen Webserver gestoßen sein, weil beispielsweise von diesem Server aus strafrechtlich relevante Inhalte verbreitet wurden oder er Ziel eines Angriffs war, dann wissen

Sie, dass es oft sehr aufwendig sein kann, ein fremdes Serversystem zu analysieren. Wir können nicht jedes mögliche Szenario für Sie beleuchten, möchten Ihnen in diesem Hack jedoch einige Hilfestellungen an die Hand geben, die Sie bei Ihrer Analyse schneller ans gewünschte Ziel führen können.

Wo sollen wir starten?

Zunächst einmal sollten Sie sich Ihre Kenntnisse aus den anderen Hacks dieses Kapitels zunutze machen. Beispielsweise sollten Sie feststellen, mit welcher Linux-Distribution Sie es zu tun haben, welche Partitionen vorhanden sind und welche Software und Netzwerkdienste installiert sind.

 Bei der installierten Software sollten Sie insbesondere dann hellhörig werden, wenn Sie Hinweise auf eine installierte Administrationsoberfläche feststellen. Plesk, Confixx, Webmin, ISPConfig, SysCP, CPanel und DirectAdmin gehören zu den bekanntesten. Die Besonderheit bei diesen Administrationspanels ist, dass sie sich meist tief im System verankern und Standardpfade und -konfiguration durch eigene ersetzen. Es empfiehlt sich in diesem Fall oft, das Betriebssystem mitsamt Administrationsoberfläche zu virtualisieren.

Wir gehen im Folgenden davon aus, dass der Webserver ohne Administrationsoberfläche aufgesetzt wurde. Wo also sollten Sie mit Ihrer Analyse fortfahren?

Sie haben ja bereits das Standardverzeichnis für Konfigurationsdateien kennengelernt, *etc*. Die ersten Fragen, die Sie interessieren, können in diesem Verzeichnis beantwortet werden, nämlich welche Webseiten auf diesem Server eingerichtet sind, wo die Dateien für die Webseite XY liegen und wo die Logdateien für die Webseite XY liegen. Schauen Sie sich zur Beantwortung dieser Frage die Datei */etc/apache2/apache2.conf* an.

```
ErrorLog ${APACHE_LOG_DIR}/error.log
LogLevel warn

Include mods-enabled/*.load
Include mods-enabled/*.conf

Include httpd.conf
Include ports.conf

LogFormat "%v:%p %h %l %u %t \"%r\" %>s %O \"%{Referer}i\" \"%{User-Agent}i\"" vhost_combined
LogFormat "%h %l %u %t \"%r\" %>s %O \"%{Referer}i\" \"%{User-Agent}i\"" combined
LogFormat "%h %l %u %t \"%r\" %>s %O" common
LogFormat "%{Referer}i -> %U" referer
LogFormat "%{User-agent}i" agent

Include conf.d/
Include sites-enabled/
```

Abbildung 5-7: Die Datei /etc/apache2/apache2.conf eines Webservers

In dieser Datei finden Sie nicht nur die Pfadangabe zum Standardverzeichnis des Apache-Webservers (*ServerRoot*), sondern auch viele grundlegende Einstellungen, den Servernamen und vor allen Dingen die ersten Informationen zu Logfiles und eingerichteten Webseiten. In der obigen Konfiguration sehen Sie, wo das Fehlerprotokoll standardmäßig abgelegt wird, welche Logformate grundsätzlich zur Verfügung stehen (*vhost_combined, combined, common, referer* und *agent*) und welche weiteren Konfigurationen Sie sich anschauen sollten (*httpd.conf, ports.conf* sowie alle Konfigurationen in den Verzeichnissen *conf.d* und *sites-enabled*). Das führt Sie auch schon zu den zwei wichtigsten Verzeichnissen *conf.d* und *sites-enabled*. Hier sind alle Domainnamen und Aliase aufgelistet, die durch den Webserver zuordenbar sein sollen.

 Vorsicht: Die reine Existenz einer Konfigurationsdatei für eine Domain heißt natürlich nicht automatisch, dass diese Domain auch tatsächlich dem vorliegenden Server zugeordnet ist. Wenn das so einfach wäre, würde jeder Serverbetreiber sich die Domains von großen Suchmaschinen, Auktionshäusern und sozialen Netzwerken eintragen. Die Auflösung einer Domain zu einer IP-Adresse kann nur der Domaininhaber im DNS-Eintrag ändern.

Schauen wir uns also einmal die Inhalte dieser Verzeichnisse an.

```
root@exam-server:/etc/apache2# ls -al conf.d/
insgesamt 28
drwxr-xr-x 2 root root 4096 18. Mai 2011 .
drwxr-xr-x 7 root root 4096 20. Feb 17:35 ..
-rw-r--r-- 1 root root  237 22. Mär 2011 apache2-doc
-rw-r--r-- 1 root root  269 22. Mär 2011 charset
lrwxrwxrwx 1 root root   45 18. Mai 2011 javascript-common.conf -> /etc/javascript-common/javascript-common.conf
-rw-r--r-- 1 root root 3296 22. Mär 2011 localized-error-pages
-rw-r--r-- 1 root root  143 22. Mär 2011 other-vhosts-access-log
lrwxrwxrwx 1 root root   28 18. Mai 2011 phpmyadmin.conf -> ../../phpmyadmin/apache.conf
-rw-r--r-- 1 root root 1424 22. Mär 2011 security
root@exam-server:/etc/apache2# ls -al sites-enabled/
insgesamt 8
drwxr-xr-x 2 root root 4096 19. Mai 2011 .
drwxr-xr-x 7 root root 4096 20. Feb 17:35 ..
lrwxrwxrwx 1 root root   26 18. Mai 2011 000-default -> ../sites-available/default
```

Abbildung 5-8: Die Inhalte von conf.d und sites-enabled

Auf der Abbildung erkennen Sie, dass einige Standardeinträge des Apache-Webservers vorhanden sind. Ein genauerer Blick verrät Ihnen, dass möglicherweise die Software *Phpmyadmin* auf diesem Server für die Verwaltung von MySQL-Datenbanken verwendet worden sein könnte. Weiterhin ist der einzige Eintrag unter *sites-enabled* interessant, der auf eine Datei im Verzeichnis *sites-available* verweist. Den Inhalt dieser Datei sollten wir uns näher ansehen.

```
<VirtualHost *:80>
        ServerAdmin webmaster@localhost
        AddDefaultCharset UTF-8
        php_value arg_separator.output "&"
        php_value magic_quotes_gpc On
        php_value magic_quotes_runtime Off
        php_value magic_quotes_sybase Off
        php_value request_order "GPC"
        DocumentRoot /var/www
        <Directory /var/www/>
                Options Indexes FollowSymLinks MultiViews
                AllowOverride None
                Order allow,deny
                allow from all
        </Directory>

        ErrorLog ${APACHE_LOG_DIR}/error.log
        LogLevel warn
        CustomLog ${APACHE_LOG_DIR}/access.log combined
</VirtualHost>
```

Abbildung 5-9: Ein recht unauffällig konfigurierter VirtualHost mit Verweis auf /var/www

Die Datei besteht aus einem Virtual Host Container, der mehrere Einstellungen für diese Webseite regelt. Wenn auf einem Webserver mehrere Webseiten betrieben werden, ist die Aufteilung in Virtual Hosts sehr üblich. So bekommt jede Seite ihre eigene Konfiguration, ihr eigenes Stammverzeichnis und ihre eigenen Logdateien. Je nachdem, was das Hauptziel Ihrer Untersuchung ist, sollten Sie Ihre Aufmerksamkeit nun entweder zuerst den Protokolldateien oder den Dateien der Webseite selbst widmen. In unserem Fall sind die Logdateien im *Standard Apache Log Directory* gespeichert, also unter */var/log/apache2/*. Die Dateien, die beim Aufruf der Homepage angesteuert werden, liegen hingegen unter */var/www/*. (Beachten Sie die *DocumentRoot*- und *Directory*-Einträge.)

```
root@exam-server:/var/www# ls -al /var/log/apache2/
insgesamt 44
drwxr-x---  2 root adm   4096 20. Feb 16:39 .
drwxr-xr-x 15 root root  4096 20. Feb 16:39 ..
-rw-r-----  1 root adm      0 20. Feb 16:39 access.log
-rw-r-----  1 root adm   1914 20. Feb 16:39 access.log.1
-rw-r-----  1 root adm  16301 26. Mai 2011 access.log.2.gz
-rw-r-----  1 root adm    903 20. Feb 16:39 error.log
-rw-r-----  1 root adm   1950 20. Feb 16:39 error.log.1
-rw-r-----  1 root adm   7569 26. Mai 2011 error.log.2.gz
-rw-r--r--  1 root root     0 18. Mai 2011 other_vhosts_access.log
```

Abbildung 5-10: Ein Blick in /var/log/apache2/ zeigt Ihnen die Logdateien.

Die Protokolldateien und ihre Auswertung können für Untersuchungen häufig eine Rolle spielen, daher widmen wir ihnen gesonderte Hacks (siehe Hacks 42 bis 44). Gehen wir also weiter in das Verzeichnis, in dem wir die Daten für die Webseite vermuten.

```
root@exam-server:/# cd /var/www/
root@exam-server:/var/www# ls
admin  CHANGELOG.TXT  fonts   index.php  INSTALL.TXT      LICENSE.TXT  public        shared            UPGRADE.TXT
cache  favicon.ico    images  install    LATEX_README.TXT  phpinfo.php  README.TXT  TRANSLATORS.TXT
root@exam-server:/var/www# ls public/
code  config  index.php  log  README.TXT  styles
root@exam-server:/var/www# ls public/config/
tce_auth.php  tce_config.php
root@exam-server:/var/www# vi public/config/tce_config.php █
```

Abbildung 5-11: Je nach eingesetztem CMS oder Skript finden Sie andere Dateien.

Bei heutigen Webseiten ist der Einsatz von Content-Management-Systemen (CMS) sowie PHP-basierten Skripten für unterschiedliche Zwecke wie Foren, Blogs, AdServer, Bildergalerien etc. üblich. All diese Skripten haben üblicherweise Konfigurationsdateien, insbesondere wenn Sie zum Betrieb auf eine MySQL-Datenbank zurückgreifen. So kann der Administrator bequem alle Einstellungen in einer Datei verwalten, und das Skript braucht die Zugangsdaten zur Datenbank nur an einer einzigen zentralen Stelle abzuspeichern. Oft muss man entweder gezielt nach den Konfigurationsdateien suchen (oft in Verzeichnissen mit Namen wie *config* oder direkt im Stammverzeichnis) oder aber die ersten PHP-Dateien analysieren, um herauszubekommen, welches Skript eingesetzt wurde; mit diesem Wissen kann man sich dann im Internet darüber informieren, wie und wo das Skript seine Konfiguration ablegt. In unserem Fall ist die Konfiguration unter */var/www/public/config/tce_config.php* gespeichert. Ein Blick in diese Datei wird uns dabei helfen, zusätzlich zu den Dateien auch die richtige Datenbank zur Homepage zu sichern.

```
// --- INCLUDE FILES -----------------------------------------------------------

require_once('../config/tce_auth.php');
require_once('../../shared/config/tce_config.php');

// --- DEFAULT META TAGS -------------------------------------------------------

define ('K_SITE_TITLE', 'Hotstuff');
define ('K_SITE_DESCRIPTION', 'Meine illegale Webseite');
define ('K_SITE_AUTHOR', 'Boesewicht');
define ('K_SITE_REPLY', ''); //
define ('K_SITE_STYLE', K_PATH_STYLE_SHEETS.'default.css');
define ('K_SITE_STYLE_RTL', K_PATH_STYLE_SHEETS.'default_rtl.css');
define ('K_MAX_MEMORY_LIMIT', '32M');
define ('K_MAIN_PAGE', 'index.php');

// --- INCLUDE FILES -----------------------------------------------------------

require_once('../../shared/config/tce_db_config.php');
require_once('../../shared/code/tce_db_connect.php');
require_once('../../shared/code/tce_functions_general.php');
```

Abbildung 5-12: Einige Einstellungen aus der Konfigurationsdatei des Skripts

Leider konnten wir hier noch nicht die gewünschten Datenbankinformationen finden, stattdessen allerdings einige andere aussagekräftige Informationen wie den eingestellten Seitentitel und den Autor. Zudem erhalten wir die wertvolle Information, dass es noch weitere Konfigurationsdateien gibt, zum Beispiel */var/www/shared/config/tce_db_config.php*, deren Name insofern auffällig ist, als er die Buchstaben *db* enthält, was für Datenbank stehen könnte. Warum also nicht einmal einen Blick dorthin riskieren?

```
define ('K_DATABASE_TYPE', 'MYSQL');
define ('K_DATABASE_HOST', 'localhost');
define ('K_DATABASE_PORT', '3306');
define ('K_DATABASE_NAME', 'evil_web');
define ('K_DATABASE_USER_NAME', 'evil');
define ('K_DATABASE_USER_PASSWORD', 'sEcr3T');
define ('K_TABLE_PREFIX', 'tce_');
```

Abbildung 5-13: Der Inhalt der Datei /var/www/shared/config/tce_db_config.php

Volltreffer! Wir sehen hier die Datenbankkonfiguration, die uns Auskunft darüber gibt, auf welchem Datenbankserver das Skript auf welche MySQL-Datenbank mit welchem Benutzernamen und Passwort zugreift. Der Datenbankname lautet *evil_web* – Zeit, diese Datenbank zu sichern!

MySQL legt seine Datenbanken standardmäßig im Verzeichnis */var/lib/mysql/* ab.

```
root@exam-server:/# ls /var/lib/mysql/
debian-5.1.flag  ibdata1      ib_logfile1  mysql_upgrade_info
evil_web         ib_logfile0  mysql        phpmyadmin
root@exam-server:/# █
```

Abbildung 5-14: Es befinden sich einige Datenbanken in /var/lib/mysql/.

Wir haben die Datenbank *evil_web* gefunden und können sie nun einfach auf einem externen Medium sichern.

So rekonstruieren Sie eine dynamische Webseite
#66 »Stein auf Stein«

Im vorigen Hack haben Sie erfahren, wie Sie bei der Untersuchung eines Webservers vorgehen können. Das primäre Ziel bestand darin, herauszufinden, welche Webseiten auf diesem Server zur Verfügung standen. Dabei haben wir Webseiten und Datenbanken feststellen können, die auf dem System bereits eingerichtet und funktionstüchtig waren. Wie gehen Sie nun aber vor, wenn Sie beispielsweise von einem Hosting-Provider oder dem Systemadministrator einer Niederlassung Ihrer Firma einen Website- und Datenbank-Dump zugeschickt bekommen? Wie verfahren Sie, wenn Sie auf dem Webserver alte Datensicherungen der Homepage finden, die den Zustand der Seite genau zum Tatzeitpunkt zeigen? In diesem Hack werden Sie mit einfachen Mitteln einen eigenen kleinen Webserver aufbauen und sowohl Homepagedateien als auch Datenbank aus den Ihnen vorliegenden Backups zurückspielen. Klingt kompliziert? Gehen wir's an!

Wir gehen in diesem Hack davon aus, dass Ihnen die besagten Backups einer Website sowie einer MySQL-Datenbank vorliegen. Alternativ können Sie zwei Übungsdateien benutzen, die wir Ihnen unter folgenden URLs zum Download anbieten:

http://www.forensikhacks.de/backup und
http://www.forensikhacks.de/backupdb

Bauen Sie sich doch einfach Ihren eigenen Webserver

Um Ihr eigenes System nicht zu beeinflussen, sollten Sie den Webserver in einer virtualisierten Umgebung aufbauen. Schließlich möchten Sie auf Ihrer forensischen Arbeitsstation nicht wirklich einen Webserver betreiben, oder?

Wie Sie eine virtuelle Maschine anlegen, können Sie entweder in Kapitel 8 nachlesen oder andere Lösungen wie *VirtualBox, VMWare, Parallels* oder *Virtual PC* nutzen. Egal mit welcher Variante Sie arbeiten, benötigen Sie in jedem Fall eine virtuelle Festplatte und ein virtuelles CD-ROM-Laufwerk. Beim Anlegen der virtuellen Maschine sollten Sie weiterhin darauf achten, dass diese nicht über Internetzugriff verfügt, ansonsten laufen Sie Gefahr, dass die Skripten aus dem Dateibackup beginnen, »nach Hause zu funken«. Verwenden Sie zum Booten für die virtuelle Maschine am besten ein Linux-Derivat wie *Fedora* (*http://www.forensikhacks.de/fedora*), *Ubuntu* (*http://www.forensikhacks.de/ubuntu*) oder *Debian* (*http://www.forensikhacks.de/debian*). Installieren Sie das Betriebssystem vom eingebundenen virtuellen CD-ROM, in das Sie die ISO-Datei eingelegt haben. Für qemu lauten die entsprechenden Befehle:

```
qemu-img create -f vdi Webserver.vdi 20G
qemu -m 1024 -hda Webserver.vdi -cdrom <Pfad/>Install.iso -boot d
```

Nachdem Sie die Linux-Distribution über die grafisch geführten Routinen installiert haben, können Sie Ihre virtuelle Maschine mit allen essenziellen Diensten ausstatten, die Sie zum Betrieb eines Webservers benötigen. Hier kommt die Überschrift dieses Hacks zum Tragen, denn wir möchten ja einen Server mit **L**inux, **A**pache, **M**ySQL, **P**HP und **P**HPMyAdmin (LAMPP) installieren. Das Linux haben Sie ja gerade installiert, es fehlen also noch Apache als Webserverdienst, MySQL als Datenbankdienst, PHP als serverseitige

Skriptsprache und PHPMyAdmin zur einfacheren Verwaltung der MySQL-Datenbanken.

 Für die meisten der folgenden Befehle benötigen Sie *root*-Berechtigungen. Um sich das ständige Eingeben von sudo zu sparen, können Sie sich auch eine *root*-Session eröffnen: sudo -s

Öffnen Sie ein Konsolenfenster – meist zu finden als *Terminal* unter *System Tools* oder *Zubehör* – und tippen Sie folgende Kommandos ein:

```
apt-get install apache2
yum install httpd (Fedora)
```

Die korrekte Installation Ihres *Apache*-Webservers können Sie nun überprüfen, indem Sie im Browser *localhost* in die Adressleiste eintragen. Wenn alles korrekt installiert wurde, erscheint dort die Testseite des *Apache*-Webservers.

Fehlen nur noch die übrigen Dienste

Als Nächstes installieren wir *MySQL, PHP* und *PHPMyAdmin*, damit wir das Backup der Datenbank einspielen können:

```
apt-get install mysql-server mysql
yum install mysql-server mysql (Fedora)
```

Starten können Sie den *MySQL*-Dienst mit

```
service mysql start
service mysqld start (Fedora)
```

Vergewissern Sie sich, dass Sie sich Ihr *root*-Kennwort für *MySQL* gut merken, denn Sie werden es gleich brauchen. Oft wird das *root*-Kennwort standardmäßig auf leer gesetzt. Sollten Sie es einmal ändern wollen, können Sie das mit folgendem Befehl erreichen:

```
mysqladmin --user=root --password=<PW alt> password <PW neu>
```

Um die Skripten aus dem Ihnen übergebenen Backup ausführen zu können, benötigen Sie höchstwahrscheinlich *PHP*, also installieren Sie es:

```
apt-get install php5 php5-mysql
yum install php php-mysql(Fedora)
```

Zu guter Letzt möchten wir Ihnen die Administration der *MySQL*-Datenbanken etwas erleichtern. Installieren Sie dafür *PHPMyAdmin*:

```
apt-get install phpmyadmin
yum install phpmyadmin (Fedora)
```

Es wäre eine gute Idee, an dieser Stelle den *Apache*-Webserver neu zu starten, da von *PHPMyAdmin* ein neuer *Alias* eingetragen wurde:

```
service apache2 restart
service httpd restart (Fedora)
```

Wenn Sie nun Ihren Webbrowser aufrufen und *http://localhost/phpmyadmin/ setup* eingeben, sollten Sie zur Konfigurationsseite der Software *PHPMyAdmin* gelangen. Nehmen Sie dort Ihre Einstellungen nach Belieben vor und rufen Sie anschließend *http://localhost/phpmyadmin/* auf. Hier benötigen Sie nun im Normalfall Ihr *root*-Passwort, um auf die Verwaltungsoberfläche mit Anbindung an alle Datenbanken zugreifen zu können.

Um Ihr Datenbank-Backup nun einzuspielen und somit für das Skript, das wir im Anschluss auch noch kopieren werden, nutzbar zu machen, benötigen Sie eine leere Datenbank und einen Nutzer, der dazu berechtigt ist, auf diese Datenbank zuzugreifen. Im *PHPMyAdmin* gibt es eine schnelle Möglichkeit, beides auf einmal anzulegen. Klicken Sie auf der rechten Seite den Tab PRIVI-LEGES oder RECHTE an. Dort erscheint etwas weiter unten der Link, um einen neuen Benutzer einzurichten.

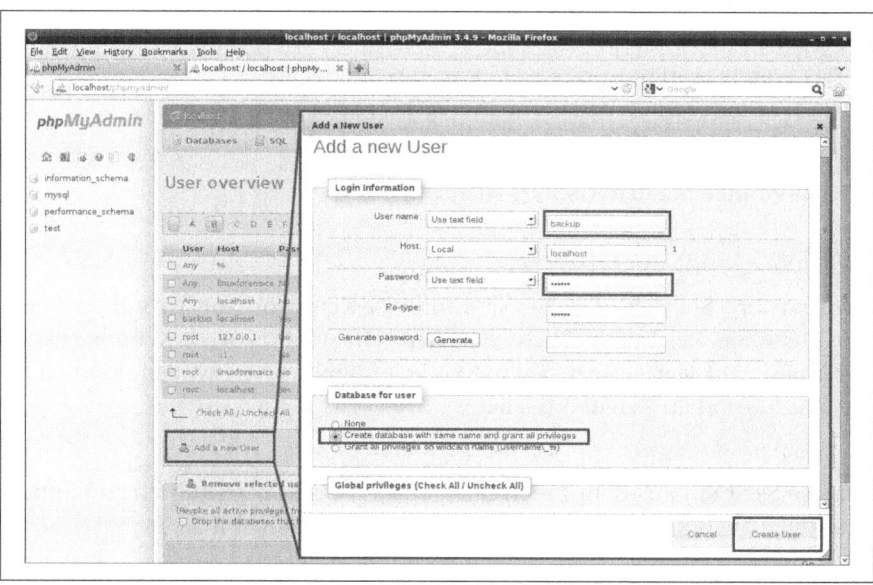

Abbildung 5-15: Das Pop-up-Fenster zur Erstellung eines neuen MySQL-Benutzers

Wenn Sie die Option wählen, dass eine namensgleiche Datenbank angelegt werden soll, für die der neue Benutzer alle Rechte erhält, schlagen Sie gleich mehrere Fliegen mit einer Klappe, denn im Hintergrund wird eine ganze Reihe an SQL-Statements für Sie abgesetzt.

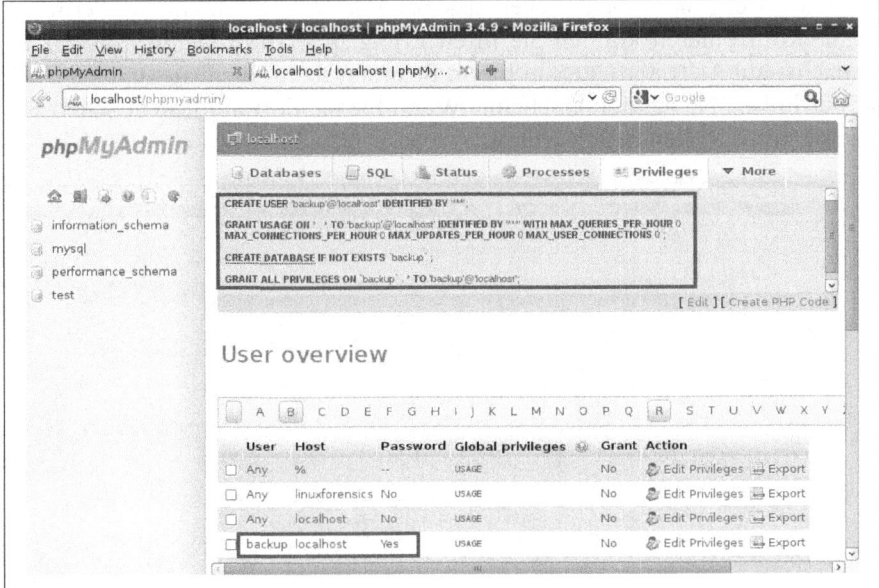

Abbildung 5-16: Das Pop-up-Fenster zur Erstellung eines neuen MySQL-Benutzers

Backups

Sie haben Ihre Arbeitsplattform erfolgreich eingerichtet. Nun müssen Sie nur noch die Backups in das System zurückspielen. Wir veranschaulichen Ihnen das Vorgehen anhand der beiden Übungsdateien, die wir eingangs erwähnt haben.

Entpacken Sie die Datenbank zunächst aus ihrem gezippten TAR-Container:

```
tar -xzvf backup_db.tar.gz
```

Sie erhalten den Datenbank-Dump *backup.sql* im SQL-Format. Spielen Sie ihn in Ihre frisch angelegte Datenbank ein:

```
mysql -ubackup -p backup < backup.sql
```

Sie werden aufgefordert, das Passwort für den Benutzer *backup* einzugeben, das Sie beim Anlegen des Users im *PHPMyAdmin* angegeben haben.

 Bei Datenbank-Backups, die Ihnen nicht näher bekannt sind, sollten Sie beispielsweise mit *head backup.sql* oder *tail backup.sql* einen Blick in die Datei werfen. So erfahren Sie, welche Datenbanken mit welchen Namen benötigt werden, um das Backup erfolgreich zurückzuspielen. Sie müssen dann die entsprechende Datenbank anlegen.

Glückwunsch, Sie haben soeben das Backup der Datenbank wiederhergestellt. Kontrollieren können Sie Ihren Erfolg in *PHPMyAdmin*. Klicken Sie zunächst auf AKTUALISIEREN in Ihrem Browser, damit die Datenbank *backup* in der linken Navigation erscheint. Wenn Sie sie dort anklicken, sehen Sie, wie sie mit Tabellen befüllt wurde.

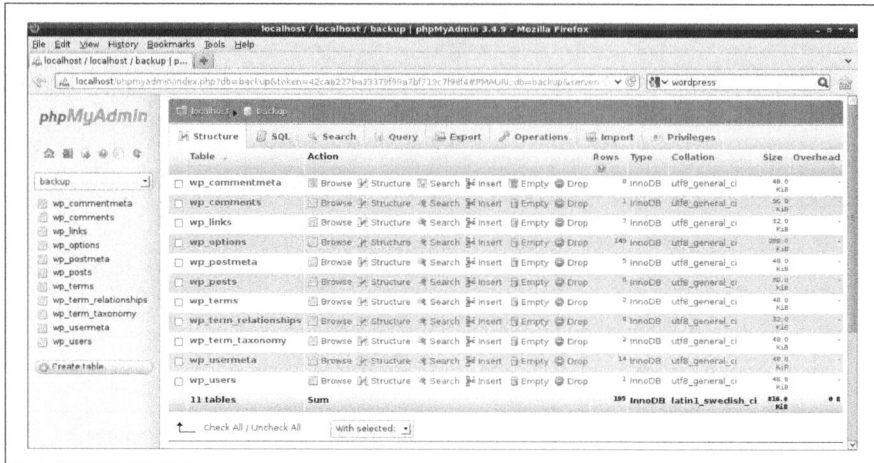

Abbildung 5-17: Die Datenbank backup mit den neu eingespielten Inhalten

Nun fehlt noch nur noch das Skript. Finden Sie heraus, wo sich der Standardspeicherpfad für Webseitendokumente Ihres Apache-Webservers befindet. Sie können ähnlich vorgehen wie im vorigen Hack oder folgende gezielte Suche anwenden:

```
grep -R "DocumentRoot" /etc/apache2/
grep -R "^DocumentRoot" /etc/httpd/ (Fedora)
```

In den meisten Fällen ist es */var/www/html/* oder nur */var/www/*. Nachdem Sie sich vergewissert haben, dass dieser Ordner leer ist, entpacken Sie die Dateien aus Ihrem Backup:

```
tar -xzv -C /var/www/html -f backup.tar.gz
ls /var/www/html
```

Wenn Sie einen ersten Blick auf die Dateien geworfen haben, ist Ihnen vielleicht die Konfigurationsdatei mit Namen *wp-config.php* ins Auge gefallen. Öffnen Sie sie in einem Editor Ihrer Wahl und passen Sie die Datenbankeinstellung an, so dass sie zu Ihrer Datenbank passen. Im Anschluss heißt es Daumen drücken, wenn Sie in Ihrem Browser erneut die URL *http://localhost/* eintippen.

Jede Website und jedes CMS und Skript arbeiten etwas anders. Wichtig ist immer, dass Sie die Konfigurationsdatei finden und anpassen. Oft gibt es mehrere. Meistens müssen Sie zusätzlich zu den Datenbankeinstellungen auch noch Pfade einstellen. Sollten komplexere Skripten einmal nicht auf Anhieb funktionieren, geben Sie nicht auf: Häufig kommen Sie über Einstellungstabellen in der zurückgespielten Datenbank weiter.

Wenn es einmal schnell gehen soll, können Sie sich auch mit vorgefertigten Programmpaketen helfen. Die Pakete *lampserver* und *Web Server* bietet sich dafür an:

```
sudo tasksel install lamp-server
sudo yum groupinstall "Web Server"
```

## KAPITEL SECHS

Internetartefakte

Hacks #67-81

Das Internet ist aus unserer Gesellschaft nicht mehr wegzudenken. In unserem täglichen Leben spielt das Netz eine immer größer werdende Rolle, von Diensten wie Onlinebanking oder Onlineshopping über das Recherchieren von Informationen bis hin zur Verlagerung sozialer Aktivitäten in Foren, Chats und soziale Netzwerke. Das hat auch Auswirkungen auf unsere traditionellen Kommunikationsformen. Statt zu telefonieren, »skype-t«, »msn-t« oder »icq-t« man heute, an die Stelle von Briefen und Postkarten sind schon seit Langem E-Mails getreten. Da diese neuen Informations- und Kommunikationsmöglichkeiten auch zur Verabredung, Besprechung und Durchführung von Rechtsverstößen genutzt werden, ist gerade in diesem Bereich eine ausführliche Spurensuche unumgänglich.

Nach welchen illegalen Substanzen hat der Benutzer des Computers im Internet gesucht? Auf welchen verfahrensrelevanten Websites hat er sich bewegt? Erhärtet sich der Verdacht, dass der Mitarbeiter gegen Unternehmensrichtlinien verstoßen hat, oder hat er vielleicht überhaupt nichts mit den Verstößen zu tun? Wann und wie haben Mitarbeiter vertrauliche Daten nach außen kommuniziert? Wurde die erpresserische E-Mail von diesem PC aus verschickt? Wurden strafrechtlich relevante Inhalte aus dem Internet aufgerufen, und wenn ja, wann und an wen wurden sie anschließend möglicherweise weiterverbreitet? Das alles sind Fragestellungen, mit denen sich Forensiker im Alltag konfrontiert sehen und deren Beantwortung oft nur mithilfe der Internetspuren möglich ist. Umso wichtiger ist es für Sie, zu wissen, wo Sie die entsprechenden Spuren finden und wie Sie sie untersuchen können.

In diesem Kapitel finden Sie jede Menge nützlicher Hacks, die Ihnen genau dabei unter die Arme greifen. Wir haben sie in folgende Kategorien unterteilt.

Browser-Auswertung

- So untersuchen Sie SQLite Datenbanken [Hack #67]
- Analysieren der Firefox-History [Hack #68]
- Sonstige Spuren des Browsers Firefox [Hack #69]
- Analysieren der Internet-Explorer-History [Hack #70]
- Sonstige Spuren des Browsers Internet Explorer [Hack #71]
- Analysieren der Chrome-History [Hack #72]
- Sonstige Spuren des Browsers Chrome [Hack #73]

Messenger-Auswertung

- So werten Sie den ICQ-Messenger aus [Hack #74]
- Untersuchen Sie den Windows Live Messenger [Hack #75]
- Finden Sie Spuren des Skype Messenger [Hack #76]

E-Mail-Auswertung

- Analysieren Sie E-Mails von Microsoft Outlook [Hack #77]
- Bereiten Sie E-Mails von Windows Live Mail auf [Hack #78]
- Analysieren Sie E-Mails im Format mbox [Hack #79]
- Der E-Mail auf der Spur [Hack #80]

Sonstige Internetspuren

- Finden Sie Spuren im HTML-Quelltext [Hack #81]

HACK #67 So untersuchen Sie SQLite Datenbanken
»Einmal select – aber schnell!«

Das Datenbankformat SQLite wird derzeit von unzähligen Programmen verwendet, um Datenbestände zu verwalten. Die Internetbrowser *Mozilla Firefox* und *Google Chrome* sowie die Messenger *ICQ* und *Skype* sind nur ein paar Beispiel dafür. Vielleicht hatten auch Sie schon einmal mit SQLite-Datenbankdateien zu tun, ohne es zu wissen, beispielsweise bei der Auswertung von *Firefox*? Oder Sie haben Software benutzt, die Ihnen Spuren in solchen Datenbanken automatisiert auswertet? Doch was, wenn sich an der Datenbankstruktur etwas ändert? Was, wenn es keine Auswertungssoftware für eine bestimmte SQLite-basierte Applikation gibt? Was, wenn das von Ihnen eingesetzte Programm gar nicht alle Spuren findet? Dann haben Sie diesen und die nachfolgenden Hacks, die Ihnen anhand vieler praktischer Anwendungen zeigen, wie einfach es ist, SQLite-Datenbanken zu öffnen, ihre Inhalte zu betrachten und bestimmte Informationen zu extrahieren.

Vorbereitende Schritte

Um eine SQLite Datenbank auswerten zu können, benötigen Sie einen entsprechenden Betrachter. Davon gibt es zahlreiche hervorragende freie Lösungen im Internet. Wir möchten Ihnen das Vorgehen mit dem *Firefox*-Add-on *SQLite Manager* zeigen. Die Installation gestaltet sich sehr einfach. Alles, was Sie tun müssen, ist, ein *Firefox*-Add-on zu installieren. Dazu gehen Sie im *Firefox*-Menü auf den Eintrag ADD-ONS. Es erscheint ein neues Dialogfenster, in dem Sie nach dem Stichwort »*SQLite*« suchen. Es erscheint eine Liste von Suchergebnissen. Installieren Sie den *SQLite Manager* (bei unserer Firefox-Version war es gleich der erste Link in der Liste). Nach der Installation erfolgt ein Neustart des Browsers. Überzeugen Sie sich unter ADD-ONS → ERWEITERUNGEN (bzw. englisch EXTENSIONS) davon, dass die Installation erfolgreich durchgeführt wurde.

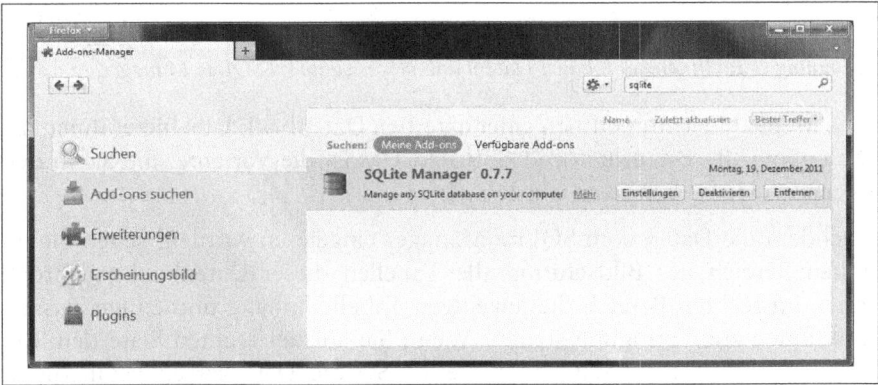

Abbildung 6-1: Das Firefox-Plugin SQLite Manager

Starten Sie den SQLite Manager, indem Sie im *Firefox*-Menü auf EXTRAS und SQLITE MANAGER klicken.

 Die Menüführung ist in verschiedenen *Firefox*-Versionen sowie unterschiedlichen Betriebssystemversionen (Windows, Linux) nicht einheitlich. Wir sind jedoch zuversichtlich, dass Sie die richtigen Klicks finden.

Analyse der Daten durch den SQLite Manager

Wenn Sie eine Datenbank öffnen wollen, können Sie das auf unterschiedliche Weise tun. Am einfachsten ist das Öffnen der SQLite-Datenbank Ihrer loka-

len Firefox-Installation, indem Sie aus dem Feld PROFIL-DATENBANK AUS-
WÄHLEN beispielsweise PLACES.SQLITE anklicken (siehe Abbildung).

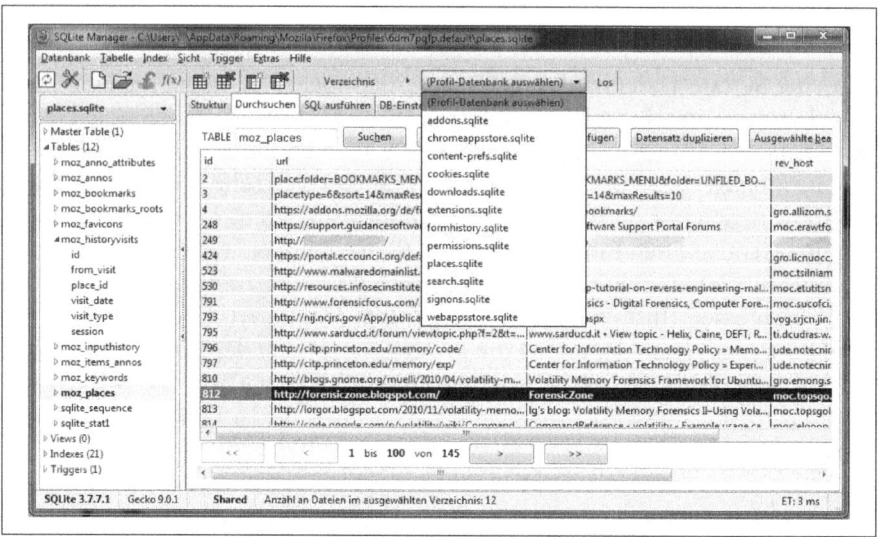

Abbildung 6-2: Öffnen der lokalen Datenbank places.sqlite im SQLite Manager

Eine Möglichkeit zum Öffnen einer externen Datenbankdatei bietet Ihnen die
Dialogbox MIT DATENBANK VERBINDEN. Das ist die Variante, die Sie in den
folgenden Hacks benutzen werden.

Nachdem die Daten vom SQLite Manager eingelesen wurden, sehen Sie im
linken Bereich des Bildschirms alle Tabellen dieser Datenbank, während
Ihnen im rechten Bereich die jeweiligen Tabelleninhalte und einige Zusatz-
funktionen zur Verfügung stehen. Wenn Sie auf der rechten Seite den Tab
DURCHSUCHEN angewählt haben, sehen Sie die Datensätze, die in dieser
Tabelle gespeichert sind.

Möglicherweise wollen Sie aber nur ganz bestimmte Spalten anzeigen lassen.
Dazu brauchen Sie die Datenbankabfragesprache SQL (*http://www.forensik-
hacks.de/sql*). Wir möchten Ihnen an dieser Stelle einen kleinen Vorge-
schmack darauf geben, wie Sie mithilfe von SQL-Statements gezielt nur die
Informationen aus einer Datenbank auslesen können, die Sie für Ihre Untersuchung benötigen. In den folgenden Hacks, die sich mit der Auswertung der
Programme Firefox, Chrome, ICQ und Skype beschäftigen, werden Sie noch
mehr auch komplexere Beispiele sehen.

Klicken Sie auf den Tab SQL AUSFÜHREN im rechten Bereich des Fensters.
Schreiben Sie folgende SQL-Statements nacheinander in den Dialog und

schließen Sie die jeweilige Eingabe mit einem Klick auf SQL AUSFÜHREN ab. Sehen Sie sich das Ergebnis in der Tabelle an.

Lassen Sie sich alle Felder aus der Tabelle *moz_bookmarks* anzeigen:

```
SELECT * FROM moz_bookmarks
```

Lassen Sie sich nur einige Spalten anzeigen:

```
SELECT title, fk, dateAdded, lastModified FROM moz_bookmarks
```

Setzen Sie Filter, zum Beispiel für alle Datensätze, die im Titel das Wort »illegal« enthalten.

```
SELECT title, fk, dateAdded, lastModified FROM moz_bookmarks WHERE title
LIKE '%illegal%'
```

HACK #68 Analysieren der Firefox-History
»Angeklickt oder eingetippt«

Der Internetbrowser *Mozilla Firefox* (*http://www.forensikhacks.de/fire*) ist eines der am häufigsten benutzten Programme zum Betrachten von Webseiten. Um für die Benutzer das Surfen im Netz so einfach, schnell und komfortabel wie möglich zu gestalten, speichert *Firefox* benutzerspezifische Daten ab, z.B. eine History besuchter Seiten, Nutzereingaben in Formularfelder, Passwörter, Cookies, Lesezeichen und auch einen lokalen Zwischenspeicher von bereits besuchten Webseiten.

Diese Daten werden von *Firefox* in SQLite-Datenbanken abgelegt. In [Hack #67] haben wir Ihnen die Grundlagen dafür gezeigt, wie Sie die Datenbanken mithilfe des Add-ons *SQLite Manager* öffnen und betrachten können. In diesem Hack werden Sie diese Grundkenntnisse nutzen, um gezielt Spuren für Ihre Untersuchung aus Datenbanken zu extrahieren. Weiterhin stellen wir Ihnen Möglichkeiten der Auswertung durch automatisierte Tools von Drittanbietern vor. Dabei gehen wir zunächst auf die wohl wichtigste Spur ein, die Internet-History, bevor wir uns im nächsten Hack mit den weiteren, nicht weniger interessanten Datenbanken beschäftigen.

Der Weg zu den abgespeicherten Daten

Firefox speichert seine Daten benutzer- und profilabhängig in verschiedenen SQLite-Datenbankdateien. Daher finden Sie die Dateien in den jeweiligen Unterordnern der Benutzer sowie verschiedenen Unterordnern der jeweiligen Profile. Jeder Benutzer kann mehrere Profile besitzen. So könnte der von Ihnen zu untersuchende PC beispielsweise ein Profil mit legalen und ein anderes mit illegalen Aktivitäten enthalten. Die Profilordner werden durch eine achtstellige Zahlen-Buchstaben-Kombination mit der Dateierweiterung *.default* benannt. Die vollen Pfade zu den profilspezifischen Dateien lauten wie folgt:

- Windows XP:
  C:\Dokumente und Einstellungen\<Benutzername>\Anwendungsdaten\ Mozilla\Firefox\ Profiles\xok1sf8t.default

- Windows Vista / 7:
  C:\Users\<Benutzername>\AppData\Roaming\Mozilla\Firefox\ Profiles\xok1sf8t.default

- Linux (Ubuntu):
  /home/<Benutzername>/.mozilla/firefox/xok1sf8t.default/

- Mac OS X:
  /Users/<Benutzername>/Library/Application Support/Firefox/Profiles/ xok1sf8t.default/

Untersuchung der Datenbanken

Für Sie interessante Dateien in den jeweiligen Unterordnern enden auf *.sqlite*. In diesem Hack beschäftigen wir uns mit der Internet-History, die in der Datei *places.sqlite* hinterlegt wird.

Starten Sie den *SQLite Manager* über das *Firefox*-Menü. Es erscheint ein neues Fenster – eben der SQLite Manager. Öffnen Sie über das Menü die SQLite-Datei *places.sqlite* aus dem entsprechenden Pfad. Dazu klicken Sie im Hauptmenü DATENBANK auf MIT DATENBANK VERBINDEN.

Nachdem die Daten vom *SQLite Manager* eingelesen wurden, klicken Sie auf den Tab SQL AUSFÜHREN im rechten Bereich des Fensters. Probieren Sie die gleich folgenden SQL-Statements aus und schauen Sie sich das Resultat auf der rechten Seite an.

Wenn Sie wissen möchten, welche URLs aus der Internet-History vom Benutzer eingetippt wurden (im Unterschied zu angeklickten Links), können Sie einen Filter auf die Spalte *typed* legen. Ein Wert von *1* besagt, dass die URL manuell eingegeben wurde, während *0* darauf schließen lässt, dass die Adresse durch Klick auf einen Link aufgerufen wurde.

```
SELECT * FROM moz_places WHERE typed = 1
```

Der Wert im Feld *visit_count* zeigt Ihnen die Häufigkeit der jeweiligen URL-Aufrufe.

```
SELECT * FROM moz_places WHERE visit_count > 20 AND typed = 1
```

Verknüpfen Sie die Tabellen *moz_places* und *moz_historyvisits*, um einen zeitlichen Verlauf darzustellen. Die Zeiten können Sie mit der Funktion *datetime* in das gewohnte Datumsformat umrechnen. Dazu müssen die Werte entsprechend dem *Firefox*-Format von Mikrosekunden in Sekunden umgerechnet werden. Die Verknüpfung wird durch einen *INNER JOIN* realisiert. Diese Abfrage hat großen praktischen Wert, ist allerdings auch etwas anspruchsvoller in der Umsetzung.

```
SELECT datetime(moz_historyvisits.visit_date/
1000000,'unixepoch','localtime') as Zeiten, moz_places.url as Url FROM moz_
places INNER JOIN moz_historyvisits ON moz_places.id = moz_historyvisits.
place_id;
```

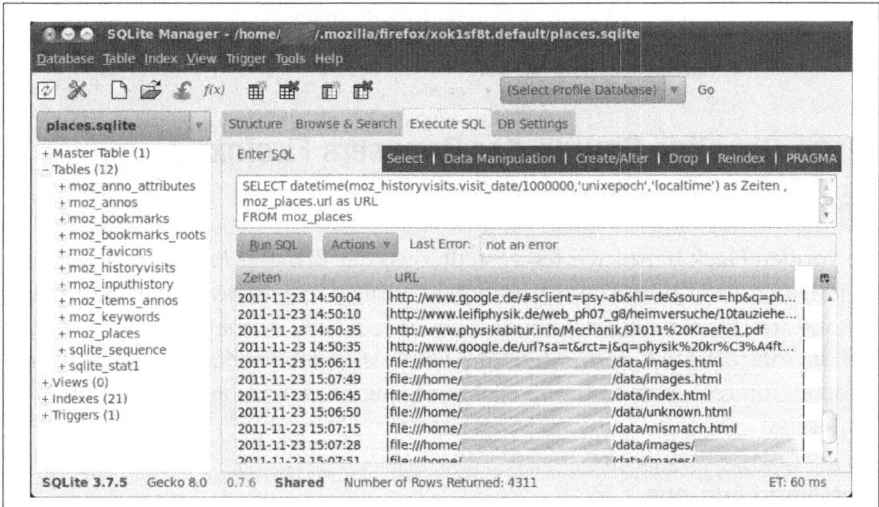

Abbildung 6-3: Der SQLite Manager im Einsatz

Exportieren Sie die Ergebnisse Ihrer Abfragen in eine Datei, z. B. CSV oder TSV, um diese dann bequem mit einem weiteren Programm Ihrer Wahl zu verarbeiten. Letzendlich legen Sie das Endergebnis Ihrem Report bei. Dazu klicken Sie in dem Menü des *SQLite Managers* auf den Punkt TABELLE – TABELLE EXPORTIEREN. Der Dialog ist selbsterklärend und wird Ihnen bestimmt keine Schwierigkeiten bereiten.

Automatisierte Auswertung der History duch Tools von Drittanbietern

Sie haben gerade gesehen, wie Sie eine Auswertung der *Firefox*-History mithilfe von SQL-Statements durchführen können. Das ist hilfreich, um den Aufbau der SQLite-Tabellen kennenzulernen, und hilft Ihnen dabei, ein tieferes Verständnis für automatisierte Tools zu entwickeln. Ferner können Sie sich eigene spezifische Auswertungen definieren.

Wie bei vielen Aufgaben in der Forensik können Sie bei der *Firefox*-Auswertung auch auf automatisierte Tools zurückgreifen. Drei empfehlenswerte freie

Programme sind *Historian* von Werner Rumpeltesz (*http://www.forensik-hacks.de/hist*), *Web Historian* von Mandiant (*http://www.forensikhacks.de/manhis*) und die Toolsammlung von Nirsoft (*http://www.forensikhacks.de/mozhis* usw.).

> Achten Sie bei der Auswertung der History auch immer auf URL-Parameter wie *q= , query=, p=* oder *search?q=*. Sie erhalten aus ihnen oft wertvolle Informationen darüber, wonach gezielt im Web gesucht wurde. Spätestens bei URLs wie *http://www.google.de/search?q=unternehmensdaten+stehlen* oder *http://www.bing.com/search?q=erpresserbrief+schreiben* sollten Sie hellhörig werden.

HACK #69 Sonstige Spuren des Browsers Firefox
»Auf den Spuren des roten Fuchses«

Im vorigen Hack haben wir festgestellt, dass der Browser *Firefox* profilspezifische Daten in SQLite-Datenbankdateien ablegt. Sie haben einen Betrachter für SQLite-Dateien eingerichtet und bereits einige Datenbankabfragen in SQL auf die Internet-History durchgeführt. Nun ist es an der Zeit, dass wir uns die anderen interessanten Spuren anschauen, die der Fuchs beim Surfen im Netz hinterlässt.

Installierte Add-ons

Erinnern Sie sich: Eben haben Sie selbst ein *Firefox*-Add-on installiert, den *SQLite Manager*. Genau wie Sie kann auch der Benutzer des zu untersuchenden Datenträgers weitere Add-ons installiert haben. Vielleicht kann das pure Vorhandensein bestimmter Add-ons einen Verstoß gegen die Richtlinien Ihres Unternehmens darstellen, oder bestimmte Add-ons liefern Ihnen wertvolle Hinweise auf ein bestimmtes Benutzerverhalten.

Um nachzuvollziehen, welche Add-ons unter einem bestimmten *Firefox*-Profil installiert sind, können Sie einen Blick in die Datenbankdatei *addons.sqlite* werfen. Sie befindet sich wie alle anderen Datenbankdateien in diesem Hack in den folgenden Verzeichnissen:

- Windows XP:
  C:\Dokumente und Einstellungen\<Benutzername>\Anwendungsdaten\Mozilla\Firefox\Profiles\xok1sf8t.default
- Windows Vista / 7:
  C:\Users\<Benutzername>\AppData\Roaming\Mozilla\Firefox\Profiles\xok1sf8t.default

- Linux (Ubuntu):
  /home/<Benutzername>/.mozilla/firefox/xok1sf8t.default/
- Mac OS X:
  /Users/<Benutzername>/Library/Application Support/Firefox/Profiles/
  xok1sf8t.default/

Laden Sie die *addons.sqlite* in den *SQLite Manager, so* wie Sie es im vorherigen Hack mit *places.sqlite* getan haben. Sie werden auf einen Blick feststellen, dass die Datenbank im Prinzip nur aus einer wichtigen Tabelle besteht, nämlich *addon*. Um schnell abzufragen, welche Add-ons ein Benutzer unter einem bestimmten Profil installiert hat, genügt folgende einfache SQL-Abfrage:

```
SELECT name FROM addon;
```

Kekse, mjamm, mjamm!

Wie die meisten anderen Browser speichert auch der *Firefox* Informationen über Cookies. Diese kleinen Identifikationsdateien dienen eigentlich dem Zweck, dem User das Surfen angenehmer zu gestalten. So braucht er zum Beispiel, wenn er sich einmal auf einer Webseite eingeloggt hat, beim nächsten Besuch der Seite nicht noch einmal die Loginprozedur zu wiederholen. Heutzutage werden Cookies allerdings hauptsächlich zu Werbezwecken missbraucht, nämlich um Benutzerprofile zu erstellen.

Bei digitalforensischen Untersuchungen sind Cookies mit Vorsicht zu genießen, da sie in den seltensten Fällen mehr sind als vage Hinweise. Den Schluss zu ziehen, dass nur aufgrund eines vorhandenen Cookies ein Benutzer eine Webseite besucht haben müsse, hat meist stark spekulativen Charakter, da beim Besuch von Seite A auch problemlos ein Cookie von Seite B gesetzt worden sein könnte, beispielsweise über Werbebanner, Iframes und dergleichen.

Um dennoch einen Blick auf die gespeicherten Cookies des *Firefox* zu werfen, laden Sie die Datei *cookies.sqlite* in den *SQLite Manager*. Eine Abfrage der Cookies mit einigen Zusatzinformationen können Sie so vornehmen:

```
SELECT name, host, lastAccessed,creationTime FROM moz_cookies;
```

Zeig' mir, was Du lädst, und ich zeig' Dir, wer Du bist.

Zweifellos interessanter und auch beweisrelevanter als Cookies sind die Downloads eines Benutzers. Für die Verwaltung und Protokollierung der Downloads ist die Datenbankdatei *downloads.sqlite* zuständig. Wenn Sie sie in den *SQLite Manager* laden, werden Sie schnell erkennen, dass auch diese SQLite-Datenbank sehr leicht zu verstehen ist. Wenn Sie sich anzeigen lassen möchten, welche Downloads wann woher und wohin gespeichert wurden, probieren Sie doch einmal folgende Abfrage aus:

```
SELECT name, source, target, startTime, referrer FROM moz_downloads;
```

Eingegebene Formulardaten

Was gibt es bei der Untersuchung eines Datenträgers Schöneres, als feststellen zu können, dass ein Benutzer genau nach den beweisrelevanten Personen, Unterlagen, Bilddateien oder sonstigen Daten gesucht hat oder genau die verfahrensrelevanten Logindaten verwendet hat, um sich bei Webdiensten anzumelden? Die im Browser *Firefox* eingegebenen Formulardaten können Sie diesem Ziel näherbringen. Hier wird nämlich gespeichert, welche Angaben der Nutzer des Profils in Eingabemasken von Webseiten (HTML-Formularen) getätigt hat. Diese Formulareingaben sind gespeichert in der Datenbank *formhistory.sqlite*. Nach dem Öffnen der Datei im *SQLite Manager* können Sie sich die Datensätze zum Beispiel mit folgendem SQL Befehl anzeigen lassen:

```
SELECT fieldname, value, timesUsed, firstUsed, lastUsed FROM moz_formhistory
```

Temporäre Internetdateien von Firefox

Neben der Analyse von History, Downloads, Formulareingaben und anderen bereits vorgestellten *Firefox*-Spuren ist natürlich auch die Auswertung der zwischengespeicherten Dateien des Browsers wichtig. Hier erhalten Sie einen Einblick, welche Dateien dem Benutzer während seiner Webseitenbesuche zwischengespeichert wurden, und möglicherweise finden sich genau hier die Spuren, nach denen Sie gesucht haben. Die Besonderheit bei *Firefox* ist, dass diese Dateien ohne Dateiendung abgespeichert werden. Das bedeutet für Sie, dass Sie in jedem Fall eine Signaturanalyse (siehe [Hack #32]) durchführen sollten, bevor Sie die Dateien betrachten.

Die temporären Internetdateien von Firefox finden Sie in folgenden Verzeichnissen:

- Windows XP:
  C:\Dokumente und Einstellungen\<Benutzername>\Lokale Einstellungen\Anwendungsdaten\Mozilla\Firefox\Profiles\xok1sf8t.default\Cache
- Windows Vista / 7:
  C:\Users\<Benutzername>\AppData\Local\Mozilla\Firefox\Profiles\xok1sf8t.default\Cache
- Linux (Ubuntu):
  /home/<Benutzername>/.mozilla/firefox/xok1sf8t.default/Cache/

- Mac OS X:
  */Users/<Benutzername>/Library/Caches/Firefox/Profiles/
  xok1sf8t.default/Cache/*

Wann wurde Firefox installiert

Bei der Installation und auch beim Update eines neuen Hauptrelease legt *Firefox* die Datei *install.log* im Standardspeicherpfad des Programms ab. In dieser Datei finden Sie Zeitpunkt (Systemzeit) und Dateioperationen der Installation, was Ihnen einen guten Indikator dafür liefern kann, wann *Firefox* zuletzt installiert bzw. ein größeres Versionsupdate eingespielt wurde.

Startseite, Proxies, Privatsphäre und andere Einstellungen

Wenn Sie Informationen über die Benutzereinstellungen für den *Firefox* und seine Erweiterungen erhalten möchten, würden Sie im laufenden Betrieb *about:config* in die Adresszeile eintippen. In der Ansicht werden Ihnen diejenigen Einstellungen, die nicht auf Standardwerten stehen, fett markiert. Genau diese Werte sind natürlich die interessanten, da sie zumeist vom User selbst geändert bzw. angepasst wurden.

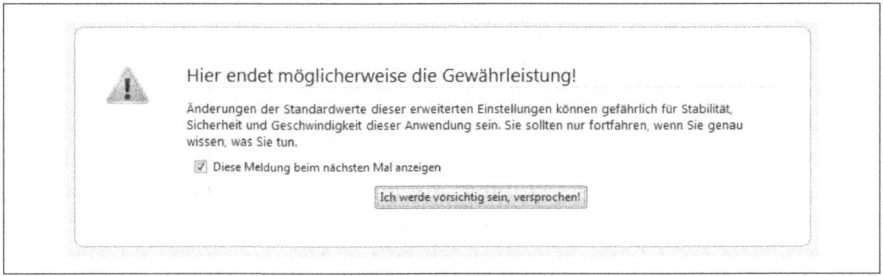

Abbildung 6-4: Warnhinweis vor Anzeige der Informationen mit about:config

Bei der Arbeit an einem toten Datenträger können Sie diese Informationen erhalten, indem Sie aus dem jeweiligen Profilordner die Datei *prefs.js* mit einem Texteditor öffnen. Die meisten Einträge haben eingängige Namen. Hier sehen Sie einige Beispiele für interessante Einstellungen:

```
user_pref("browser.shell.checkDefaultBrowser", false);
user_pref("browser.startup.homepage", "http://www.google.de/");
[…]
user_pref("network.proxy.autoconfig_url", "http://proxy.local/proxy.pac");
[…]
user_pref("network.proxy.http", "192.168.0.1");
user_pref("network.proxy.http_port", 8080);
[…]
user_pref("places.history.enabled", false);
```

```
[…]
user_pref("privacy.clearOnShutdown.extensions-dta", true);
user_pref("privacy.clearOnShutdown.formdata", false);
user_pref("privacy.clearOnShutdown.offlineApps", true);
user_pref("privacy.clearOnShutdown.siteSettings", true);
```

Automatisierte Tools

Wie schon im vorigen Hack erwähnt, können Sie zur Auswertung der soeben vorgestellten Spuren auch auf automatisierte Tools zurückgreifen. Empfehlenswerte freie Programme sind *Historian* von Werner Rumpeltesz (*http:// www.forensikhacks.de/hist*), das neben dem Internetverlauf auch Cookies, Downloads und Formulareingaben nicht nur von *Firefox* untersuchen kann, *Web Historian* von Mandiant (*http://www.forensikhacks.de/manhis*), *FireFox Forensics* von Mark Woan (*http://www.forensikhacks.de/woanff*) und die Toolsammlung von NirSoft mit Programmen wie *MozillaCacheView* (*http:// www.forensikhacks.de/nirmoca*), *MozillaCookiesView* (*http://www.forensik- hacks.de/nirmoco*) und *FirefoxDownloadsView* (*http://www.forensikhacks.de/ nirmodo*).

HACK #70 Analysieren der Internet-Explorer-History
»Die Vergangenheit unter dem Mikroskop«

Noch immer ist der *Internet Explorer* von Microsoft neben dem *Firefox* von Mozilla einer der am meisten verwendeten Internetbrowser. Seine große Beliebtheit gründet nicht zuletzt auf der Tatsache, dass er als Standardbrowser bei allen Windows-Installationen mit an Bord ist. Grund genug, sich die Spuren, die bei der Benutzung dieser Software anfallen, einmal genauer anzuschauen. Wie auch beim *Firefox* möchten wir Sie zunächst wieder mit der Untersuchung der Internet-History vertraut machen, bevor wir im nächsten Hack auf die ganzen anderen interessanten Spuren eingehen.

Im Gegensatz zu *Firefox* und Chrome speichert der *Internet Explorer* die benutzerspezifischen Spuren nicht in SQLite-Datenbanken ab. Stattdessen nutzt er unterschiedlich aufgebaute Dateien mit dem Namen *index.dat*, die Sie in mehreren Unterverzeichnissen auf dem System finden können. Bei der History des *Internet Explorers* wird unterschieden zwischen einer Haupt-History, einer wöchentlichen und einer täglichen. Die Haupt-History finden Sie unter folgenden Pfaden:

- Windows XP:
  C:\Dokumente und Einstellungen\<Benutzername>\Lokale Einstellungen\ Verlauf\history.ie5

- Windows Vista / 7:
  *C:\Users\<Benutzername>\AppData\Local\Microsoft\Windows\\
  History\History.IE5*

  und

  *C:\Users\<Benutzername>\AppData\Local\Microsoft\Windows\\
  History\Low\History.IE5*

In der *Datei index.dat*, die dort abgelegt ist, wird Protokoll geführt über alle Webseitenbesuche, die von der Internet-History erfasst wurden. Diese Haupt-History ist für Sie also die interessanteste. Wie auch die übrigen *index.dat*-Dateien besteht sie ganz grob gesprochen aus einem Header (*Client Url-Cache MMF Ver 5.2*), einer Belegungsübersicht (Allocation-Bitmap) und den eigentlichen Verlaufseinträgen, die meist bei Offset 0x5000 beginnen. Diese Verlaufseinträge schauen wir uns einmal näher an. Sie müssen wissen, wie die dort befindlichen Daten zu untersuchen sind, denn diese Spuren sind so wichtig, dass Sie sie sogar in gelöschten Bereichen oder Dateien wie *pagefile.sys*, *hiberfil.sys* und auch in Arbeitsspeichersicherungen erkennen und interpretieren können sollten. Hinzu kommt, dass selbst automatisierte Tools herkömmliche *index.dat*-Dateien teilweise falsch interpretieren, aber dazu gleich mehr.

Jeder Verlaufseintrag ist erkennbar an seinem eigenen 4-Byte-Header (*URL*, *REDR*, *HASH* oder *LEAK*), gefolgt von 4 Bytes, die angeben, wie viele 128 Bytes große Blöcke der Eintrag an Größe einnimmt (eine 2 steht beispielsweise für eine Größe von 256 Bytes). Ab dann wird es erst richtig interessant, denn für jeden Webseitenbesuch erhalten Sie nun den Zeitpunkt des letzten Zugriffs in lokaler und UTC-Zeitzone.

> Die beiden Zeitstempel werden je nach Typ der jeweiligen Datei *index.dat* anders interpretiert. Das machen viele automatisierte Tools verkehrt. Eine Übersicht darüber, in welchem *index.dat*-Typ welcher Zeitstempel was zu bedeuten hat, finden Sie unter *http://www.forensikhacks.de/indexdat*.

Wie so oft im Leben kommt das Beste ganz am Ende, denn dort steht die eigentlich besuchte Webseite zusammen mit einem Bezeichner und dem Windows-Kontonamen desjenigen Benutzers, der sie aufgerufen hat. Das Ganze stellt sich in etwa so dar:

```
<Bezeichner>: <Benutzername>@http://….
```

Der Bezeichner heißt in der Haupt-History *Visited:*. Die Zeichenfolge wird beidseitig umschlossen entweder von 00-Hexwerten, von totem Fleisch oder schlechtem Essen. Totes Fleisch, schlechtes Essen? Ja, richtig gehört! Unmittelbar vor und nach URL und Kontonamen der Webseite finden Sie des Öfteren die Hexwerte EF BE AD DE oder auch 0D F0 AD 0B, lesen Sie diese in Little-Endian-Schreibweise, ergibt das DEAD BEEF und 0BAD F00D. Ein kleiner Gruß der Microsoft-Entwickler. Aber sehen Sie selbst:

```
55 52 4C 20 02 00 00 00-10 12 A0 E9 3E 97 CC 01  URL ······ é>·Ì·
10 12 A0 E9 3E 97 CC 01-79 3F F7 9E 00 00 00 00  ·· é>·Ì·y?+·····
00 00 00 00 00 00 00 00-00 00 00 00 00 00 00 00  ················
60 00 00 00 68 00 00 00-FE 00 10 10 00 00 00 00  `···h···þ·······
01 00 20 00 C0 00 00 00-14 00 00 00 00 00 00 00  ·· ·À···········
5E 3F 5C A0 01 00 00 00-00 00 00 00 00 00 00 00  ^?\ ············
00 00 00 00 EF BE AD DE-56 69 73 69 74 65 64 3A  ····ï¾ÞVisited:
20 46 72 6F 64 6F 40 68-74 74 70 3A 2F 2F 77 77   Frodo@http://ww
77 2E 6D 69 63 72 6F 73-6F 66 74 2E 63 6F 6D 2F  w.microsoft.com/
67 65 72 6D 61 6E 79 2F-77 69 6E 64 6F 77 73 2F  germany/windows/
69 6E 74 65 72 6E 65 74-2D 65 78 70 6C 6F 72 65  internet-explore
72 2F 77 65 6C 63 6F 6D-65 2E 61 73 70 78 00 DE  r/welcome.aspx ·Þ
10 00 02 00 00 00 00 00-00 00 00 00 00 00 00 00  ················
00 00 00 00 EF BE AD DE-EF BE AD DE EF BE AD DE  ····ï¾Þï¾Þï¾Þ
EF BE AD DE EF BE AD DE-EF BE AD DE EF BE AD DE  ï¾Þï¾Þï¾Þï¾Þ
EF BE AD DE EF BE AD DE-EF BE AD DE EF BE AD DE  ï¾Þï¾Þï¾Þï¾Þ
```

Abbildung 6-5: Ein kompletter Verlaufseintrag mit Header, Zeiten, URL und DEAD BEEF

Sie wissen nun, wo Sie die *index.dat*-Datei der Haupt-History finden und wie Sie die darin enthaltenen Daten auswerten können. Doch neben der Haupt-History gibt es noch zwei weitere Typen von Internetverläufen, nämlich tägliche und wöchentliche Histories. Diese befinden sich in Unterverzeichnissen der Haupt-History.

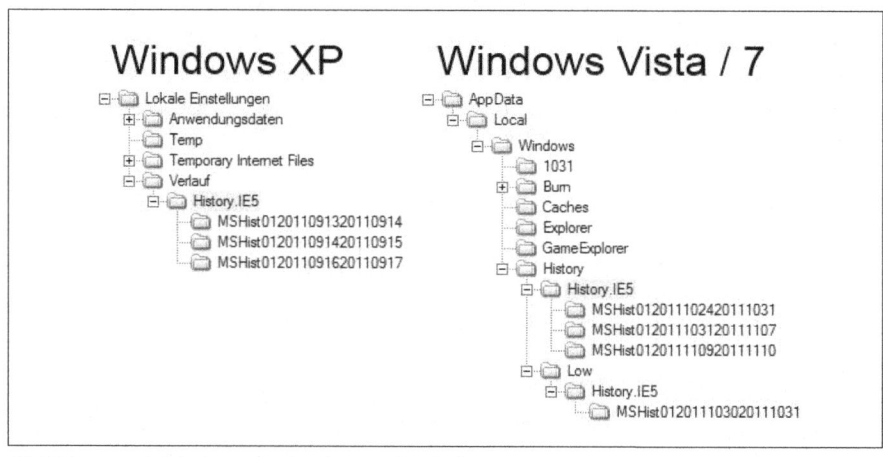

Abbildung 6-6: Pfade zu den Internetverlaufsdateien

Auf dieser Abbildung erkennen Sie, dass die Unterordner stets folgender Bezeichnungsregel folgen:

```
MSHist<##><Startjahr><Startmonat><Starttag><Endjahr><Endmonat><Endtag>
```

Das heißt, dass Sie direkt auf einen Blick erkennen können, ob Sie in dem Ordner eine tägliche oder wöchentliche History vorfinden werden, je nachdem, ob sich Start- und Endtag um einen oder sieben Tage unterscheiden. Die Auswertung erfolgt so wie bei der Haupt-History auch.

Sollten Sie Fragmente von Internet-Histories in nicht mehr zugeordneten Speicherbereichen, Auslagerungsdateien oder Arbeitsspeichersicherungen gefunden haben, können Sie genau sagen, ob diese aus einer Haupt-, Tages- oder Wochen-History stammen, indem Sie einen Blick auf den *<Bezeichner>* werfen. Heißt dieser *Visited*, handelt es sich um ein Fragment aus einer Haupt-History, trägt er hingegen eine numerische Bezeichnung, stammt das Fragment aus einer Tages- oder Wochen-History.

```
55 52 4C 20 02 00 00 00-A0 C1 D3 24 F7 71 CC 01  URL ···· AO$+qI·
A0 F1 4A 61 E6 71 CC 01-49 3F 3D 3B 00 00 00 00  ñJaæqÌ·I?=;····
00 00 00 00 00 00 00 00-00 00 00 00 80 51 01 00  ·············Q··
60 00 00 00 68 00 00 00-FE 00 10 10 00 00 00 00  `···h···þ·······
04 00 20 00 00 00 00 00-00 00 00 00 00 00 00 00  ················
2D 3F 3D 3B 01 00 00 00-00 00 00 00 00 00 00 00  -?=;············
00 00 00 00 0D F0 AD 0B-3A 32 30 31 31 30 39 31  ·····ð--:2011091
33 32 30 31 31 30 39 31-34 3A 20 46 72 6F 64 6F  320110914: Frodo
20 42 65 75 74 6C 69 6E-40 68 74 74 70 3A 2F 2F  Beutlin@http://
64 65 2E 62 69 6E 67 2E-63 6F 6D 2F 73 65 61 72  de.bing.com/sear
63 68 3F 71 3D 37 7A 69-70 26 66 6F 72 6D 3D 4D  ch?q=7zip&form=M
53 4E 48 31 35 26 6D 6B-74 3D 64 65 2D 64 65 26  SNH15&mkt=de-de&
71 73 3D 6E 26 73 6B 3D-26 73 63 3D 38 2D 34 00  qs=n&sk=&sc=8-4·
0D F0 AD 0B 0D F0 AD 0B-0D F0 AD 0B 0D F0 AD 0B  ·ð---ð---ð---ð--
0D F0 AD 0B 0D F0 AD 0B-0D F0 AD 0B 0D F0 AD 0B  ·ð---ð---ð---ð--
0D F0 AD 0B 0D F0 AD 0B-0D F0 AD 0B 0D F0 AD 0B  ·ð---ð---ð---ð--
```

Abbildung 6-7: Das Fragment stammt aus einer täglichen History vom 13.09.2011 und zeigt die Suche des Benutzers Frodo nach dem Begriff »7zip« auf der Website www.bing.com.

Automatisierte Auswertung der History mit Tools von Drittanbietern

Auch bei der Untersuchung der Internet-History des *Internet Explorer* können Sie auf automatisierte Tools zurückgreifen, sollten sich jedoch der angesprochenen Risiken bewusst sein und Ihre Ergebnisse validieren. Empfehlenswerte freie Programme sind *Historian* von Werner Rumpeltesz (*http://www.forensikhacks.de/hist*), *Web Historian* von Mandiant (*http://www. forensikhacks.de/manhis*), *Windows File Analyzer* von MiTec (*http://www. forensikhacks.de/wfa*) und *IEHistoryView* von NirSoft (*http://www.forensik- hacks.de/nirieh*).

 Achten Sie bei der Auswertung der History auch immer auf URL-Parameter wie *q=* , *query=*, *p=* oder *search?q=*. Sie erhalten dadurch oft wertvolle Informationen darüber, wonach gezielt im Web gesucht wurde. Spätestens bei URLs wie *http:/ /www.google.de/search?q=unternehmensdaten+stehlen* oder *http://www.bing.com/search?q=erpresserbrief+schreiben* sollten Sie hellhörig werden.

Sonstige Spuren des Browsers Internet Explorer
»Hinterlassenschaften«

Auch der *Internet Explorer* hat neben der History noch einiges mehr an Spuren zu bieten. Wie die meisten anderen Webbrowser kann auch er sich eingegebene URLs und Formulardaten merken, Favoriten und Cookies speichern und natürlich auch einen lokalen Zwischenspeicher zum schnelleren Abrufen bereits bekannter Webinhalte anlegen. Wie auch bei *Firefox* können Sie hier wertvolle Beweismittel finden, die Ihnen bei der Einschätzung helfen können, welche Webinhalte abgerufen wurden und ob sie eher zufällig oder gezielt aufgerufen wurden. Bei der Frage danach, wie diese Spuren verwaltet werden, werden wir auf einen alten Bekannten stoßen: die Datei *index.dat*. Aber sehen Sie selbst.

Cookies

Wie schon in [Hack #69] ausgeführt, sind Cookies hinsichtlich ihrer Aussagekraft mit Vorsicht zu genießen. Wenn Sie hier Hinweise auf eine bestimmte URL finden, sollten Sie unbedingt bemüht sein, noch weitere Spuren zu finden. Die Cookies des *Internet Explorer* finden Sie unter folgenden Pfaden:

- Windows XP:
  C:\Dokumente und Einstellungen\<Benutzername>\Cookies

- Windows Vista / 7:
  C:\Users\<Benutzername>\AppData\Roaming\Microsoft\Windows\Cookies

  C:\Users\<Benutzername>\AppData\Roaming\Microsoft\Windows\Cookies\low

Übrigens: Wie die Internet-History werden auch die Cookies über eine *index.dat*-Datei verwaltet. Sie befindet sich zusammen mit den einzelnen Cookie-*.txt*-Dateien im zuvor genannten Verzeichnis. Sollten Sie auf Fragmente von *index.dat*-Dateien in nicht mehr zugeordneten Speicherbereichen treffen, erkennen Sie Cookie-Fragmente an dem Bezeichner *Cookie:* gefolgt von Username, URL und Cookie-Dateiname.

Lokaler Zwischenspeicher (temporäre Internetdateien)

Um das Aufrufen bereits besuchter Seiten für den Benutzer zu beschleunigen, legt auch der Internet Explorer eine lokale Kopie der HTML-Dokumente, Bilder, CSS-Dateien, Flash-Videos, JavaScript-Dateien usw. von der besuchten Webseite auf dem Computer ab. Diese Dateien finden Sie auf dem zu untersuchenden Datenträger unter folgenden Pfaden:

- Windows XP:
  C:\Dokumente und Einstellungen\<Benutzername>\Lokale Einstellungen\ Temporary Internet Files\Content.IE5

- Windows Vista / 7:
  C:\Users\<Benutzername>\AppData\Local\Microsoft\Windows\TemporaryInternetFiles\Content.IE5

Der *Internet Explorer* legt in diesem Ordner mehrere Unterverzeichnisse mit zufälligen Bezeichnern an. Die Erstellung erfolgt immer in Paaren zu jeweils vier Ordnern. Sollten Sie einmal eine Anzahl an Ordnern vorfinden, die kein Vielfaches von 4 ist, sollten Ihre Alarmglocken schrillen. In diesem Fall liegt der Verdacht nahe, dass absichtlich versucht wurde, einen Ordner unter den temporären Internetdateien zu verstecken. Sie können leicht herausfinden, welches Verzeichnis nicht zum Internet Explorer gehört, indem Sie die *index. dat*-Verwaltungsdatei untersuchen. Ohne in die detaillierte Auswertung dieser Datei einsteigen zu wollen, können Sie in einem Hex-Editor mit ASCII-Ansicht bereits in den ersten Zeilen alle Namen derjenigen Ordner heraussuchen, die vom *Internet Explorer* angelegt wurden.

In der Datei *index.dat* wird weiterhin gespeichert, wann welche Datei aufgerufen wurde, von welcher URL aus sie bezogen wurde und in welchem der Unterordner mit welchem Dateinamen sie gespeichert wurde. Die temporären Internetdateien erhalten im Dateinamen übrigens immer eine Nummer als Anhängsel, so wird aus der Datei *favicon.ico* zum Beispiel *favicon[1].ico*. Das ist notwendig, da viele Dateien auf unterschiedlichen Webseiten dieselben Namen tragen, beispielsweise *index.html, favicon.ico, logo.gif, style.css* usw. Ohne die Nummerierung könnte der *Internet Explorer* nicht zuweisen, welche Datei zu welcher Webseite gehört.

> Wenn ein Benutzer im Internet Explorer 5 seinen Cache löschen möchte, werden zwar die temporären Internetdateien gelöscht, die Inhalte in der Datei *index.dat* jedoch nur als frei markiert und nicht gelöscht. Beim Internet Explorer 7 und 8 werden auch die *index.dat*-Einträge gelöscht. In beiden Fällen werden die gelöschten Dateien jedoch nicht überschrieben, so dass Sie sie mit Datenwiederherstellungsmethoden (siehe Kapitel 3) zurückholen können.

Manuell eingegebene URLs

Bei der Untersuchung einer Festplatte ist es für Sie sicher hilfreich zu wissen, ob eine verfahrensrelevante URL manuell eingetippt oder vielleicht mehr oder weniger zufällig angesurft wurde. Ein Blick in die Windows-Registry kann

Ihnen bei der Beantwortung dieser Frage behilflich sein. Im folgenden Schlüssel sind die manuell eingetippten URLs gespeichert.

```
HKCU\Software\Microsoft\Internet Explorer\TypedURLs
```

> Zur Erinnerung: Im HKCU sind die benutzerbezogenen Programmeinstellungen gespeichert. Auf dem Datenträger finden Sie die benutzerbezogenen Registry-Dateien als *NTUSER. DAT* in den Verzeichnissen der jeweiligen Benutzer. Das bedeutet, dass Sie die Aussage treffen können, dass die gefundenen URLs genau von demjenigen Benutzerkonto aus eingegeben wurden, dessen *NTUSER.DAT* Sie gerade untersuchen.

Formulareingaben und Passwörter

Gespeicherte Formulareingaben können Ihnen aufschlussreiche Informationen darüber geben, welche Informationen ein Benutzer in bestimmte HTML-Formulareingabefelder eingetippt hat. Leider lässt sich eine Zuordnung eines Formularfeldes zu einer bestimmten Webseite nicht treffen, oft tragen die Eingabefelder jedoch aussagekräftige Namen wie »Name«, »E-Mail«, »Username«, »Adresse«, »Login«, »Search« und so weiter. Auch gespeicherte Passwörter können interessant sein, und zwar vor dem Hintergrund, dass diese Passwörter vielleicht auch genutzt wurden, um einen verschlüsselten Container mit beweiserheblichen Inhalten zu schützen. Sie finden die Formulareingaben und Passwörter an folgenden Orten:

- Autovervollständigen im Internet Explorer 6:

  HKCU\Software\Microsoft\Protected Storage

  Tools: Protected Storage PassView, NirSoft, http://www.forensikhacks.de/ nirps

- Autovervolländigen ab Internet Explorer 7:

  HKCU\Software\Microsoft\InternetExplorer\IntelliForms\Storage1

  Tools: IE PassView, NirSoft, http://www.forensikhacks.de/niriepw

  Internet Explorer Password Recovery (kommerziell), Passcape Software, http://www.forensikhacks.de/pciepw

- Passwörter im Internet Explorer 6:

  HKCU\Software\Microsoft\Protected Storage

  Tools: Protected Storage PassView, NirSoft, http://www.forensikhacks.de/nirps

  IEPasswortDecryptor, Nagareshwar Telekar, http://www.forensikhacks.de/sxpl

- Autovervollständigungspassworte ab Internet Explorer 7:

  HKCU\Software\Microsoft\InternetExplorer\IntelliForms\Storage2

Tool: IE PassView, NirSoft, http://www.forensikhacks.de/niriepw

IEPasswortDecryptor, Nagareshwar Telekar, http://www.forensikhacks.de/sxpl

- HTTP-Passwörter ab *Internet Explorer 7*:
  - Windows XP:
    C:\Dokumente und Einstellungen\<Benutzername>\Anwendungsdaten\ Microsoft\ Credentials\ <SID>\Credentials

    und

    C:\Dokumente und Einstellungen\<Benutzername>\Lokale Einstellun- gen\ Anwendungsdaten\Microsoft\Credentials\[User SID]\Credentials
  - Windows Vista / 7:
    C:\Users\<Benutzername>\AppData\Roaming\Microsoft\Credenti- als\[Zufalls ID]

    und

    C:\Users\<Benutzername>\AppData\Local\Microsoft\Credentials\ [Zufalls ID]

Favoriten

Was in *Firefox* und *Chrome* die Lesezeichen, sind beim *Internet Explorer* die Favoriten. Hier können von Benutzer, aber auch von Programmen (zum Bei- spiel bei der Installation) Verknüpfungen zu bestimmten Webseiten angelegt werden. Sie finden die Favoriten unter folgenden Pfaden:

- Windows XP:
  C:\Dokumente und Einstellungen\<Benutzername>\Favoriten
- Windows Vista / 7:
  C:\Users\<Benutzername>\Favorites

Ein Blick mit einem Text- oder Hex-Editor in die Inhalte der *.url*-Dateien lohnt sich übrigens, denn ein Lesezeichen, das *Harmlos.url* heißt, könnte mit der Webseite *http://www.wiebestehleichmeinenboss.net/* verknüpft sein.

Automatische Tools

Zur Auswertung der *Internet-Explorer*-Spuren können Sie auf automatisierte Tools zurückgreifen. Empfehlenswerte freie Programme sind *Historian* von Werner Rumpeltesz (*http://www.forensikhacks.de/hist*), das neben dem Inter- netverlauf auch Cookies, Favoriten und temporäre Internetdateien untersu- chen kann, *Web Historian* von Mandiant (*http://www.forensikhacks.de/ manhis*), *Windows File Analyzer* von MiTec (*http://www.forensikhacks.de/ wfa*) und *Index.dat Analyzer* von Systenance Software (*http://www.forensik- hacks.de/sysie*).

Analysieren der Chrome-History

HACK #72   »Jetzt wird es metallisch.«

Wenn Sie an dieser Stelle schon die Hacks [#67] und [#68] gelesen haben, wird es Sie freuen zu hören, dass auch der Internetbrowser *Chrome* all seine Daten in SQLite-Datenbanken speichert. Sollten Sie die beiden Hacks noch nicht gelesen haben, empfehlen wir Ihnen, es jetzt zu tun, denn dort können Sie sich die wichtigsten Grundlagen zu SQLite-Abfragen aneignen und einen SQLite-Datenbankbrowser installieren. Beides werden Sie in diesem Hack brauchen.

Wir fangen bei der Untersuchung des Browsers *Chrome* mit der Internet-History an, denn sie ist diejenige Spur, die Ihnen bei einer Datenträgerauswertung die besten Rückschlüsse auf das Surfverhalten eines Benutzers geben kann. Die History von *Chrome* finden Sie unter folgenden Pfaden:

- Windows XP:
  C:\Dokumente und Einstellungen\<Benutzername>\Anwendungsdaten\Google\Chrome\User Data\Default

- Windows Vista / 7:
  C:\Users\<Benutzername>\AppData\Local\Google\Chrome\User Data\Default

- Linux (Ubuntu):
  /home/<Benutzername>/.config/google-chrome/Default/

- Mac OS X:
  /Users/<Benutzername>/Library/Application Support/Google/Chrome/Default/

An diesen Orten liegen neben der History auch die meisten anderen Benutzerspuren von *Chrome* in SQLite-Datenbanken.

Name	Size	Type	Date Modified
Cache	1 KB	Directory	31.10.2011 11:1...
JumpListIcons	1 KB	Directory	31.10.2011 11:1...
JumpListIconsOld	1 KB	Directory	31.10.2011 11:1...
Local Storage	1 KB	Directory	30.10.2011 20:0...
User StyleSheets	1 KB	Directory	30.10.2011 20:0...
$I30	8 KB	NTFS Index All...	31.10.2011 11:1...
Archived History	52 KB	Regular File	30.10.2011 20:0...
Bookmarks	1 KB	Regular File	30.10.2011 20:0...
Bookmarks.bak	1 KB	Regular File	30.10.2011 20:0...
Bookmarks.bak.FileSla...	4 KB	File Slack	
Cookies	8 KB	Regular File	
Current Session	10 KB	Regular File	31.10.2011 11:1...
Current Session.FileSla...	3 KB	File Slack	
Current Tabs	10 KB	Regular File	31.10.2011 11:1...
Current Tabs.FileSlack	3 KB	File Slack	
Favicons	20 KB	Regular File	
History	84 KB	Regular File	31.10.2011 11:1...
History Index 2011-10	68 KB	Regular File	31.10.2011 11:1...

Abbildung 6-8: Ordner- und Dateistruktur mit benutzerspezifischen Chrome-Artefakten

Wie Sie sicherlich schon vermutet haben, befinden sich die Surfspuren in der Datei *History*. Laden Sie diese Datei doch einmal in Ihren *SQLite Manager* (siehe [Hack #67]). Sie werden feststellen, dass einige interessante Informationen in dieser Datenbank stecken, zum Beispiel über heruntergeladene Dateien, eingegebene Suchwörter, aber eben auch besuchte URLs sowie Häufigkeit und Zeitstempel der Besuche. In der folgenden Darstellung sehen Sie den Aufbau der für die History relevanten Tabellen.

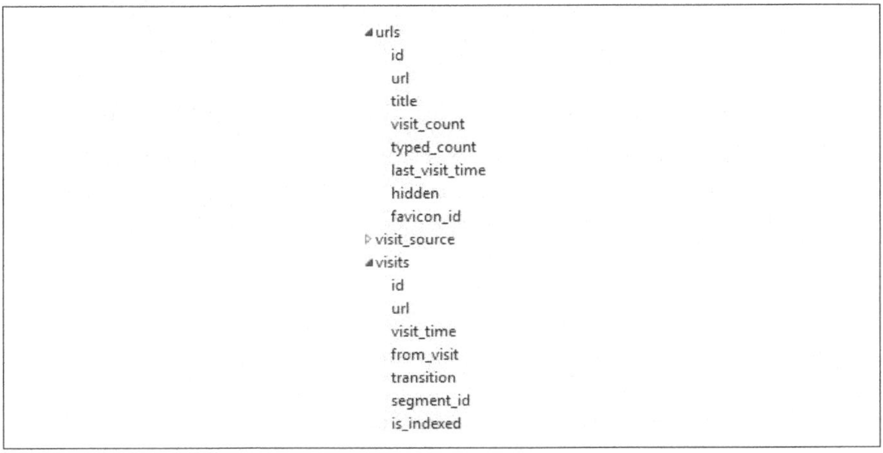

Abbildung 6-9: Aufbau der Datenbanktabellen urls und visits innerhalb der History-Datei

Wir können erste einfache Informationen aus der Datenbank herausbekommen. Probieren Sie doch einmal folgende SQL-Abfrage:

```
SELECT url, title, visit_count FROM urls ORDER BY visit_count DESC
```

Wenn Sie gern die Daten aus den beiden Tabellen *urls* und *visits* kombinieren möchten, um zu sehen, wann URLs von welcher Referrer-Seite aufgerufen wurden, dann versuchen Sie es doch einmal mit folgender Abfrage:

```
SELECT urls.id, urls.url, urls.title, urls.visit_count, urls.typed_count,
urls.last_visit_time, urls.hidden, visits.visit_time, visits.from_visit,
visits.transition FROM urls, visits WHERE urls.id = visits.url
```

Die Zugriffszeiten, die im *Webkit*-Format gespeichert werden, können Sie mit Tools wie *DCode* von der Digital Detectives Group (*http://www.forensik-hacks.de/dcode*) umrechnen. Einfacher und effizienter können Sie es sich mit der Funktion *datetime* machen, die Sie bereits in [Hack #67] kennengelernt haben. Das Problem hierbei ist, dass das *Webkit*-Format nicht auf der Unix-Epoch-Zeit basiert, sondern auf den Mikrosekunden seit dem 1.1.1601, 00:00:00 Uhr. Das bedeutet, dass von den umgerechneten *Chrome*-Zeitstempeln noch die Differenz zum Start der Epoch-Zeit abgezogen werden muss. Folgende Abfrage erledigt das für Sie:

```
SELECT urls.id, urls.url, urls.title, urls.visit_count, urls.typed_count,
datetime(urls.last_visit_time/1000000-11644473600,'unixepoch','localtime') ,
urls.hidden, datetime(visits.visit_time/1000000-11644473600,'unixepoch',
'localtime'), visits.from_visit, visits.transition FROM urls, visits WHERE
urls.id = visits.url
```

Sollten Sie in der *History*-Datei nicht die Informationen finden, die Sie suchen, dann werfen Sie unbedingt auch einen Blick in die Datei *Archived History*. Hier finden Sie ältere, archivierte Verlaufseinträge.

Automatisierte Auswertung der History mit Tools von Drittanbietern

Wie bei der Auswertung der Internet-Histories von *Firefox* und *Internet Explorer* können Ihnen auch bei der Spurensuche in *Chrome* automatisierte Softwaretools unter die Arme greifen. Empfehlenswerte freie Programme sind *Historian* von Werner Rumpeltesz (*http://www.forensikhacks.de/hist*), *ChromeForensics* von Mark Woan (*http://www.forensikhacks.de/woanch*), *ChromeAnalysis* von Foxton Software Ltd. (*http://www.forensikhacks.de/chomean*) und die Toolsammlung von Nirsoft (*http://www.forensikhacks.de/nirchro* usw.).

Achten Sie bei der Auswertung der History auch immer auf URL-Parameter wie *q=* , *query=*, *p=* oder *search?q=*. Sie erhalten dadurch oft wertvolle Informationen darüber, wonach gezielt im Web gesucht wurde. Spätestens bei URLs wie *http://www.google.de/search?q=unternehmensdaten+stehlen* oder *http://www.bing.com/search?q=erpresserbrief+schreiben* sollten Sie hellhörig werden.

Sonstige Spuren des Browsers Chrome
»Keineswegs farblos«

Google *Chrome* hat Ihnen natürlich noch wesentlich mehr Spuren zu bieten als nur die Internet-History. In diesem Hack möchten wir Ihnen zeigen, wie Sie sie finden und untersuchen können. Sie werden feststellen, dass Sie die SQLite-Kenntnisse aus den vorigen Hacks optimal anwenden können. Alle Dateien, die Sie in diesem Hack untersuchen werden, finden Sie übrigens unter den Standardpfaden, die Sie bereits in [Hack #71] kennengelernt haben.

Cookies

Mittlerweile speichern fast alle Websites Cookies auf den Computern ihrer Besucher. Bereits in den vorherigen Hacks haben wir Ihnen erläutert, wozu diese kleinen Dateien dienen und warum dort befindliche Spuren mit Vorsicht zu genießen sind. In *Chrome* finden Sie die Cookie-Daten – wie sollte es anders sein – in einer SQLite-Datenbank. Öffnen Sie die Datei *Cookies* mit dem *SQLite Manager*. Um sich die Daten etwas strukturierter anzeigen zu lassen und die Zeiten in ein lesbares Format umrechnen zu lassen, probieren Sie doch einmal folgende SQL-Abfrage aus:

```
SELECT host_key, value, datetime(last_access_utc/1000000-
11644473600,'unixepoch','localtime') as LetzterZugriff FROM cookies
```

Was wurde heruntergeladen?

Vielleicht haben die Downloads schon bei der Auswertung der Internet-History Ihre Aufmerksamkeit·erregt. Gut möglich, denn die Informationen darüber, welche Dateien wann von welcher Webseite heruntergeladen wurden, finden sich in derselben Datenbankdatei wie der Verlauf. Laden Sie also die Datei *History* in den *SQLite Manager*. Die Informationen in der Tabelle *downloads* sind für Sie gut lesbar bis auf die *start_time*. Diesmal sind die Zeiten ausnahmsweise als *Unix-Epoch*-Zeitstempel hinterlegt und nicht im *Webkit*-Format. Mit folgender Abfrage können Sie sich einige wichtige Daten aus der Tabelle exportieren:

```
SELECT url, full_path, datetime(start_time,'unixepoch','localtime') as
StartZeit, total_bytes FROM downloads
```

Wonach wurde gesucht?

Sicher ist es für Ihre Untersuchungen interessant zu wissen, wonach der Benutzer gezielt gesucht hat. Diese Informationen finden Sie in der SQLite-Datenbank *History*. Wenn Sie diese Datei mit dem *SQLite Manager* geöffnet haben, sollten Sie die Informationen aus den Tabellen *keyword_search_terms* und *urls* zusammenbringen, um ein aussagekräftiges Ergebnis zu erhalten. Folgende Abfrage werden Sie bestimmt nützlich finden:

```
SELECT urls.url, keyword_search_terms.term FROM keyword_search_terms, urls
WHERE keyword_search_terms.url_id = urls.id
```

Favoriten

Wie bei allen übrigen Browsern können Benutzer auch in *Chrome* ihre Favoriten zum schnellen Zugriff hinterlegen. Sie finden diese Lesezeichen in der Datei *Bookmarks*, diesmal allerdings nicht als SQLite-Datenbank, sondern im Klartext. Sie können diese Datei also einfach mit einem Texteditor öffnen.

Den lokalen Zwischenspeicher untersuchen

Die temporären Internetdateien geben Ihnen meist einen guten Überblick darüber, welche Dateien von welchen Webseiten unter diesem Profil aufgerufen wurden. Das gilt auch für *Chrome*. Ähnlich wie *Firefox* speichert Googles Browser die temporären Internetdateien in einem *Cache*-Verzeichnis als alleinstehende Dateien ohne Dateierweiterung. Vor der Untersuchung sollten Sie also dringend eine Signaturanalyse (siehe [Hack #32]) auf alle dort befindlichen Dateien ausführen.

Zuletzt geöffnete Sessions und Tabs

Chrome bietet dem Benutzer die Möglichkeit, seine zuletzt geöffneten Tabs und Sessions zu öffnen. Gespeichert werden diese Daten in den Dateien *Current/Last Session* bzw. *Current/Last Tabs*. Sie können sie mit einem Hex-Editor untersuchen, eine gezielte Stichwortsuche nach beweisrelevanten Schlüsselbegriffen auf diese Dateien ausführen oder sich eines kleinen Tricks bedienen: Kopieren Sie den kompletten *Chrome*-Profilordner auf ein Auswertungssystem mit installiertem *Chrome* (zum Beispiel als virtuelle Maschine) und ersetzen Sie den dort vorhandenen Profilordner durch den zu untersuchenden. Wenn Sie den Browser starten, erhalten Sie je nach vorliegenden Daten die Möglichkeit, die letzte Sitzung wiederherzustellen.

 Sie können Chrome zwingen, Ihnen die Option zur Wiederherstellung zu bieten, indem Sie vor dem Start mit dem kopierten Profil die Variable exited_cleanly in der Datei *Preferences* auf false stellen.

Durch Drückenvon *Strg+Shift+T* können Sie zusätzlich die zuletzt geöffneten Tabs betrachten.

Installierte Plugins und Einstellungen

Wenn Sie nachvollziehen möchten, welche Plugins der Benutzer für *Chrome* installiert hat oder welche Einstellungen er gewählt hat (zum Beispiel was die Startseite ist), dann sollten Sie einen Blick in die Datei *Preferences* werfen. Sie können sie einfach mit einem Texteditor Ihrer Wahl öffnen.

Automatisierte Tools

Diejenigen Tools, die Ihnen bei der Auswertung der Internet-History gute Dienste geleistet haben, beherrschen größtenteils auch die Aufbereitung der anderen Chrome-Spuren. Empfehlenswerte freie Programme sind *Historian* von Werner Rumpeltesz (*http://www.forensikhacks.de/hist*), *ChromeForensics* von Mark Woan (*http://www.forensikhacks.de/woanch*), *ChromeAnalysis* von Foxton Software Ltd. (*http://www.forensikhacks.de/chomean*) und die Toolsammlung von Nirsoft (*http://www.forensikhacks.de/nirchro* usw.).

So werten Sie den ICQ-Messenger aus

HACK #74

»I seek you – Ich suche Dich.«

Instant Messaging erfreut sich bereits seit vielen Jahren großer Beliebtheit unter Internetnutzern. Programme wie *ICQ, Skype, Windows Live Messenger* erlauben den schnellen, unkomplizierten Austausch von Nachrichten und Dateien. Mittlerweile erlauben die Messenger auch Kommunikation über Sprache und Video via Webcam. Selbst Gruppenchats und Videokonferenzen mit mehreren Kontakten sind kein Problem mehr.

Wie jede andere Art der Kommunikation werden auch Messenger missbraucht, um Straftaten zu begehen bzw. zu verabreden. Vielleicht spielen diese Dienste auch bei einer Ihrer Untersuchungen eine Rolle? Wurden Bedrohungen, Beleidigungen oder gar sexuell belästigende Nachrichten verschickt oder strafrechtlich relevante Dateien verschickt? In diesem Hack erfahren Sie, wie Sie Spuren solcher Handlungen in den Daten des ICQ-Messenger finden können.

Allgemeine Einstellungen

Der erste Ort, an dem Sie mit der Auswertung des *ICQ*-Messenger beginnen sollten, ist folgendes Verzeichnis:

- Windows XP:
  C:\Dokumente und Einstellungen\<Benutzername>\Anwendungsdaten\ICQ
- Windows Vista / 7:
  C:\Users\<Benutzername>\AppData\Roaming\ICQ

In diesem Verzeichnis finden Sie die Datei *Application.qdb* sowie mehrere Unterordner. *ICQ* nutzt in der Version 7 SQLite-Datenbanken zum Speichern der Einstellungen, Nachrichten und Kontakte. In *Application.qdb* können Sie Einstellungen des Programms betrachten. Laden Sie dazu die Datei in Ihren *SQLite Manager* (siehe [Hack #67]). Sie können sehen, dass die Datenbank nur eine einzige Tabelle namens *Records* enthält. Leider sind die Informationen nicht so einfach einsehbar wie es beispielsweise bei der Auswertung der SQLite-Datenbanken von *Firefox* (siehe [Hack #67]) und *Chrome* (siehe [Hack #71]) der Fall war. Das liegt daran, dass die Spalte *data* die für uns wichtigsten Informationen als großes binäres Objekt (Binary Large Object, BLOB) abspeichert. Dieses müssen Sie erst exportieren, bevor Sie die Informationen einsehen können. Klicken Sie also doppelt auf einen der Datenbankeinträge und wählen Sie das Diskettensymbol, wie es in der folgenden Abbildung zu sehen ist.

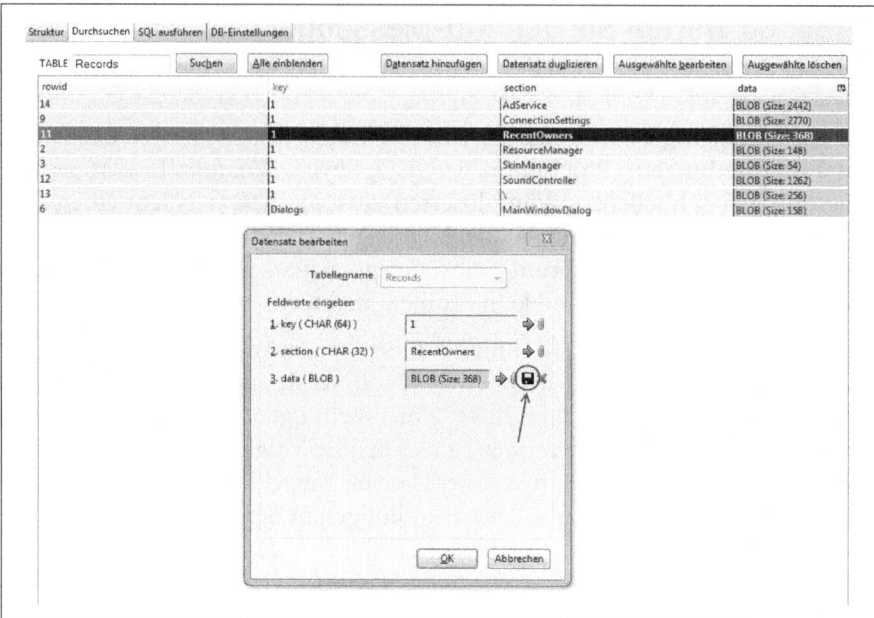

Abbildung 6-10: Exportieren eines BLOBs im SQLiteManager

Die exportierten Daten können Sie nun mit einem beliebigen Hex-Editor betrachten. Im Eintrag *data* für *RecentOwners* zum Beispiel finden Sie Angaben über alle erfolgreich eingeloggten und den zuletzt verbundenen ICQ-Benutzer zusammen mit einer Zeitangabe des letzten Logins. Ziemlich nützliche Informationen, oder?

```
000 10 00 00 00 0A 00 00 00-4C 00 69 00 73 00 74 00   ········L·i·s·t·
010 00 00 12 00 00 00 01 00-00 00 08 00 14 00 00 00   ················
020 36 00 30 00 33 00 36 00-35 00 34 00 31 00 34 00   6·0·3·6·5·4·1·4·
030 39 00 00 00 10 00 00 00-18 00 00 00 44 00 69 00   9···········D·i·
040 73 00 70 00 6C 00 61 00-79 00 4E 00 61 00 6D 00   s·p·l·a·y·N·a·m·
050 65 00 00 00 00 00 00 00-08 00 1C 00 00 00 46 00   e·············F·
060 72 00 6F 00 64 00 6F 00-20 00 42 00 65 00 75 00   r·o·d·o· ·B·e·u·
070 74 00 6C 00 69 00 6E 00-00 00 18 00 00 00 49 00   t·l·i·n·······I·
080 73 00 41 00 75 00 74 00-6F 00 4C 00 6F 00 67 00   s·A·u·t·o·L·o·g·
090 69 00 6E 00 00 00 00 00-00 00 03 00 FF FF FF FF   i·n·········ÿÿÿÿ
0a0 1C 00 00 00 4C 00 61 00-73 00 74 00 4C 00 6F 00   ····L·a·s·t·L·o·
0b0 67 00 69 00 6E 00 54 00-69 00 6D 00 65 00 00 00   g·i·n·T·i·m·e···
0c0 00 00 00 00 07 00 CF 7F-85 60 B5 F9 E3 40 1E 00   ······Ï··µùã@··
0d0 00 00 49 00 73 00 53 00-61 00 76 00 65 00 50 00   ··I·s·S·a·v·e·P·
0e0 61 00 73 00 73 00 77 00-6F 00 72 00 64 00 00 00   a·s·s·w·o·r·d···
0f0 00 00 00 00 03 00 FF FF-FF FF 16 00 00 00 53 00   ······ÿÿÿÿ····S·
100 63 00 72 00 65 00 65 00-6E 00 4E 00 61 00 6D 00   c·r·e·e·n·N·a·m·
110 65 00 00 00 00 00 00 00-08 00 14 00 00 00 36 00   e·············6·
120 30 00 33 00 36 00 35 00-34 00 31 00 34 00 39 00   0·3·6·5·4·1·4·9·
130 00 00 00 00 00 00 14 00-00 00 4C 00 61 00 73 00   ··········L·a·s·
140 74 00 4F 00 77 00 6E 00-65 00 72 00 00 00 00 00   t·O·w·n·e·r·····
150 00 00 08 00 14 00 00 00-36 00 30 00 33 00 36 00   ········6·0·3·6·
160 35 00 34 00 31 00 34 00-39 00 00 00 00 00 00 00   5·4·1·4·9·······
```

Abbildung 6-11: Ansicht der BLOB-Daten von RecentOwners im Hex-Editor

Benutzer werden in *ICQ* immer über eine fünf- bis neunstellige Zahl identifiziert, die sogenannte *UIN* (Unique Identification Number), und können zusätzlich einen leichter zu merkenden Anzeigenamen (*DisplayName*) frei wählen. Über *Application.qdb* können Sie leicht feststellen, welche *UIN* zu welchem Anzeigenamen gehört. Jetzt, wo Sie die allgemeinen Programmeinstellungen kennengelernt haben, brennen Sie ja sicherlich darauf, benutzerspezifische Erkenntnisse zu gewinnen, nicht wahr? Genau dafür brauchen wir die Zuordnung von *UIN* zu Anzeigenamen. Suchen Sie sich also aus den *BLOB*-Daten der *RecentOwners* denjenigen Anzeigenamen heraus, den Sie näher untersuchen möchten, und merken Sie sich dessen *UIN*.

> Die Zeitstempel in den BLOB-Daten sind im Format *Variant-Time* gespeichert. Wenn Sie sie konvertieren wollen, kopieren Sie einfach die 8 Bytes in ein entsprechendes Konvertierungsprogramm, z.B. *Variant Date Converter* von Ludwig Ertl (*http://www.forensikhacks.de/variant*).

Sie haben bereits einen kurzen Blick in den Speicherpfad der *ICQ*-Einstellungen geworfen, und sicherlich sind Ihnen dort neben der Datei *Application.qdb* auch die Unterverzeichnisse aufgefallen. Diese tragen als Namen die *UINs* und E-Mail-Adressen der eingerichteten Benutzer. Öffnen Sie nun das Verzeichnis, das der *UIN* entspricht, die Sie sich gemerkt haben.

Dort finden Sie die Datei *Owner.qdb*. Wenn Sie sie in den *SQLite Manager* laden, werden Sie feststellen, dass sich in dieser Datei die benutzerspezifischen Einstellungen befinden. Extrahieren Sie diejenigen Datenfelder, die Sie interessieren – die Prozedur ist dieselbe wie bei den *BLOB*-Daten von *Application.qdb*. In der Tabelle *Records* in den Datensätzen *Details* und / finden Sie beispielsweise alle Benutzerdetails wie Name, Vorname, E-Mail-Adresse, Anzeigename, Login, Passwort (als Base64-codierter MD5-Hash, falls gespeichert), Speicherpfad des Benutzers usw. In den *OwnerPreferences* sind die Statusmitteilungen gespeichert. Auch die Kontaktliste des Benutzers ist in *Owner.qdb* gespeichert.

Kontakte

Wenn Sie in die Tabelle *Users* von *Owner.qdb* schauen, sehen Sie die *UINs* aller Kontakte dieses Benutzers. Zu jeder *UIN* existieren mindestens ein /- und ein *Details*-Eintrag. Ein Blick in die *BLOB*-Daten dieser Einträge zeigt Ihnen Usernamen, E-Mail-Adresse und Profildaten des Kontakts und auch den Zeitpunkt des letzten Nachrichtenaustauschs mit diesem Kontakt. Selbst wenn ein Kontakt vom Benutzer gelöscht wurde, bleibt sein Datenbankeintrag bestehen. So können Sie also selbst dann eine Beziehung zwischen zwei Personen herstellen, wenn die Spuren eigentlich verwischt wurden. Gleiches gilt übrigens für den Nachrichtenverlauf: Ist er einmal aktiviert und wird dann deaktiviert, bleiben die aufgezeichneten Nachrichten trotzdem auf dem Datenträger gespeichert.

Sollte es für Ihre Untersuchung notwendig sein, können Sie den Kontakten auch ihre entsprechenden Profilbilder in ICQ zuordnen. Diese sind im Unterverzeichnis \bart\ gespeichert und nach MD5-Summen benannt. Diese MD5-Summen sind Base64-codiert im Datenbankeintrag *Bart-Cache-Id* in der Tabelle *Users* je Kontakt abgelegt.

Zusätzlich zu *Owner.qdb* sind die Kontakte auch noch in *Messages.qdb* hinterlegt. Da diese Datenbank jedoch hauptsächlich zur Aufzeichnung der Chatverläufe dient, sind dort anders als in *Owner.qdb* keinerlei Profilinformationen über die Kontakte hinterlegt. Lediglich UINs, Anzeigenamen und Hashwerte zur Zuweisung der Gesprächsverläufe werden dort gespeichert.

Chatprotokolle

ICQ loggt standardmäßig die geschriebenen Nachrichten der Benutzer mit, es sei denn, der User verändert diese Einstellung. Im Gegensatz zu anderen Messengern bietet das Programm die Möglichkeit, die Logeinstellungen auch je Kontakt einzustellen.

Die Gesprächsprotokolle werden in der Datei *Messages.qdb* abgelegt. Wenn Sie sich diese Datenbank einmal näher anschauen, erkennen Sie schnell, dass alle Nachricht in der Tabelle *Messages* gespeichert sind. Alle *Messages*-Einträge mit gefüllter *fromUser*-Spalte sind empfangene, die übrigen sind selbstgeschriebene Nachrichten. In den Spalten *fromUser* und *participantsHash* sehen Sie *UIN* bzw. einen Hashwert des jeweiligen Gesprächsteilnehmers – beide Werte können über die Tabellen *Participants* und *User* assoziiert werden. Das eigentlich Interessante aber sind die Gesprächsinhalte, die Sie in der Spalte *subject* finden. Mit den SQLite-Kenntnissen aus [Hack #67] können Sie sich nun eigene Abfragen wie diese kreieren:

```
SELECT Messages.fromUser, Users.name as Name, Messages.type as Typ,
Messages.subject AS Nachricht, datetime (julianday('1899-12-30')+Messages.
date) as Zeitstempel FROM Messages INNER JOIN Participants ON Messages.
participantsHash = Participants.participantsHash INNER JOIN Users ON
Participants.userId = Users.userId
```

In der Spalte *date* haben Sie es erneut mit einer Zeitangabe im Variant-Format zu tun (diesmal dezimal repräsentiert). In unserer SQLite-Abfrage sehen Sie, wie Sie den Zeitstempel umrechnen können. Wir nutzen dafür die Tatsache aus, dass das Variant-Format die gleiche Notation nutzt wie die julianische Zeit und lediglich der Nullpunkt ein anderer ist (30.12.1899 statt 1.1.4713 v.Chr.). Einzelne Zeiten in diesem Format können Sie alternativ auch mit dem Programm *SystemTime to Variant-Time* konvertieren (*http://www.forensikhacks.de/sysvar*).

Die Werte aus der Spalte *type* schlüsseln sich wie folgt auf:

```
100:  Normaler Text gesendet/empfangen
300:  Z gesendet/empfangen
400:  SMS gesendet/empfangen
500:  Audio-Chat-Anfrage
600:  Video-Chat-Anfrage
700:  Kontaktanfrage gesendet/empfangen
900:  Datei gesendet/empfangen
1100: Spiel gestartet
1400: Konferenzeinladung
```

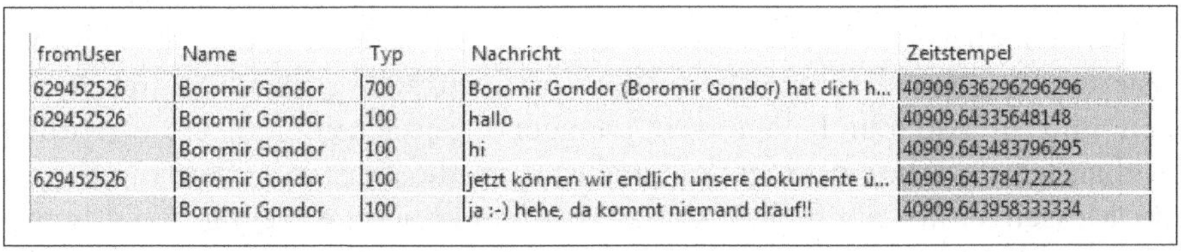

fromUser	Name	Typ	Nachricht	Zeitstempel
629452526	Boromir Gondor	700	Boromir Gondor (Boromir Gondor) hat dich h...	40909.636296296296
629452526	Boromir Gondor	100	hallo	40909.6433564814
	Boromir Gondor	100	hi	40909.643483796295
629452526	Boromir Gondor	100	jetzt können wir endlich unsere dokumente ü...	40909.64378472222
	Boromir Gondor	100	ja :-) hehe, da kommt niemand drauf!!	40909.643958333334

Abbildung 6-12: Gefilterte Datei Messages.qdb mit Typen

Weitere für Sie interessante Daten finden Sie in den Spalten *read* und *data*. Eine *1* bei *read* verrät Ihnen, dass die Nachricht zugestellt wurde, also keine sogenannte Offline-Nachricht ist, während Sie in *data* die Nachrichteninhalte als Quelltext im Mime-Format oder Metadaten abrufen können.

Ausgetauschte Dateien

Wenn bei Ihrer Untersuchung Dateiübertragungen eine Rolle spielen, sind zwei Arten von Spuren für Sie interessant. Das sind zum einen die Protokoll-aufzeichnungen in der Datei *Messages.qdb – und zwar die vom Typ 900.* Diese Aufzeichnungen können Ihnen Aufschluss darüber geben, wann welche Datei mit welchem Dateinamen (Metadaten in der Spalte *data*) von welchem Benutzer empfangen oder versendet wurden. Zum anderen sind natürlich die ausgetauschten Dateien selbst für Sie interessant. Während wir über die Auswertung der Protokolldateien bereits gesprochen haben, sollten Sie nun noch die Standardpfade für die abgespeicherten empfangenen Dateien kennen:

- Windows XP:
  C:\Dokumente und Einstellungen\<Benutzername>\Eigene Dateien\ICQ\ <UIN>\ReceivedFiles\<Kontakt-UIN+Name>

- Windows Vista / 7:
  *C:\Users\<Benutzername>\Documents\ICQ\<UIN>\ReceivedFiles\
  <Kontakt-UIN+Name>*

> Sollten Sie im Rahmen einer Untersuchung einmal auf einen
> laufenden Rechner mit aktivem ICQ stoßen, sichern Sie
> Gesprächsprotokolle und Kontaktlisten am besten im laufen-
> den Betrieb. Unter bestimmten Umständen werden die Nach-
> richtenverläufe und Kontakte nämlich nicht lokal, sondern
> auf den ICQ-Servern gespeichert. Die Sicherung dieser Daten
> ist von der Priorisierung her jedoch nachrangig gegenüber den
> in Hacks [#3] und [#6] angesprochenen Spuren.

Automatisierte Tools

Natürlich lassen sich Teile der *ICQ*-Auswertung auch automatisieren. Wir
stellen jedoch gerade bei den Messengern immer wieder fest, dass die automatisierten Programme in manchen Fällen gar keine auswertbaren Spuren anzeigen und in anderen Fällen weit weniger Gesprächsinhalte als eigentlich
vorhanden sind. Ein weiterer Nachteil ist, dass die meisten Auswertungstools
für Messenger kostenpflichtig sind. Trotzdem können wir einige Tools empfehlen, die Sie bei Ihren Untersuchungen unterstützen können: *ICQ History
Converter* von Marcus Bonhard (*http://www.forensikhacks.de/icq1*), *ICQ Chat
Messages Report* (frei für Strafverfolgung und Justiz) von Ronny Bodach (*http:
//www.forensikhacks.de/icq2*), die kommerziellen Lösungen *Evidence Center*
und *Forensic Studio* von Belkasoft (*http://www.forensikhacks.de/belka*) und
den kommerziellen *Chat Examiner* von Paraben (*http://www.forensikhacks.
de/paraben*).

HACK #75   Untersuchen Sie den Windows Live Messenger
»Sprich dich aus!«

Der *Windows Live Messenger* ist einer der am weitesten verbreitete Messenger, was unter anderem daran liegt, dass er vom Nutzer zusammen mit den
sogenannten *Live Essentials* installiert werden kann. Zudem hat Microsoft
den Messenger eng an seinen Dienst Hotmail/Live E-Mail gekoppelt und
ermöglicht den Nutzern dadurch nützliche Schnittstellen zwischen beiden
Diensten. Wie auch *ICQ* und *Skype* erlaubt der *Windows Live Messenger* das
Austauschen von Nachrichten und Dateien in Text-, Audio- und Videochats.
Wenn Sie den Verdacht haben, dass in Rahmen des von Ihnen untersuchten
Vorgangs über den *Live Messenger* kommuniziert worden ist, werden Sie mit
diesem Hack in der Lage sein, seine Spuren zu untersuchen.

Allgemeine Einstellungen

Der *Windows Live Messenger* speichert seine Dateien standardmäßig in den folgenden Verzeichnissen ab:

- Windows XP:
  C:\Dokumente und Einstellungen\<Benutzername>\Lokale Einstellungen\ Anwendungsdaten\Microsoft\Messenger
- Windows Vista / 7:
  C:\Users\<Benutzername>\AppData\Local\Microsoft\Messenger

Zusätzlich zu den Dateien in diesen Verzeichnissen, finden Sie weitere Einstellungen über das Programm und seine eingerichteten Benutzer in der Registry an folgenden Orten:

- *HKCU\Software\Microsoft\MSNMessenger*
- *HKCU\Software\Microsoft\Windows Live[\]Contacts*
- *HKCU\Software\Microsoft\IdentityCRL\UserExtendedProperties\<Email-Adresse>*
- *HKCU\Software\Microsoft\MSNMessenger\PerPassportSettings\ <Passportnummer>*

Schauen Sie sich dort einfach einmal um. In *UserExtendedProperties* finden beispielsweise den lokalen Pfad und die Online-URL zum genutzten Avatarbild, das als *UserTile* bezeichnet wird.

Kontakte

Der *Windows Live Messenger* speichert die Kontakte jedes Benutzers in folgenden lokalen Verzeichnissen:

- Windows XP:
  C:\Dokumente und Einstellungen\<Benutzername>\Lokale Einstellungen\ Anwendungsdaten\Microsoft\Windows Live[\]Contacts\<XXX>\<YYY>\ DBStore\contacts.edb
  (Der [\] in der Pfadangabe wird ab Version 15 genutzt.)
- Windows Vista / 7:
  C:\Users\<Benutzername>\AppData\Local\Microsoft\Windows Live[\]Contacts\<XXX>\<YYY>\DBStore\contacts.edb
  (Der [\] in der Pfadangabe wird ab Version 15 genutzt.)

Je nach Version des Messenger müssen Sie die Platzhalter <XXX><YYY> durch ein benanntes Unterverzeichnis ersetzen oder ganz streichen. Wichtig ist, dass Sie das darunterliegende *DBStore*-Verzeichnis mit der darin befindlichen Datei *contacts.edb* finden.

contacts.edb beinhaltet eine Liste aller Kontakte desjenigen *Live Messenger*–Benutzers, in dessen Unterverzeichnis Sie sich gerade befinden. Die Datei liegt im Datenbankformat *Extensible Storage Engine* (EDB) vor und lässt sich mit entsprechenden Betrachtern wie *EseDbViewer* von Mark Woan (*http://www.forensikhacks.de/esedb*) öffnen.

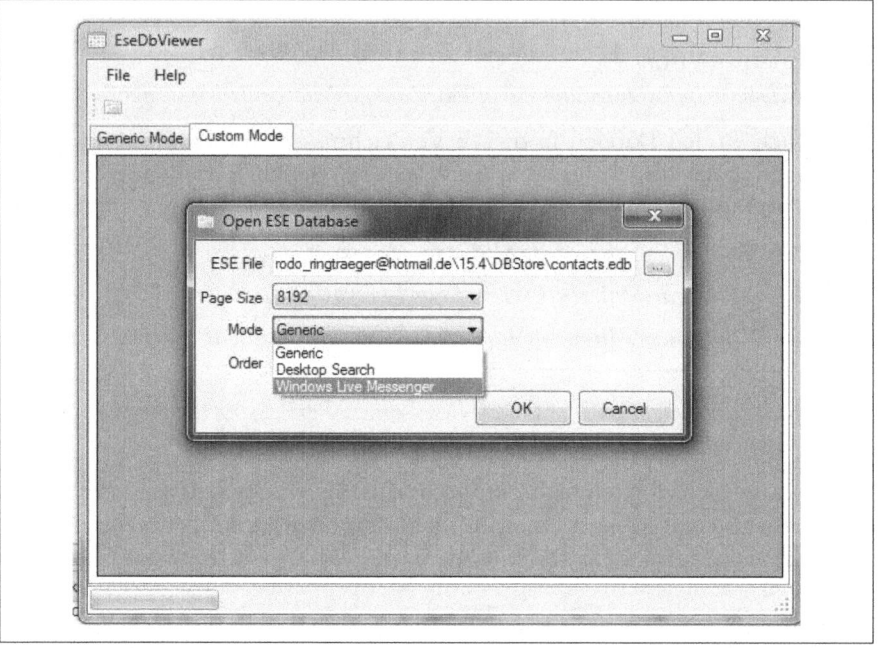

Abbildung 6-13: EseDbViewer bietet sogar ein Template für Windows Live Messenger.

Wie Sie sehen, sind alle Kontakte in den Tabellen *Member-v* und *Simple Contact* gespeichert, während die eigenen Profildaten in der Tabelle *MeContact* hinterlegt sind. Sie können die Daten einfach exportieren, indem Sie eine der Exportmöglichkeiten im Menü des *EseDbViewers* unter FILE → EXPORT auswählen.

 Der Windows Live Messenger gibt Benutzern die Möglichkeit, Statusmeldungen und sogenannte »Social News« zu verfassen. Diese finden sich teilweise in der Datei *contacts.edb*, teilweise in *\SocialNews\WNResponse.xml*.

Je nach Version des *Windows Live Messenger* werden die Kontakte zusätzlich in der Registry unter *HKCU\Software\Microsoft\Windows Live Contacts\Database* abgelegt.

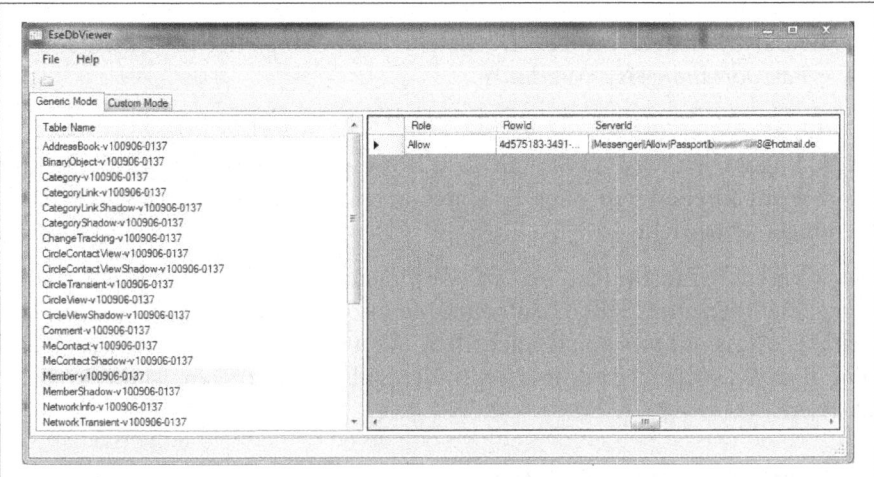

Abbildung 6-14: Eine Kontaktliste mit nur einem Kontakt im EseDbViewer

Chatprotokolle

Nach der ersten Konversation mit einem Kontakt wird der Benutzer des Windows Live Messenger gefragt, ob er Logdateien speichern lassen oder die Protokollierung deaktivieren möchte. Die Wahrscheinlichkeit für das Vorhandensein von Logdateien erhöht sich übrigens, wenn die Erweiterung *Messenger Plus!* (*http://www.forensikhacks.de/msnpl*) installiert worden ist. In diesem Fall können Sie je nach Version sogar mit optisch ansprechend formatierten HTML-Protokolldateien rechnen. In den aktuellen Versionen bietet *Messenger Plus!* sogar die Möglichkeit, den Verlauf zusätzlich oder ausschließlich online zu speichern.

 Sollten Sie Chatverläufe mit der Dateiendung *.ple* finden, handelt es sich dabei höchstwahrscheinlich um verschlüsselte Protokolle der Erweiterung *Messenger Plus!*.

Ist *Windows Live Messenger* so konfiguriert, dass der Verlauf aufgezeichnet wird, finden Sie die entsprechenden Chatprotokolle im XML-Format (standardmäßig) in folgenden Ordnern, sofern kein abweichender Pfad angegeben wurde:

- Windows XP:
  *C:\Dokumente und Einstellungen\<Benutzername>\Eigene Dateien\
  Meine empfangenen Dateien\<Passportname+Nr>\Verlauf*

  C:\Dokumente und Einstellungen\<Benutzername>\Eigene Dateien\Verlauf
  (Messenger Plus!)

- Windows Vista / 7:
  C:\Users\<Benutzername>\Documents\Meine empfangenen Dateien
  <Passportname+Nr>\Verlauf

  C:\Users\<Benutzername>\Documents\Verlauf (Messenger Plus!)

Diese Logdateien können Sie mit dem Browser oder einem XML-Betrachter Ihrer Wahl ansehen und/oder die Daten in ein Format parsen, das Ihren Vorstellungen entspricht.

Sie können herausfinden, ob die Gesprächsprotokollierung eingeschaltet war, indem Sie unter *HKCU\Software\Microsoft\MSNMessenger\PerPassport-Settings\<Passportnummer>* nach dem Wert des Eintrags für *MessageLogging-Enabled* suchen. Ist dort etwas anderes als *0* eingetragen, ist das Logging aktiviert.

Gelöschte Nachrichtenverläufe finden

Neben den vorhandenen Chatprotokollen können Sie natürlich auch nach gelöschten Fragmenten suchen. Harry Parsonage hat einen hilfreichen Artikel verfasst, der sich mit Fragmenten des Windows Live Messenger beschäftigt. Sie finden ihn unter *http://www.forensikhacks.de/pars*.

Im Wesentlichen bietet sich eine Stichwortsuche nach den in der folgenden Tabelle aufgelisteten Fragmenten an.

Tabelle 6-1: Keywords zur Suche von Windows Live-Fragmenten

Stichwort	Was wird gesucht?
<?xml-stylesheet type='text/xsl' href='MessageLog.xsl'?>	Header des XML-Verlaufs
><User FriendlyName="	einzelne Nachricht
</Text></Message>	einzelne Nachricht
; PF= (Leerzeichen nach dem Semikolen beachten)	einzelne Nachricht (MSN)
class="mplsession" id="Session_	einzelne Nachricht (Plus!)
&messageText=	einzelne Nachricht (Web)

Ausgetauschte Dateien

Dateien, die mit dem Windows Live Messenger empfangen wurden, finden Sie standardmäßig in folgenden Verzeichnissen:

- Windows XP:
  C:\Dokumente und Einstellungen\<Benutzername>\Eigene Dateien\Meine empfangenen Dateien
- Windows Vista / 7:
  C:\Users\<Benutzername>\Documents\Meine empfangenen Dateien

Der Benutzer kann das Speicherverzeichnis allerdings nach Belieben ändern.

Automatisierte Tools

Die Untersuchung der Windows Live Messenger-Spuren lässt sich in Teilen automatisieren, zum Beispiel wenn es um die Aufbereitung der Kontakte oder der Chatverläufe geht. Wir stellen jedoch gerade bei den Messengern immer wieder fest, dass die automatisierten Programme in manchen Fällen gar keine auswertbaren Spuren anzeigen, in anderen Fällen weit weniger Gesprächsinhalte als eigentlich vorhanden. Ein weiterer Nachteil ist, dass die meisten Auswertungstools für Messenger kostenpflichtig sind. Trotzdem können wir Ihnen ein paar Tools empfehlen, die Sie bei Ihren Untersuchungen unterstützen können. Zur Aufbereitung der Kontaktliste ist das kostenlose Tool *LiveContactsView* von NirSoft (*http://www.forensikhacks.de/nirmsn*) gut geeignet. Für das Auffinden von MSN/Live/Plus!-Fragmenten aus nicht mehr zugeordneten Speicherbereichen bietet sich das kommerzielle Tool *Internet Evidence Finder* von JADsoftware an (*http://www.forensikhacks.de/ief*) an. Die kommerziellen Lösungen *Evidence Center* und *Forensic Studio* von Belkasoft (*http://www.forensikhacks.de/belka*) und der kommerziellen *Chat Examiner* von Paraben (*http://www.forensikhacks.de/paraben*) beherrschen die Auswertung von zahlreichen Messengern.

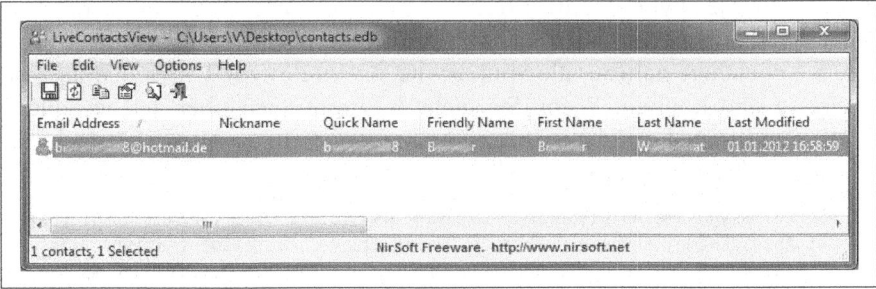

Abbildung 6-15: Anzeige der Kontaktliste mit LiveContactsView

HACK #76 Finden Sie Spuren des Skype Messenger
»Telefonieren Sie gerne?«

Wenn Sie den Namen Skype hören, denken Sie sicherlich zuerst an Onlinetelefonie und weniger an das Versenden von Textnachrichten. Und das mit Recht. Seit 2003 ermöglicht der Messenger, der mittlerweile zum Konzern Microsoft gehört, das Telefonieren via Internet – und zwar nicht nur von PC zu PC, sondern auch vom Computer in Fest- und Mobilfunknetze. Während bei anderen Messengern meist das Chatten via Tastatur im Vordergrund steht, liegt der Schwerpunkt bei Skype etwas stärker auf Internet- und Videotelefonie. Dennoch werden die Funktionen für Textchat und Datentransfer von vielen Nutzern gern verwendet und hinterlassen Spuren, die in Ihren Untersuchungen von Belang sein können. Wo Sie beweisrelevante Daten finden und wie Sie sie auswerten können, zeigen wir Ihnen in diesem Hack.

Allgemeine Einstellungen

Skype speichert seine Einstellungen, Kontaktlisten und Verläufe an folgenden Orten:

- Windows XP:
  C:\Dokumente und Einstellungen\<Benutzername>\Anwendungsdaten\ Skype
- Windows Vista / 7:
  C:\Users\<Benutzername>\AppData\Roaming\Skype

Es wird Sie freuen zu hören, dass Sie einmal mehr auf Ihre SQLite-Kenntnisse aus den vorigen Hacks zurückgreifen können. Sollten Sie den direkten Einstieg in dieses Kapitel gewählt haben: Kein Problem, werfen Sie einfach einen kurzen Blick in [Hack #67] und installieren Sie den *SQLite Manager*.

Innerhalb des eben erwähnten Verzeichnisses werden Sie auf jeweils einen Unterordner je Skype-Benutzer treffen. Dreh- und Angelpunkt bei der Skype-Auswertung ist die Datenbank *main.db, die sich in jedem Benutzerordner findet.* Sie speichert nahezu alle Spuren, die für Ihre Skype-Untersuchung von Interesse sein können. Wenn Sie mehr Informationen über den jeweiligen Nutzer und seine Profildetails herausfinden möchten, probieren Sie doch einmal folgende Abfrage aus:

```
SELECT skypename AS Skypename, fullname AS "Voller Name", given_displayname
AS Anzeigename, skypein_numbers AS Telefonnummer, datetime (registration_
timestamp*60,'unixepoch','localtime') AS Registrierdatum, birthday AS
Geburtstag, gender AS Geschlecht, country AS Land, province, city AS Stadt,
phone_home, phone_office, phone_mobile, emails, homepage, about AS
"Persönliches", datetime (profile_timestamp,'unixepoch','localtime') AS
"Letzte Profiländerung" FROM Accounts
```

Diese Abfrage können Sie natürlich nach Ihren Bedürfnissen kürzen oder erweitern. Wie Sie sehen können, ist das Registrierungsdatum nicht in sekundengenauer Unix-Expoch-Zeit, sondern nur minutengenau gespeichert – daher die Multiplikation mit 60.

Wenn Sie am Profilbild des Benutzers interessiert sind, finden Sie es in der Spalte *avatar_image*. Sie können den BLOB-Datensatz aus der Datenbank exportieren (siehe [Hack #74]). Beachten Sie jedoch, dass das exportierte Bild mit einem Nullbyte beginnt, das Sie mit einem Hex-Editor Ihrer Wahl entfernen müssen (siehe Abbildung).

Abbildung 6-16: Entfernen des Nullbytes aus dem Profilbild

 Sollten Sie die Abfrage weiter anpassen wollen, finden Sie eine Referenz zu den einzelnen Tabellenfeldern unter *http://www. forensikhacks.de/skacc*.

Zusätzliche benutzerbezogene Informationen finden Sie in der Datei *config. xml* im Unterordner jedes Skype-Nutzers, zum Beispiel den Zeitpunkt der letzten Benutzung im Tag *<LastUsed>*. Der Zeitstempel ist im *Unix-Expoch-Format* gespeichert, weshalb Sie ihn beispielsweise mit *Dcode* von Craig Wilson (*http://www.forensikhacks.de/dcode*) übersetzen können. Darüber hinaus sind in dieser Datei auch noch einmal die Kontakte innerhalb des Tags *<U>* aufgeführt. Die Informationen zu den Kontakten in *main.db* sind jedoch umfangreicher.

```
<MainWindow40>
  <Height>798</Height>
  <Maximized>0</Maximized>
  <Width>1179</Width>
  <X>501</X>
  <Y>141</Y>
</MainWindow40>
<TransferSaveDir>C:\Users\▓\AppData\Roaming\Skype\My Skype Received Files\</TransferSaveDir>
```

Abbildung 6-17: Auszug aus der Datei config.xml einer Skype-Installation

Kontakte

Schauen wir uns also die Kontaktinformationen in *main.db* einmal genauer an. Sie finden alle Kontakte zusammen mit weiteren Informationen in der Tabelle *contacts*. Versuchen Sie doch einmal folgende Abfrage:

```
SELECT skypename, fullname, emails, mood_text, datetime (lastonline_
timestamp,'unixepoch','localtime') FROM contacts;
```

Auch aus dieser Abfrage können Sie natürlich eine Menge mehr Informationen herausziehen. Eine Referenz zu den einzelnen Tabellenfeldern finden Sie unter *http://www.forensik-hacks.de/skcon.*

Nachrichtenverläufe und Anruflisten

Wir bleiben in *main.db*, denn diese Datei beherbergt neben Benutzer-, Profil- und Kontaktinformationen auch noch die Nachrichtenverläufe und Anruflisten, und zwar in der Tabelle *Messages*. Das Logging in dieser Tabelle ist bei *Skype* übrigens standardmäßig aktiviert.

```
SELECT datetime(Messages.timestamp,'unixepoch','localtime') as Zeit,
Messages.author AS "Von Autor", Messages.from_dispname AS "Von Name",
Messages.body_xml AS Text, Messages.type AS Typ, Messages.chatmsg_type AS
"Msg Typ", Messages.chatmsg_status AS Status FROM Messages ORDER by Zeit
```

Die Spalten *type*, *chatmsg_type* und *chatmsg_status* enthalten zwar Werte, die Ihnen zunächst nichts sagen, Sie sollten sie allerdings nicht vernachlässigen. Die folgende Aufschlüsselung hilft Ihnen bei der Deutung der wichtigsten Typ- und Statuscodes.

Tabelle 6-2: Keywords zur Suche von Windows Live-Fragmenten

Tabellenspalte	Wert	Bedeutung
type	4	Konferenz eröffnet
	30 / 39	Videosession gestartet / beendet
	50 / 51	Kontaktanfrage / -erlaubnis
	53	blockiert
	60	Emoticon geschickt
	61	Textnachricht geschickt
	63	Kontaktdetails geschickt
	64	SMS geschickt
	67	Sprachnachricht geschickt
	68	Datei geschickt
	110	Geburtstag
chatmsg_type	3	Textnachricht
	5	Gruppenchat
	7	Dateitransfer
	18	Kontakt hinzugefügt
chatmsg_status	2	Textnachricht gesendet
	4	Textnachricht empfangen

Wenn die mit Skype getätigten Anrufe für Ihre Untersuchung von Belang sind, sollten Sie sich unbedingt die Tabellen *Calls* und *CallMembers* anschauen. Probieren Sie doch einmal folgende Abfrage aus:

```
SELECT is_incoming AS Eingehend, datetime(Calls.begin_
timestamp,'unixepoch','localtime') as Zeit, Calls.duration AS "Länge",
CallMembers.identity AS "Skype Name", CallMembers.dispname AS "Anzeigename",
Calls.topic AS Thema FROM Calls, CallMembers WHERE callmembers.call_db_id =
calls.id ORDER by Zeit
```

Sind für Sie aber vielleicht die Videochats noch interessanter? Dann lassen Sie sich doch zunächst einmal alle Videositzungen anzeigen:

```
SELECT datetime(Messages.timestamp,'unixepoch','localtime') as Zeit, Messages.
author AS "Von Autor", Messages.from_dispname AS "Von Name", Messages.body_xml AS
Text, Messages.type AS Typ, Messages.chatmsg_type AS "Msg Typ", Messages.chatmsg_
status AS Status FROM Messages WHERE Typ=30 ORDER by Zeit
```

Im Anschluss können Sie sich zu den Sessions noch weitere Informationen aus den Tabellen *videos* und *conversations* zusammensuchen

> Die Chatverläufe finden Sie zusätzlich auch als Dateien auf der lokalen Festplatte abgelegt und zwar in dem *chatsync* Ordner jedes Skypebenutzers.

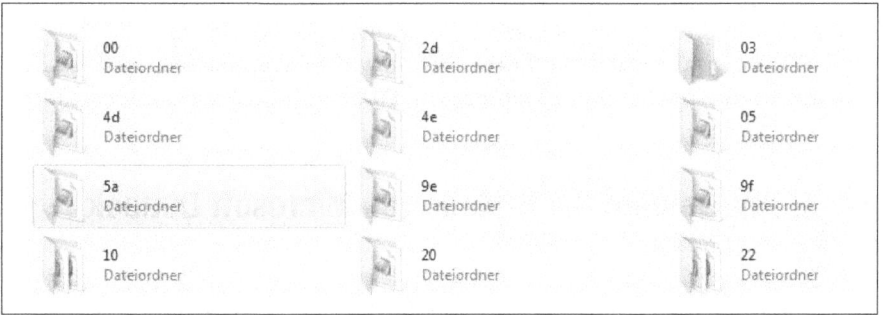

Abbildung 6-18: Blick in das Verzeichnis »chatsync«: für jeden Chatpartner ein Ordner

Ausgetauschte Dateien

Beim Empfang von Dateien via Skype kann der Benutzer auswählen, wo er die Daten abspeichern möchte. Standardmäßig werden sie im Verzeichnis *C:\Users\<Benutzername>\AppData\Roaming\Skype\My Skype Received Files* abgelegt.

Selbst wenn die Dateien nicht mehr dort gespeichert sind, können Sie zumindest noch über die Tabelle *Transfers* in der Datenbank *Main.db* nachvollziehen, welche Dateien übertragen wurden:

```
SELECT datetime(starttime,'unixepoch','localtime') AS "Startzeit" ,
datetime(finishtime,'unixepoch','localtime') AS "Endzeit" , type AS Typ,
partner_handle AS "Skype Name", partner_dispname AS "Anzeigename", filepath AS
"Pfad", filesize AS "Größe", bytestransferred AS "Übertragen", extprop_
localfilename AS "Lokaler Pfad" FROM transfers;
```

Typ 1 bedeutet empfangen, Typ 2 gesendet. Auch diese Abfrage können Sie natürlich erweitern. Ein Blick auf die Referenz unter *http://www.forensikhacks.de/sktra* kann Sie dabei unterstützen.

Automatisierte Tools

Wir haben Ihnen in diesem Hack gezeigt, welche Fülle an nützlichen Informationen Sie aus der Skype-Datenbank und den Spuren an anderen Orten herausholen können. Einige dieser Informationen lassen sich auch mit automatisierten Tools auslesen; die volle Informationsvielfalt, wie Sie sie manuell aus der Datenbank herausholen können, deckt jedoch keine uns bekannte Softwarelösung ab. Dennoch möchten wir Ihnen einige Tools nennen, die Sie bei Ihren Untersuchungen unterstützen können. Zu nennen sind die kostenlosen Programme *Skype LogView* von NirSoft (*http://www.forensikhacks.de/nirsklo*), *SkypeRevealer* von Amit Ranjan (*http://www.forensikhacks.de/skrev*) und *Skype Log Parser* von Mark McKinnon (*http://www.forensikhacks.de/sklp*). Als kommerzielle Lösungen bieten sich das *Evidence Center* und *Forensic Studio* von Belkasoft (*http://www.forensikhacks.de/belka*), der *SkypeAlyzer* von Sanderson Forensics (*http://www.forensikhacks.de/skalyz*) und der kommerzielle *Chat Examiner* von Paraben (*http://www.forensikhacks. de/paraben*) an.

Analysieren Sie E-Mails von Microsoft Outlook
HACK #77
»Stille Post«

In Zeiten nie dagewesener weltweiter elektronischer Vernetzung sind E-Mails einer der am häufigsten genutzten Kommunikationskanäle. Über die elektronische Post werden mittlerweile nicht nur ganz persönliche Mitteilungen verschickt, sondern auch Aufträge in Millionenhöhe besprochen. Natürlich wird das Medium auch genutzt, um kriminelle Handlungen mit Komplizen abzustimmen, illegale Daten und vertrauliche Unternehmensinformationen auszutauschen und letztlich auch als Tatmittel in Erpressungs-, Nötigungs- und Betrugsfällen. An der Untersuchung von gespeicherten E-Mail-Nachrichten führt bei heutigen forensischen Auswertungen also nur selten ein Weg vorbei.

Obgleich gerade im privaten Bereich mittlerweile immer häufiger auf Webmaildienste zurückgegriffen wird, erfreuen sich Programme wie Microsoft Outlook, Windows Live Mail, Mozilla Thunderbird, Evolution und Mac OS X Mail immer noch großer Beliebtheit. In diesem Hack möchten wir Ihnen Lösungen zeigen, wie Sie E-Mails von Outlook untersuchen können.

Speicherpfade

Bevor Sie irgendetwas untersuchen können, müssen Sie die Datendateien von Outlook erst einmal finden. Kein Problem, dafür haben Sie ja dieses Buch in der Hand. Microsoft Outlook speichert E-Mails, Kontakte, Termine und Aufgaben in *Personal Storage-* (PST-) und *Offline Storage-* (OST-)Dateien in folgenden Verzeichnissen:

- Windows XP:
  C:\Dokumente und Einstellungen\<Benutzername>\Lokale Einstellungen\ Anwendungsdaten\Microsoft\Outlook\<Kontoname>.pst

  und

  C:\Dokumente und Einstellungen\<Benutzername>\Eigene Dateien\ Outlook-Dateien\Outlook.pst

- Windows Vista / 7:
  C:\Users\<Benutzername>\AppData\Local\Microsoft\Outlook\ <Kontoname>.pst

  und

  C:\Users\<Benutzername>\Documents\Outlook-Dateien\Outlook.pst

Allerdings können die Daten vom Benutzer auch andernorts abgelegt werden. Im Live-Betrieb können Sie die Speicherorte der Datendateien in den Kontoeinstellungen betrachten.

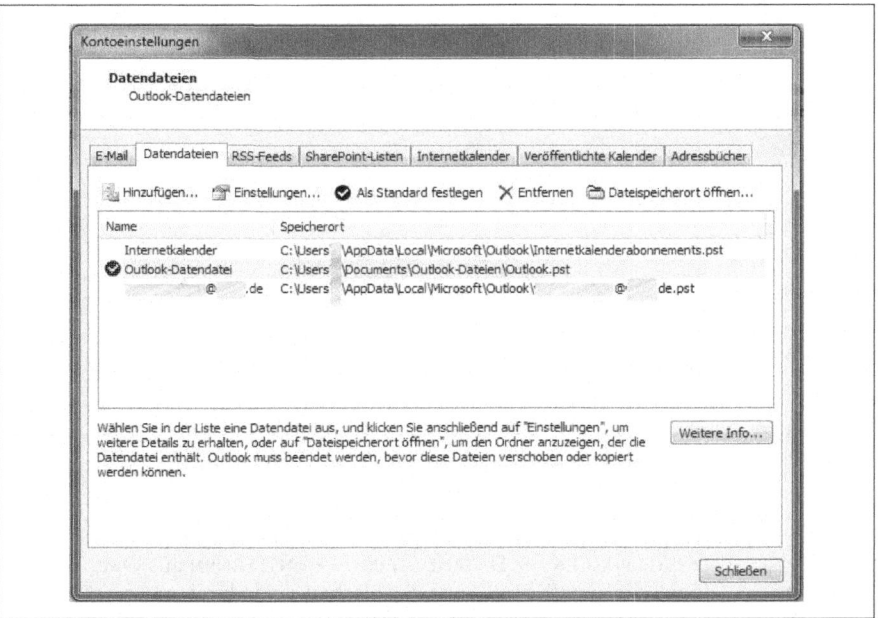

Abbildung 6-19: Verwaltung der Datendateien in Microsoft Outlook 2010

Bei der Auswertung eines Datenträgers können Sie entweder gezielt nach PST- und OST-Dateien suchen oder einen Blick in die folgenden Registrierungsschlüssel werfen:

$HKCU\Software\Microsoft\Office\<Version>\Outlook\Search\.$

Dort können Sie erste Anhaltspunkte dafür finden, wo Sie Ihre Suche beginnen sollten. Haben Sie die Dateien erst einmal gefunden, geht es an die Auswertung.

So werten Sie PST-Dateien aus

Es gibt mehrere Möglichkeiten, wie Sie die Datendateien von Outlook untersuchen können. Die einfachste Variante ist, die Datei *<Kontoname>.pst* des für Sie interessanten Accounts aus dem zu untersuchenden schreibgeschützten Datenträger bzw. Image zu exportieren und anschließend in einem lokal installierten Outlook (z.B. in einer virtuellen Forensikmaschine) zu öffnen (siehe Abbildung). Sie können die Mails im Anschluss öffnen und durchsuchen, genau wie Sie es von Outlook gewohnt sind. Auf gelöschte E-Mails haben Sie in dieser Variante allerdings keinen Zugriff – abgesehen von den nach »Gelöschte Elemente« verschobenen Nachrichten.

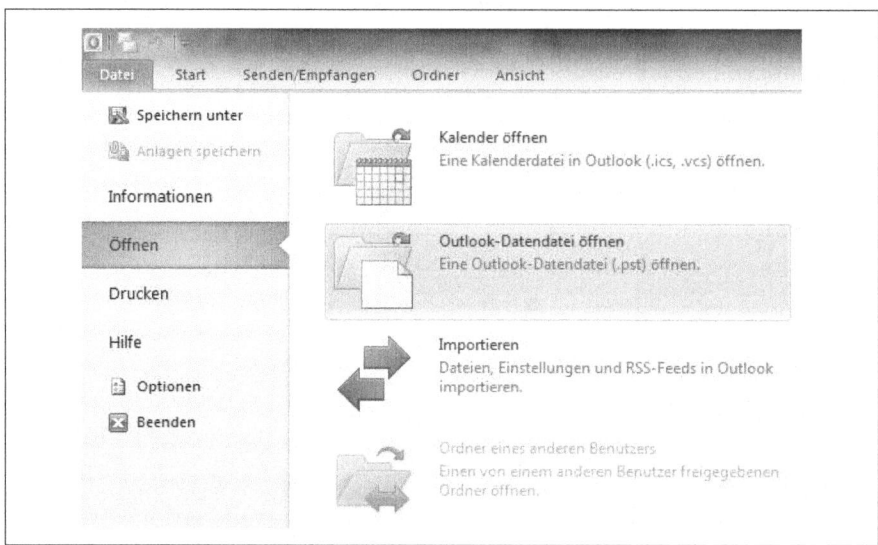

Abbildung 6-20: Öffnen einer exportierten PST-Datei in Outlook

 Die geöffnete Datendatei können Sie über DATEI → KONTO-EINSTELLUNGEN → DATENDATEIEN → ENTFERNEN aus Outlook schließen. Keine Angst, Sie löschen sie dadurch nicht.

Sollten Sie nicht selbst über die Software Outlook verfügen, können Sie auch einfach den zu untersuchenden Datenträger virtualisieren. In den Hacks aus Kapitel 8 zeigen wir ausführlich, wie Sie das bewerkstelligen. Auf diese Weise können Sie innerhalb der virtuellen Maschine das dort installierte Outlook nutzen.

 Stellen Sie sicher, dass der Computer, auf dem Sie die PST-Datei öffnen oder den Sie virtualisieren, über keine aktive Internetverbindung verfügt. Ansonsten besteht die Gefahr, dass unbeabsichtigt neue E-Mails abgerufen und bestehende Mails eines IMAP-Kontos gelöscht werden.

Sollten Sie nicht über ein kommerzielles Programm zur Aufbereitung von PST-Dateien verfügen, können Sie sich einiger kostenlosen Lösungen bedienen. Ein Beispiel dafür ist die Software *Outlook PST Viewer* von Lepide Software Pvt Ltd. (*http://www.forensikhacks.de/pstview*). Das Programm stellt Ihnen alle E-Mails, Kontakte, Termine und Aufgaben einer PST-Datei dar – außer den gelöschten. Zum Extrahieren einzelner E-Mails und zum Wiederherstellen gelöschter Nachrichten benötigen Sie das kostenpflichtige *Outlook PST Repair Tool* derselben Firma. Eine weitere Lösung ist *LibPFF* von Joachim Metz dar (*http://www.forensikhacks.de/libpff*). Nach Download und Installation über den berühmten Dreischritt »configure, make, make install« können Sie die folgenden Befehle ausführen und werden bereits erste Ergebnisse erhalten.

```
pffinfo <Kontoname>.pst
pffexport <Kontoname>.pst
```

Zwischenspeicher für E-Mail Anhänge

Ein weiterer Aspekt bei der Untersuchung von Outlook-Spuren ist der Zwischenspeicher für E-Mail-Anhänge. Jedes Mal, wenn ein Benutzer unter Outlook einen E-Mail-Anhang öffnet, wird dieser temporär auf dem Datenträger zwischengespeichert. Wo Sie dieses Verzeichnis auf der vorliegenden Festplatte bzw. dem Image finden, verrät Ihnen ein Blick in die Registrierung unter *HKCU\Software\Microsoft\Office\<Version>\Outlook\Security*.

Standardmäßig werden die Anhänge in folgende Verzeichnisse geschrieben:

- Windows XP:
  C:\Dokumente und Einstellungen\<Benutzername>\Lokale Einstellungen\ Anwendungsdaten\Microsoft\Windows\Temporary Internet Files\ Content. Outlook\<Zufallszahl>

- Windows Vista / 7:
  *C:\Users\<Benutzername>\AppData\Local\Microsoft\Windows\
  Temporary Internet Files\Content.Outlook\<Zufallszahl>*

Wenn Sie wissen möchten, wann welche dieser Dateien an welche E-Mail angehängt war, sollten Sie einen Blick auf das Programm *OutlookAttachView* von NirSoft werfen. Sie finden es zusammen mit weiteren nützlichen Outlook-Tools unter *http://www.forensikhacks.de/outlat*.

Kommerzielle Lösungen

Alle professionellen Forensik-Suiten wie *EnCase, Forensik Toolkit* und *X-Ways* bieten Unterstützung für diverse E-Mail-Formate. Sie können meist mit nur wenigen Klicks Inhalte betrachten, nach Stichwörtern suchen und Filter setzen. Wenn die Kosten dieser Programme Sie abschrecken, gibt es auch günstigere kommerzielle Lösungen wie beispielsweise *E-Mail Examiner* von Paraben (*http://www.forensikhacks.de/parem*), *Evidence Center* von Belkasoft (*http://www.forensikhacks.de/belka*), *RecoverMyEMail* von GetData (*http://www.forensikhacks.de/recmail*) und *R-Mail* von R-Tools Technology Inc. (*http://www.forensikhacks.de/rmail*). Bei der Suche nach Fragmenten, die auch unterschiedliche Webmailer einschließt, ist *Internet Evidence Finder* von JADSoftware (*http://www.forensikhacks.de/ief*) sehr zu empfehlen. Wenn Sie oder Ihre Organisation vor der Herausforderung stehen, E-Mail-Massendaten auswerten und Zusammenhänge darstellen zu müssen, sollten Sie einen Blick auf die Produkte *Nuix* von Nuix (*http://www.forensikhacks.de/nuix*) und *Intella* von Vound Software (*http://www.forensikhacks.de/intell*) werfen.

HACK #78 Bereiten Sie E-Mails von Windows Live Mail auf
»EML – einzeln gespeichert«

Windows Live Mail als kostenloser E-Mail Client ist vor allem deshalb sehr beliebt, weil das Programm als Teil der *Microsoft Live Essentials*, zum Beispiel zusammen mit dem *Live Messenger*, installiert werden kann. Es zieht besonders diejenigen Nutzer an, die gern über eine vollständige Mailsoftware verfügen möchten, allerdings die Kosten für das Paket *Microsoft Office* scheuen – zumal *Outlook* der Suite erst ab der teureren *Home&Business*-Variante beiliegt. Viele Benutzer haben zudem das früher vorinstallierte *Outlook Express* kennengelernt und wollen nun den offiziellen Nachfolger nutzen. Die Wahrscheinlichkeit, *Windows Live Mail* auf einem zu untersuchenden System anzutreffen, ist also nicht gering. Dementsprechend sollten Sie auf der Suche nach Spuren die Augen offen halten, ob nicht vielleicht entscheidende Hinweise in E-Mails aus *Windows Live Mail* zu finden sind. Schauen wir uns an, wie Sie die Daten untersuchen können.

Speicherpfade

Erfreulicherweise speichert *Windows Live Mail* die E-Mails der Benutzer im einfach zu lesenden Format *.eml*. Sie finden sie in folgenden Verzeichnissen:

* Windows XP:
  C:\Dokumente und Einstellungen\<Benutzername>\Lokale Einstellungen\ Anwendungsdaten\Microsoft\Windows Live Mail\<Kontoname>
* Windows Vista / 7:
  C:\Users\<Benutzername>\AppData\Local\Microsoft\Windows Live Mail\ <Kontoname>

Sollten Sie dort keine Nachrichten sehen, verifizieren Sie anhand der Registry, ob der Pfad auch in dem von Ihnen untersuchten System der richtige ist. Der ausschlaggebende Registry-Schlüssel ist *HKCU\Software\Microsoft\Windows Live Mail\[z.B. Store Root]*.

Sehen Sie die *.eml*-Dateien vor sich, können Sie sie einfach mit einem Dateibetrachter Ihrer Wahl öffnen (zum Beispiel mit einem E-Mail-Client oder einem Texteditor). Die folgende Abbildung zeigt die Untersuchung mithilfe von FTK Imager.

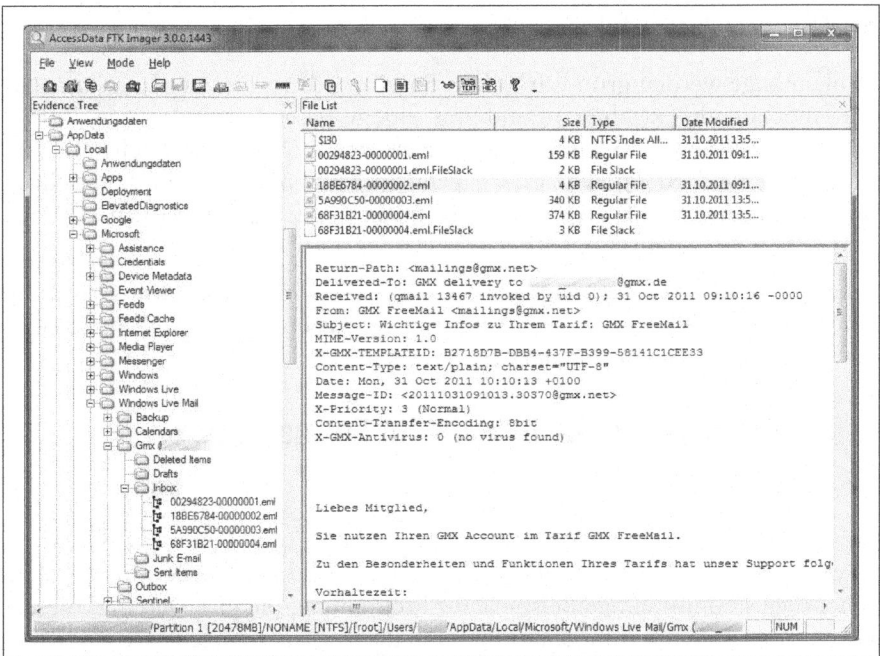

Abbildung 6-21: Ansicht einer Windows Live Mail-Nachricht in FTK Imager

Wie Sie wahrscheinlich festgestellt haben, sind die E-Mails inklusive der jeweiligen Mail-Header abgelegt. Informationen über die Analyse dieser Header finden Sie in [Hack #80].

Sollten Sie eine Nachricht mit Anhang geöffnet haben, erkennen Sie das daran, dass sich am Ende der E-Mail »Content«-Zeilen befinden (siehe Abbildung).

```
  v uccuruuivu. uuuviiuv,   vuvgvv vu _viuuu >iiupivvvuui\/u>
=09</p>
</div>
</div>
</body>
</html>
<!-- Ende Fuss -->

--gmxboundary=-1320052228-4126-top
Content-ID: <image0>
Content-Type: image/jpeg
Content-Transfer-Encoding: base64
Content-Disposition: inline; filename="head_coupon_619x62.jpg"

/9j/4AAQSkZJRgABAgAAZABkAAD/7AARRHVja3kAAQAEAAAANwAA/+4AIUFkb2J1AGTAAAAA
AQMAEAMDBgkAAAt1AAASWwAAGzP/2wCEAAcFBQUFBQcFBQcKBwYHCgwJBwcJDA4LCwwLCw4R
DAwMDAwMEQ4QERAQ4QEREA4VFRcXFRUfHx8fHyMjIyMjIyMjIyMBCAgIDg0OGx0PDy0YERYR
IyMjIyMjIyMjIyMjIyMjIyMjIyMjIyMjIyMjIyMjIyMjIyMjIyMjIyMjIyMjI//CABEIAD4C
awMBEQACEQEDEQH/xADnAAACAgMBAQAAAAAAAAAAAAAAAgEDBAUGBwgBAQEBAQEBAQAAAAAAA
```

Abbildung 6-22: E-Mail-Anhang am Ende einer .eml-Datei

Mailanhänge werden grundsätzlich in Base64 codiert. Das bedeutet, dass Sie den Blockinhalt extrahieren und mit einem Base64-Decoder wie *Base64 Encoder/Decoder* (*http://www.forensikhacks.de/base64*) umwandeln müssen. Markieren Sie dazu einfach einen ganzen zusammenhängenden Block, fügen Sie ihn in einem Hex-Editor als neue Datei ein, speichern Sie diese neue Datei und öffnen Sie sie mit *Base64 Encoder/Decoder*.

Eine sehr gute kostenlose Möglichkeit zur Aufbereitung aller *.eml*-Dateien in einem Ordner inklusive Dateianhängen bietet das Programm *Mail Viewer* von MiTeC (*http://www.forensikhacks.de/mailview*).

Analysieren Sie E-Mails im Format mbox
HACK
#79   »Raus aus dem Paket!«

.mbox ist das in vielen E-Mail-Clients verwendete Format zum Speichern von E-Mails. *Mozilla Thunderbird*, *Eudora*, *Opera Mail*, *KMail*, *Seamonkey* und *Entourage* sind nur einige Beispiele für Programme, die ihre Daten in diesem Format speichern. Wir möchten Ihnen in diesem Hack zeigen, wie einfach es ist, einzelne oder alle Mails aus den *.mbox*-Dateien zu extrahieren.

Nehmen wir an, Sie haben eine *.mbox*-Datei von *Mozilla Thunderbird* in folgendem Verzeichnis eines zu untersuchenden Datenträgers gefunden:

- Windows XP:
  *C:\Dokumente und Einstellungen\<Benutzername>\Anwendungsdaten\
  Thunderbird\Profiles\<Profilname>.default\Mail\<Kontoname>*
- Windows Vista / 7:
  *C:\Users\<Benutzername>\AppData\Roaming\Thunderbird\Profiles\
  <Profilname>.default\Mail\<Kontoname>*

Wenn Sie diese *.mbox*-Datei in einem Text- oder Hex-Editor betrachten, werden Sie feststellen, dass es sich beim *.mbox*-Format um nichts anderes handelt als um ganz viele E-Mails inklusive Header, die alle aneinander gereiht sind. Um diese E-Mails wieder voneinander zu trennen und einzeln abzuspeichern, kann man auf einige freie Tools zurückgreifen.

Eines dieser Programme ist der *MBOX Email Extractor* von Outlook Import Software (*http://www.forensikhacks.de/mbox*). Wenn erst einmal alle Nachrichten als *.eml*-Dateien vorliegen, können Sie sie mit nahezu jedem beliebigen E-Mail-Client oder in einem Texteditor öffnen. Bei letzterer Variante müssen Sie die Base64-codierten Mailanhänge extrahieren und decodieren, so wie es in [Hack #78] beschrieben wurde. Eine schnellere Variante ist, alle *.eml*-Dateien in einen Ordner zu extrahieren und sie im Anschluss inklusive Dateianhängen mit *Mail Viewer* von MiTeC (*http://www.forensikhacks.de/mailview*) zu untersuchen.

Der E-Mail auf der Spur

**HACK
#80**

»Die Post ist da.«

Egal, ob Sie im Rahmen einer forensischen Untersuchung oder wegen eines Sicherheitsvorfalls in Ihrer Firma eine E-Mail untersuchen müssen: Früher oder später wird Ihnen die Frage nach der Herkunft der Nachricht gestellt werden. Nach Lesen dieses Hacks werden Sie den Aufbau von E-Mails verstehen und Fragen nach dem Ursprung einzelner Nachrichten beantworten können.

Ohne Header geht es nicht

Wenn Sie sich eine E-Mail als Brief vorstellen, dann besteht so ein Brief aus zwei Teilen: einem Briefumschlag und dem eigentlichen Schreiben, das in dem Umschlag liegt. Bei der E-Mail nennt man den Umschlag *Header*, während der Brieftext *Body* genannt wird. Wie auch beim herkömmlichen Brief regelt der Umschlag die Adressierung, also wer der Absender und wer der Empfänger der Nachricht ist. Briefe erhalten dann auch noch einen Stempel desjenigen Postzentrums, das den Eingang der Sendung verbucht. Ist es Ihnen auch schon einmal passiert, dass die Urlaubskarte eines Freundes aus Spanien eine deutsche Briefmarke mit Stempel eines deutschen Postzentrums trägt und der Freund später zugibt, dass er es nicht mehr geschafft hat, die Karte aus Spanien abzuschicken? Aber Sie wussten das ja durch eingehende Untersuchung der Postkarte bereits. Sie sehen: Wir benötigen zur Analyse einer E-Mail den Briefumschlag mitsamt Marke und Stempel, den Header also.

In forensischen Auswertungen sehen Sie in den meisten Fällen den Header der Nachricht ohne weiteres Suchen vor sich, da er fester Bestandteil der Mail ist. Wenn Sie jedoch eine E-Mail vom Outlook eines Mitarbeiters oder vom Webmail-Postfach Ihres Chefs vor sich sehen, weil dort verdächtige oder inkriminierte Mails untersucht werden sollen, dann verstecken diese Oberflächen die Header-Informationen vor Ihnen.

Nun gibt es Dutzende von Webmailseiten wie Live.de, GMX.de, Web.de usw. und zahlreiche E-Mail-Clients wie Outlook, Thunderbird, Evolution, Mac OS X Mail usw. Wie können Sie sich also dort den Header anzeigen lassen? Wir können Ihnen hier natürlich nicht für alle existierenden Oberflächen eine Anleitung geben. Wichtig für Sie zu wissen ist: Es muss einen Weg zum Header geben, zur Not über den Anbieter selbst. In den meisten Fällen ist die Funktion irgendwo bei den Eigenschaften der Mail zu finden und heißt »Nachrichtenquelltext«, »Internetkopfzeile«, »Erweiterter Kopf« oder so ähnlich. Die Hilfefunktionen der Anbieter geben Ihnen im Regelfall Auskunft darüber, wie Sie an den Header gelangen. Im Folgenden sehen Sie eine Abbildung, die die Darstellung des Headers in Microsoft Outlook 2010 unter den Eigenschaften einer E-Mail zeigt.

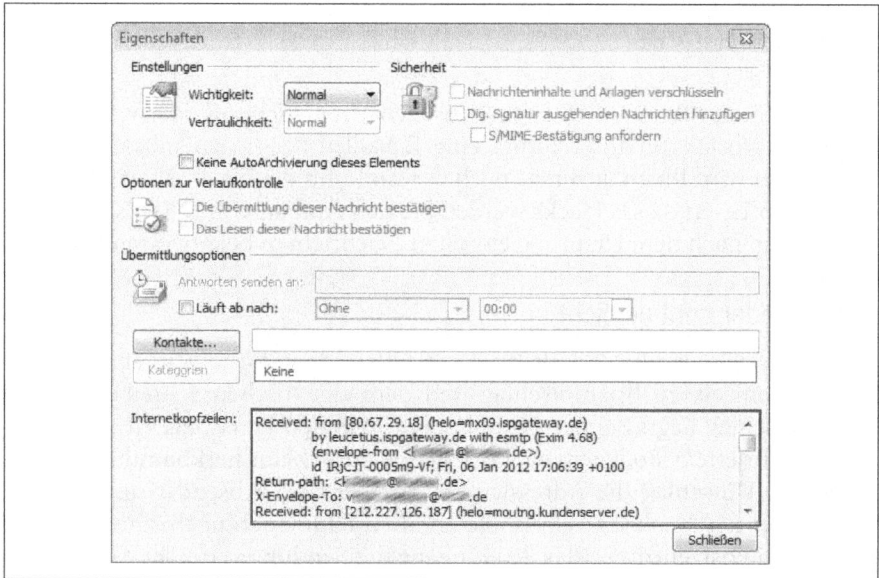

Abbildung 6-23: Ansicht eines E-Mail-Headers in Outlook 2010

Header gefunden, was nun?

Auf zur Analyse des Headers, schließlich wollen wir ja die Herkunft der Mail klären. Es folgt ein Beispiel dafür, wie ein Header aussehen kann.

Beispiel 6-1: E-Mail-Header

```
Received: from [80.67.29.18] (helo=mx09.ispgateway.de)
    by leucetius.ispgateway.de with esmtp (Exim 4.68)
    (envelope-from <hans.verdaechtig@boesererpresser.de>)
    id 1RjCJT-0005m9-Vf; Fri, 06 Jan 2012 17:06:39 +0100
Return-path: <hans.verdaechtig@boesererpresser.de>
X-Envelope-To: gunther.boss@weltkonzern0815.de
Received: from [212.227.126.187] (helo=moutng.kundenserver.de)
    by mx09.ispgateway.de with esmtp (Exim 4.68)
    (envelope-from <hans.verdaechtig@boesererpresser.de>)
    id 1RjCJT-00015H-S4
    for gunther.boss@weltkonzern0815.de; Fri, 06 Jan 2012 17:06:39 +0100
Received: from HansHP (p4FF3700B.dip.t-dialin.net [79.242.102.18])
    by mrelayeu.kundenserver.de (node=mreu3) with ESMTP (Nemesis)
    id OLnYoV-1SNBIW1nOJ-OOhsPg; Fri, 06 Jan 2012 17:06:39 +0100
Message-ID: <2D9D243C7DE34D0DAAC3CC9FB232DCF1@HansHP>
From: "Hans V" <hans.verdaechtig@boesererpresser.de>
To: "Gunther_Boss" <gunther.boss@weltkonzern0815.de>
Subject: Zahlen Sie sofort 350000 EUR
Date: Fri, 6 Jan 2012 17:06:35 +0100
MIME-Version: 1.0
Content-Type: multipart/alternative;
    boundary="----=_NextPart_000_003B_01CCCC95.8B9DF4C0"
X-Priority: 3
X-MSMail-Priority: Normal
Importance: Normal
X-Mailer: Microsoft Windows Live Mail 15.4.3538.513
Disposition-Notification-To: "Hans V" <hans.verdaechtig@boesererpresser.de>
X-MimeOLE: Produced By Microsoft MimeOLE V15.4.3538.513
X-Spam-Checker-Version: SpamAssassin 3.2.5 (2008-06-10) on
    spamfilter18.ispgateway.de
X-Spam-Status: No, hits=-6.6 required=9999.0 tests=BAYES_00 autolearn=disabled
    version=3.2.5
```

Das Erste, was Sie über die Untersuchung von E-Mail-Headern wissen sollten, ist, dass der Sendeverlauf von unten nach oben zu lesen ist. Wenn Sie sich also für den Ursprung interessieren, sollten Sie mit Ihrer Untersuchung unten beginnen. Der Header unterteilt sich grundsätzlich in drei Bereiche.

1. *X-Abschnitt*: Die Felder, die mit X beginnen, werden teilweise von Mailservern, und teilweise von E-Mail-Programmen auf dem Rechner des Absenders erzeugt. Hier finden sich Metainformationen wie beispielsweise die Spameinstufung, Priorität, Erzeugungsprogramm/Webmail-Informationen und gerade bei Webmailern auch oft Hinweise auf diejenige IP-Adresse, die die Mail über die Webmail-Homepage abgeschickt

hat. Wichtig zu wissen: Diese Felder sind manipulierbar, da derjenige über ihren Inhalt bestimmt, der Kontrolle über den Mailserver hat.

2. *Adressierungsabschnitt*: Im Adressierungsabschnitt werden Absender, Empfänger, Betreff, Datum und Message-ID angegeben. Sollten Sie keine anderen schlüssigen Informationen bezüglich der Herkunft erhalten, kann Ihnen die Message-ID bei Vorliegen einer entsprechender Rechtsgrundlage dabei helfen, Informationen über genau diese Mail beim Anbieter des Eingangsmailservers zu erfragen. Auch diese Felder sind sehr leicht manipulierbar, weil im Regelfall einfach die Informationen angenommen werden, die der Absender dort eintippt. Mittlerweile gibt es zahlreiche Dienste im Internet, die das Senden von anonymisierten E-Mails unter Angabe völlig falscher Absenderdaten erlauben.

3. *Sendeverlaufsabschnitt*: Die *Received*-Felder bilden den Reiseverlauf der E-Mail im Internet nach. Eine E-Mail läuft standardmäßig erst einmal über einige Mailserver, bis sie dem Empfänger zugestellt wird. Nicht immer müssen das extern erreichbare Server sein, sie können sich auch innerhalb einer Firmeninfrastruktur befinden. Um die *Received*-Felder richtig lesen zu können, müssen Sie sie gedanklich zweiteilen, in FROM- und BY-Felder. Das BY-Feld sagt Ihnen, welcher Mailserver die Nachricht gerade empfangen hat, während das FROM-Feld angibt, von welchem Ursprung aus dieser Mailserver die Mail erhalten hat. Nach Analyse aller *Received*-Felder sollte sich am Ende eine geschlossene Kette ergeben. Ist das nicht der Fall, kann das auf eine Manipulation des Headers hinweisen.

Jeder dieser Abschnitte kann für Sie entscheidende Hinweise enthalten. Eine sehr wichtige Spur ist die Angabe, von welcher IP-Adresse aus der erste eingehende Mailserver die Nachricht erhalten hat. In unserem Beispiel hat der Server mit dem Hostnamen *mrelayeu.kundenserver.de* die Mail vom Absender *p4FF3700B.dip.t-dialin.net* [79.242.102.18] empfangen. Wenn Sie keinerlei Hinweise auf Manipulation des E-Mail-Headers finden, wäre also die IP-Adresse 79.242.102.18 diejenige Station, die für Ihre weiteren Ermittlungen (Whois-Abfragen etc.) interessant ist.

Neben der IP ist dem Header weiterhin zu entnehmen, dass die E-Mail vermutlich mit dem Programm Windows Live Mail am 6.1.2012 um 17:06:35 aus der Zeitzone UTC+1 heraus verschickt wurde.

Zum Abschluss noch ein kleines Beispiel für einen etwas missverständlichen Header-Abschnitt:

Beispiel 6-2: Missverständlicher E-Mail-Header-Abschnitt

```
[…]
Received: from [65.54.190.21] (helo=bay0-omc1-s10.bay0.hotmail.com)
    by mx10.ispgateway.de with esmtp (Exim 4.68)
```

Beispiel 6-2: Missverständlicher E-Mail-Header-Abschnitt (Fortsetzung)

```
(envelope-from <PersonX@hotmail.de>)
id 1RaZVf-0002DT-GC
for Hein.Y@weltkonzern0815.de; Tue, 13 Dec 2011 22:03:38 +0100
Received: from BAY155-DS5 ([65.54.190.61]) by bay0-omc1-s10.bay0.hotmail.com with
Microsoft SMTPSVC(6.0.3790.4675);
 Tue, 13 Dec 2011 13:03:33 -0800
X-Originating-IP: [94.219.23.233]
X-Originating-Email: [PersonX@hotmail.de]
[…]
X-Mailer: Microsoft Windows Live Mail 15.4.3538.513
X-MimeOLE: Produced By Microsoft MimeOLE V15.4.3538.513
X-OriginalArrivalTime: 13 Dec 2011 21:03:33.0965 (UTC) FILETIME=[ACC73FD0:01CCB9DA]
```

Dieser Header ist nur ein Beispiel dafür, wie leicht es zu Missinterpretationen kommen kann. Es wurde eine Hotmail-Mailadresse mit dem Programm Microsoft Windows Live Mail verwendet. Nun sollte man annehmen, dass beim ersten Mailserver die echte IP-Adresse des Absenders aufschlägt, da die Mail ja nicht über eine Weboberfläche als Zwischenstation gesendet wurde. Man würde also von der IP-Adresse 65.54.190.61 als Ursprung ausgehen. Versuchen Sie doch mal, anhand dieser Adresse zu ermitteln. Sie werden bei Microsoft landen. Glücklicherweise gibt Hotmail uns aber in diesem Fall das Feld X-Origination-IP mit, das übrigens häufig bei Webmailern verwendet wird, aber keinesfalls ein Muss ist. Dieses Beispiel soll Ihnen zeigen, wie wichtig es ist, bei der Analyse von E-Mail-Headern sorgfältig und kritisch vorzugehen.

> Weiterführende Informationen zur Bedeutung der einzelnen Felder, zum Auffinden von Headern in unterschiedlichen Programmen und Webmailern und zum Entdecken von Manipulationen an E-Mail-Headern finden Sie auf der guten Informationsseite von Thomas Hochstein unter *http://www.forensikhacks.de/header*.

HACK #81 Finden Sie Spuren im HTML-Quelltext
».<auf> und </zu>«

Während einer forensischen Auswertung werden Sie immer wieder einmal über Fragmente von Webseiten stolpern. Vielleicht haben Sie bei der Suche nach einem bestimmten Stichwort mehrere Suchtreffer im Internetcache-Verzeichnis eines Browsers erhalten oder sogar nur in der Auslagerungsdate *pagefile.sys*? Vielleicht Sie sind aber auch im Rahmen von Ermittlungen im Internet auf Webseiten gestoßen, die Sie gern näher analysieren möchten. In allen Fällen benötigen Sie ein Grundverständnis von Webseiten und ihrer Sprache.

Als *die* große Auszeichnungssprache für Webseiten hat sich schon relativ früh in der Geschichte des World Wide Web die *Hypertext Markup Language*

(HTML) durchgesetzt. Obwohl heutzutage die meisten Webseiten auch Weiterentwicklungen wie Cascading Stylesheets (CSS) und DHTML oder gar Skriptsprachen wie JavaScript (JS) nutzen, bleibt HTML ein wesentlicher Grundpfeiler, ohne dessen Verständnis man Webseiten zu schwerlich analysieren kann.

 Lassen Sie sich nicht täuschen: Auch wenn bei modernen Websites oft die Dateierweiterung nicht mehr auf *.html* endet, sondern auf *.php*, heißt das nicht, dass Ihnen kein HTML-Quelltext mehr vorliegen würde. Diese Erweiterung weist lediglich darauf hin, dass die Seite serverseitig per Hypertext Preprocessor (PHP) erzeugt worden ist.

Es wird Sie freuen zu hören, dass HTML wirklich sehr leicht zu verstehen ist. Also, gehen wir es an.

In HTML brauchen Sie für jede Anweisung einen sogenannten *Tag*. Tags stehen immer in spitzen Klammern. Es gibt öffnende <Tags> und schließende </Tags>. Bis auf wenige Ausnahmen müssen alle Tags geschlossen werden. Ein Beispiel könnte so aussehen:

```
<Tag>Text</Tag>
```

Diese Tag-Anweisungen können auch Eigenschaften wie Höhe, Breite, Farbe oder Ausrichtung beinhalten, wie in diesem Beispiel:

```
<Tag height="100" width="200" align="center">Text</Tag>
```

Das wäre eine Anweisung namens *Tag* mit einer Höhe von 100 Pixeln, einer Breite von 200 Pixeln und einem zentrierten Inhalt (dem Text »Text«).

Ein HTML-Dokument beginnt im Normalfall immer mit einem öffnenden <HTML>-Tag und endet mit einem schließenden </HTML>-Tag. Der Inhalt dazwischen teilt sich in zwei Bereiche, nämlich einen Kopfbereich <Head> und einen Körperbereich <Body>. Im Kopfbereich werden Dokumenteigenschaften, Metadaten und Einbindungen weiterer Dateien angegeben, während im Körperbereich der eigentliche Inhalt zu finden ist, der auch bei Ihnen im Browser dargestellt wird. Schauen wir uns doch einmal eine einfache HTML-Datei an.

Beispiel 6-3: Eine einfache HTML-Datei

```
<html>
    <head>
    <title>Einfache Webseite</title>
    <meta name="author" content="Lorenz Kuhlee und Victor Völzow">
    <meta name="description" content="Eine ganz einfache Webseite">
    <meta name="keywords" content="einfache, webseite">
    </head>
    <body>
```

Beispiel 6-3: Eine einfache HTML-Datei (Fortsetzung)

```
        <h1>Überschrift erster Ordnung</h1>
        <h2 align="center">Überschrift zweiter Ordnung</h2>
        <p>
            Absatz<br />
            Zeilenumbruch
        </p>
        <img src="bilder/bild1.jpg" height="150" width="300" />
    </body>
</html>
```

Sie sehen: ein umschließender <HTML>-Tag, ein <Head>-Bereich mit Metaangaben über die Seite und ein <Body>-Bereich, der den eigentlich Inhalt der Seite enthält. Im Inhalt sehen Sie auch die zwei häufigsten Beispiele für Tags, die nicht geschlossen werden müssen, nämlich zum einen den Zeilenumbruch <br> und zum anderen den Tag <Img> zum Einfügen einer Bilddatei. Tags, die nicht geschlossen werden, haben also per Konvention ein / vor der >. Wir sehen hier also insgesamt eine Webseite, auf der zwei Überschriften, ein zweizeiliger Absatz und eine Grafik angezeigt werden. Gar nicht mal so schwer, oder?

Um moderne Webseiten zu verstehen, benötigen Sie nur noch ein paar weitere Tags und ein groben Überblick darüber, wie die Einbindung weiterer Inhalte funktionieren kann. Dazu schauen wir uns folgende HTML-Datei an:

Beispiel 6-4: Noch eine einfache HTML-Datei

```
<html>
    <head>
    <title>Einfache Webseite</title>
        <style type="text/css">
            <!--
                body { background:#000000; color:#ffffff }
                .if { height:1px; width:1px; }
            -->
        </style>
    <link rel="stylesheet" type="text/css" href="style.css">
    <script src="mein_script.js" type="text/javascript"></script>
    </head>
    <body>
        <table> <!-- Beginnt eine Tabelle -->
            <tr> <!-- Beginnt eine Zeile -->
                <td> <!-- Beginnt eine Spalte -->
                    Zeile 1, Spalte 1
                </td>
                <td>
                    Zeile 1, Spalte 2
                </td>
            </tr>
        </table>
```

Beispiel 6-4: Noch eine einfache HTML-Datei (Fortsetzung)

```
    <a href="index.html" onclick="meine_funktion()">Zum Start</a>
    <iframe src="http://xy" class="if" name="Schadcode"></iframe>
  </body>
</html>
```

Hier sehen wir nun gleich viele neue Tags, aber keine Angst, gehen wir der Reihe nach vor. <HTML>, <Head> und auch <Title> sind ja alte Bekannte. Im <Head>-Bereich finden wir einen <Style>-TAG vom Typ *CSS*. Innerhalb dieses Tags wird definiert, wie Elemente im <Body> auf dem Bildschirm dargestellt werden sollen. In diesem Fall soll der Seitenhintergrund schwarz sein (Farbwert in hexadezimal steht für 00 mal rot, 00 mal grün und 00 mal blau, zusammen also schwarz), die Schriftfarbe wiederum soll weiß sein (Farbwert in hexadezimal steht für FF, also 255 mal rot, 255 mal grün und 255 mal blau, zusammen also weiß). Des Weiteren wird eine Klasse *if* definiert, die eine Höhe und Breite von nur einem Pixel haben soll. Über den <Link>-Tag mit der Eigenschaft *href* und über den <Script>-Tag mit der Eigenschaft *src* werden die Inhalte externer Dateien eingebunden, nämlicher einer Datei mit CSS-Definitionen und einer Datei mit JavaScript-Funktionen.

Die Funktionen der Tags <Table>, <td> und <tr> sind im Quelltext ja hinreichend kommentiert. Apropos: Kommentare beginnen in HTML mit <!-- und enden mit -->. Sie werden dem Endbenutzer nicht angezeigt und dienen meist dem Programmierer zur Orientierung. Trotzdem sind diese Kommentare für Sie auf fremden Seiten einsehbar, wenn Sie sich in Ihrem Browser den Quellcode anzeigen lassen. Mit dem <a>-Tag werden Hyperlinks auf andere Webseiten oder lokale Dokumente gesetzt. Zu guter Letzt ist auf der Seite ein <Iframe>-Tag. Dieser bindet die Inhalte einer externen Seite in die Webseite ein. Dadurch, dass der Frame die Klasse *if* besitzt, ist er nur einen Pixel hoch ein breit – ein beliebter Trick übrigens, der von Bösewichten dazu benutzt wird, Schadcode von eigenen Quellen auf legitime Seiten nachladen zu lassen, um deren Besucher mit Schadsoftware zu infizieren.

Jetzt haben Sie sich schon ein kleines Basiswissen zum Thema HTML angeeignet. Wenn Sie noch mehr lernen möchten, empfehlen wir Ihnen die ausgezeichnete, gut verständliche Seite Selfhtml (*http://www.forensikhacks.de/ html*), die sich für jeden eignet, der sich mit HTML, CSS oder auch den Grundlagen von JavaScript vertraut machen möchte.

Hacking & Co.
Hacks #82-90

Hacking & Co. – sicherlich eines der aktuellsten Themen unserer Zeit, an dem auch Sie nicht vorbeikommen! Während die Hacker der 80er Jahren noch hauptsächlich aus ideellen Gründen und Neugier hackten, sind heutzutage diejenigen Hacker, die sich noch der alte Hacker-Ethik verpflichtet fühlen, in der Minderzahl. Der Reiz, seine Fähigkeiten zum eigenen finanziellen oder anderweitigem persönlichen Vorteil zu nutzen, ist wohl zu groß. So entstand im vergangenen Jahrzehnt ein digitaler Untergrund mit Communities, Märkten und sonstwie organisierten Netzwerken, bei denen einzig und allein die persönliche Bereicherung im Vordergrund steht. Die zunehmende Verbreitung fertiger Schadsoftware-Baukästen und Hacking-Frameworks begünstigt das Anwachsen der Zahl technisch kaum versierter »Script-Kiddies«, die ohne Programmierkenntnisse großen Schaden bei einer Vielzahl von Betroffenen anrichten können. Die Anzahl an Verbrechen im Bereich der Computerkriminalität und der dadurch angerichteten Schäden steigt Jahr für Jahr weiter an.

Doch in jüngster Zeit zeichnen sich abseits der Strömung der Cyberkriminellen auch Gruppierungen ab, die ihre technischen Fähigkeiten nutzen, um politische Ziele zu verfolgen, beispielsweise um gegen Missstände zu protestieren oder auf politische Unterdrückung durch autoritäre Regime aufmerksam zu machen. Sie sehen also: Hacking war, ist und bleibt ein Thema. Grund genug, sich ein wenig damit zu beschäftigen, meinen Sie nicht?

Die Analyse von gehackten Systemen setzt voraus, dass Sie die Methoden und verschiedenen Angriffsszenarien kennen. Es wäre vermessen zu sagen, dass Sie nach dem Lesen dieses Kapitels jeden Angriff sofort analysieren und aufklären können. Abgesehen davon, dass es eine Pauschallösung nie gibt, würde die intensive Beschäftigung mit diesem Themenkomplex ein eigenes Buch füllen. Dennoch wagen wir den Versuch, Ihnen die Beschäftigung mit der Analyse von Sicherheitsvorfällen schmackhaft zu machen, und bieten Ihnen einen bunten Strauß von Hacks an.

Genießen Sie nun die Hacks dieses überaus spannenden Kapitels von WLAN-Hacking über Malware-Analyse bis hin zu verschiedenen Arten des Netzwerkangriffs.

Die hier beschriebenen Methoden dürfen ausschließlich zu legalen Zwecken eingesetzt werden, also beispielsweise zu forensischen Untersuchungen innerhalb des rechtlich abgedeckten Umfangs und für Versuchszwecke wie das § 202c StGB stellt Vorbereitungshandlungen für das Ausspähen von Daten (§ 202a StGB) und das Abfangen von Daten (§ 202b StGB) unter Strafe. Darunter fällt unter anderem auch das Verschaffen eines Computerprogramms, dessen Zweck die Begehung einer solchen Tat ist. Gemäß den Beschlüssen 2 BvR 2233/07, 2 BvR 1151/08, 2 BvR 1524/08 des Bundesverfassungsgerichts sowie einer juristischen Stellungnahme der European Expert Group for IT Security (EICAR), *http://eicar. org/files/jlussi_leitfaden_web.pdf*, fallen Programme mit Dual-Use-Charakter bei legaler Anwendung nicht unter § 202c StGB. Dieser Hinweis stellt keine Rechtsberatung dar. Wenn Sie im Zweifel darüber sind, ob bestimmte Techniken unter bestimmten Umständen zu einem Rechtsverstoß führen könnten, ersuchen Sie bitte einen Rechtsbeistand um Rat.

- Top-10-Hinweise auf einen Angriff [Hack #82]
- So funktioniert WLAN-Hacking [Hack #83]
- Typische Suchmuster für Angriffe auf Datenbanken [Hack #84]
- Lassen Sie sich Netzwerkverbindungen anzeigen [Hack #85]
- Stellen Sie fest, ob ein Webserver leicht angreifbar war [Hack #86]
- Der Kammerjäger: Stellen Sie fest, ob sich Malware eingenistet hat [Hack #87]
- Überprüfen Sie Ihren Netzwerkverkehr [Hack #88]
- PDF Malware-Analyse [Hack #89]
- Machen Sie sich die Erfahrung der Profis zunutze [Hack #90]

HACK #82   Top-10-Hinweise auf einen Angriff
»3,2,1, Attacke!«

Zugegeben, die Überschrift ist schon ein wenig reißerisch formuliert. Dabei verfolgt dieser Hack durchaus lautere Ziele. Die forensische Analyse von Sicherheitsvorfällen und insbesondere von geglückten Kompromittierungen gehören zu den herausfordernsten Untersuchungen überhaupt. Ehe Sie sich versehen, befinden Sie sich mitten in die der Auswertung eines komplexen Systems, das Sie nicht einmal selbst konfiguriert geschweige denn gehärtet haben. Und dann sollen Sie auch noch Spuren etwaiger Angriffe feststellen. Doch wo fangen Sie an? Welche Hinweise auf einen Angriff gibt es überhaupt? Dieser Hack gibt Ihnen eine Hilfestellung dabei, wo Sie Ihre Suche beginnen können.

Tabelle 7-1: Die Top-10-Hinweise auf einen Angriff

TOP	Hinweis
1	Finden Sie in */etc/passwd* zusätzliche Benutzer, die der Administrator nie angelegt haben will? Vielleicht hat sogar einer der User *root*-Rechte (siehe [Hack #63])? Kontrollieren Sie */etc/shadow* auf User mit leeren Kennwörtern. Fragen Sie den Administrator, wann die letzten User angelegt und Dienste installiert wurden, stimmen die Änderungszeiten von */etc/shadow* und */etc/passwd* mit seinen Aussagen überein?
2	Wenn Sie sich ein laufendes System ansehen, dann analysieren Sie die laufenden Prozesse mit dem Befehl ps und aktive Netzwerkverbindungen mit netstat (siehe [Hack #6]). Fallen Ihnen Prozesse auf, die der Administrator so nie gestartet haben will, oder Dienste, die er nie installiert haben will? Werden Verbindungen von oder zu der Maschine aufgebaut, die keinen begründbaren Hintergrund haben? Bei der Entscheidung für Live-Maßnahmen in Kompromitierungsszenarien kommt es natürlich immer auf Ihre Untersuchung und deren Ziele an. Es kann auch sinvoll sein, den Netzwerkverkehr von einer Drittmaschine aus zu analysieren oder Maßnahmen zu treffen, um die Datensicherheit nicht weiter zu gefährden.
3	Überprüfen Sie die Apache-Logdateien. Sind in den Fehlerlogs auf einmal Fehler verzeichnet, die vorher nie auftraten, und Skripten, die vorher nie aktiv waren? Finden Sie geglückte Zugriffe auf Admin-Backends oder Hinweise auf SQL Injections (siehe [Hack #84]) oder gar Verzeichniseskalationen und Shellcode?
4	Nutzen Sie automatisierte Scanner wie *Rkhunter* und *chrootkit*. Oft geben Ihnen diese Tools zeitnah erste Ergebnisse. Bei einem Negativbescheid sollten Sie dennoch nicht gleich davon ausgehen, dass es nie einen Sicherheitsvorfall gegeben hat.
5	Gibt es Auffälligkeiten in den Logdateien des *Syslog Deamon* (siehe [Hack #42])? Wurde der Dienst vielleicht sogar komplett deaktiviert oder seine Konfiguration verändert? Zeigen die Logfiles Softwareinstallationen an, die vom Administrator nie vorgenommen worden sind?
6	Sind Logdateien spurlos verschwunden oder leer? Gibt es Lücken oder gar Zeitsprünge in den Logfiles? Werfen Sie einen Blick in die Verzeichnisse */tmp* und */var/tmp*, die gern von Eindringlingen und Skripten als Zwischenspeicher genutzt werden.
7	Gibt es Auffälligkeiten in den MySQL-Datenbanken in Richtung SQL Injections (siehe [Hack #84]) oder hinsichtlich zusätzlich eingefügter Quellcodes, beispielsweise eingefügter Iframe-Codes ([Hack #81]) in Template-Datenbanktabellen? Suchen Sie nach Fremd-IP-Adressen und www-Adressen in den Datenbanken und Quellcodes der Skripten und Webseiten. Gute reguläre Ausdrücke finden Sie in [Hack #36].
8	Schauen Sie sich die History-Dateien aller User an. Um den Vorgang zu beschleunigen, können Sie auch hier nach bestimmten Schlagwörtern suchen. Interessant könnten für Ihre Untersuchung Dinge wie sudo, nc, ssh, scp, ftp, telnet, sh, chmod, chown, useradd und dergleichen sein. Gibt es Auffälligkeiten? Wurden die History-Dateien vielleicht sogar gelöscht bzw. ihre Erstellung verhindert?
9	Sind die Software-Patches des Rechners aktuell, also des Betriebssystems, des Webservers, der Datenbanken, der Skripten, der CMS und dergleichen? Eine der häufigsten Schwachstellen heutzutage sind ungepatchte Webapplikationen. Sind im Internet vielleicht sogar schon Exploits für die eingesetzten Versionen bekannt und dokumentiert?
10	Gibt es mitprotokollierte User-Logins via ssh, scp oder ftp? Schauen Sie in den entsprechenden Logdateien wie z. B. */var/log/auth.log* und */var/log/security* nach. Manche CMS besitzen sogar ebenfalls Logdateien für Ihre Admin-Panels.

Eine Aufzählung wie diese kann nie umfassend sein. Wir denken aber, dass diese Tabelle für Ihre Untersuchung zumindestens ein Einstieg und eine gute Gedächtnisstütze sein kann.

HACK #83 So funktioniert WLAN-Hacking
»Einbruch durch die Luft«

Die Disziplin Forensik hat viele verschiedene Facetten. Schon lange sind die Aufgaben nicht nur auf die reine Auswertung von Images beschränkt. Sie haben es fast immer auch mit Netzwerkforensik zu tun, wenn auch nicht in der Tiefe wie ein reiner Netzwerkforensiker. Fast jeder Haushalt hat heute ein Heimnetzwerk. Von der Nutzung von Cloud-Services ganz zu schweigen. Dieser Hack zeigt Ihnen die typischen Vektoren bei Angriffen auf ein *Wireless Local Area Network* (WLAN). Stellen Sie sich vor, es steht der Verdacht im Raum, dass der Internetzugang Ihres Klienten von Dritten missbräuchlich genutzt worden sei. Kann das überhaupt sein?

WLAN »sniffen« und anmelden

Generell bezeichnet man als WLAN ein funkbetriebenes Netzwerk, genauer ein Netzwerk der Familie IEEE 802.11. Um ein kabelgebundenes Netzwerk *sniffen*, also abhören zu können, benötigen Sie physischen Zugang zum Netzwerk. Bei einem WLAN genügt es, die »Welle« aus sicherer Distanz aufzufangen. Deshalb ist es wichtig, die Informationen zu verschlüsseln, die Sie über ein WLAN transportieren. Diese Verschlüsselung kann auf verschiedenen Ebenen des ISO/OSI-7-Schichten-Modells geschehen. Die zweite Frage, die Sie sich stellen sollten, ist die nach der Berechtigung zur WLAN-Access-Point-Verbindung.

Verschlüsselung auf Protokollebene

Vereinfacht gesagt, können Sie eine Verschlüsselung auf WLAN-Paketebene konfigurieren. Diese Verschlüsselung kann unterschiedlich stark sein. Die Verschlüsselung mit *WEP* (Wired Equivalent Privacy) ist sehr schwach und kann mit frei erhältlichen Tools innerhalb weniger Sekunden »geknackt« werden. Weiter besteht die Möglichkeit der Verschlüsselung mit *WPA/WPA2*. WPA2 gilt heute noch als sicher und sollte Ihre erste Wahl der Verschlüsselung sein. WPA2 kann jedoch über eine Brute-Force- bzw. Wörterbuch-Attacke gebrochen werden. Daher ist es sehr wichtig, dass das Passwort den üblichen Regeln und Längen genügt. Prüfen Sie bei Ihrer Analyse des WLANs die konfigurierte Verschlüsselungsart. WPA2 lässt sich aber auch durch einen weiteren Trick umgehen. Dieser besteht darin, nicht etwa das WPA2-Passwort zu knacken, sondern das bei vielen Routern eingesetzte *WPS* (Wi-Fi Protected Setup). WPS besteht aus einer 8-stelligen PIN, die bei korrekter Eingabe das WPA2-Passwort verschlüsselt übermittelt und so eine sichere Verbindung zustande kommen lässt. Bei falscher Eingabe der PIN erzeugen viele Router einen Fehler. Dieser Fehler wird allerdings schon nach Eingabe von vier falschen Stellen quittiert. Dadurch lässt sich eine Brute-Force-Attacke optimieren. Nach spätestens 10.000 Versuchen sind die ersten vier Stellen entschlüsselt. Danach sind es noch einmal so viele, aber die letzte Ziffer ist eine Prüfzahl, daher kommen nur noch 1.000 Versuche hinzu. Aus diesem Grund ist der Einsatz von WPS zu vermeiden und als unsicher einzustufen, da die Sicherheit nach spätestens 11.000 Versuchen ausgehebelt ist.

Verschlüsselung auf Anwendungsebene

Vorsicht! Nicht jedes offene oder WEP-verschlüsselte WLAN ist unsicher. Werden die Daten permanent z.B. per *ssh* (Secure Shell) oder *OpenVPN* (Virtual Private Network) auf Anwendungsschicht übertragen, ist ein erfolgreiches Mithören bei entsprechender Konfiguration der Anwendung nicht möglich. Ein möglicher Angriff erfolgt dann auf die Anwendung (ssh, OpenVPN) und nicht auf das WLAN-Verschlüsselungsprotokoll (WEP, WPA/WPA2). Das müssen Sie entsprechend einschätzen und separat analysieren. Dennoch erhöht ein offenes oder WEP-verschlüsseltes WLAN die Chance enorm, dass dieses WLAN durch eine dritte, möglicherweise unbefugte Person genutzt worden sein könnte.

Wer darf sich am WLAN Access Point (WAP) anmelden?

Üblicherweise entscheidet die MAC-Adresse (Media Access Control Address) des Clients, ob dieser sich über die SSID-definierten Access Points anmelden darf. Allerdings lässt sich softwareseitig die MAC-Adresse auf eigene Werte setzen. Daher ist dieser Schutz leicht umgehbar. Es liegt an Ihnen, eine solche Umgehung der Sicherheit nachzuweisen. Schauen Sie auf jeden Fall in die Logdateien des Access Points bzw. des DHCP-Servers – falls vorhanden. Vielleicht finden Sie dort MAC-Adressen, die nicht zum lokalen Netzwerk gehören.

Authentifizierung über RADIUS

RADIUS steht für Remote Authentication Dial-in User Service und wird meistens in großen WLAN-Infrastrukturen verwendet. In privaten Haushalten werden Sie diese Konfiguration eher selten vorfinden. Nichtsdestotrotz müssen Sie bei Ihrer Sicherheitsüberprüfung an solch ein Szenario denken. Die Authentifizierung geschieht anhand individuell für die WLAN-Nutzer vergebener Passwörter. Diese sind hinsichtlich Wörterbuch-Angriffen zu prüfen.

Suchen und Finden von WLANs – der Mythos der SSIDs

Das »Verstecken« der SSID eines WLANs gilt für den Laien als Sicherheitsfeature. Doch der Experte weiß, dass die SSID binnen weniger Sekunden aufgedeckt werden kann. Daher bietet das Unterdrücken der SSID keinen besonderen Schutz. Dennoch ist der SSID besondere Aufmerksamkeit zu schenken. Die WPA/WPA2-Verschlüsselung basiert auf einer Kombination von SSID und vom Administrator vergebenem Passwort. Um einen Angriff deutlich zu beschleunigen, kann ein Hacker vorgerechnete WPA/WPA2-Passphrasen vorhalten. Das ist allerdings nur von Erfolg gekrönt, wenn die SSID einem Standardwert entspricht. Daher gilt: Die SSID zu verstecken, bringt keinen Schutz. Die SSID vom Standard umzubenennen, erschwert das Anwenden von vorgerechneten Passphrasen enorm und bringt daher einen deutlichen Mehrwert hinsichtlich der WLAN-Sicherheit.

Checkliste: Sicheres WLAN

- Aktivierung der Protokollverschlüsselung mit WPA2
- Vergabe eines sicheren (nicht in einem Wörterbuch enthaltenen) Passworts für WPA2
- Ersetzen der werkseitig voreingestellten, meist den Gerätetyp verratenden SSID
- Ersetzen der werkseitig voreingestellten Router- bzw. WAP-Passwörter zum Login
- Deaktivierung der Fernadministration des Routers
- Aktivierung des MAC-Filters
- Ggf. Verschlüsselung der gesamten übertragenen Kommunikation mit ssh, OpenVPN o. Ä.

Wenn alle Konfigurationen zufriedenstellend eingestellt worden sind und dennoch weiterhin der Verdacht besteht, dass das WLAN unerlaubterweise verwendet worden ist, müssen Sie Ihre Analyse auf die verwendeten Client-Computer erweitern.

HACK #84 Typische Suchmuster für Angriffe auf Datenbanken
»Durch die Hintertür«

Sie haben den Auftrag bekommen, einen kompromittierten Webserver zu untersuchen? Wahrscheinlich lieferte der Webserver serverseitig dynamisch generierte Webinhalte an die Klienten aus. Die Inhalte wurden in Verbindung mit PHP und Anbindung an eine Datenbank bereitgestellt. Dieser Hack zeigt

Ihnen typische Angriffe auf so eine Infrastruktur und bewaffnet Sie mit typischen Suchbegriffen für Ihr Abbild, um genau solche Angriff nachzuweisen.

Typische Angriffe

Den einen »typischen Angriff« können wir Ihnen leider nicht liefern, denn die Welt des World Wide Web und ihrer Server ist hochkompliziert und lässt sich nicht in Standards zwingen. Fehler in den Konfigurationen von Webanwendungen stehen leider auf der Tagesordnung, weil die Systeme sehr schwierig zu administrieren sind, da oft zu viele unterschiedliche Komponenten involviert sind. Denken Sie zum Beispiel an ein Szenario, in dem die Backend-Bibliotheken angegriffen werden (z.B. *gdlib*). Oder an einen Angriff, der mehrstufig verläuft und nicht direkt den Webserver angreift, sondern vielmehr den auswertenden Logserver. Dennoch möchten wir Sie für Ihre Analyse mit einer der häufigsten Angriffsarten, der *SQL Injection*, vertraut machen und Sie mit Suchbegriffen versorgen, um schnell und effizient die Logfiles zu analysieren. Bei erfolgreicher Suche müssen Sie das gesamte System aus Sicht des Datenflusses untersuchen.

SQL Injection-Suchmuster für gezielte Logfile-Analyse

Wie finden SQL Injections statt? Nun, das ist gar nicht so schwer zu verstehen. Da der von Ihnen zu untersuchende Webserver Inhalte dynamisch durch Abfragen an eine MySQL-Datenbank generiert und auch Benutzereingaben wie beispielsweise Forenbeiträge, Blogkommentare oder Kontaktformalure an diese Datenbank schickt, muss gewährleistet sein, dass die Skripten, die auf dem Server laufen, Zugang zur Datenbank haben. Skripten benutzen diesen Zugang meist, um ihre ganz gewöhnlichen, legitimen Lese- oder Schreibvorgänge auf der Datenbank durchzuführen. Doch was wäre, wenn nun auf einmal ein böswilliger Benutzer es schafft, ganz bestimmte Daten in Formularfelder einzutragen, um gezielt Schwachstellen in Ihren Skripten auszunutzen und so Zugang zu der Datenbank zu erhalten? Genau das sind SQL Injections.

```
SELECT * FROM members WHERE name = 'Admin'-- AND password ='ABC123'
```

Suchen Sie nach einem Usernamen mit dem Zusatz --. Dieses -- stellt einen Kommentar dar. Das heißt, der Rest der Zeile wird nicht mehr ausgewertet. Ein weiteres Kommentarzeichen ist /*.

```
SELECT * FROM members; DROP members --
```

Suchen Sie nach Tabellennamen mit folgenden Semikolon. Durch das Semikolon werden SQL-Anweisungen voneinander getrennt. Die erste Anweisung wird beendet und eine neue Anweisung wird begonnen. In diesem Fall könnte das ein Hinweis auf eine DoS-Attacke (Denial of Service) sein.

```
SELECT IF(1=1, 'true', 'false')
oder
IF (1=1) SELECT 'true' ELSE SELECT 'false'
```

1=1 usw. ist immer wahr und ermöglicht das »blinde« Abfragen der Datenbank (»Blind Injection«).

```
0x0123456789ABCDEF
SELECT 0xC0FF33
```

Suchen Sie nach Hexadezimalwerten. Das ist eine bekannte Methode, um sogenannte *Magic Quotes* zu umgehen. Welcher normale Webanwendungsbenutzer würde schon seinen Loginnamen als Hexadezimalwert eingeben?

```
SELECT CONCAT (login, password) FROM members
```

Hier geht es um Versuche einer String-Manipulation. Suchen Sie nach *CONCAT* und untersuchen Sie die Logeinträge vor und nach dem Fund.

```
SELECT ASCII ('a')
bzw.
SELECT CHAR (64)
```

Und eine weitere Art der String-Manipulation:

```
' UNION SELECT … 1--
```

Mit der SQL-Anweisung Union wird eine Abfrage über mehrere Tabellen generiert. Damit wäre es möglich, dass ein Angreifer Inhalte einer weiteren Tabelle sehen kann. Je nachdem, welches Datenloch Ihnen zugrunde liegt, könnte das der Schlüssel sein.

Umgehen eines Web-Logins

Suchen Sie nach folgenden Suchmustern, falls der Einbruch über ein Web-Login vermutet wird:

```
' or 1=1--
' or 1=1/*
' or 1=1#
admin' --
admin' /*
admin' #
root' --
root' /*
root' #
') or '1'='1--
') or ('1'='1--
```

MD5-Summe umgehen:

```
Pwsecure4U 'AND 1=0 UNION ALL SELECT 'username', '<MD5-Wert-pwsecure4U>
```

In diesem Fall könnte die Datenbank auf die Idee kommen, den übergebenen MD5-Hash für die Passwortvalidierung zu verwenden, und der wurde mit dem übergebenen Passwort vorher abgeglichen.

```
1,1,1,1,1,1,1,1,1,1,1,1
Oder
null,null,null,null,null,null,null,null,null,null,null,null
```

Diese Liste der möglichen SQL Injections ist bestimmt nicht vollständig, gibt Ihnen aber einen guten Überblick über die verschiedenen Angriffstypen. Werten Sie die Protokolldatei akribisch aus und achten Sie auf ungewöhnliche SQL-Einträge.

PhpMyAdmin

Eines der beliebtesten SQL-Administrations-Tools heißt *PhpMyAdmin*. Viele Angriffe gehen nicht direkt auf die Datenbank, sondern auf das SQL-Admin-Tool selbst. Das Gleiche gilt für die Loginseiten für das verwendete Admin-Panel. Diese Zugänge sollten mit einem Extraschutz wie z. B. *htaccess* versehen sein. Ist das nicht der Fall, dann prüfen Sie die Passwortstärke – ein Angreifer könnte diesen Weg genommen haben. Üblicherweise können Sie solche Loginversuche durch Suche nach »phpmyadmin«, »admin«, »wp-admin« o. Ä. in den Access Logs des Webservers (z. B. Apache) feststellen.

HACK #85 Lassen Sie sich Netzwerkverbindungen anzeigen
»Wer mit wem?«

Ein Mitarbeiter Ihres Unternehmens oder ein Kunde ruft Sie an und meldet, dass aus unerklärbaren Gründen seine Netzwerkverbindungsanzeige plötzlich ständige Aktivität anzeigt. Sie vermuten, dass sich Schadsoftware auf seinem System eingenistet haben könnte. Dieser Hack zeigt Ihnen, wie Sie sich grafikgestützt auf einfachste Weise einen ersten Überblick darüber verschaffen können, welche Netzwerkverbindungen auf dem System gerade aktiv sind und welche sich in lauschender Stellung befinden.

TCPView

Mit dem Programm *TCPView* aus der *SysinternalSuite* (*http://www.forensik-hacks.de/sysint*) erhalten Sie eine detaillierte Auflistung aller TCP- und UDP-Verbindungen. Diese beinhaltet Ihre lokalen IP-Adressen, die IP-Adressen der entfernten Rechner sowie den Verbindungsstatus. Sie kennen bestimmt das Netzwerktool *netstat*. *TCPView* stellt Ihnen eine Teilmenge der Ausgabe des Werkzeugs *netstat* benutzerfreundlich und übersichtlich dar. Zudem wird die Ausgabe von *TCPView* automatisch jede Sekunde (einstellbar) neu aufgebaut. Das gibt Ihnen einen sehr guten Überblick über die Verbindungen mit »Live-Feeling«.

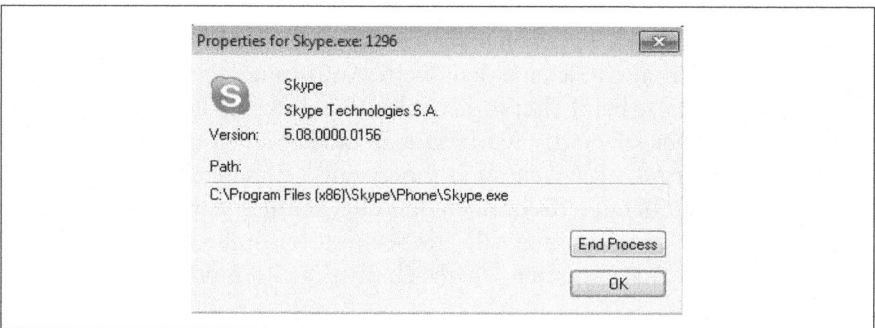

Process ↗	PID	Protocol	Local Address	Local Port	Remote Address	Remote Port	State	Sent Packe
Dropbox.exe	3836	TCP	127.	1039	127.	19872	ESTABLISHED	
Dropbox.exe	3836	TCP	128. .117	2276	199. 77	443	CLOSE_WAIT	
Dropbox.exe	3836	TCP	128. .117	2407	174. 165	443	CLOSE_WAIT	
Dropbox.exe	3836	TCP	128. .117	2410	199. 60	443	CLOSE_WAIT	
Dropbox.exe	3836	TCP	128. .117	2492	184. 70	443	CLOSE_WAIT	
Dropbox.exe	3836	TCP	128. .117	2529	199. 72	443	CLOSE_WAIT	
Dropbox.exe	3836	TCP	128. .116	2547	128. 16	17500	ESTABLISHED	
Dropbox.exe	3836	TCP	128. .116	2548	199. 49	80	ESTABLISHED	
Dropbox.exe	3836	TCP	127.	19872	127.	1039	ESTABLISHED	
Evernote.exe	5936	TCP	128. .117	2530	204. ;1	443	CLOSE_WAIT	
Evernote.exe	5936	TCP	128. .117	2531	204. ;1	443	CLOSE_WAIT	
Skype.exe	1296	TCP	128. .117	2398	78.1 54	443	CLOSE_WAIT	
Skype.exe	1296	TCP	128. .116	2542	157. ;1	40004	ESTABLISHED	
Skype.exe	1296	TCP	128. .116	2544	212. ;0	64923	ESTABLISHED	
Skype.exe	1296	TCP	128. .116	2545	81.1 ;1	10074	ESTABLISHED	
Skype.exe	1296	TCP	128. .116	2549	193. 11	12350	ESTABLISHED	
thunderbird.exe	5572	TCP	127.	2550	127.	2551	ESTABLISHED	
thunderbird.exe	5572	TCP	127.	2551	127.	2550	ESTABLISHED	
thunderbird.exe	5572	TCP	127.	2552	127.	2553	ESTABLISHED	
thunderbird.exe	5572	TCP	127.	2553	127.	2552	ESTABLISHED	
thunderbird.exe	5572	TCP	128. .116	2555	195. 44	143	ESTABLISHED	
thunderbird.exe	5572	TCP	128. .116	2556	195. 44	143	ESTABLISHED	
thunderbird.exe	5572	TCP	128. .116	2557	195. 44	143	ESTABLISHED	
thunderbird.exe	5572	TCP	128. .116	2562	195. 44	143	ESTABLISHED	
thunderbird.exe	5572	TCP	128. .116	2563	195. 44	143	ESTABLISHED	
thunderbird.exe	5572	TCP	128. .116	2564	195. 44	143	ESTABLISHED	
thunderbird.exe	5572	TCP	128. .116	2565	195. 44	143	ESTABLISHED	
thunderbird.exe	5572	TCP	128. .116	2566	195. 44	143	ESTABLISHED	

Endpoints: 28   Established: 20   Listening: 0   Time Wait: 0   Close Wait: 8

Abbildung 7-1: TCPView zeigt Ihnen Ihre Netzwerkverbindungen.

Sollte keine verdächtige Verbindung unter den mit *TCPView* dargestellten Verbindungen sein, ist es natürlich denkbar, dass sich eine vermeintliche Schadsoftware getarnt hat (Root-Kit). Für so einen Fall lesen Sie bitte [Hack #88].

Sie können mit einem Rechtsklick auf die Verbindung weitere Eigenschaften anzeigen lassen und sogar den Prozess mit einem weiteren Klick auf END PROCESS beenden. Sie können per Rechtsklick auch einzelne Verbindungen schließen und sogar eine *Whois*-Abfrage auf den entfernten Endpunkt durchführen. So können Sie bereits mit einfachen Schritten eine erste Einschätzung darüber abgeben, welcher Prozess für die erhöhte Netzwerkaktivität verantwortlich sein könnte und woher die Verbindung kommt bzw. wohin sie geht.

Properties for Skype.exe: 1296

Skype
Skype Technologies S.A.
Version: 5.08.0000.0156
Path:
C:\Program Files (x86)\Skype\Phone\Skype.exe

[End Process]
[OK]

Abbildung 7-2: TCPView zeigt Ihnen weitere Eigenschaften des Prozesses.

Stellen Sie fest, ob ein Webserver leicht angreifbar war

»Ach, wie gut, dass niemand weiß, dass ich Rumpelstilzchen heiß'.«

Folgendes Szenario erwartet Sie in diesem Hack: Sie untersuchen einen vermeintlich gehackten Webserver und wollen schnell grobsichten, ob grundlegende Sicherheitsvorkehrungen getroffen waren. Die Beurteilung der Lage hat höchste Priorität, ein mögliches Datenloch muss gefunden und gestopft werden. Worauf sollten Sie achten? Dieser Hack zeigt Ihnen das mögliche Vorgehen eines Webserver-Angreifers sowie verschiedene Konfigurationsmöglichkeiten, an die Sie denken sollten.

Hacker-Methodologie

Wir möchten Ihnen ein mögliches methodisches Vorgehen eines Hackers schildern, damit Sie für jeden Schritt, den ein Hacker unternimmt, die richtige Gegenmaßnahme einleiten und verschiedene Konfigurationen bewerten können.

1. Informationssammlung. Zuerst wird der Hacker sich über das anzugreifende System informieren. Daher ist die Frage, wie »gesprächig« der von Ihnen zu untersuchende Webserver war.

2. Erlangung eines Logins. Der Hacker versucht, ein Login auf der Zielmaschine zu erlangen. Wie lauten die Loginnamen und wie sehen deren Passwörter aus? Sind eventuelle Loginnamen standardisiert (vorname. nachname@firma.com)?

3. Privilegien-Eskalation. Das Ziel des Hackers ist, ein Login für die Maschine mit Administratorrechten zu bekommen. Wie gut ist dieser Bereich des Webservers geschützt? Gibt es Hinweise auf einen lokalen Exploit? Welche Netzwerk-Ports sind in Gebrauch?

4. Backdoor. Der Hacker möchte die Maschine kontrollieren und baut sich deshalb eine Hintertür ein, durch die er jederzeit wieder eintreten kann. Untersuchen Sie das Dateisystem auf unerwünschte Programme und führen Sie einen Virenscan durch.

5. Spuren verwischen. Zum Schluss wird versucht, alle hinterlassenen Spuren zu verwischen.

Gegenmaßnahmen und Hinweise auf einen Einbruch

Sie kennen nun das mögliche Vorgehen eines Hackers. In Ihrer Untersuchung des kompromittierten Webservers müssen Sie nun jeden Schritt des Hackers nachvollziehen, um so ein Gefühl für die Sicherheit des Servers zu bekommen. Wir sind uns sicher, dass Sie auf Ihrem Weg verdächtige Spuren finden werden.

Ist die Serversignatur ausgeschaltet? Oder bekommt jeder Angreifer die verwendete Webserver-Version und alle verwendeten Module des Apache-Webservers frei Haus geliefert? Prüfen Sie, wie folgende Einstellungen konfiguriert sind:

```
ServerSignature
ServerTokens
ServerName
```

Weiterhin sollten Sie herausbekommen, ob HTTPS aktiv war und somit ein eventuelles Sniffen von übertragenen Daten für den Hacker ausgeschlossen war. Jedes *Content-Management-System* (CMS) und jedes Administrationswerkzeug hat einen privilegierten Login. War diese Webadresse durch *htaccess* extra geschützt? Suchen Sie nach der Datei *.htaccess*.

Schauen Sie nach den Firewall-Regeln: War eine lokale Firewall (Host-Firewall) im Einsatz? Welche IP-Adressen und Ports wurden gefiltert?

Für den ersten forensischen Angriff empfehlen wir Ihnen weiterhin, die Versionsstände der eingesetzten Software zu prüfen. War das System mit den neuesten Patches versorgt? Wurde das CMS regelmäßig auf den neuesten Stand gebracht? Falls das nicht der Fall war, überprüfen Sie, ob es für die jeweilige Softwareversion einen bekannten Angriff gibt (siehe *http://www.exploit-db. com/*).

HACK #87 Der Kammerjäger: Stellen Sie fest, ob sich Malware eingenistet hat
»Im Kampf gegen die Malware-Plage«

Die zunehmende Verbreitung von Schadsoftware stellt eine große Herausforderung für unsere und auch kommende Generationen von Computernutzern dar. Kommerzielle, automatisierte Botnet-Baukästen machen es selbst Personen ohne Programmierkenntnisse leicht, massentaugliche Schadsoftware herzustellen und zu verbreiten. Doch auch gezielte Attacken mit professionellem Hintergrund sind mehr und mehr auf dem Vormarsch – was gerade für Firmen, Behörden und Betreiber kritischer Infrastrukturen zum Problem werden kann.

In diesem Hack möchten wir Ihnen einige grundlegende Schritte zeigen, mit denen Sie eine erste Überprüfung auf Malware unter Windows-Systemen vornehmen können. Sie werden Merkmale für verdächtige Prozesse kennenlernen und kostenlose Tools nutzen, um solchen Prozessen auf die Schliche zu kommen.

Das hier gezeigte Vorgehen zeigt lediglich die Schritte für ein erstes Herantasten. Heutige Malware ist sehr vielseitig und entwickelt sich ständig weiter, auch was Tarnmechanismen angeht. Eine umfassende Erkennung und Analyse aller auf der Welt im Umlauf befindlichen Schadprogramme ist nicht möglich.

Verdächtige Prozesse

Wenn Sie einmal einen Blick in Ihren *Windows Task-Manager* werfen (*Strg+Shift+ESC*) sehen Sie dort den Tab *Prozesse*. Die Prozesse, die Sie dort sehen, laufen aktiv sichtbar oder im Hintergrund auf Ihrem System. Eine Schadsoftware wird ebenfalls versuchen, auf Ihrem oder dem von Ihnen zu untersuchenden System im Hintergrund aktiv zu sein, immer dazu bereit, demjenigen zu dienen, der die Schadsoftware in Ihr System eingebracht hat.

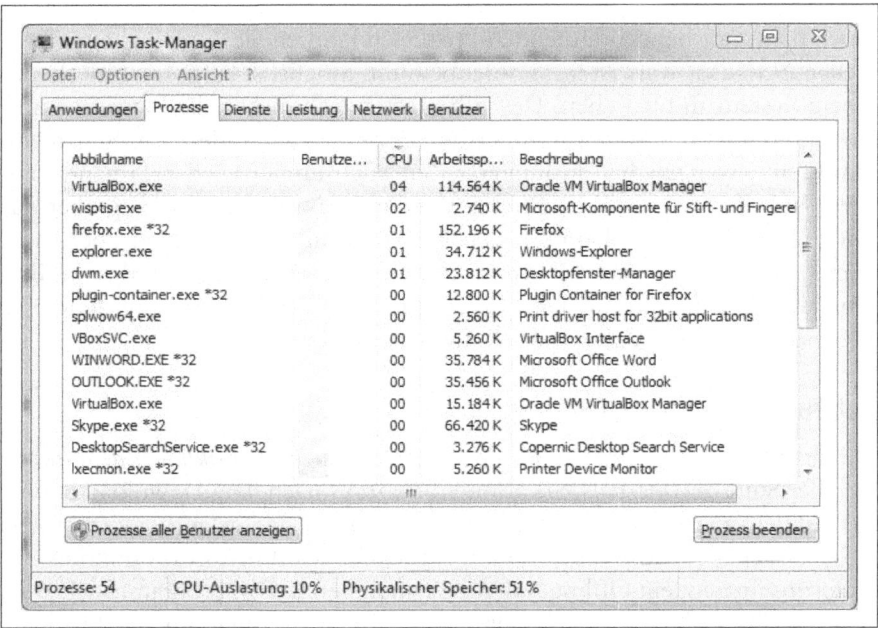

Abbildung 7-3: Laufende Prozesse auf einem Windows-7-System

Und so erkennen Sie einen verdächtigen Prozess oder Dienst: Achten Sie auf solche Prozesse und Dienste, die nicht über eine gültige Signatur verfügen (siehe Abbildung), die trotz legitimem Namen im Verzeichnis *Windows* statt in *System32* liegen, und auf Prozesse, die auffällige URLs in ihren Strings enthalten, TCP/IP-Sockets öffnen oder an ihnen lauschen (siehe z.B. [Hack #85]). Auch solche Prozesse sind interessant, die gepackt sind, keine Beschreibung, keinen Firmennamen und kein Symbol haben oder verdächtige DLLs oder Dienste hosten.

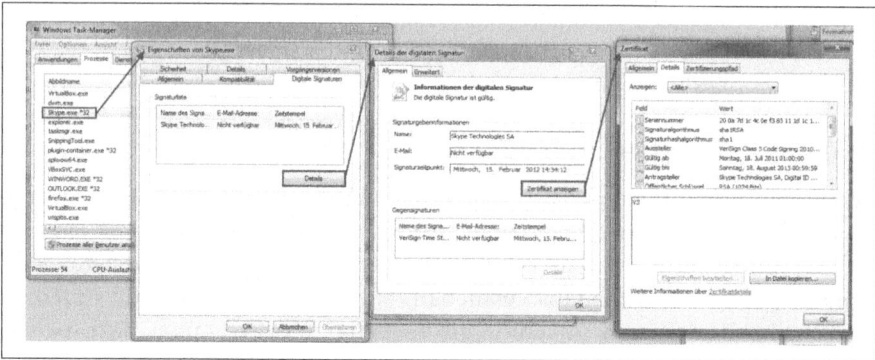

Abbildung 7-4: Ein Beispiel für einen legitimen Prozess mit gültiger Signatur

Doch nicht nur bei den laufenden Prozessen können Sie Auffälligkeiten feststellen. Schadsoftware ist fast immer bemüht, möglichst lange unentdeckt auf einem System zu überleben. Deshalb müssen sich diese Schädlinge in Autostart-Einträgen der Windows-Registry (siehe [Hack #47]) oder dem Startmenü einnisten. Zwar tauchen in jüngerer Zeit auch immer wieder Trojaner und Viren auf, die sich nach der Infektion lediglich im RAM einnisten, aber das Gros ist nach wie vor bemüht, den Neustart eines Rechners zu überleben. Daher sind die Autostart-Einträge ebenfalls ein guter Startpunkt für Ihre Untersuchungen. Wir möchten Ihnen nun zwei Tools zeigen, mit denen Sie Prozesse, Dienste und Autostart-Einträge analysieren können.

Autoruns und Process Explorer

Das Programm *Autoruns* von Microsoft (*http://www.forensikhacks.de/auto*) ist Teil der Suite *SysInternals*. Sie können *Autoruns* nach dem Download entweder auf dem zu untersuchenden System anwenden, das Sie vorher virtualisiert haben, oder aber – und diese Option empfehlen wir Ihnen – die Funktion von *Autoruns* nutzen, ein Offline-System zu analysieren. Das Programm selbst ist relativ selbsterklärend. Nach dem Start lädt es automatisch die Prozesse, Dienste, Autostart-Einträge noch einiges mehr vom laufenden System.

Wenn Sie nun Ihr auszuwertendes Image in *Autoruns* laden möchten, klicken Sie einfach auf FILE → ANALYZE OFFLINE SYSTEM... Sie müssen es allerdings zuvor gemountet haben (siehe Hacks [#26] und [#27]). Im nächsten Schritt brauchen Sie nur noch die Pfade zum Wurzel- und Userverzeichnis anzugeben, und *Autoruns* beginnt, die notwendigen Dateien aus dem System zu laden. Nun können Sie sich die Einträge einzeln anschauen und anhand der genannten Kriterien überprüfen. Behilflich bei der Überprüfung ist Ihnen das Tool

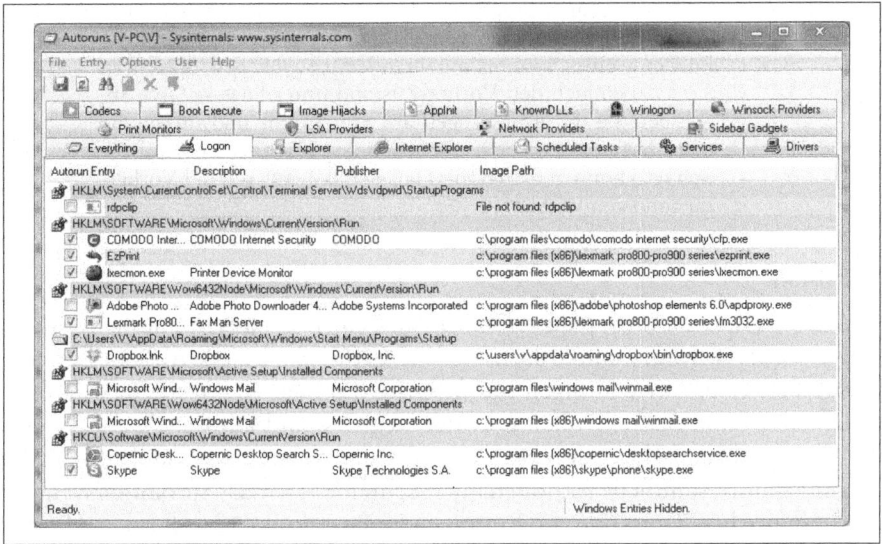

Abbildung 7-5: Die Ansicht der Autostart-Einträge in Autoruns

Process Explorer (*http://www.forensikhacks.de/pexp*), ebenfalls aus den *SysInternals*. *Extrahieren Sie es am besten* in dasselbe Verzeichnis wie *Autoruns*. Sie können dann mit Rechtsklick auf einen Eintrag einen Prozess in *Process Explorer* zur weiteren Analyse öffnen. Das Programm kann Ihnen umfangreiche Informationen zu dem Prozess liefern, beispielsweise welche Netzwerkverbindungen er geöffnet hat, welche Strings in der Binary-Datei enthalten sind, welche Umgebungsvariablen genutzt werden, wo sich die Anwendung befindet, mit welchen Parametern sie aufgerufen wurde und ob ihre Signatur verifiziert werden kann.

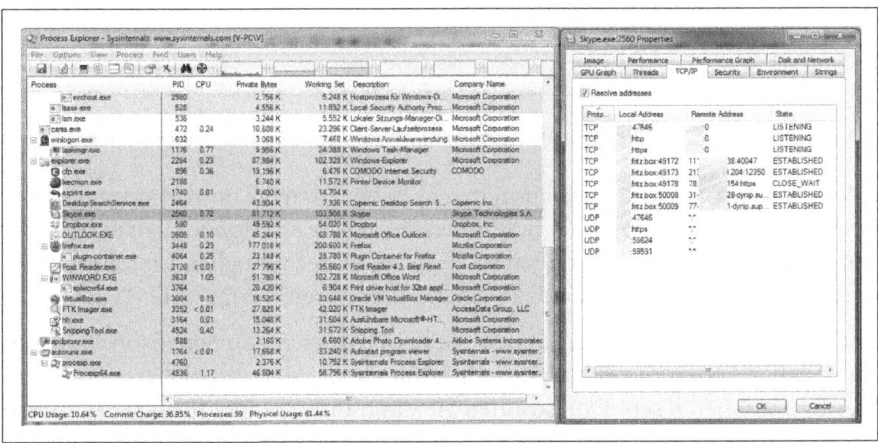

Abbildung 7-6: Process Explorer liefert Ihnen detaillierte Informationen zu einem Prozess.

Sie können auch Ergebnisse aus einer *Autoruns*-Analyse mit denen einer vorherigen vergleichen, beispielsweise um zwei Zustände eines Systems miteinander abzugleichen. Speichern Sie dazu einfach den Vorher-Zustand unter FILE → SAVE ab, nehmen Sie die Änderungen am System vor und öffnen Sie danach *Autoruns* erneut. Sie sehen den Nachher-Zustand vor sich und können diesen mit FILE → COMPARE mit der Vorher-Zustand vergleichen.

Procmon

Das Tool *Procmon* (*http://www.forensikhacks.de/proc*) aus der Suite SysInternals ist sehr mächtig, wenn es darum geht, zu erfassen, welche Aktionen gerade durch Prozesse, Anwendungen und Dienste durchgeführt werden. Es erfasst jeden Lese- und Schreibvorgang in der Registry und auf dem Dateisystem. Erschrecken Sie nicht, wenn Sie das Programm zum ersten Mal öffnen: Es beginnt sofort, sämtliche Aktionen mitzuschreiben, so dass Sie binnen weniger Sekunden schon Tausende von Einträgen im Protokoll finden werden. Um die Live-Aufzeichnung zu stoppen, klicken Sie auf das Lupensymbol.

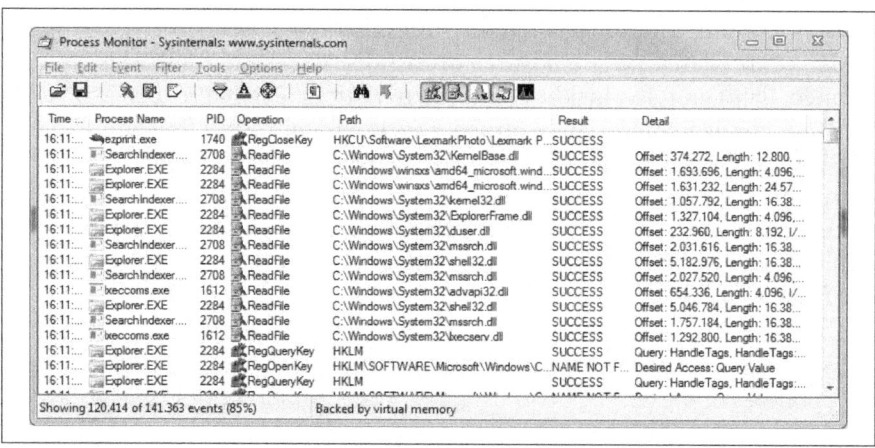

Abbildung 7-7: Erschreckend viele Aktionen laufen unbemerkt im Hintergrund ab.

Wenn Sie nun einen Prozess ausgemacht haben, den Sie im vorherigen Schritt als verdächtig eingestuft haben, können Sie in *Process Monitor* genau betrachten, welche Lese- und Schreibzugriffe dieser in der virtuellen Maschine Ihres Image vornimmt. Setzen Sie dazu einen Filter unter FILTER → FILTER.

Auf diese Art und Weise erkennen Sie bei Prozessen von Schadsoftware gut, an welchen Orten die Schädlinge Ihre Informationen abspeichern bzw. Ihre Konfigurationen lesen. Dort können Sie dann Ihre Analyse fortsetzen. Sollten Sie sich dafür interessieren, welchen Netzwerkverkehr die Schadsoftware verschickt, empfehlen wir Ihnen die Lektüre des folgenden Hacks.

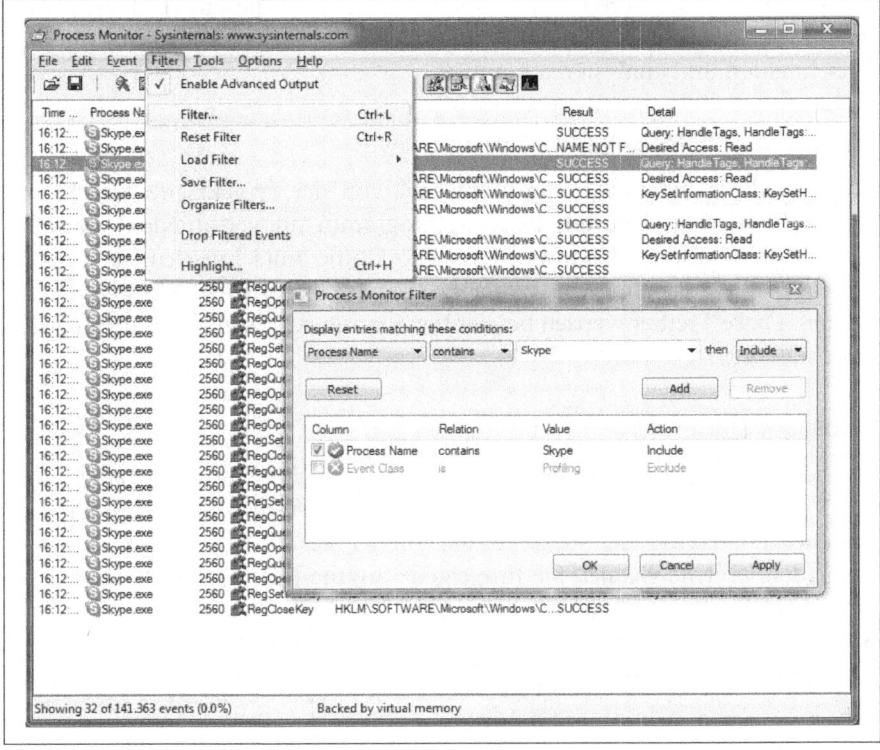

Abbildung 7-8: Ein Filter, der nur die Lese-/Schreibzugriffe von Skype anzeigen lässt

Last, but not least

Eine Option, die Sie auch immer haben und erwägen sollten, ist die Anwendung einer großen Bandbreite an Antivirensoftware auf Ihr schreibgeschütztes Image. Die Hersteller von Antivirenprogrammen arbeiten unter Einsatz großer finanzieller und personeller Ressourcen daran, beim Aufspüren aktueller Schadsoftware möglichst gut abzuschneiden. Sicherlich sind die Produkte nicht in der Lage, jede Mutation jedes neuen Schädlings zu entdecken, aber als einer von vielen Bestandteilen Ihrer Analyse von Schadsoftware sind Scans mit Antivirenprogrammen keine schlechte Wahl.

HACK

#88 Überprüfen Sie Ihren Netzwerkverkehr

»Echo, bravo, delta – hört mich jemand?«

Sie sind gerade dabei, einen Rechner forensisch auszuwerten. Sie stellen fest, dass der Rechner Mitglied eines Bot-Netzes ist. Sie haben vor, den Rechner zu virtualisieren (siehe Kapitel 8), um das ungewollte Kommunikationsverhalten des Rechners zu studieren und zu dokumentieren. In diesem Hack zeigen wir Ihnen, wie Sie mit wenigen Handgriffen den Netzwerkverkehr Ihres Klienten mitschneiden und analysieren können.

Installation von Wireshark

Installieren Sie das Programm *Wireshark* von der Projektseite *http://www. forensikhacks.de/ws*. Sie erhalten das Programm für verschiedene Betriebssysteme. Um unter Windows Netzwerk-Traffic mitschneiden zu können, benötigen Sie zusätzlich die *WinPcap*-Treiber (*http://www.forensikhacks.de/ wpcap*). Diese Treiber werden bei der Installation von *Wireshark* automatisch mitinstalliert.

Wireshark starten

Nachdem Sie die zu untersuchende virtuelle Maschine gestartet haben (z. B. mit *VirtualBox*), starten Sie das Programm *Wireshark*. Wählen Sie die entsprechende Netzwerkschnittstelle aus, von der Sie den Netzwerkverkehr mitschneiden wollen. Wählen Sie Ihre eigene interne Netzwerkkarte aus – egal, ob Sie NAT- oder eine andere Art der Konfiguration verwenden, der Netzwerkverkehr muss dort vorbeikommen. Sie erkennen das an der gemessenen Paketzahl (siehe Abbildung).

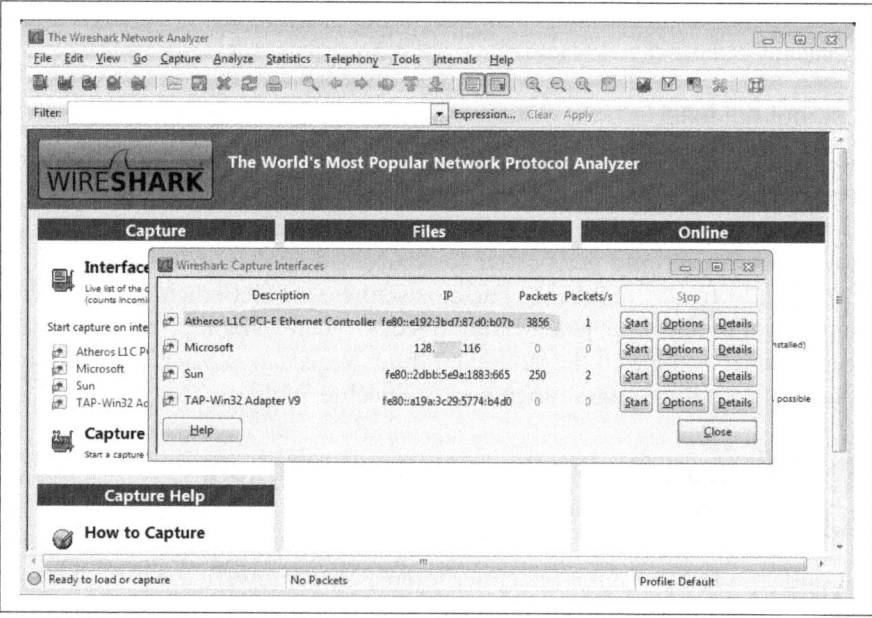

Abbildung 7-9: Wireshark: Netzwerkadapterwahl

Wireshark in Betrieb

Starten Sie den Datenmitschnitt mit einem Klick auf den Startknopf, der sich neben der gewählten Schnittstelle befindet. Damit Sie nur den Datenverkehr sehen, den Sie auch analysieren möchten, empfehlen wir den Einsatz eines einfachen Filters. Am besten filtern Sie die Pakete so, dass Sie nur die Daten zwischen Ihrer Forensikmaschine und Ihrem Gateway anzeigen lassen.

```
ip.src==<IP Ihrer Forensikmaschine> and ip.dst==<IP des Gateways>
```

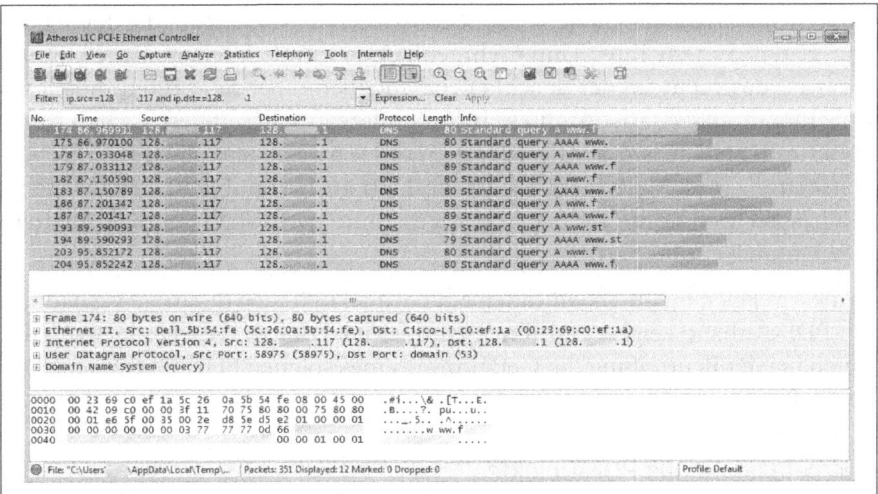

Abbildung 7-10: Wireshark in Aktion

Selbstverständlich können Sie den Filter an Ihre Bedürfnisse anpassen. Beobachten Sie, wie sich der Bot mit dem Netzwerk verbindet. Sie werden rasch feststellen, dass eine ganze Menge Verkehr zwischen Ihrem Bot und dem Gateway stattfindet. Sie können die Aufzeichnung jederzeit stoppen und sich um die Auswertung des Mitschnitts kümmern, indem Sie in der linken oberen Ecke den entsprechenden Button drücken.

Wenn Sie festgestellt haben, mit welchen IP- und www-Adressen Ihr Bot eine Verbindung aufnehmen möchte, können Sie diese mit Onlinetools überprüfen. Empfehlenswert ist hier, auf die Originaldatenbank der Registrierungsstellen wie *AfriNIC*, *APNIC*, *ARIN*, *LACNIC* und *RIPE NCC* für IP-Adressen und die einzelnen Länder-NICs für Domains zuzugreifen. Diese liefern Ihnen aktuellere und verlässlichere Daten als Drittanbieter.

Dokumentation

Speichern Sie in *Wireshark* Ihren Mitschnitt auf Ihrer Festplatte ab. Sie können die gespeicherte *.pcap*-Datei jederzeit wieder in *Wireshark* laden, um eventuell Screenshots der Kommunikation anzufertigen. So steht einer Dokumentation nichts im Wege.

PDF Malware-Analyse
#89 »… und Action!«

Schadsoftware kann auf vielerlei Arten auf ein System gelangen. Als Forensiker erwartet man von Ihnen, dass Sie im Rahmen der Untersuchung eines Sicherheitsvorfalls mögliche Wege rekonstruieren können, auf die der Schädling in das System Ihres Unternehmens oder Kunden gelangt sein könnte. Zwar ist das nicht immer abschließend möglich, aber Sie sollten möglichst viele Infektionsszenarien kennen. Insbesondere in sehr gut geschützten Infrastrukturen bedienen sich Angreifer gern des schwächsten Gliedes der Sicherheitskette – des Menschen. Es ist deshalb nicht unüblich, dass einzelne Mitarbeiter exakt auf ihre Position zugeschnittene E-Mails mit schadhaftem Dateianhang erhalten.

In diesem Hack möchten wir Ihnen ein Beispiel für einen derartigen schadhaften PDF-Anhang zeigen und Ihnen ein kleines Tool an die Hand geben, das Ihnen bei der Beurteilung der Gefährdung eines solchen PDF-Dokuments helfen kann.

Kurzgefasst: Adobe PDF-Objekte

Ein PDF-Dokument besteht aus einem Header und einem Footer. Dazwischen können sich verschiedene Objekte der PDF-Definitionssprache befinden. Diese Objekte werden über eine Tabelle innerhalb des PDFs referenziert. Hier sehen Sie eine Liste von oft verwendeten Objekten. Gerade wenn es um das Thema Schadsoftware geht, ist dieser Überblick für Sie absolut notwendig.

PDF-Objekt	Aktion
/OpenAction und /AA (zusätzliche Aktionen)	Autorun-/Autostart-Funktion
/Names, /AcroForm und /Action	Autorun-Funktion
/JavaScript	definiert zu laufendes JavaScript
/Launch	öffnet ein Dokument oder startet ein Programm
/URI	Zugriff auf eine URL
/SubmitForm und /GoToR	verschickt Daten zu einer URL
/RichMedia	Flash innerhalb eines PDFs
/ObjStm	versteckt ein Objekt innerhalb von Objektdaten

PDF-Analyse-Tools

Didier Stevens stellt Tools für die PDF-Analyse zur Verfügung (*http://www. forensikhacks.de/pdfan*). Mit diesen Tools können Sie sehr schnell PDF-Dokumente auf Hinweise auf eventuell vorhandene Schadsoftware durchforsten.

pdfid.py

Das Python-Skript *pdfid.py* ist Ihre erste Wahl: Es durchleuchtet übergebene PDF-Dateien auf bestimmte Schlüsselwörter. Nachdem *pdfid.py* Ihnen Angaben auf das Vorhandensein von */JavaScript* o. Ä. gemacht hat, haben Sie einen guten Hinweis und müssen mit weiteren Tools ein komplettes Reverse-Engineering des PDFs durchführen.

```
./pdfid.py Schadcode.pdf

PDFiD x.y.z Schadcode.pdf
 PDF Header: %PDF-1.4
 obj                   43
 endobj                43
 stream                 9
 endstream              9
 xref                   1
 trailer                1
 startxref              1
 /Page                  1
 /Encrypt               0
 /ObjStm                0
 /JS                    2
 /JavaScript            3
 /AA                    0
 /OpenAction            1
 /AcroForm              1
 /JBIG2Decode           0
 /RichMedia             0
 /Launch                0
 /Colors > 2^24         0
```

Machen Sie sich die Erfahrung der Profis zunutze

HACK
#90
»Man muss nur jemanden kennen, der einen kennt ...«

Als Forensiker kommen Sie tagtäglich mit dem »Schmutz« der Computerwelt in Berührung. Verschiedene Arten von Schadsoftware zu analysieren, gehört zu Ihrer alltäglichen Arbeit. Nicht jeder Forensiker kann sich ein eigenes Malware-Analyselabor leisten, denn das würde eine Menge Administrationsaufwand bedeuten – oder wie steht es bei Ihnen? Wir zeigen Ihnen in diesem Hack also, wie Sie auch ohne großen Eigenaufwand Ihre Schädlinge professionell auswerten können. Neben den großen Vorteilen dieser Analysemöglichkeit bedenken Sie jedoch bitte, dass Sie Daten Ihres Klienten an Dritte weitergeben, was Sie evtl. nicht wollen, da es sich ja vielleicht um sensible Daten handelt.

Virus Total

Bei dem kostenlosen Dienst *Virus Total* (*https://www.virustotal.com/*) können Sie einzelne Dateien hochladen und online von ca. 40 verschiedenen Antivirenprogrammen analysieren lassen. Der Vorteil dabei ist, dass Sie keine Software installieren müssen, sondern eine Webseite für die zu überprüfenden Dateien aufrufen. Ihre Dateien können Sie entweder über eine verschlüsselte Verbindung schicken, per E-Mail senden (*scan@virustotal.com*) oder direkt auf der Webseite analysieren lassen. Da Sie somit eine Vielzahl von Antivirenprogramme zur Verfügung haben, stehen Ihnen verlässlichere Ergebnisse als bloß mit einem lokalen Scanner zur Verfügung.

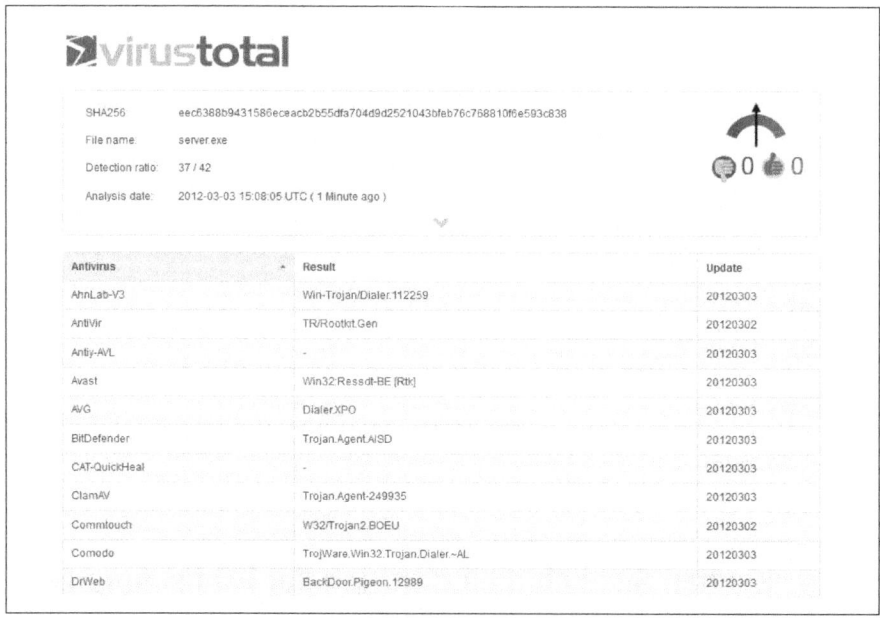

Abbildung 7-11: Virus Total

Anubis

Anubis (*http://forensikhacks.de/anubis*) bietet Ihnen den Service der Online-Malware-Analyse. Laden Sie ein Windows-Programm oder eine Webadresse (URL) hoch, und Anubis wird Ihnen einen Bericht über die Analyse zum Download bereitstellen. Der Bericht liegt dann in verschiedenen Formaten von HTML über XML und PDF bis hin zur reinen Textdatei für Sie bereit.

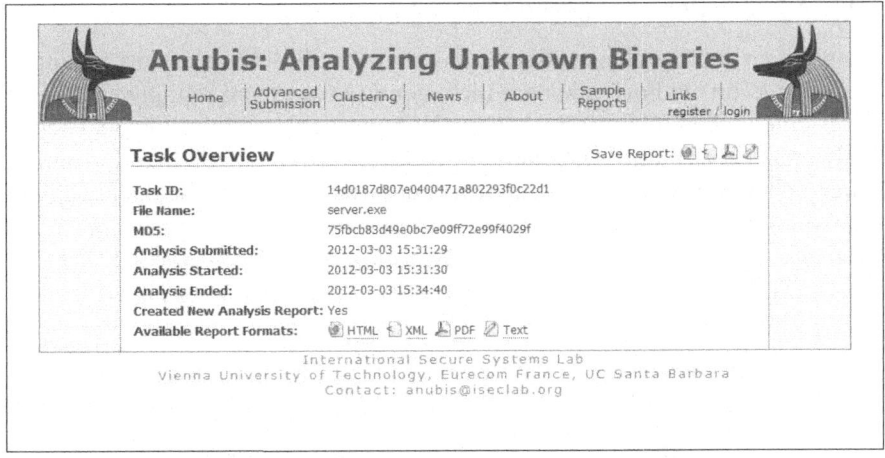

Abbildung 7-12: Anubis

Der von Anubis erzeugte Bericht enthält detaillierte Daten über Änderungen an der Windows-Registry. Weiterhin werden Dateisystemzugriffe sowie Interprozesskommunikation mit dem Windows-Betriebssystem protokolliert. Nicht zuletzt werden Netzwerkaktivitäten von Anubis im Bericht für Sie aufbereitet.

Die Analyse wird von Anubis in einer sogenannten *Sandbox* ausgeführt. Das Vorgehen von Anubis konzentriert sich hauptsächlich auf sicherheitsrelevante Aspekte des zu untersuchenden Schadprogramms. Gibt Ihnen die Analyse einen Hinweis auf typisches Schädlingsverhalten, haben Sie eine Grundlage für Ihre weitere, tiefergehende Analyse. Der große Vorteil für Sie liegt darin, dass Sie mit wenig Aufwand Ihnen unbekannte Binärdateien sicherheitskritisch untersuchen können.

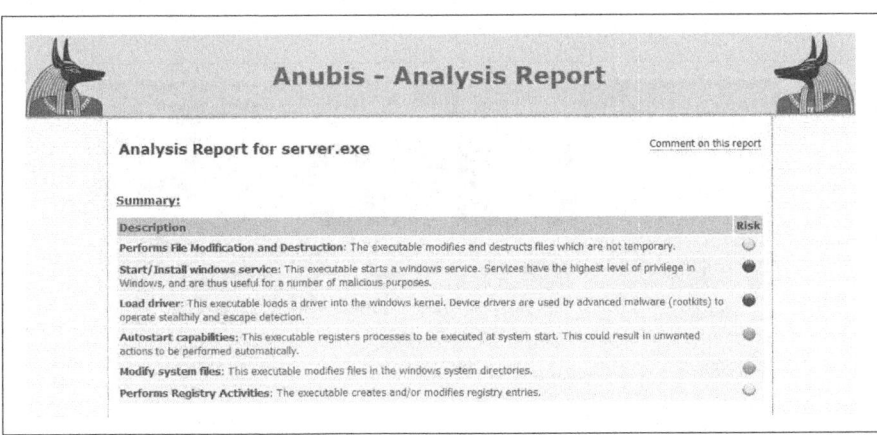

Abbildung 7-13: Anubis-Bericht

CWSandbox :: Behavior-based Malware Analysis

Malware verbreitet sich rasend schnell und nimmt die kühnsten Ausprägungen an, daher kann ein Forensiker gar nicht genug Freunde im Kampf gegen diese unterschiedlichen »Monster« haben. Wir empfehlen Ihnen bevorstehende Malware-Analysen unbedingt in verschiedenen Analyse-Tools (Sandboxen) zu untersuchen. Ein weiteres von uns bevorzugtes Online-Tool ist an der Universität Mannheim entwickelt worden (mittlerweile ist das System zur Universität Erlangen umgezogen) und heißt CWSandbox (*http://www.forensikhacks.de/mwa*). Das Prinzip ist analog zu Anubis – hochladen und Report downloaden. Vergleichen Sie doch einmal!

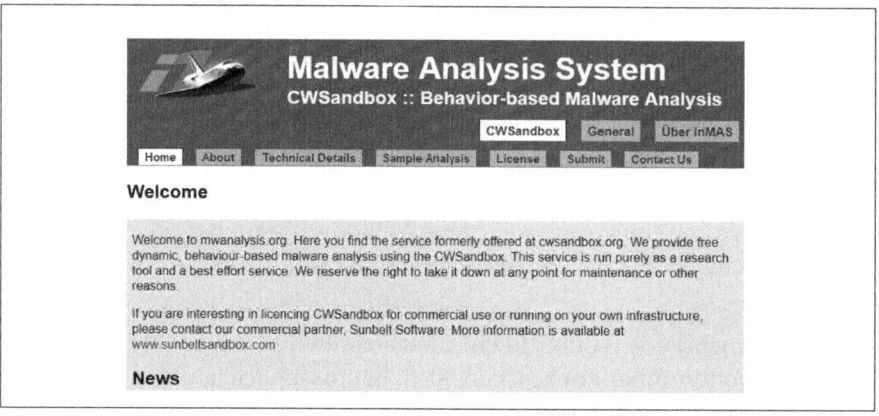

Abbildung 7-14: CWSandbox

Schadsoftware macht heutzutage auch vor Smartphones nicht halt und nimmt außerdem in einem hohen Maße zu. Für mobile Schädlinge (Android) gibt es schon einen Prototyp, die *Mobile Sandbox*. Sehen Sie dazu bitte *http://www.forensikhacks.de/msb*.

Abbildung 7-15: Android Mobile Sandbox

Virtualisierung
Hacks #91-100

»Ein Bild sagt mehr als tausend Worte.« Dieses Sprichwort trifft auch in der digitalen Forensik zu, sei es bei der Einbringung von digitalen Beweismitteln in die Gerichtsakte oder bei der Präsentation eines technischen Sachverhalts vor einem technisch nicht bewanderten Publikum. Warum also seitenlang beschreiben, wie die Benutzerumgebung eines Benutzers aussah, wenn ein Screenshot des Desktops viel aussagekräftiger wäre? Eine schöne Möglichkeit, Letzteres mit einfachen Mitteln zu erreichen, ist die Virtualisierung.

Gründe für den Einsatz von Virtualisierungstechniken gibt es viele. Systemadministratoren können virtuelle Maschinen (VMs) als Spielwiesen für die Erprobung neuer Software oder Updates nutzen. Sie können komplette virtuelle Netzwerke aufbauen, um die Funktionalität von Serverdiensten zu überprüfen und Penetrationstests durchzuführen, ohne das Produktivnetz zu belasten.

Für Forensiker spielen virtuelle Maschinen immer dann eine Rolle, wenn es darum geht, einen Computer aus der Sicht des Besitzers zu sehen, ohne den PC selbst in Betrieb zu nehmen. Durch die Virtualisierung können Sie dieses Ziel erreichen, ohne Daten auf dem Originaldatenträger zu verändern. In vielen Fällen hilft eine Virtualisierung des Rechners dabei, sich nicht nur einen besseren Überblick über das System zu verschaffen, sondern auch ein Gespür dafür zu entwickeln, mit welcher Art von Nutzer in welcher Systemumgebung man es zu tun hat.

Doch die Virtualisierung bietet noch einen weiteren Vorteil für Forensiker. Oft ist es schwer bis unmöglich, proprietäre Software mit entsprechenden Hardware-Dongle-Treibern lauffähig aus dem Festplatten-Image zu extrahieren. Selbst wenn es gelingt, müssen zusätzlich häufig Verzeichnisstrukturen und Datenbank nachgebildet werden, bevor man letztendlich an die gewünschten Daten gelangt. Mit einer Virtualisierung kann man sich diese Arbeit meist sparen, denn Software, Treiber, Verzeichnisse und Datenbanken laufen in der VM ja bereits.

Auch Anwälte und Ermittler können sich Techniken der Virtualisierung zunutze machen. Insbesondere in komplexen Verfahren, die tiefe Kenntnisse des Sachverhalts und der zugrunde liegenden Strukturen erfordern, ist es sinnvoll, wenn sich Personen mit entsprechendem Wissen selbst gezielt nach Beweisen auf dem Computersystem umschauen. Über eine virtualisierte Umgebung lässt sich dies bewerkstelligen, ohne die Integrität der Daten zu gefährden.

Besonders interessant sind VMs für Ermittler und auch für Forensiker dann, wenn es um die Analyse eines von Schadsoftware befallenen Computersystems geht. Liegt Ihnen ein solcher kompromittierter Rechner vor, können Sie beispielsweise Ihre Tools zur Analyse von Netzwerkverkehr in Stellung bringen und eine virtuelle Maschine des verseuchten PCs starten. Der Clou dabei ist, dass Sie durch geschickte Konfiguration Ihres virtuellen Netzwerks zwar den Verkehr analysieren können, der VM jedoch eine direkte Internetverbindung verbieten können, um ein »Herausfunken« zu unterbinden. Doch nicht nur Netzwerkverkehr lässt sich hervorragend in einer virtuellen Umgebung analysieren, auch die Autostartfunktionen und das Verhalten eines mit Schadsoftware infizierten PCs lassen sich so schnell und einfach in einer geschützten Umgebung austesten.

Veranstalten wir doch mal ein kleines Quiz: Wie gehen Sie vor, wenn Sie einfach mal auf die Schnelle ein neues Betriebssystem ausprobieren möchten? Was, wenn Sie gern die Vorteile von zwei unterschiedlichen Betriebssystemen gleichzeitig in Anspruch nehmen würden? Wie können Sie bedenkenlos Dutzende von Applikationen ausprobieren, ohne Ihr Arbeitssystem mit Dateien und Registry-Einträgen zu überfrachten? Wie können Sie sich ein sicheres System ausschließlich für Ihr Onlinebanking einrichten? Sie haben es erraten, die Antwort lautet Virtualisierung.

Dieses Kapitel steckt voller interessanter Hacks, die sich mit dem Thema Virtualisierung unter forensischen Gesichtspunkten auseinandersetzen. In einigen Hacks zeigen wir Ihnen auch Methoden, wie Sie das Passwort für Ihre virtuelle Maschine wiederherstellen und überschreiben können, falls Sie es einmal vergessen haben sollten. Zudem beschreiben wir Ihnen Möglichkeiten, wie Sie zur Härtung Ihrer Unternehmenssicherheit Ihre eigenen Passwörter auf Sicherheit hin überprüfen können. Je nach Unternehmensrichtlinien lassen sich mit diesen Methoden auch die unternehmensweiten Passwörter überprüfen.

 Die in diesem Kapitel beschriebenen Methoden dürfen ausschließlich zu legalen Zwecken eingesetzt werden, also beispielsweise zu forensischen Untersuchungen innerhalb des rechtlich abgedeckten Umfangs und für Versuchszwecke wie das Umgehen des von Ihnen selbst gesetzten Passwortschutzes. Der Paragraph 202c StGB stellt Vorbereitungshandlungen für das Ausspähen von Daten (§202a StGB) und das Abfangen von Daten (§202b StGB) unter Strafe. Darunter fällt unter anderem auch das Verschaffen eines Computerprogramms, dessen Zweck die Begehung einer solchen Tat ist. Gemäß den Beschlüssen 2 BvR 2233/07, 2 BvR 1151/08, 2 BvR 1524/08 des Bundesverfassungsgerichts sowie einer juristischen Stellungnahme der European Expert Group for IT Security (EICAR), *http://eicar.org/files/jlussi_leitfaden_web. pdf*, fallen Programme mit Dual-Use-Charakter bei legaler Anwendung nicht unter Paragraph 202c StGB. Dieser Hinweis stellt keine Rechtsberatung dar. Wenn Sie im Zweifel darüber sind, ob bestimmte Techniken unter bestimmten Umständen zu einem Rechtsverstoß führen könnten, ersuchen Sie bitte einen Rechtsbeistand um Rat.

Wir wünschen Ihnen viel Spaß beim Stöbern!

- Nutzen Sie QEMU für die Virtualisierung [Hack #91]
- So virtualisieren Sie Ihr forensisches Image [Hack #92]
- Richten Sie ein virtuelles Netzwerk ein [Hack #93]
- Konvertieren zwischen virtuellen Festplatten [Hack #94]
- Blue Screen ade mit OpenGates [Hack #95]
- Penetrationstest für Passwörter eines (virtualisierten) Windows-Betriebssystems [Hack #96]
- Penetrationstest für Passwörter eines (virtualisierten) Linux-Betriebssystems [Hack #97]
- Passwortpenetration mit John the Ripper [Hack #98]
- Booten eines Mac OS X-Image [Hack #99]
- Eine VM, viele Gesichter [Hack #100]

HACK #91 Nutzen Sie QEMU für die Virtualisierung
»In virtuellen Realitäten wandern«

Es gibt viele verschiedene *Virtualisierer* (auch Hypervisoren genannt) auf Softwarebasis für die verschiedensten Betriebssysteme. QEMU bietet für den Forensiker eine sehr flexible Lösung, um schnell und einfach Images in unterschiedlichen Formaten wie etwa *.qcow2*, *.vmdk*, *.vdi*, *RAW* (*dd*) sowie Dateien im *.iso*-Format zu booten. Schnell ist so ein Image virtualisiert, und der forensische Auswerter kann gezielt einen Blick auf die grafische Oberfläche des virtualisierten Rechners werfen. Genauso einfach booten Sie unkompliziert eine forensische Live-DVD wie z.B. *CAINE* (Computer Aided Investigative Environment, *http://www.forensikhacks.de/caine*).

Installation

Die Installation auf dem Betriebssystem Linux (Ubuntu 10.04 LTS) ist ein Kinderspiel.

```
apt-get update && apt-get safe-upgrade
apt-get install qemu-kvm qemu-kvm-extras
```

Virtuelles Festplattenimage erzeugen

Bevor Sie eine Installation Ihres Betriebssystems durchführen können, brauchen Sie eine virtuelle Festplatte. Die erzeugen sie mit folgendem Befehl:

```
qemu-img create -f qcow2 Win7.qcow2 10G
```

So booten Sie eine beliebige Live-DVD

```
qemu -m 512 -cdrom <Pfad/>LIVE-DVD.iso -boot d
```

So installieren Sie ein Betriebssystem auf Ihre virtuelle Festplatte

Um das Betriebssystem auf die virtuelle Festplatte zu installieren, müssen Sie zuerst von der ISO-Datei booten und von dort den Installationsprozess anstoßen. Ist die Installation vollzogen, booten Sie direkt von Ihrer virtuellen Festplatte.

```
qemu -m 512 -hda Win7.qcow2 -cdrom <Pfad/>Install.iso -boot d
qemu -m 512 -hda Win7.qcow2
```

Sie können QEMU dazu überreden, vom Netzwerk über *Preboot Execution Environment* (PXE) zu booten. Voraussetzung ist natürlich eine funktionierende PXE-Umgebung. Des Weiteren muss QEMU über eine virtuelle Netzwerkkarte im Bridge-Modus verfügen. Dazu installieren Sie zuerst die *bridge-utils* aus dem Standard-Repository von Ubuntu sowie die *PXE-ROMs* für KVM.

```
apt-get install bridge-utils kvm-pxe
```

Nach der Installation müssen Sie das Bridge-Device konfigurieren. Das geschieht durch folgende Netzwerkkonfiguration, die sich in der Datei */etc/network/interfaces* befindet. Editieren Sie diese Datei nach folgendem Muster und starten Sie das Netzwerk mit dem Befehl */etc/init.d/networking start* neu.

```
iface eth0 inet manual

auto br0
iface br0 inet dhcp
```

```
bridge_ports eth0
bridge_fd 9
bridge_hello 2
bridge_maxage 12
bridge_stp off
```

Nun können sie QEMU mit dem folgenden Befehl starten und booten somit z. B. aus dem Netzwerk Ihre Installations-DVD bzw. Live-DVD.

```
qemu -m 512 -hda Win7.qcow2 -net nic -net tap -boot n
```

Ohne Netzwerk

Analysieren Sie Ihr Image im Live-Betrieb, empfehlen wir, die Netzwerkfähigkeit komplett auszuschalten. So vermeiden Sie unerwünschte Netzwerkverbindungen wie z. B. von E-Mail-Clients oder auch Instant Messengern:

```
qemu -m 512 -hda Win7mitVirus.qcow2 -net none
```

Dokumentation durch Bildschirmfotos (Screenshots)

Sobald QEMU gestartet ist, können Sie wie gewohnt mit der virtuellen Maschine arbeiten. Es gibt weitere Einstellungsmöglichkeiten wie z. B. das Einschalten des Fullscreen-Modus durch die Tastenkombination *Strg+F*. Erkunden Sie selbst die weiteren Möglichkeiten von QEMU unter *http:// www.forensikhacks.de/qemu.*

Eine Funktion, die für Forensiker von großer Wichtigkeit ist, möchten wir jedoch noch ergänzen: Es gibt die Möglichkeit, einen Live-Screenshot der laufenden virtuellen Maschine zu erzeugen. Dazu wechseln Sie mit der Tastenkombination *Strg+Alt+F2* in die QEMU-Konsole – bitte nicht mit der Tastenkombination *Strg+Alt+2* für die Linux-Konsole verwechseln! Dort geben Sie den Befehl screendump bild.ppm ein und erzeugen so ein Bildschirmfoto im *.ppm*-format. Dieses Format lässt sich leicht in das JPEG-Format konvertieren. Dazu installieren Sie das Programmpaket *imagemagick* und wandeln das Format mit dem Befehl convert einfach um.

```
apt-get install imagemagick
convert bild.ppm bild%d.jpg
```

Schreibzugriffe abfangen

Ein weiteres »Must-have« für Forensiker ist die Möglichkeit, Schreibzugriffe auf die virtuelle Festplatte in eine sogenannte *Overlay-Datei* umzulenken. Diese Datei erstellen Sie auf Basis des Image:

```
qemu-img create -b Win7.qcow2 -f qcow2 Win7.ovl
```

Dann können Sie die virtuelle Maschine mit dem gewohnten Befehl starten, verwenden jedoch als virtuelle Festplatte die neu erstellte Overlay-Datei.

```
qemu -m 512 -hda Win7.ovl
```

Alle Änderungen, die Sie während der Arbeit vornehmen, werden nicht auf das Basis-Image übertragen.

So virtualisieren Sie Ihr forensisches Image
#92   »Virtuell virtualisieren«

Forensische Images liegen meist im *Expert Witness Format* (*.ewf*, *.e01*, *.ex01*) vor. Es gibt keinen Virtualisierer, der dieses Format direkt virtualisieren kann. Daher müssen Sie Ihre *.e01*- bzw. *.ex01*-Datei(en) vorher in ein für die virtuelle Maschine passendes Format konvertieren. Eine echte Konvertierung kostet viel Zeit und Speicherplatz und ist oft gar nicht nötig. Das Programm *xmount* (gesprochen »crossmount«) aus der Schmiede *pinguin.lu* (*http://www. forensikhacks.de/pinguin*) ermöglicht es, ein *.e01*/.ex01*-Image »on the Fly« z. B. in ein *.dd (RAW)* umzuwandeln. *xmount* wurde nach dem Vorbild von *mount-ewf* und *affuse* programmiert. Das in C geschriebene Tool basiert auf dem *Filesystem in Userspace* (FUSE, *http://www.forensikhacks.de/fuse/*).

xmount konvertiert im Userspace zwischen verschiedenen Harddisk-Image-Formaten. Folgende Formate können repräsentiert werden:

- VirtualBox Virtualdisk (vdi)
- VMWare (vmdk)
- RAW (dd)

Folgende Formate können Sie als Quelle angeben:

- RAW (dd)
- EWF (e01, ex01)
- AFF (aff)

So konvertieren Sie EWF in RAW

Dazu benötigen Sie das Tool *xmount* sowie das zu konvertierende *.e01*-Image und erzeugen an beliebiger Stelle im Dateisystem einen Einhängepunkt (Mount-Point).

```
mkdir /MP
xmount --in ewf --out dd Image.E01 /MP
```

Im Verzeichnis */MP* befinden sich dann »sofort« die Datei *Image.dd* sowie das dazugehörige Info-File. Die Datei *Image.dd* können Sie dann virtualisieren (siehe [Hack #92]). Nach selbigem Muster konvertieren Sie z. B. EWF nach *.vdi*, um Ihr Image direkt in VirtualBox (*http://forensikhacks.de/vbox*) einzulegen.

xmount mit Overlay (Cache-File)

xmount bietet die Möglichkeit, den Schreibprozess in ein Cache-File umzulenken. Dadurch wird das Quell-Image virtuell schreibbar. Diese Beschreibbarkeit ist für eine Virtualisierung unbedingt nötig, da das Betriebssystem Windows beim Booten viele Schreibprozesse tätigen möchte, was ohne ebendiese Eigenschaft nicht möglich wäre. Wenn das Image nicht beschreibbar ist, kommt es zu Fehlermeldungen und unvorhersehbaren Nebenwirkungen. Allerdings werden alle Änderungen nur in das Cache-File übernommen und das ursprüngliche forensische Image bleibt unangetastet.

```
mkdir /MP
xmount --in ewf --out dd --cache Image.ovl Image.E01 /MP
```

Download und Installation

Das Programm *xmount* und die gesamte Dokumentation finden Sie auf der Website *http://forensikhacks.de/pinguin*. Mit folgendem Befehl erweitern Sie Ihre Ubuntu- bzw. Debian-Repository-Quellen und installieren *xmount* auf Ihrem System:

```
wget -P /etc/apt/sources.list.d/ http://deb.pinguin.lu/pinguin.lu.list
aptget update && aptget safe-upgrade
apt-get install xmount
```

Für Fedora bekommen Sie das Repro unter *http://www.forensikhacks.de/cert* – einfach laut Anleitung installieren (siehe auch [Hack #40]) und danach das hier eingeben:

```
yum install xmount
```

HACK #93   Richten Sie ein virtuelles Netzwerk ein
»Brücke oder nicht Brücke, das ist hier die Frage.«

Unabhängig von Ihrer Virtualisierungslösung – sei es VMware, QEMU oder VirtualBox – stellt sich immer die Frage nach einer optimierten Lösung für die Einstellung der virtuellen Netzwerke. Vielleicht haben Sie sich schon einmal die Frage gestellt, welche virtuelle Netzwerkkonfiguration für die Malware-Analyse am besten geeignet ist. Dieser Hack gibt Aufschluss über die einzelnen Modi und betrachtet sie unter forensischen Gesichtspunkten.

NAT-Netzwerk

Das NAT-Netzwerk ermöglicht dem Gastsystem die Einbindung in weitere Netzwerke, ohne einen Adresskonflikt zu provozieren. Diese Einstellung ist bei fast jeder Virtualisierungssoftware die Default-Einstellung. NAT steht für *Network Address Translation*, und genau das leistet das NAT-Netzwerk: Es übersetzt interne Adresse und internen Port (Socket) in Adresse und Port des Wirtssystems. Somit erscheinen die virtuellen Gastsysteme in der Außenwelt mit der Kennung des Wirtssystems. Allerdings geht der Weg nur in eine Richtung, von innen nach außen. Rechner außerhalb des Wirtssystems können die virtuellen Maschinen nicht erreichen.

Ein NAT-Netzwerk können Sie beispielsweise einsetzen, wenn Sie einen virtuellen Server bereitstellen möchten, der sich über das Internet updaten kann, dessen Serverdienste jedoch von außen nicht erreichbar sein sollen.

Bridged-Netzwerk

Das Wirtssystem vermittelt bei dem Bridged-Netzwerk die Datenpakete wie bei einem Layer-1-Repeater. Die virtuelle Maschine verhält sich so, als ob sie physisch mit eigenem Kabel in das jeweilige Netzwerk verbunden wäre. MAC-Adressen und IP-Adressen müssen stimmig sein. Der Gast ist für seine Konfiguration selbst verantwortlich.

Aus forensischer Sicht ist ein Bridged-Netzwerk ist schlechteste Wahl, da Sie den zu untersuchenden Rechner als vollwertigen physischen PC in Ihr Netzwerk einhängen. Eventuell laufende Schadsoftware kann also mit anderen Geräten in Ihrem Netz kommunizieren und bei aktiver Internetkonnektivität auch Informationen in das Internet senden.

Guest-only-Netzwerk

Das Guest-only-Netzwerk verbindet nur Gastsysteme untereinander. Dieses Netzwerk isoliert die virtuelle Maschine von der Außenwelt und dem Wirtssystem. Diese Trennung erfolgt auf MAC-Adressbasis (ISO/OSI Layer-2). Ausschließlich die virtuellen Maschinen können sich im Netzwerk sehen. Eine automatische Adressvergabe erfolgt durch den Dienst Dynamic Host Configuration Protocol (DHCP), den der Virtualisierer bereitstellt.

Sollten Sie mit dem Gedanken spielen, eine Testumgebung zur Analyse von Schadsoftware einzurichten, oder möchten Sie ein komplettes Netzwerk aus mehreren virtualisierten Images aufsetzen, dann ist ein Guest-only-Netzwerk die beste Wahl.

Host-only-Netzwerk

Host-only-Netzwerke ähneln stark Guest-only-Netzwerken. Der einzige Unterschied besteht in der Möglichkeit der Kommunikation mit dem Wirtssystem. So kann das Wirtssystem in einem Host-only-Netzwerk eine Kommunikation mit einem Gastsystem aufnehmen. Die Adressvergabe erfolgt wie in einem Guest-only-Netzwerk über den DHCP-Dienst.

Das Host-only-Netzwerk eignet sich hervorragend, wenn Sie eine offenere Alternative zum völligen Abschotten der virtuellen Maschine benötigen. Durch die Möglichkeit der Kommunikation mit der Host-Maschine können Sie relativ einfach Daten aus der virtuellen Maschine heraus sichern. Andersherum funktioniert die Kommunikation natürlich genauso, wenn Sie beispielsweise eigene Tools oder Daten von Ihrem Host in die virtuelle Maschine einbringen möchten.

Wahl der Waffe

Wie Sie gesehen haben, sind je nach Einsatzzweck verschiedene Netzwerkmodi zu bevorzugen. Eine generelle, immer gültige Lösung für alle denkbaren Szenarien gibt es nicht. Die Wahl der richtigen Waffe liegt also bei Ihnen.

HACK
#94 Konvertieren zwischen virtuellen Festplatten
»Eine Frage des Formats«

Meistens liegt Ihnen Ihr forensisches Abbild in einem bestimmten Format vor, z. B. als *.e01* oder *.dd (Raw),* und wie es Murphys Gesetz will, ist es oft das falsche. Ein Abbild einer Festplatte im *.dd*-Format ist oft sehr groß und unhandlich, und ein *.e01* lässt sich so nicht einfach virtualisieren. Verschiedene Anwendungen können meisten nicht alle Formate bedienen und der Kollege, dem Sie Ihr Abbild weitergeben wollen, bevorzugt vielleicht noch ein anderes Format. Um jedoch unabhängig und flexibel in der Wahl der Anwendung zu sein, ist es nötig, zwischen den verschiedenen Formaten hin- und herzukonvertieren. Im Folgenden möchten wir Ihnen verschiedene Arten von Konvertierungsmöglichkeiten zeigen, ohne Ihnen dabei ein X für ein U vorzumachen. Für Sie als Forensiker ist zu beachten, dass sich natürlich die MD5- und SHA1-Summen des konvertierten Abbilds ändern, obwohl die Daten logisch äquivalent sind.

e01 zu dd (Raw)

Für die Konvertierung von *.e01* zu *.dd (Raw)* schlagen wir Ihnen aus unserer Praxis zwei Varianten vor:

FTK Imager

Starten Sie *FTK Imager* und laden Sie Ihre *.e01*-Datei. Nun können Sie einfach über das Menü (FILE → EXPORT DISK IMAGE) das Format in ein anderes exportieren. Folgen Sie dem intuitiven Dialog, der Sie schnell zum Ziel führen wird.

xmount

Mit dem Befehl xmount können sie Ihr *.e01*-Abbild in ein *.dd*-Abbild (RAW) konvertieren. Allerdings bedient sich *xmount* der Technologie FUSE (Filesystem in Userspace, *http://www.forensikhacks.de/fuse/*). Das bedeutet, dass die Konvertierung nicht real stattfindet, sondern nur im »Memory«. Dennoch können Sie das abgebildete *.dd*-Abbild »herauskopieren«.

```
mkdir /MP
xmount --in ewf --out dd Image.E01 /MP
cp /MP/Image.dd /<Zielpfad>
```

dd (Raw) zu qcow2

Mit dem Befehl qemu-img und dem Parameter *convert* lassen sich verschiedene Formate ineinander überführen.

```
qemu-img convert -p -f raw -O qcow2 Image.dd Image.qcow2
```

qcow2 zu dd (Raw)

Das Format *.qcow/.qcow2* ist komprimiert und ist das Standardformat des Virtualisierers QEMU/KVM. Soll es forensisch bearbeitet werden, muss es erst in das *RAW*-Format konvertiert werden. Auch hier kommt wieder der Befehl qemu-img zum Tragen:

```
qemu-img info Image.qcow2
qemu-img convert Image.qcow2 -O raw Image.dd
```

vmdk zu dd (Raw)

.vmdk-Images werden von VMware verwendet. Auch diese können Sie einfach und problemlos in das *RAW*-Format überführen. Eventuell existieren mehrere *.vmdk*-Dateien, die Sie vor der Konvertierung zusammenfügen müssen. Der Befehl heißt vmware-vdiskmanager und befindet sich unter *C:\Programme\VMWare\VMWare Server*. Nachdem Sie die Dateien zu einer Datei zusammengefasst haben, können Sie mit dem Befehl qemu-img wieder konvertieren.

```
vmware-vdiskmanager -r "Z:\VMs\Image.vmdk" -t 0 gesamt.vmdk
qemu-img convert gesamt.vmdk -O raw Image.dd
```

dd (Raw) zu vmdk

Die Konvertierung läuft im Prinzip genauso wie die anderen ab. Allerdings gibt es eine kleine Hürde zu bewältigen: Die Konvertierung klappt bei Microsoft-Windows-Abbildern meistens nicht, da sich die Hardware der Systemplatte für Windows geändert hat. Bei einer Virtualisierung reagiert Windows darauf meistens mit einem Blue Screen (»"BSoD«). Lesen Sie dazu bitte [Hack #96].

```
qemu-img convert Image.dd -O vmdk Image.vmdk
```

vdi zu dd (Raw)

Das *.di*-Format wird von *VirtualBox (http://forensikhacks.de/vbox)* verwendet. *VirtualBox* legt seine Abbilder standardmäßig im Heimatverzeichnis des Benutzers ab *(/home/<Benutzer>/.Virtualbox/VDI)*. Sie konvertieren ein .vdi-Abbild in das .dd-Format mit dem Programm *vditool*.

```
vditool COPYDD Image.vdi Image.dd
```

vhd zu dd (Raw)

Microsofts Virtual PC setzt ein eigenes *.vhd*-Format ein. Auch dieses Format kann *qemu-img* wandeln – puh!

```
qemu-img convert Image.vhd -O raw Image.dd
```

Zugriff auf das Neugewonnene

Die neugewonnenen Abbilder können Sie nun virtualisieren oder direkt *mounten*. Gehen Sie zum Beispiel so vor:

```
fdisk -lu Image.dd
losetup -o $((63*512)) /dev/loop0 Image.dd
mount -o ro,noatime /dev/loop0 /mnt
ls -la /mnt
```

HACK #95 Blue Screen ade mit OpenGates
»Die verflixte 0x7B«

Haben Sie bei der Virtualisierung Ihrer Images auch schon einmal oder öfter den »Blue Screen of Death« (BSoD) gesehen? Wenn ja, dann stehen Sie nicht alleine da! Das Phänomen lässt sich erklären: Der BSoD mit dem »Stop 0x0000007B« rührt daher, dass sich die Hardware, auf der die Systemfestplatte liegt, verändert hat.

Die Ursache für das Problem liegt in der Manipulation der Windows-Registry. Das Microsoft-Betriebssystem speichert seine Systemeinstellungen in der zentralen hierarchischen Konfigurationsdatenbank namens Windows-Registrierungsdatenbank, kurz *Registry*. In dieser Datenbank stehen u. a. die Hardwareinformationen für die Systemfestplatte. Das Betriebssystem versucht, mit den vorhandenen Einträgen diese Treiber zu verwenden. Das misslingt, da sich die Hardware durch die Virtualisierung geändert hat. Windows reagiert darauf mit dem BSoD.

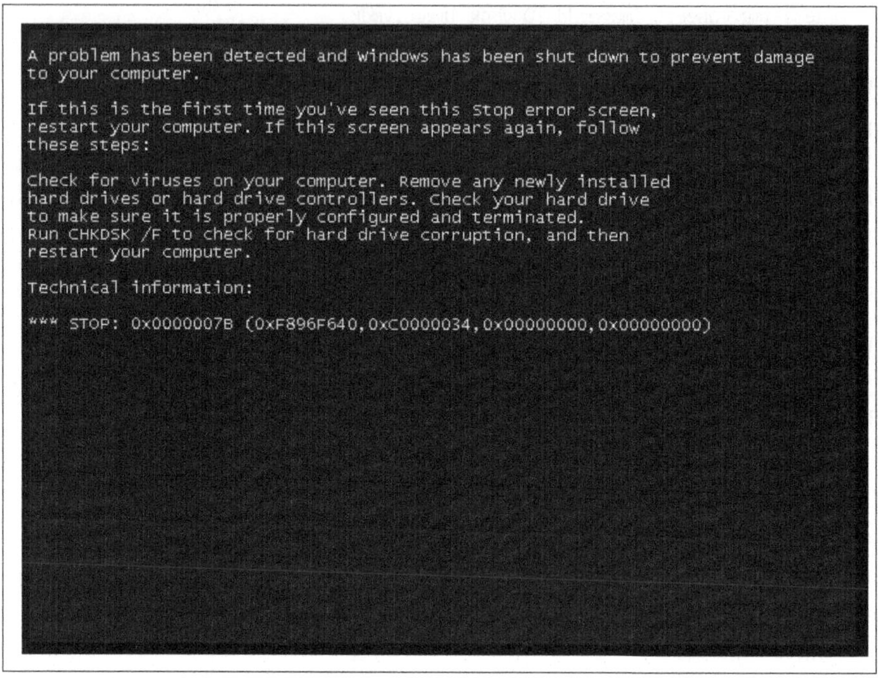

```
A problem has been detected and windows has been shut down to prevent damage
to your computer.

If this is the first time you've seen this stop error screen,
restart your computer. If this screen appears again, follow
these steps:

Check for viruses on your computer. Remove any newly installed
hard drives or hard drive controllers. check your hard drive
to make sure it is properly configured and terminated.
Run CHKDSK /F to check for hard drive corruption, and then
restart your computer.

Technical information:

*** STOP: 0x0000007B (0xF896F640,0xC0000034,0x00000000,0x00000000)
```

Abbildung 8-1: BSoD: Stop 0x0000007B

OpenGates

Das Tool *OpenGates* aus der Forensikschmiede *pinguin.lu* (*http://www.forensikhacks.de/pinguin*) schafft Abhilfe für das Problem, indem es die Treiberkonflikte in der Registry löst. Das geschieht durch das Zurücksetzen verschiedener Treibereinträge in den sogenannten *Legacy-Modus* oder durch komplettes Herauslöschen des entsprechenden Wertes.

OpenGates ist ein Plugin für *Bart's Preinstalled Environment* (BartPE, *http://www.forensikhacks.de/pe*). Um selbst so eine Windows-Boot-CD zu generieren, benötigen Sie verschiedene Zutaten, unter anderem eine gültige Windows-Lizenz. Das ist der Grund dafür, dass wir Ihnen leider kein fertiges bootbares ISO-Image zur Verfügung stellen können. Das soll für Sie aber kein Hindernis darstellen – folgen Sie der Installationsanweisung auf der Webseite von *pinguin.lu*.

Die Anwendung von *OpenGates* ist sehr einfach und durch einen Frage-Antwort-Dialog geführt. Booten sie Ihr zu patchendes Image (Windows) über das virtuelle CD-ROM, in dem die OpenGates-ISO-Datei liegt. Im Falle von QEMU sieht das wie folgt aus (natürlich können Sie auch Ihre favorisierte Virtualisierungssoftware verwenden):

```
qemu -m 512 -vga cirrus -hda Windows.iso -cdrom opengates-<version>.iso -boot d
```

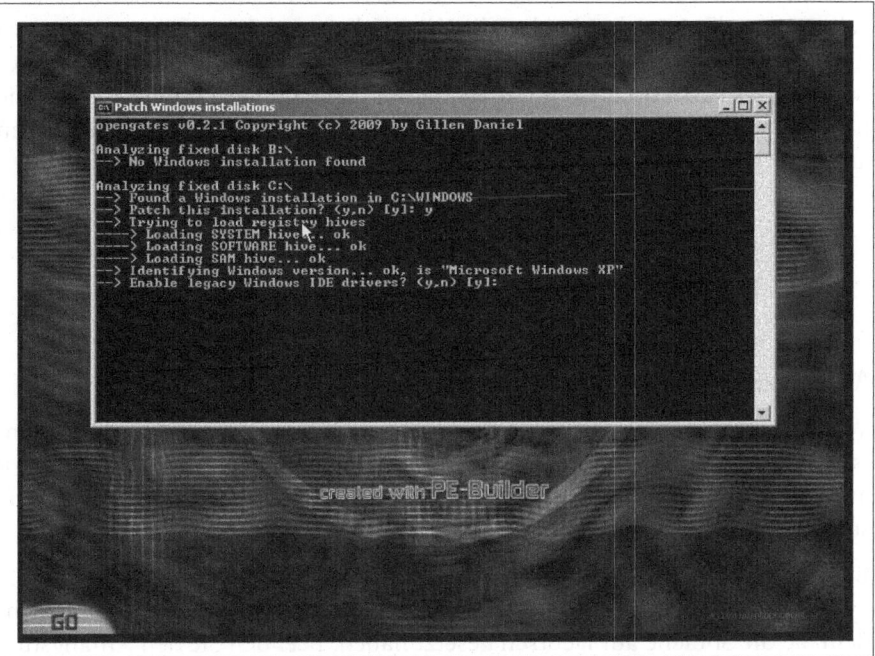

Abbildung 8-2: OpenGates in Aktion

Nachdem *OpenGates* seine Arbeit verrichtet hat, booten Sie Ihr Windows-ISO-Image in gewohnter Manier. Windows wird ohne Treiberprobleme hochfahren, und Sie können mit Ihrer forensischen Auswertung ohne BSoD beginnen. Das Tool wird ständig weiterentwickelt, um alle aktuellen Betriebssystemversionen weiterhin zu unterstützen.

HACK #96 Penetrationstest für Passwörter eines (virtualisierten) Windows-Betriebssystems
»secure oder S3cUr3!#«

Ein Penetrationstest für Passwörter ist für Sie als Forensiker von enormer Wichtigkeit, steht und fällt die Sicherheit von Daten doch mit der Stärke der verwendeten Passwörter sowie der Stärke der verwendeten Verschlüsselung. Selbstverständlich können Sie alle Daten über ein einfaches *Mounten* des Abbilds einsehen und auswerten, sofern keine Vollverschlüsselung der Festplatte(n) vorliegt.

Es ist jedoch in mehrerlei Hinsicht wichtig, über Passwörter Bescheid zu wissen, sei es, um die eigene Passwortstärke zu erforschen oder um die getesteten

Passwörter der Angestellten einer Firma auf ihre Stärke hin zu untersuchen. Alle Mitarbeiter müssen sich der Wichtigkeit von Passwörtern bewusst sein. Schulungen der Mitarbeiter über die Wichtigkeit und Stärke von passwörtern müssen Teil einer jeden Sicherheitsprüfung sein. Für die Virtualisierung ist es wichtig, das Passwort zu kennen, damit Sie sich einloggen können – oder Sie hebeln das Passwort vorher aus. Wir werden in diesem Hack ein paar Ideen aus unserer Praxis rund um Windows-Passwörter mit Ihnen teilen.

Lesen Sie bitte auch [Hack #55]: Dort beschreiben wir passend zu diesem Hack weitere Möglichkeiten der Passwortersetzung, Rechtliches und die Details der Windows-Passwortspeicherung.

Aushebeln des Passworts für die Virtualisierung

Wir haben Ihnen bereits in [Hack #96] das Tool *OpenGates* vorgestellt. Mit ihm ist es nicht nur möglich, die Hardwaretreiber virtuell zu löschen, sondern auch das Passwort zu »blanken«. In diesem Abschnitt zeigen wir Ihnen eine schnelle Art, das Passwort für ein Windows-System neu zu setzen.

Booten Sie dazu einfach das Image (*.dd*, *.vmdk*, *.vdi* o. Ä.) Ihres Windows-Systems mit Ihrer Linux-Live-CD/DVD (*.iso*). Wir verwenden Ubuntu. Nachdem Sie die Sprache auf Deutsch gesetzt haben, beenden Sie den Anfangsdialog mit Klick auf UBUNTU AUSPROBIEREN. Mounten Sie Ihre Windows-Systemfestplatte, indem Sie über das Menü PLACES gehen und Ihre Festplatte auswählen. Starten Sie nun die *Bash* und geben folgende Befehle ein:

```
cd /media/X/Windows/System32
mv Utilman.exe Utilman.exe.bkp
cp cmd.exe Utilman.exe
```

Dabei steht *X* für den automatisch generierten Mount-Point – ersetzen Sie bitte entsprechend.

Bevor Sie das System herunterfahren, vergessen Sie den üblichen umount Ihrer Windows-Festplatte nicht. Entfernen Sie die Boot-CD/DVD aus dem Laufwerk und starten Sie Windows neu. Klicken Sie mit der Maus auf ERLEICHTERTE BEDIENUNG (Icon links unten auf dem Anmeldebildschirm), und Sie erhalten ein neues Fenster, den Windows-Befehlsinterpreter (*cmd.exe*). In diesem Fenster können Sie nun mit folgenden Befehlen jedes Benutzerpasswort neu setzen und weitere Befehle ausführen:

```
net user
net user <User-name> <neues Password>
```

Beachten Sie Ihren Security-Level mit dem Befehl *whoami* – System!

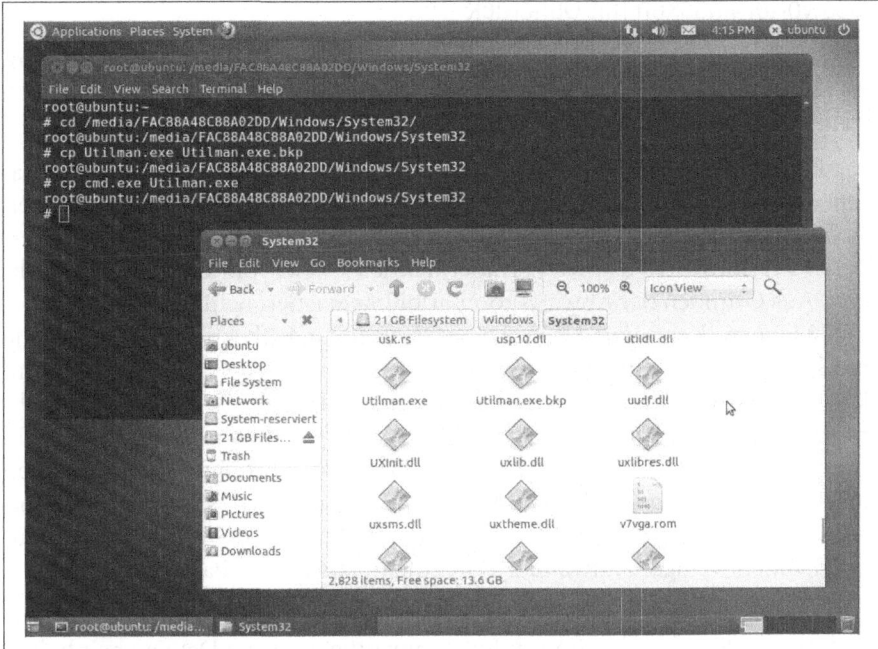

Abbildung 8-3: Kopieren von Utilman.exe zu cmd.exe mit vorher angelegtem Backup und gemounteter Windows-Systemplatte

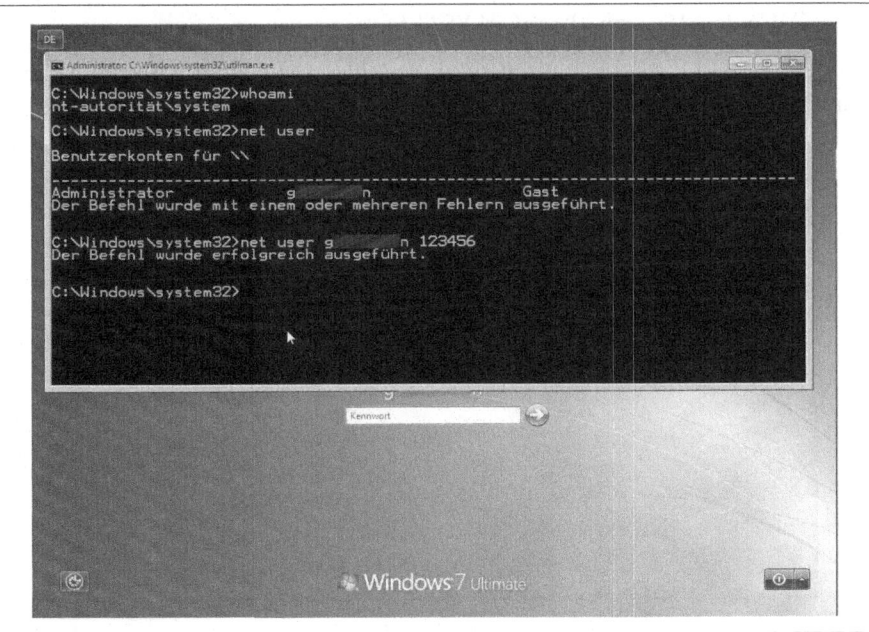

Abbildung 8-4: Neusetzen des Passworts

Passwörter knacken mit Ophcrack

Ophcrack (*http://ophcrack.sourceforge.net/*) ist ein frei erhältliches Programm, um Windows- Passwörter zu knacken, das auf *rainbow tables* basiert (*http://www.forensikhacks.de/rain*).

Das Betriebssystem Windows speichert seine Passwörter je nach Konfiguration unterschiedlich ab (lesen Sie dazu bitte [Hack #55]). Aktuell und ausreichend gesichert (laut Microsoft) ist ein System mit dem NT LAN Manager-(NTLM-)Kennwort-Hashwert. Dabei handelt es sich um einen MD4-Hashwert. Aus Gründen der Abwärtskompatibilität existiert heute jedoch noch der LAN Manager-Kennwort-Hash. Dieser Wert hat jedoch eine große Schwäche und sollte daher nicht mehr verwendet werden. Die Schwäche besteht darin, dass das Passwort in zweimal sieben Zeichen aufgeteilt wird und Kleinbuchstaben in Großbuchstaben gewandelt werden. Aus diesem Grund muss ein Angreifer bzw. Pen-Tester »nur« ein 7-stelliges Passwort mit Großbuchstaben knacken, und das zwei Mal. Ist das geschehen, muss er es nur noch zusammensetzen und Groß- und Kleinschreibung permutieren – fertig! Das bedeutet erheblich weniger Aufwand als bei einem 14-stelligen Passwort.

Als Eingabe erwartet *Ophcrack* zwei Dateien aus einem Windows-Unterverzeichnis, die Sie über den Button LOAD hinzufügen. Diese Dateien beinhalten sämtliche Information über die verwendeten Passwörter.

1. *C:\Windows\System32\config\SAM*
2. *C:\Windows\System32\config\SYSTEM*

Zusätzlich sind die sogenannten *rainbow tables* anzugeben, und die Analyse kann mit einem Klick auf CRACK beginnen. Das Ergebnis wird Ihnen sofort auf dem Monitor präsentiert.

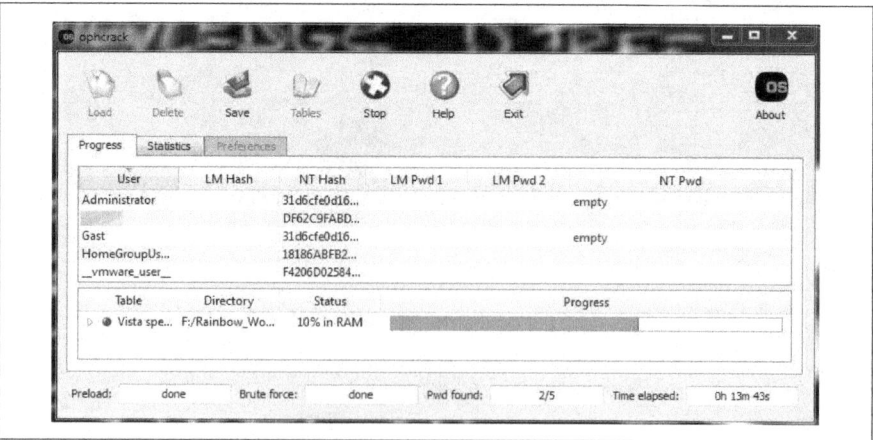

Abbildung 8-5: Der Einsatz von Ophcrack

HACK #97 Penetrationstest für Passwörter eines (virtualisierten) Linux-Betriebssystems

»Ganz schön gesalzen«

Sie möchten ein Linux-Passwort in Ihrem forensischen Abbild ersetzen oder die Passwortstärke in einem Penetrationstest ermitteln? Dann sind Sie bei diesem Hack genau richtig. In [Hack #97] haben wir die Welt der Passwörter in Windows-Systemen beleuchtet, und jetzt werden wir Ihnen die Möglichkeiten beim Betriebssystem Linux erläutern.

Die Passwörter in einem Linux-System werden traditionell in Form einer Prüfsumme in der Datei */etc/passwd* aufbewahrt. Beim Einloggen in das System wird die Prüfsumme erneut berechnet und mit der gespeicherten verglichen. Stimmen beide Zeichenketten überein, wird Einlass gewährt. Die verwendete Prüfsummenfunktion *crypt()* basiert auf dem *Data Encryption Standard*-Algorithmus (*http://www.forensikhacks.de/des*).

Modifikation durch Salz

Stellen Sie sich einen Linux-basierten Universitätsrechner mit 5.000 Studentenlogins vor. Würden z.B. zwei Studenten dasselbe Passwort verwenden, wäre auch die verschlüsselte Zeichenkette gleich. Das ist in der Regel schlecht, da man so leicht auf gleiche Passwörter schließen kann. Aus diesem Grund wurde der DES-Algorithmus um den sogenannten *Salt* modifiziert. Das sind zwei Zeichen (12-Bit-Zahl, jedes druckbare Zeichen trägt 6 Bit), die zur Berechnung der Prüfsumme herangezogen werden. Somit ergeben gleiche Passwörter mit unterschiedlichem Salt völlig unterschiedliche Prüfsummen. Im Folgenden sehen Sie das Passwort *secure4U* mit verschiedenen Salzen (AA, BB und CC) kodiert.

```
# ./mypass 'AA' secure4U
AAOC9/dmdV.fc

# ./mypass 'BB' secure4U
BBo.HBBpxncKs

# ./mypass 'CC' secure4U
CCB4oEMMtjxnI
```

Das neu entstandene, verschlüsselte Passwort besteht aus den zwei Zeichen Salt und elf weiteren Zeichen. Probieren Sie es doch einfach selber einmal aus! Dazu programmieren wir unseren eigenen »Salzstreuer«. Installieren Sie zuerst z.B. unter Ubuntu das, was für das Programmieren gebraucht wird:

```
aptitude install build-essential
```

Erstellen Sie nun die Datei *mypass.c* mit folgendem Inhalt:

Beispiel 8-1: mypass.c

```c
#define _XOPEN_SOURCE
#include <unistd.h>
#include <crypt.h>
#include <stdio.h>

int main(int argc, char **argv)
{
    char *password;
    char *seed = argv[1];
    char *klartext = argv[2];

    password=crypt(klartext, seed);
    printf ("%s \n", password);

    return 0;
}
```

Das Programm kompilieren Sie durch folgenden Aufruf:

```
gcc -lcrypt mypass.c -o mypass
```

Als fertiges Produkt erhalten Sie die Datei *mypass*. Probieren Sie diese doch nun einfach einmal aus, indem Sie – wie oben dargestellt – verschiedene Salts verwenden. Beachten Sie dabei, dass bei gleichbleibendem Passwort der resultierende Hash mit unterschiedlichen Salzen ein anderer ist.

Weitere Erweiterungen – der heutige Standard

Der eben vorgestellte Algorithmus zur Prüfsummenberechnung hat einige Schwachstellen. Um diese auszuschalten, sind weitere Modifikationen nötig. Die Schwachstellen bestehen in der Länge des Salt: nur 12 Bit sowie eine Passwortlängenbeschränkung auf acht Zeichen. Eine Brute-Force-Attacke (*http://www.forensikhacks.de/brute*) hätte in diesem Fall große Aussicht auf Erfolg. Daher werden heutzutage bessere Hash-Funktionen eingesetzt und der Salt auf 48 Bit (8 mal 6 Bit) vergrößert. Daher sieht der Passwort-String, der in der Datei */etc/passwd* gespeichert wird, heute so aus:

$*<verwendete Hash Funktion>*$*<8-Zeichen Salt>*$*<verschlüsseltes Passwort>*

Die verwendete Hash-Funktion wird so kodiert:

ID	Methode
1	MD5
2a	Blowfish (nicht in jeder *glibc* implementiert)
5	SHA256
6	SHA512

So finden Sie z. B. folgenden Eintrag in der zu analysierenden */etc/passwd*-Datei. Beachten Sie dabei das Dollareichen $, das als Trennzeichen fungiert.

```
root:$6$dSCzO11l$LraHQdd.PcYCZg/anyJcOAdcRapSD7JJgcIKrZJosyMkiMBGhEd/
ONxtOo5rJIuK1OObIc54.tm14qEXXKl5f1:0:0:root:/root:/bin/bash
```

> Sie können aus der Zeichenkettenlänge den verwendeten Algorithmus ableiten: MD5 – 22 Zeichen, SHA256 – 43 Zeichen und SHA512 – 86 Zeichen.

Eine weitere Verbesserung liegt darin, die gespeicherten Passwörter in eine zweite Datei auszulagern. Die Datei */etc/passwd* ist die am häufigsten gelesene Datei, da Unix alle Userreferenzen in IDs ausdrückt, die nun mal in dieser Datei stehen. Lesen kann die Datei jeder, somit sind auch die verschlüsselten Passwörter für jeden lesbar. Aus diesem Grund lagert man heutzutage die Passwörter in die Datei */etc/shadow* aus. Diese Datei ist nur von *root* und Mitgliedern der Gruppe *shadow* einsehbar.

```
ls -l /etc/passwd /etc/shadow
-rw-r--r-- 1 root root   2179 2011-12-19 18:45 /etc/passwd
-r--r----- 1 root shadow 1450 2012-01-07 12:56 /etc/shadow
```

Sie können jedes Live-System mit dem Befehl pwconv bzw. pwunconv in ein System mit */etc/shadow* und ohne */etc/shadow* überführen.

Passwort aushebeln

Sie haben vor, das Passwort des zu virtualisierenden Systems zu ersetzen. Gehen Sie dazu wie folgt vor: Booten Sie Ihr Abbild über das virtuelle CD/DVD-Laufwerk der virtuellen Maschine mit einer Linux-Live-CD/DVD. Mounten Sie mit dem Befehl mount die *root*-Platte Ihres Grundsystems und editieren Sie die Datei */etc/passwd* bzw */etc/shadow* mit einem beliebigen Editor (z. B. *vi*). Ersetzen Sie den Passwort-String durch den eigenen. Woher bekommen Sie den eigenen Passwort-String? Na, mithilfe des Programms *mypass*.

Wichtig: Achten Sie darauf, dass Sie den gleichen Verschlüsselungsalgorithmus verwenden. Diesen finden Sie zwischen den ersten beiden Dollarzeichen eines vorhandenen Passwort-Strings, oder Sie schauen in der Datei *common-password* nach.

```
ls -l /etc/pam.d/common-password
-rw-r--r-- 1 root root 1480 2012-01-05 14:12 /etc/pam.d/common-password

cat/etc/pam.d/common-password
…
password  [success=1 default=ignore]  pam_unix.so obscure sha512
…
```

Wir finden dieses Vorgehen am praktikabelsten, auch wenn Sie prinzipiell das Passwort einfach »blanken« könnten. Ein Passwort ist nämlich in späteren forensischen Auswertungsschritten unbedingt vonnöten, so z. B. beim Einloggen und Analysieren des Netzwerkdienstes *FTP* (File Transfer Protocol).

```
./mypass '$1$12345678$' secure4U
$1$12345678$9PLMSQvqo.GZVN5RAPGL6.

./mypass '$5$12345678$' secure4U
$5$12345678$nTR88r.GAtA9/0EzlVaOJbsg3PUj8ev6HWRagD8vmv5

./mypass '$6$12345678$' secure4U
$6$12345678$kTWTUEgjFYUPOwxzxOUA/UYwaUcPGbTVGn4aFZcr92nXevzDL4QoAQCRmgEjSi/
3oX9vEk98Of7OXMPIeELSa/
```

Passwortpenetration mit John the Ripper

HACK
#98   »Hier wird niemand aufgeschlitzt.«

John the Ripper (*http://www.openwall.com/john/*) ist ein schnelles Passwort-»Knack«-Programm. es ist für verschiedene UNIXe verfügbar – derzeit sind es offiziell elf. Des Weiteren läuft das Programm unter DOS, Win32, BeOS, and OpenVMS. John hat sich zur Aufgabe gemacht, schwache Passwörter aufzuspüren, und unterstützt dabei viele verschiedene Hash-Algorithmen.

Die Installation gestaltet sich sehr einfach, achten Sie allerdings darauf, dass Sie die Version mit dem sogenannten Jumbo-Pack von der Webseite herunterladen, *John the Ripper 1.X.X-jumbo-Z*. Nach erfolgreichem Entpacken wechseln Sie in das Unterverzeichnis mit dem Namen *src* und rufen das Kommando make auf. Nun wird Ihnen eine Liste von Prozessorarchitekturen angezeigt. Finden Sie den für Sie passenden Eintrag und führen Sie dann das Kommando make clean <Prozessorarchitektur> aus. Nachdem erfolgreich kompiliert wurde, steht Ihnen das Programm *john* im Unterverzeichnis *run* zur Verfügung.

```
tar xfvj john-1.7.9-jumbo-5.tar.bz2
cd john-1.7.9-jumbo-5/src
make linux-x86-64 # zum Beispiel
cd john-1.7.9-jumbo-5/run
```

Mit dem einfachen Aufruf von ./john werden Ihnen Version und »Usage« angezeigt:

```
./john
John the Ripper password cracker, version 1.7.6-jumbo5
Copyright (c) 1996-2010 by Solar Designer and others
Homepage: http://www.openwall.com/john/
…
```

Um eine Passwortdatei auf schwache Passwörter zu testen, führen Sie folgenden Befehl aus:

```
./john passwd
```

Die Passwortdatei haben Sie vorher entweder mit dem Befehl pwunconv im Live-System umgewandelt, oder Sie konvertieren mit folgendem Befehl aus der Toolbox von John the Ripper:

```
unshadow /etc/passwd /etc/shadow > passwd
```

Um direkt eine Datei im *shadow*-Format anzugeben, verwenden Sie folgenden Befehl:

```
./john –format=crypt shadow
```

John kann Ihnen nach bestimmten Regeln eine Wortliste generieren. Sehen Sie selbst! Editieren Sie eine neue Datei mit Ihren zu testenden Passwörtern. In unserem Fall haben wir nur das Wort *secure4U* in die Datei *meinewortliste. txt* eingetragen. Mit den Optionen --wordlist und --rules veranlassen Sie John dazu, eine neue Wortliste auf Basis Ihrer Vorgaben zu erzeugen.

```
john --wordlist=meinewortliste.txt --rules --stdout
secure4U
secure4u
Secure4u
SECURE4U
scr4
words: 5  time: 0:00:00:00 100%  w/s: 125  current: scr4
```

Bringen Sie John dazu, z.B. nur auf Zahlen zu testen:

```
./john -incremental:digits crack.me # (nur Zahlen)
Loaded 2 password hashes with 2 different salts (generic crypt(3) [?/64])
123            (root)
guesses: 1  time: 0:00:00:09 0.00%  c/s: 275  trying: 3038 - 0224962
...
```

Oder begrenzen Sie so:

```
./john -incremental:alpha crackme.txt #(nur Buchstaben)
./john -incremental:lanman crackme.txt #(Buchstaben, Zahlen und einige Sonderzeichen)
./john -incremental:all crackme.txt #(alle Zeichen)
```

Ein eigener Passwortgenerator

Vielleicht fragt man Sie mal nach einem sicheren Passwort, was antworten Sie dann? Ein Passwort sollte, wie Sie sicher wissen, aus Groß- und Kleinbuchstaben sowie Zahlen und Sonderzeichen bestehen. Je mehr Stellen es hat, desto länger braucht statistisch gesehen eine Attacke, um erfolgreich zu sein. Das ausgewählte Passwort sollte zudem nicht in einem Wörterbuch nachzuschlagen sein. Sie können sich sicherlich schnell ein oder zwei Passwörter ausdenken, die diese Kriterien erfüllen. Bei einer größeren Anzahl wird es dann schon schwieriger – und auf alle Fälle langweilig. Daher haben wir uns überlegt, Ihnen noch eine Bash-Funktion an die Hand zu geben. Tippen Sie folgende Zeilen direkt in die Bash ein und probieren Sie unseren Passwortgenerator aus. Sie können den Code um beliebige Sonderzeichen innerhalb des Translate-Befehls (tr) erweitern.

Beispiel 8-2: Funktion zur Passwortgenerierung auf der Shell

```
genpasswd()
{
        local laenge=$1
        [ X"$laenge" == X"" ] && laenge=21
        tr -dc "A-Za-z0-9_=" < /dev/urandom | head -c $laenge | xargs
}

# genpasswd 11
# genpasswd 8
```

HACK #99   Booten eines Mac OS X-Image
»Darwin ist Hexley, das Schnabeltier.«

Obwohl wir ein eigenes Buch mit dem Titel »100 Mac OS X-Hacks« schreiben könnten und das Thema Mac OS X in diesem Buch viel zu kurz kommt, haben wir uns dafür entschieden, diesen Hack mitaufzunehmen. Die Virtualisierung stellt für Sie, den Forensiker, schließlich einen gewissen ersten Angriff dar und darf deshalb in keinem Buch fehlen, das sich mit Forensik-Hacks beschäftigt. Dieser Hack löst für Sie das Problem der Mac OS X-Virtualisierung.

> Da in Apple-Computern Intel-Prozessoren verwendet werden, gibt es immer wieder Hersteller, die andere Rechner mit vorinstalliertem Apple-Betriebssystem ausliefern bzw. so modifizieren, dass sich Mac OS X auf ihnen installieren lässt. Derart modifizierte Hardware nennt man »Hackintosh«. Aus Sicht von Apple ist so eine Modifizierung nicht erwünscht (siehe *http://www.forensikhacks.de/osx*).

Die Schwierigkeit in der Virtualisierung eines Mac OS X-Systems besteht in erster Linie darin, dass die Software *eigentlich* nur und ausschließlich auf Apple-Hardware läuft. Somit passt die Hardware niemals, egal, welchen Virtualisierer wir nehmen. Aus diesem Grund muss die Mac OS X-Software für die Hardware der Virtualisierungsschicht angepasst werden. Diese Aufgabe übernimmt *OpenJobs* aus der Schmiede *pinguin.lu* (siehe dazu auch [Hack #96]).

OpenJobs ist ein kleines Tool, das eine Mac OS X-Installation unter *VirtualBox* bootbar macht. *OpenJobs* fügt dabei eine Hackintosh-Kernel-Erweiterung ein und entfernt verschiedene störende Kernel-Erweiterungen, die zu einem Hardwarekonflikt führen würden. Des Weiteren haben Sie die Mög lichkeit, Passwörter zu »blanken«. *OpenJobs* gibt nach erfolgtem Patch Informationen darüber, welche Konfigurationseinstellungen Sie für Ihre virtuelle Maschine benötigen.

Die Anwendung gestaltet sich ähnlich der von *OpenGates*, Sie booten Ihr Mac OS X-Image also über *OpenJobs.iso* und folgen den Anweisungen aus dem Dialog. Die *.iso*-Datei sowie die Quellen können Sie direkt unter *http:www. forensikhacks.de/pinguin* beziehen.

OpenJobs unterstützt die Mac OS X-Versionen 10.5 und 10.6. Die Version 10.7 ist derzeit noch in der Entwicklung und daher als experimentell anzusehen. Die Virtualisierung funktioniert nur unter VirtualBox ab Version 3.2 oder höher. Für die Mac OS X-Version 10.7 ist Version 4.1 oder höher von *VirtualBox* Voraussetzung.

Schritt für Schritt

1. Konvertieren Sie Ihr Image in *.vdi*, falls noch nicht geschehen. Das können Sie wie in [Hack #94] realisieren.

2. Erzeugen Sie unter *VirtualBox* eine neue virtuelle Maschine, die unter Mac OS X läuft.

3. Schalten Sie die Option *Enable EFI* aus. Sie finden sie unter SYSTEM.

4. Fügen Sie Ihr Mac OS X-Abbild unter einem IDE-Controller hinzu.

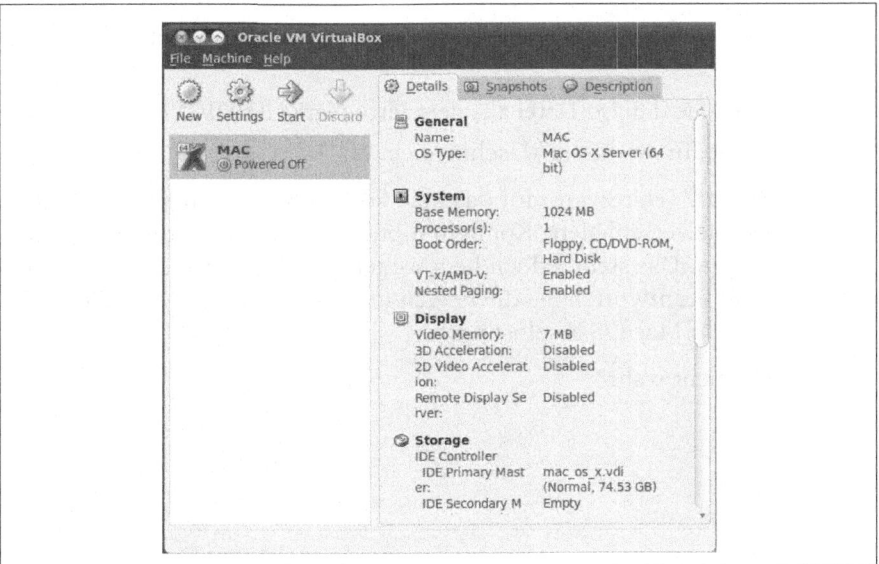

Abbildung 8-6: Mac OS X-Virtualisierung unter VirtualBox

5. Legen Sie die Datei *OpenGates.iso* in das virtuelle Laufwerk.

6. Starten Sie die virtuelle Maschine und booten Sie vom CD/DVD-Laufwerk. Um von CD/DVD zu booten, müssen Sie unter Mac OS X die *Taste* C beim Booten gedrückt halten. Folgen Sie dann dem *OpenGates*-Dialog.

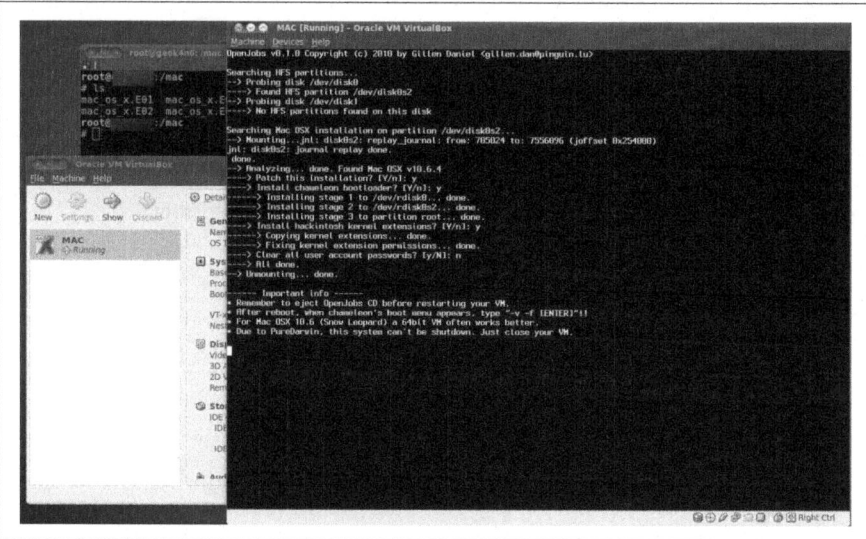

Abbildung 8-7: OpenJobs bei der Arbeit

7. Konfigurieren Sie Ihre virtuelle Maschine nach den Angaben von *Open-Gates*.

8. Entfernen Sie die *.iso*-Datei aus dem virtuellem CD/DVD Laufwerk.

9. Starten Sie Ihre virtuelle Maschine neu.

Da *OpenJobs* die »Hardware« für das Mac OS X-System geändert hat, könnte es sein, dass Sie verschiedene Konfigurationen wie z. B. Tastaturlayout nachbessern müssen. Das stellt jedoch kein weiteres Problem dar. Folgen Sie den Dialogen und beantworten Sie die Fragen nach Ihren Wünschen. Alle Konfigurationen zieht Mac OS X selbst nach.

Erstaunlich, nicht wahr?

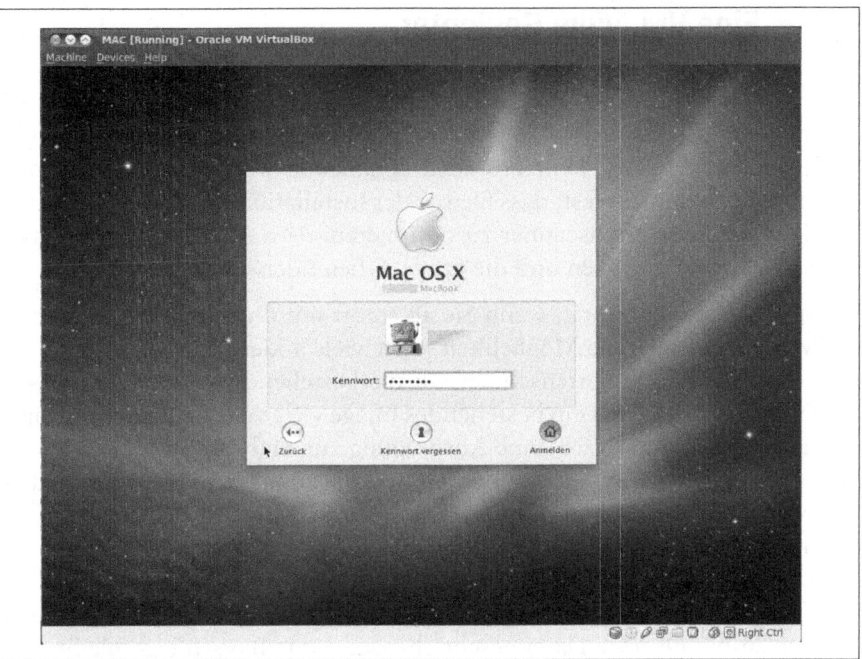

Abbildung 8-8: Mac OS X-Loginfenster

Abbildung 8-9: Ergebnis: Mac OS X unter VirtualBox bei der Arbeit

 ## HACK #100 Eine VM, viele Gesichter
»Ganz schön vielschichtig«

Sie möchten Schadsoftware zur Analyse des Netzwerkverkehrs auf einem Client installieren. Okay, kein Problem! Schadcode wird ausgeführt, *aber* Sie stellen im Nachhinein fest, dass Sie vor der Installation des Schädlings vergessen hatten, Ihren Virenscanner zu optimieren. Also alles von vorne – neues Betriebssystem einspielen und die ganze Arbeit noch einmal.

Stopp! Das ist nicht nötig, wenn Sie ab sofort mit *Overlay*-Dateien arbeiten. QEMU bietet Ihnen die Möglichkeit – wie viele andere Virtualisierer auch –, eine zusätzliche Festplattenschicht auf die bestehende aufzusetzen. Das hat den Vorteil, dass Sie auf ein bestehendes Image viele verschiedene Ausprägungen aufbauen können, z.B. eine Ausprägung zur Malware-Analyse, eine weitere, basierend auf demselben Abbild, zum Testen verschiedener Antivirensoftware und eine dritte als Ermittlungsmaschine. Dabei dient das Anfangsabbild sozusagen als Template für die weiteren Installationen. Nachdem Sie die Tests durchgeführt haben, können Sie die *Overlay*-Datei ganz einfach löschen und so wieder auf dem Ursprung aufsetzen. Alle Änderungen werden in die *Overlay*-Datei geschrieben und das Basis-Image bleibt unberührt. Gefallen Ihnen die Änderungen, ist es durch einen weiteren Befehl möglich, die Änderungen in das Ursprungsabbild zu integrieren.

 Verwechseln Sie diese Technik bitte nicht mit einer *Snapshot*-Technologie. Der große Vorteil von *Overlay*-Dateien liegt darin, dass Sie mehrere Ausprägungen auf Grundlage einer Basis erstellen können. Stellen Sie sich vor, Sie haben ein Abbild einer Windows-7-Version. Basierend auf dieser Installation möchten Sie eine Malware installieren, allerdings im Vergleich mit derselben Malware, jedoch mit veränderten Parametern der Firewall. Das bedeutet, dass Sie zwei *Overlay*-Dateien erstellen und sich sicher sein können, dass auf ein und derselben Basis aufgebaut wurde.

Erstellen einer QEMU-Festplatte, diesmal im .qed-Format

Das Format *.qed* ist für schnellen Zugriff optimiert und seit QEMU-Version 0.14 verfügbar. Definiert wird das Image-Format in `qemu-img` mit dem Parameter `-f` und durch Angabe des gewünschten Formats.

```
qemu-img create –f qed Festplatte.qed 10G
```

Selbstverständlich können Sie auch auf das vielseitige Format *.qcow2* setzen. Ersetzen Sie dazu `–f qed` durch `–f qcow2`.

Erstellen einer Overlay-Datei

Die Overlay-Datei erstellen Sie mit dem Befehl qemu-img und der Option –b.

```
qemu-img create –b Festplatte.qed –f qed Festplatte.ovl
```

Vereinigen Sie das Ursprungsabbild mit der Overlay-Datei

```
qemu-img commit -f qed Festplatte.ovl
```

Achten Sie dabei darauf, dass die virtuelle Maschine nicht in Betrieb ist.

Booten mehrere Abbilder einschließlich Overlay-Datei

Sie können gleichzeitig mehrere virtuelle Maschinen booten, die von einer gemeinsamen Basis stammen:

```
qemu-img create -f qcow2 -o backing_file=Festplatte.img Platte1.ovl
qemu-img create -f qcow2 -o backing_file=Festlatte.img Platte2.ovl
qemu Platte1.ovl
qemu Platte2.ovl
```

Wie Sie sehen, können Sie also eine einzige virtuelle Maschine mit einem Betriebssystem für völlig unabhängige, spezialisierte Zwecke einrichten und immer wieder nutzen. Auf diese Weise ist es nicht mehr nötig, Dutzende von eigenständigen VMs mit jeweils eigenem Betriebssystem vorzuhalten.

Index

Über die Autoren

Lorenz Kuhlee wurde in Frankfurt am Main geboren und hat schon als Jugendlicher seine ersten eigenen Programme mit dem Commodore VC 20 und dem Amiga, mit einer zusätzlichen XT-Steckkarte, geschrieben. Schon damals zeichnete sich seine große Leidenschaft für alles, was mit PCs zu tun hat, ab. So war es auch wenig verwunderlich, dass er mit einem Assembler-Programm bei Jugend forscht ganz vorne dabei war.

Nach dem Abitur folgte das Studium der Informatik an der Fachhochschule in Karlsruhe und schnell wurde er dort die »rechte Hand« seines Professors. Um sein Studium zu finanzieren, arbeitete er an der Fachhochschule als Tutor und schrieb für das Fraunhofer Institute C/C++-Programme im Bereich der digitalen Bildauswertung.

Nach seinem Abschluss als Dipl. Inform. (FH) verschlug es Lorenz Kuhlee wieder in sein Heimatland, denn dort konnte er direkt bei dem Weltunternehmen Hewlett-Packard anfangen, wo er viele Jahre als Consultant und IT-Trainer arbeitete. Dort sammelte er Erfahrung im Bereich der IT-Sicherheit, großer IT-Infrastrukturen, und zum Schluss seines dortigen Werdegangs war er als Trainer u.a. im Bereich der Host- und Netzwerk-Security für die Betriebssysteme HP-UX und Linux tätig.

Als er die Gelegenheit bekam, als einer der ersten Informatiker für die Hessische Polizei im Bereich Cybercrime zu arbeiten, ergriff er die Gelegenheit und ist seitdem an der Hessischen Polizeiakademie als Fachlehrer für das Thema tätig. Die dort angebotenen Lehrinhalte wurden dank seines umfangreichen Fachwissens im Bereich IT-Sicherheit ausgebaut und bilden den heutigen Standard. Lorenz Kuhlee engagiert sich dort neben seinem Lehrauftrag für die Forensik-Community, ist IASIS-zertifiziert und coacht andere, was ihm die Möglichkeit eröffnet hat, aktiv an Zertifizierungsprozessen in der Forensik mitzuwirken. Auch in EnCase hat er ein Zertifikat errungen (EnCE). Die oberste Landesbehörde und die oberste Bundesbehörde sowie europäische Strafverfolgungsbehörden durfte Lorenz in der Bekämpfung der Kriminalität unterstützen. Sein bevorzugtes Betriebssystem ist das mit dem Pinguin, dennoch sind ihm der abgebissene Apfel und die wehende 4-farbige Fahne selbstverständlich nicht fremd.

In seiner Freizeit stehen natürlich auch die Computer und deren breites Betätigungsfeld im Vordergrund, dennoch bleibt genug Zeit für Spinning oder Tennis. Eine TCM-Akkupunktur-Ausbildung hat Lorenz auch absolviert und sich daran anschließend viel mit der chinesischen Sprache beschäftigt. Bekannt ist Lorenz Kuhlee für seine mitreißenden und innovativen Lehrveranstaltungen, in denen er es immer wieder schafft, die Welt der »Freaks« mit einfachen Worten zu einem Erlebnis für alle seine »Studenten« zu machen.

Victor Völzow arbeitet als Fachlehrer für Digitale Forensik an der Polizeiakademie Hessen. Er ist dort für die Aus- und Fortbildung der Computer-Forensiker in Hessen mitverantwortlich. Zu seiner Tätigkeit gehören die Konzeption, Koordination und Durchführung von Kursen in der Digitalen Forensik. Victor Völzow unterstützt und berät zudem Strafverfolgungsdienststellen in Fragen der Digitalen Forensik und wirkt an internationalen Projekten und Trainings für Organisationen wie ECTEG, UCD, OLAF, IACIS und dem Europarat mit.

Von Kindesbeinen an computerbegeistert, testete er seine Fähigkeiten früh auf Systemen wie dem C64 und dem Schneider Euro PC (9,54 MHz). Nach ersten Gehversuchen in Basic, Turbo Pascal und HTML während der Schulzeit, beschäftigte sich Victor in den vergangenen 15 Jahren hauptsächlich mit Web- und Servertechnologien. Seine IT-Affinität legte er auch während den über 10 Jahren im Polizeidienst nicht ab, die ihm allerhand Erfahrungen im Ermitteln und Aufklären von analogen und später auch digitalen Straftaten einbrachten.

Als er ab 2007 die Möglichkeit bekam, als Computer-Forensiker auf digitale Spurensuche zu gehen, erfüllte sich sein Wunsch, das persönliche Interesse und die Vorbildung im PC-Bereich in seinen Beruf einbringen zu können. In dieser Funktion wurde er einige Male vor Gericht als sachverständiger Zeuge angehört und konnte Zertifizierungen zum CEH und EnCE erlangen. Ab 2009 studierte er berufsbegleitend am University College Dublin in dem Master-Studiengang »MSc in Forensic Computing and Cybercrime Investigations«, den er 2011 mit Auszeichnung als Jahrgangsbester abschloss.

Kolophon

Bei dem Gegenstand, der auf dem Cover von *Computer-Forensik Hacks* zu sehen ist, handelt es sich um ein Mikroskop. »Ein Mikroskop ist ein Gerät, das es erlaubt, Objekte vergrößert anzusehen oder bildlich darzustellen. Dabei handelt es sich meist um Objekte bzw. die Struktur von Objekten, deren Größe unterhalb des Auflösungsvermögens des menschlichen Auges liegt. Eine Technik, die ein Mikroskop einsetzt, wird als Mikroskopie bezeichnet. Mikroskope waren und sind ein wesentliches Hilfsmittel in der Biologie, Medizin und den Materialwissenschaften.« (Wikipedia, Stand 28.3.12)

Der Umschlagsentwurf dieses Buches basiert auf dem Reihenlayout von Edie Freedman und stammt von Hanna Dyer. Das Coverlayout der deutschen Ausgabe wurde von Michael Oreal mit InDesign unter Verwendung der Schriftarten Helvetica Neue und ITC Garamond von Adobe erstellt. Als Textschrift verwenden wir die Linotype Birka, die Überschriftenschrift ist die Adobe Helvetica Neue Condensed, und die Nichtproportionalschrift für Code ist TheSans Mono Condensed von LucasFont.